Tara Brach

Nach Hause kommen
zu sich selbst

Nach Hause
kommen
zu sich selbst

Tara Brach

Nach Hause kommen zu sich selbst

Im eigenen erwachten Herzen
Zuflucht und Geborgenheit finden

Wichtiger Hinweis

Die im Buch veröffentlichten Empfehlungen wurden von Verfasserin und Verlag sorgfältig erarbeitet und geprüft. Eine Garantie kann dennoch nicht übernommen werden. Ebenso ist die Haftung der Verfasserin bzw. des Verlages und seiner Beauftragten für Personen-, Sach- und Vermögensschäden ausgeschlossen.

**Aus dem Englischen von
Nayoma de Haën**

Titel der Originalausgabe:
True Refuge.
Finding Peace and Freedom
in Your Own Awakened Heart.
Copyright © 2012 by Tara Brach
First published in 2013 in the US by Bantam Press

Deutsche Ausgabe:
© KOHA-Verlag GmbH Burgrain
Alle Rechte vorbehalten
1. Auflage 2014
Lektorat: Traudel Reiss
Fotos: Fotolia – S. 2/3, 10, 204/205, 354/355, 403;
Shutterstock – S. 18/19, 96/97
Cover: © Kim Hoang, Guter Punkt, unter Verwendung
von Motiven von shutterstock und thinkstock
Layout: Birgit-Inga Weber
Gesamtherstellung: Karin Schnellbach
Druck: CPI Moravia Books
ISBN 978-3-86728-240-6

Für Jonathan,
dessen Herz eine liebevolle, sichere Zuflucht ist,
und seinen guten Humor,
eine der großen Freuden dieses Lebens.

Inhaltsverzeichnis

Geführte Besinnungen und Meditationen

Wenn du einsam bist oder in Dunkelheit,
wünschte ich,
dir das erstaunliche Licht
deines eigenen Seins zeigen zu können!

Hafiz
(Nachübersetzung der engl. Übersetzung
von Daniel Ladinsky)

Prolog

Nach Hause kommen
zu sich selbst

Das Leben lieben, wie es ist

In meinen frühesten glücklichen Erinnerungen spiele ich im Meer. Nachdem meine Familie dazu übergegangen war, die Sommer in Cape Cod zu verbringen, wurden mir die niedrigen Kiefernwälder, die hohen Dünen und die Weite der weißen Sandflächen zu einer echten Heimat. Stundenlang waren wir am Strand, tauchten in den Wellen, ließen uns von ihnen an den Strand tragen und übten unter Wasser Purzelbäume. Sommer um Sommer füllte sich unser Haus mit Freunden und Verwandten – und später mit Partnern und neuen Kindern. Es war ein gemeinschaftliches Himmelreich. In der salzigen Luft, unter dem weiten Himmel und an der stets lockenden See war Platz für alles, was es in meinem Leben gab, auch für eventuelle Schwierigkeiten, die ich im Herzen trug.

Dann kam der Morgen, es ist noch gar nicht so lange her, an dem zwei Autos voller Freunde und Verwandten ohne mich in Richtung Strand aufbrachen. Aus dem Mädchen, welches zum Abendessen nur mit Mühe aus dem Wasser zu holen war, war eine Frau geworden, die nicht mehr über den Sand gehen oder im Meer schwimmen konnte. Nach zwei Jahrzehnten, in denen sich meine Gesundheit mysteriöserweise immer mehr verschlechterte, erhielt ich schließlich eine Diagnose: Ich hatte eine unheilbare, genetisch bedingte Krankheit, die im Wesentlichen nur durch Schmerzmittel behandelt werden konnte. Auf der Terrasse unseres

Sommerhauses sitzend sah ich zu, wie sich die Autos entfernten, und es zerriss mich schier vor Kummer und Einsamkeit. Während die Tränen flossen, war ich mir nur einer einzigen Sehnsucht bewusst: »Bitte, bitte, lass mich Frieden finden, lass mich einen Weg finden, *das Leben so zu lieben, wie es ist.*«

Aus dieser Suche nach einem inneren Ort des Friedens, der Verbundenheit und Freiheit, der auch unter schwersten Herausforderungen trägt, entstand dieses Buch. Ich nenne diesen inneren Ort »wahre Zuflucht«, weil er von allen äußeren Dingen unabhängig ist – von Situationen, Personen, Heilungen, sogar Stimmungen und Emotionen. Das Verlangen nach einem solchen Zufluchtsort ist universell. All unsere Wünsche und Ängste entspringen dieser Sehnsucht. Wir sehnen uns nach der Gewissheit, mit dem umgehen zu können, was auf uns zukommt. Wir möchten uns selbst vertrauen, dem Leben vertrauen. Wir möchten aus der Fülle dessen leben, was wir sind.

Meine Suche nach Zuflucht führte mich noch tiefer in die spirituellen Lehren und die buddhistischen Meditationen, die in meinem Leben ohnehin schon eine zentrale Rolle spielten. Ich bin eine klinische Psychologin und lehre seit über dreißig Jahren Meditation. Ich bin auch Mitbegründerin und Lehrerin am Insight Meditation Center in Washington D.C. Aus meiner eigenen inneren Arbeit und meiner Arbeit mit anderen entstand mein erstes Buch *Mit dem Herzen eines Buddha: Heilende Wege zu Selbstakzeptanz und Lebensfreude.* Ich hatte auch angefangen, Psychologen und Laien zu vermitteln, wie sich Meditation und emotionale Heilung verbinden lassen. Die tiefe Unsicherheit dieser Existenz, die meine innere Welt zu der Zeit meiner Diagnose erschütterte, ließ mir die Lehren, die mich schon so lange leiteten, noch unmittelbarer und lebendiger werden.

In der buddhistischen Tradition, in der ich lehre, verwenden wir das Pali-Wort *Dukkha*, um den emotionalen Schmerz in unserem Leben zu beschreiben. Dieses Wort wird häufig mit »Leiden«

übersetzt, doch Dukkha umfasst all unsere Erfahrungen von Stress, Unzufriedenheit, Angst, Kummer, Sorgen, Frustration und allgemeiner Lebensunlust. Ursprünglich bezeichnet Dukkha einen Karren mit einem gebrochenen Rad. Wenn wir leiden, sind wir im Ungleichgewicht und holpern beschwerlich über den Weg unseres Lebens. Wir fühlen uns zerschlagen oder »daneben«, fern von jeglichem Gefühl der Zugehörigkeit. Manchmal zeigt sich dies einfach in einer subtilen Rastlosigkeit oder Unzufriedenheit; zu anderen Zeiten springt es uns als herzzerreißender Kummer oder lähmende Angst an. Doch wenn wir genau hinhören, entdecken wir unter der Oberfläche all unserer Beschwerden und Kümmernisse ein Grundempfinden der Einsamkeit und Unsicherheit, als sei etwas in unserem Leben verkehrt.

In *Mit dem Herzen eines Buddha: Heilende Wege zu Selbstakzeptanz und Lebensfreude* schrieb ich über den tiefen, alles durchdringenden Schmerz der Scham, das Leiden unter der Überzeugung, dass »etwas *mit mir* nicht stimmt«. Diesmal wende ich mich Dukkha in einem umfassenderen Sinn zu. Seit mein erstes Buch veröffentlicht wurde, habe ich schwere Verluste durchlebt – den Tod meines Vaters, den körperlichen und psychischen Verfall mir nahestehender Menschen und die Konfrontation mit meiner eigenen chronischen Krankheit. Auch viele meiner Schüler machten große Umwälzungen durch. Manche verloren ihre Arbeit. Sie sorgen sich um ihren Lebensunterhalt und hungern nach einer sinnvollen Tätigkeit. Andere entfremdeten sich von Freunden oder ihrer Familie und sehnen sich nach Verbindung. Und sehr viele mühen sich mit dem Altern, mit Krankheit und der Unausweichlichkeit des Sterbens ab. »Etwas stimmt nicht mit mir« verstrickt sich für sie mit dem Schmerz des Ringens mit dem Leben an sich.

Dem Buddha zufolge ist diese Erfahrung der Unsicherheit, Getrenntheit und grundlegender »Verkehrtheit« unvermeidlich. Als Menschen sind wir geprägt, uns getrennt und mit unserem wechselhaften und unkontrollierbaren Leben im Widerstreit zu fühlen. Dieses Grundgefühl ist der Ursprung der ganzen Bandbreite unserer verstörenden Emotionen wie Angst, Ärger, Scham, Kummer, Eifersucht und Neid sowie all der uns einschränkenden Geschichten und all der reaktiven Verhaltensweisen, die unseren Schmerz noch verstärken.

Doch der Buddha bot uns auch eine radikale Verheißung an, die sich in vielen anderen Weisheitstraditionen wiederfindet: Wir können in unserem eigenen Herzen und in unserem eigenen Geist Geborgenheit und Zuflucht finden – genau hier, genau jetzt, mitten in unserem aktuellen Leben. Wir finden wahre Zuflucht, wann immer wir jenseits all unserer Geschäftigkeit und all unseres Strebens den stillen Raum des Gewahrseins erkennen. Wir finden Zuflucht, wann immer wir zartfühlend und mit Liebe unser Herz öffnen. Wir finden Zuflucht, wann immer wir uns mit der Klarheit und Intelligenz verbinden, die unserer wahren Natur zu eigen sind.

In *Nach Hause kommen zu sich selbst* versuche ich, mit dem Begriff »Präsenz« die Unmittelbarkeit und Lebendigkeit dieses grundlegenden Gewahrseins zum Ausdruck zu bringen. Präsenz ist schwer zu beschreiben, weil sie eine unmittelbare Erfahrung ist und kein Konzept. Wenn ich diese stille innere Wachheit des Jetzt spüre, kehre ich zu einem Empfinden der Ganzheit, des Heilseins zurück. Ich bin zu Hause, in meinem Körper, in meinem Herzen, auf der Erde und in der Gemeinschaft mit allen Wesen. Präsenz erschafft ein grenzenloses Heiligtum, in dem alles Platz hat, was zu meinem Leben gehört – selbst die Krankheit, die mich daran hindert, die Wellen zu reiten.

In diesem Buch finden Sie viele Geschichten von Menschen, die inmitten von Krisen und Verwirrung Präsenz erlebten. Ich erzähle auch von einigen der großen Herausforderungen, mit denen ich selbst in den letzten Jahrzehnten konfrontiert wurde. Ich hoffe, manche dieser Geschichten stellen eine Verbindung zu Elementen Ihrer eigenen Situation her. Anhand dieser Erfahrungen werden wir die Kräfte erforschen, die uns davon abhalten, präsent zu sein, und uns so häufig dazu verleiten, falschen Zufluchten nachzugehen. Ich rege auch zu vielen verschiedenen Übungen an, die mir und anderen zuverlässig halfen, Präsenz zu erfahren. Manche davon sind alt, manche neu, und manche entsprechen direkt den Erkenntnissen der modernen Neurowissenschaften. Zu diesen Übungen gehört auch eine der praktikabelsten, alltagstauglichsten Achtsamkeits-Meditationen, die ich kenne. Das Akronym RAIN steht für die vier Schritte dieses Prozesses, mit dem wir uns vielen schwierigen Emotionen an Ort und Stelle zuwenden können und der sich an praktisch jede persönliche Situation anpassen lässt.

Die Struktur von *Nach Hause kommen zu sich selbst* orientiert sich an den drei grundlegenden Toren der Zuflucht, die sich in jeder buddhistischen Strömung und in vielen anderen Traditionen finden: Wahrheit (des gegenwärtigen Augenblicks), Liebe und Gewahrsein. Jedes dieser Tore öffnet uns unmittelbar für Heilung und spirituelle Freiheit. Diese Tore enthalten die Schlüssel zur Überwindung weit verbreiteter Schwierigkeiten wie zwanghaftes Denken, begrenzende Überzeugungen und traumatische Ängste. Mit ihrer Hilfe können wir uns tiefer mit Selbstmitgefühl verbinden und mehr Intimität in Beziehungen erleben. Sie sind auch der Schlüssel zu Frieden und Glück und dazu, uns in unserem Leben zu Hause zu fühlen.

An jenem Tag in Cape Cod wusste ich nicht, ob ich angesichts einer Zukunft voller Schmerzen und körperlicher Einschränkungen je wieder meines Lebens froh werden könnte. Während ich weinte, setzte sich Cheylah, einer unserer Pudel, neben mich und stupste mich besorgt an. Cheylahs Gegenwart tröstete mich und verband mich wieder mit dem Hier und Jetzt. Nachdem ich sie eine Weile gestreichelt hatte, erhob ich mich, um mit ihr ein Stück spazieren zu gehen. Ich überließ ihr die Führung, und wir schlenderten einen bequemen Fußweg entlang, von dem aus man die Bucht überschauen konnte. Das Weinen hatte mich ruhig und offen gemacht. Mein Herz umfasste alles – die Beschwerden in meinen Knien, die Weite des glitzernden Wassers, Cheylah, meine unbekannte Zukunft, das Schreien der Möwen. Nichts fehlte, nichts war falsch. In diesen Momenten wahrer Zuflucht erahnte ich eines der größten Geschenke des buddhistischen Wegs: die Fähigkeit, »grundlos glücklich« zu sein; das Leben zu lieben, wie es ist.

Wenn Sie sich zu diesem Buch hingezogen fühlen, haben Sie sich einem Weg wahrer Zuflucht bereits geöffnet. Vielleicht haben Sie gegen sich angekämpft und sehnen sich danach, freundlicher mit sich selbst umzugehen. Vielleicht ringen Sie mit einer Abhängigkeit und sehnen sich danach, ein Leben ohne Zwang und Scham zu führen. Vielleicht sind Sie mit einem Verlust konfrontiert worden – der Arbeitsstelle, eines lieben Menschen, Ihrer Gesundheit – und fragen sich, ob sich Ihr Herz je wieder davon erholen wird. Vielleicht belastet Sie die ungeheure Menge an Leiden in unserer Welt, und Sie suchen nach einem Weg, zu dessen Heilung beizutragen. Wie schwierig die Situation auch immer ist – *der Weg der Zuflucht in eine heilsame und befreiende Präsenz steht immer offen.*

Das Verfassen dieses Buches war eine Entdeckungsreise. Jeden Tag lernte ich aus meinen eigenen Erfahrungen und aus den Erfahrungen der Menschen in meiner Umgebung. Mögen Ihnen diese Lehren und Übungen während unseres gemeinsamen spirituellen Weges als Gefährten dienen und Ihnen Zuversicht schenken.

...in eigenen

erwachten

Zuflucht und

Geborgenheit

Teil I

Unsere Suche nach Zuflucht

1

*Nach Hause kommen
zu sich selbst*

Winde der Heimkehr

*Ach, nicht getrennt sein,
nicht durch so wenig Wandung
ausgeschlossen vom Sternen-Maß.
Innres, was ist's?
Wenn nicht gesteigerter Himmel,
durchworfen mit Vögeln und tief
von Winden der Heimkehr.*

Rainer Maria Rilke

Am Ende eines eintägigen Meditationsseminars nahm mich Pam, eine Frau Ende sechzig, beiseite. Pam und ihr Mann Jerry befanden sich am Ende eines schweren Weges, der drei Jahre zuvor begonnen hatte. Nun stand Jerry kurz davor, an seinem Lymphom zu sterben. Er hatte Pam gebeten, ihn durch diese letzte Phase seines Lebens zu begleiten.

»Tara«, flehte sie, »ich brauche dringend Hilfe.« Pam versuchte verzweifelt, alles Menschenmögliche für ihren Mann zu tun. »Ich möchte ihn so gerne retten«, erklärte sie mir. »Ich habe mich mit Ayurveda, chinesischer Medizin, Kräuterheilkunde und jeder alternativen Therapiemethode beschäftigt, die ich finden konnte. Ich habe alle Studien durchforstet …, ich war mir sicher, wir kriegen das hin.« Sie lehnte sich erschöpft zurück und ließ ihre Schultern hängen. »Und jetzt bleibt mir kaum mehr, als alle auf dem Laufenden zu halten und die Pflegekräfte zu koordinieren. Wenn er nicht schläft, versuche ich, es ihm angenehm zu machen, ihm vorzulesen …«

»Das klingt, als hättest du alles in deiner Kraft Stehende getan, um gut für Jerry zu sorgen«, antwortete ich mit mitfühlender Stimme. »Und warst damit *sehr beschäftigt.*«

Bei diesen Worten lächelte sie mir bestätigend zu. »Ja, sehr beschäftigt. Klingt verrückt, oder?« Sie hielt einen Moment inne. »So lange, wie ich mich erinnern kann, bin ich immer sehr beschäftigt gewesen, sogar jetzt, aber ich kann mich nicht einfach zurücklehnen und ihn kampflos gehen lassen.« Pam schwieg ein Weilchen, dann sah sie mich ängstlich an. »Er könnte jetzt jeden Tag sterben, Tara. Gibt es nicht irgendeine buddhistische Praxis, die ich lernen sollte? Oder etwas, was ich lesen sollte? Vielleicht das *Tibetische Totenbuch?* Wie kann ich ihm bei diesem … Sterben … helfen?«

Bevor ich versuchte, ihr zu antworten, bat ich sie, nach innen zu lauschen und mir zu sagen, was sie fühlt.

»Ich liebe ihn so sehr und habe solche Angst, ihn im Stich zu lassen.« Sie begann zu weinen. Nach einer Weile sprach sie weiter: »Mein ganzes Leben lang habe ich gefürchtet, nicht zu genügen. Ich glaube, ich habe immer so geschuftet, um es besser zu machen. Und jetzt fürchte ich, da zu versagen, wo es am meisten darauf ankommt. Er wird sterben, und ich werde mich total einsam fühlen, weil ich ihn im Stich gelassen habe.«

»Pam«, erwiderte ich sanft, »du hast schon so viel getan, doch die Zeit für all die Aktivität ist jetzt vorbei. Du brauchst zu diesem Zeitpunkt nichts mehr in Gang zu setzen, du brauchst jetzt gar nichts mehr zu *tun.*« Ich wartete einen Moment und fügte dann hinzu: »Es geht darum, einfach bei ihm zu *sein*. Vermittle ihm deine Liebe durch deine volle Präsenz.«

In dieser schweren Situation bezog ich mich auf eine einfache Lehre, die in meiner Arbeit mit meinen Meditationsschülern und Therapieklienten eine zentrale Rolle spielt: Wenn wir liebevolle Präsenz als unsere eigentliche Essenz erkennen, wenn wir diese Essenz *sind*, entdecken wir wahre Freiheit. Angesichts eines unausweichlichen Verlustes kann diese zeitlose Gegenwärtigkeit unserem eigenen Herzen und dem Herzen anderer Heilung und Frieden bringen.

Pam nickte. Jerry und sie seien Katholiken, erklärte sie mir, und die Achtsamkeitsübungen aus meinen wöchentlichen Kursen hätten ihnen zu einer tieferen Erfahrung ihres Glaubens verholfen. Doch die dramatische Verschlechterung von Jerrys Zustand überwältigte Pam. »Ich weiß, dass die Hospiz- und Pflegekräfte alles tun, um zu helfen, aber ich finde einfach, all dies sollte nicht so sein – so viel Erschöpfung, so viel Schmerz. Niemand sollte so etwas durchmachen müssen. Es ist einfach verkehrt.« Wie so viele Menschen empfand auch Pam Krankheit als ungerecht, als einen Feind, dem es zu widerstehen gilt. Sie war mit Dukkha konfrontiert, dem Leiden, das mit dem Leben einhergeht.

»In diesen besonders schwierigen Momenten könntest du innehalten und dir bewusst machen, was du fühlst – die Angst, den Ärger oder den Kummer«, schlug ich ihr vor. »Und dann könntest du dir innerlich zuflüstern: ›Ich stimme zu.‹« Ich hatte diesen Satz kürzlich von Pater Thomas Keating gehört und dachte, als Katholikin könnte Pam damit vielleicht etwas anfangen. Wenn wir »Ich stimme zu« sagen – oder einfach »Ja«, wie ich meistens lehre –, entspannt sich unser Widerstand gegen den gegenwärtigen Augenblick, und wir können den Herausforderungen des Lebens mit einem offeneren Herzen begegnen.

Pam nickte, aber sie wirkte immer noch besorgt. »Ich möchte das gerne tun, Tara, aber wenn ich aufgeregt bin, wird mein Denken immer schneller. Ich fange an, mit mir selbst zu reden, mit ihm zu reden – wie kann ich mich daran *erinnern,* innezuhalten?«

Das ist eine gute Frage, und ich höre sie oft. »Du wirst es höchstwahrscheinlich immer mal wieder vergessen«, antwortete ich, »das ist ganz normal. Alles, was du tun kannst, ist, getreulich an der Absicht festzuhalten, innezuhalten, zu spüren, was gerade vor sich geht, und es so sein zu lassen.«

Pams Gesicht wurde weicher, als sie verstand. »Das kann ich. Ich kann von ganzem Herzen beabsichtigen, für Jerry da zu sein.«

Unser Ruf um Hilfe

»Alle Religionen und spirituellen Traditionen beginnen mit einem Hilferuf«, schrieb der amerikanische Psychologe und Philosoph William James im 19. Jahrhundert. In meiner Beratungspraxis und in den Gesprächen mit Übenden höre ich viele verschiedene Arten von Hilferufen. Wie kann ich mit dieser lähmenden Angst fertig werden, mit diesem Gefühl, versagt zu haben, mit der Qual dieses Verlustes?

Wir merken, ähnlich wie Pam, dass wir gegen die grundlegenden Realitäten wie Veränderung, Verlust und Sterblichkeit nichts ausrichten können, sosehr wir uns auch um eine Kontrolle über unser Leben bemühen. Unsicherheit wohnt dieser vergänglichen Welt inne. Und so beten wir um Zuflucht: »Hilfe! Ich sehne mich danach, mich sicher und beschützt zu fühlen, geliebt und in Frieden. Ich möchte zu etwas gehören, was größer ist als ich. Ich möchte mich in meinem Leben zu Hause fühlen.«

Doch wenn wir uns unser Leben genauer anschauen, wird deutlich, dass wir oft nicht weise im Sinne unseres Gebetes handeln. Statt nach echter Zuflucht zu streben, wenden wir uns dem zu, was ich »falsche Zufluchten« nenne. Sie sind falsch, weil sie zwar vorübergehend Trost oder Sicherheit zu geben scheinen, aber langfristig das Leiden vermehren. Vielleicht fürchten wir uns wie Pam vor dem Versagen und flüchten uns daher in Geschäftigkeit, einen hohen Leistungsanspruch oder die Sorge um andere. Oder wir fühlen uns nicht liebenswert und flüchten uns in das Streben nach Erfolg oder Wohlstand. Vielleicht fürchten wir uns vor Kritik und suchen Zuflucht darin, dass wir Risiken vermeiden und anderen immer gefallen wollen. Oder wir fühlen uns bedrückt oder leer und flüchten uns in Alkohol, übermäßiges Essen oder stundenlanges Surfen im Internet. Statt es zuzulassen und uns dem zu öffnen, was wir gerade fühlen, flüchten wir uns in diese Dinge, um den emotionalen Schmerz zu vermeiden. Doch das entfernt uns nur noch weiter von zu Hause.

Solange wir diesen falschen Zufluchten nachgehen, wird uns das Leiden verfolgen. Wie viele von uns schlafen unruhig und erwachen mitten in der Nacht voller Angst und Sorgen? Oder schlagen sich mühsam durch den Tag und können vor Anspannung oder Getriebenheit nicht genießen, was gerade vor sich geht? Statt uns zufriedenzustellen oder unsere Ängste zu lindern, nähren die falschen Zufluchten unsere grundlegenden Selbstzweifel. Pam hatte sich ganz und gar der Fürsorge für Jerry gewidmet, doch alles, was sie tat, erschien ihr ungenügend. Ihr ängstliches Bemühen, es »richtig« zu machen, bestärkte sie in ihrem Eindruck, nicht zu genügen. Sie fühlte sich nicht im Einklang mit sich selbst und dem, was sie Jerry anbieten konnte.

Häufig erkennen wir erst, wenn uns eine Krise erschüttert – ein Herzenskummer, der Tod eines nahestehenden Menschen oder unser eigener bevorstehender Tod –, dass unsere falschen Zufluchten nicht funktionieren. Sie können uns nicht vor dem retten, was wir am meisten fürchten: dem Schmerz des Verlustes und der Trennung. Eine Krise hat die Macht, unsere Illusionen zu zerschmettern und zu offenbaren, dass es in dieser unbeständigen Welt keinen festen Boden gibt, auf dem wir stehen könnten, und nichts, woran wir uns festhalten könnten. In solchen Zeiten, wenn unser Leben in die Brüche zu gehen scheint, kann uns bewusst werden, wie sehr wir um Hilfe rufen. Dieser Hilferuf entspringt der Sehnsucht des Herzens nach einer Zuflucht, die so umfassend ist, dass auch unsere tiefsten Leidenserfahrungen darin aufgehoben sind.

Heimkehren zur liebevollen Gegenwärtigkeit

Einen Monat nach meinem Gespräch mit Pam rief sie mich an, um mir mitzuteilen, dass Jerry gestorben sei. Und sie erzählte mir, was nach unserem Gespräch geschehen war. Als sie an jenem Abend nach Hause kam, hatte sie Jerry eingeladen, still mit ihr zu beten. »Als wir fertig waren«, sprach sie weiter, »haben wir einander erzählt, worum wir gebetet hatten. Ich sagte ihm, wie sehr ich mir wünschte, dass er meine Liebe spürt.« Pam schwieg einen Moment, und als sie weitersprach, klang ihre Stimme rau. »Er hatte um genau dasselbe gebetet …, nur umgekehrt. Wir umarmten uns und weinten zusammen.«

Pam gab zu, wie sehr sie selbst in jenen letzten Wochen mit dem Impuls zu kämpfen hatte, sich nützlich zu machen, geschäftig zu sein. Eines Nachmittags fing Jerry an, darüber zu sprechen, dass ihm nur noch wenig Zeit bliebe und dass er sich nicht vor dem Tod fürchte. Sie hatte sich über ihn gebeugt, ihm einen Kuss gegeben und rasch erwidert: »Ach, mein Lieber, heute war ein guter Tag, heute scheinst du mehr Kraft gehabt zu haben. Ich mache dir einen Kräutertee.« Er verfiel in Schweigen, und die Stille erschütterte sie. »Mir wurde in diesem Moment so deutlich, wie sehr es einzig und allein darum ging, einander zuzuhören, ganz präsent zu sein, und wie sehr uns alles andere nur trennte. Ich wollte nicht laut zugeben, was vor sich ging; das machte es so real. Also wich ich aus, indem ich Tee machte. Doch indem ich der Wahrheit auswich, entfernte ich mich von ihm, und das war herzzerreißend.«

Während sie den Tee zubereitete, betete Pam und bat darum, mit ganzem Herzen für Jerry da zu sein. An diesem Gebet orientierte sie sich in den Tagen, die danach kamen. »Im Laufe der letzten paar Wochen musste ich all meine Vorstellungen davon loslassen, wie sein Sterben sein sollte und was ich noch tun sollte, und erinnerte mich immer wieder daran, zu sagen: ›Ich lasse es zu.‹ Zuerst wiederholte ich die Worte nur mechanisch, aber nach ein paar Tagen spürte ich, wie mein Herz tatsächlich anfing, zuzulassen.«

Sie beschrieb, wie sie innehielt, wenn starke Gefühle aufwallten, um innerlich wahrzunehmen, was gerade vor sich ging. Wenn sich ihr Bauch vor Angst und Hilflosigkeit zusammenzog, verweilte sie bei diesen Gefühlen und ließ ihre tiefe Verletzlichkeit zu. Wenn der rastlose Drang, »etwas zu tun«, auftauchte, nahm sie ihn wahr, blieb ruhig und ließ ihn wieder verebben. Wenn die Wellen der Trauer sie überrollten, sagte sie sich: »Ich lasse es zu«, und öffnete sich der schmerzhaften Schwere des Verlustes.

Die präsente Nähe zu ihrem inneren Erleben ermöglichte es Pam, ganz für Jerry da zu sein. »Als alles in mir die Angst und den Schmerz wirklich zuließ, wusste ich, wie ich für ihn sorgen kann. Ich spürte, wann es Zeit war, Worte der Ermutigung zu flüstern, und wann es einfach darum ging, zuzuhören, ihn mit Berührung zu beruhigen, für ihn zu singen, mit ihm still zu sein. Ich wusste, wie ich mit ihm *sein* kann.«

Am Ende des Gesprächs erzählte mir Pam, was für sie das Geschenk jener letzten Tage mit Jerry war und wie ihre Gebete erhört worden waren: »In der Stille schaute ich jenseits von ›er‹ und ›ich‹. Ich erkannte, dass wir uns in einem Feld des Liebens befanden – totale Offenheit, Wärme und Licht. Er ist jetzt von uns gegangen, aber dieses Feld des Liebens ist immer bei mir. Mein Herz weiß, dass ich heimgekehrt bin …, wirklich heimgekehrt zur Liebe.«

Lernen, sich den Wellen anzuvertrauen

Pams Bereitschaft, sich ganz auf ihre innere Erfahrung einzulassen, wie schmerzhaft sie auch sei, ermöglichte es ihr, sich mit der endlosen Weite der Liebe zu verbinden. Ihre zunehmende Fähigkeit zur Präsenz, ihre Bereitschaft, sich der Wahrheit ihrer Erfahrung in jedem Augenblick zu stellen, ließ sie mitten in einem großen Verlust nach Hause finden. Gegenwärtigkeit ist die Essenz wahrer Zuflucht.

Eine andere Art von Verlust hatte mich zu meinem ersten buddhistischen Retreat getrieben. Mein Sohn Narayan war zu jener Zeit vier Jahre alt, und ich stand kurz vor der Scheidung. Ich hatte bereits erlebt, wie gut mir die buddhistische Meditation tat, und hoffte, eine Zeit intensiver Praxis würde mir helfen, mit meinen Ängsten und meinem Stress umzugehen. Ich hatte Narayan zu meinen Eltern in New Jersey gebracht und fuhr durch dichtes Schneegestöber zu dem Retreatzentrum in Massachusetts. Auf dieser langsamen Fahrt durch die Kälte hatte ich jede Menge Zeit, um darüber nachzudenken, was mir wirklich wichtig war. Ich wollte nicht, dass die Liebe, die ich immer noch für meinen Mann empfand, durch die Trennung verschüttet würde. Ich wollte nicht, dass wir füreinander zu rücksichtslosen, gar feindseligen Fremden würden. Und mir lag daran, dass sich Narayan trotz unserer Trennung sicher und geliebt fühlte. So betete ich aus tiefstem Herzen, in all dem, was vor sich ging, einen Weg zu finden, mit meinem Herzen verbunden zu bleiben.

Im Laufe der stundenlangen stillen Meditationen der folgenden fünf Tage kreise ich viele Male durch klare, aufmerksame Geisteszustände und Phasen, in denen mich die Müdigkeit übermannte, mich körperliches Unwohlsein plagte oder ich in Gedanken abschweifte. An einem Abend verlor ich mich in Gedanken über die kommenden Monate: Sollten wir für den Scheidungsprozess Anwälte oder einen Mediator einschalten? Wann sollten wir auseinanderziehen? Und vor allem: Wie konnte ich in dieser schmerzhaften Übergangsphase für meinen Sohn da sein? Jeder sorgenvolle Gedanke, der auftauchte, lockte mich, alles durchdenken und innerlich klären zu wollen. Doch etwas in mir wusste, dass ich bei den unangenehmen Gefühlen in meinem Körper zu bleiben hatte. Ein Vers von Ryôkan, einem Zen-Dichter aus dem 18. Jahrhundert, kam mir in den Sinn: *»Um das Buddha-Dharma zu finden, treibe nach Osten und Westen, komme und gehe, vertraue dich den Wellen an.«*

Der »buddhistische Weg« bezieht sich auf die Wahrheit davon, wie die Dinge wirklich sind. Wir können die Natur der Wirklichkeit erst verstehen, wenn wir aufhören, unsere Erfahrung kontrollieren zu wollen. Es gibt keinen Weg, zu erkennen, was vor sich geht, solange wir auf einer gewissen Ebene versuchen, das Unwetter zu ignorieren oder ihm auszuweichen. Während der letzten paar Tage des Retreats versuchte ich wieder und wieder, loszulassen, doch meine lang erprobte Strategie, um mich besser zu fühlen – wiederholtes Darüber-Nachdenken –, hinderte mich immer wieder daran. Ryôkans Worte verwiesen auf neue Möglichkeiten: Vielleicht konnte ich mich tatsächlich den Wellen *anvertrauen*. Vielleicht bestand der einzige Weg zu echtem Frieden darin, mich dem Leben zu öffnen, wie es eben war. Sonst hatte ich hinter meinen Bemühungen, alles im Griff zu behalten, ständig das bedrohliche Gefühl, dass hinter der nächsten Ecke etwas Schreckliches lauern könnte.

Ich versuchte, mich den Gefühlswellen zu öffnen, aber meine alten Gewohnheiten ließen sich nicht so leicht abschütteln. Ich spürte die Anspannung in meiner Brust, und schon machte ich mir wieder Sorgen über die neue Vorschule meines Sohnes, über die Fahrgemeinschaft und wie ich einen flexibleren Babysitter finden könnte. Dann ärgerte ich mich über mich selbst und verurteilte mich dafür, meine Retreatzeit zu »vergeuden«. Ganz allmählich begriff ich, wie krampfhaft zusammengezogen mein Herz war, wie sehr ich mich davor fürchtete, die Intensität des Lebens durch mich hindurchströmen zu lassen. Ich brauchte Hilfe, um mich »anzuvertrauen«.

Jeden Nachmittag hatten die Lehrer die ganze Gruppe durch eine Herzensgüte-Meditation geführt. Ich beschloss, zu versuchen, diese Übung in meine persönliche Praxis einzubeziehen. In der klassischen Form besteht diese Meditation darin, liebevolle Gebete für uns selbst und in sich erweiternden Kreisen für andere Wesen auszusenden. Ich begann, mir selbst Gutes zu wünschen: »Möge ich glücklich und zufrieden sein. Möge ich glücklich und zufrieden sein.« Zuerst fühlte es sich wie eine oberflächliche mentale Übung an, aber schon bald änderte sich etwas. Mein Herz begann, es wirklich zu meinen, ich kümmerte mich um mein eigenes Leben, und das Bewusstsein dieser Fürsorge löste ein wenig von der Anspannung in meinem Herzen.

Jetzt konnte ich mich leichter den Wellen der Angst und des Kummers hingeben und die vorüberziehenden Gedanken und Körperempfindungen – Druck und Schmerz – einfach in ihrem Kommen und Gehen wahrnehmen. Wenn die Sorgen, die mich gequält hatten, auftauchten, spürte ich, dass auch sie Wellen waren, hartnäckige Wellen, die mir schmerzhaft gegen die Brust schlugen. Doch indem ich keinen Widerstand leistete und die Wellen durch mich hindurchströmen ließ, stellte sich Entspannung ein. Statt gegen die stürmischen Brecher zu kämpfen, ruhte ich in einem Meer des Gewahrseins, welches alle Wellenbewegungen einbezog. Ich war in einem Heiligtum angekommen, das groß genug schien, alles aufzunehmen, was in meinem Leben vor sich ging.

Natürliche Präsenz: Wach, offen und feinfühlend

Präsenz ist kein exotischer Zustand, nach dem wir suchen oder den wir irgendwie erzeugen müssten. Ganz einfach ausgedrückt ist Präsenz *das Empfinden von Wachheit, Offenheit und Feinfühligkeit, welches entsteht, wenn wir ganz bei unserer Erfahrung im Hier und Jetzt sind.* Sie haben sicherlich schon Präsenz erlebt, auch wenn Sie es vielleicht nicht so genannt haben. Vielleicht haben

Sie Präsenz erfahren, als Sie in einer lauen Sommernacht wach im Bett lagen und den Grillen lauschten. Oder als Sie allein durch den Wald gingen. Auch bei einer Geburt oder einem Sterben anwesend zu sein, kann einen in einen Zustand vollkommener Präsenz versetzen.

Präsenz ist das Gewahrsein, welches uns von Natur aus innewohnt. Präsenz ist eine unmittelbare, körperliche Erfahrung, die durch die Sinne wahrgenommen wird. Die genauere Betrachtung einer Erfahrung von Präsenz offenbart die drei oben genannten Qualitäten:

Wachheit heißt, dass wir uns dessen, was gerade geschieht, bewusst sind. Mit dieser Intelligenz erkennen wir den sich von Augenblick zu Augenblick ständig verändernden Fluss der Erfahrung – die Geräusche, die uns gerade umgeben, unsere Körperempfindungen, unsere Gedanken. Wachheit bezeichnet die »wissende« Qualität des Gewahrseins.

Offenheit bezieht sich auf den Raum der Bewusstheit, in dem das Leben stattfindet. Diese Bewusstheit widerspricht unserer Erfahrung nicht und wertet sie auch nicht auf. Selbst wenn schmerzhafte Gefühle oder Gedanken ausgelöst wurden, erkennt sie einfach, was vor sich geht, und erlaubt unserem Gefühlsleben, so zu sein, wie es ist. Wie der Himmel, durch den das Wetter zieht, ist auch der offene Raum der Bewusstheit unabhängig von den wechselhaften Ausdrucksformen des durch uns hindurchziehenden Lebens. Doch dieses Gewahrsein verfügt über eine natürliche Sensibilität und einen Ausdruck von Wärme. Diese empfindsame Art der Zuwendung nenne ich *Feinfühligkeit*. Unsere warmherzige Feinfühligkeit ermöglicht es uns, auf all die Schönheit und all den Kummer, auf alles, was sich zeigt, mit Mitgefühl, Liebe und Staunen einzugehen.

Wir können also von drei Qualitäten der Präsenz sprechen, doch letztlich sind sie untrennbar. Denken Sie an einen sonnendurchfluteten Himmel. Es ist unmöglich, das Licht des Himmels von dem Raum zu trennen, den es durchleuchtet; es ist unmöglich, die Wärme, die wir spüren, von dem Raum und dem Licht zu trennen. Licht, Raum und Wärme sind alles inniglich miteinander verwobene Ausdrucksformen eines Ganzen.

Unsere Sehnsucht, ganz und aus unserem Sein heraus zu leben, ruft uns heim zu dieser natürlichen Gegenwärtigkeit. Unser Erkennen der Wahrheit erwächst aus der Klarheit der Präsenz. Liebe strömt aus der Empfänglichkeit der Präsenz. Lebendigkeit und Kreativität entfalten sich, wenn wir in der Offenheit der Präsenz sind. Alles, was uns kostbar ist, ist bereits hier, durch Gegenwärtigkeit. Jedes Mal, wenn wir nach Hilfe rufen, kann uns unsere Sehnsucht daran erinnern, uns unserer wahren Zuflucht zuzuwenden, der Heilung und Freiheit natürlicher Gegenwärtigkeit.

Rückkehr zur Präsenz

Nach jenem Retreat fuhr ich mit der Absicht zurück, jedes Mal, wenn ich mich gereizt, ängstlich und angespannt fühlte, Zuflucht zur Präsenz zu nehmen. Eine Woche nach meiner Rückkehr bot sich die erste Gelegenheit, und ich nahm sie wahr. Mein Exmann rief mich an und teilte mir mit, er könne an diesem Abend nicht auf Narayan aufpassen. Das bedeutete, dass ich in kürzester Zeit einen Babysitter organisieren musste, um meine Klienten empfangen zu können. »Ich bringe hier das ganze Geld ins Haus, und dann kann ich mich nicht mal in *dieser* Hinsicht auf ihn verlassen!«, schimpfte mein Geist. »Schon wieder übernimmt er nicht seinen Anteil, schon wieder lässt er mich im Stich!«

Doch am Ende jenes Tages setzte ich mich hin und nahm mir Zeit, mich den Bewertungen und den Schuldzuweisungen zuzuwenden, die in meinem Körper zu spüren waren, und meine Selbstgerechtigkeit ließ nach. Ich saß still da, während die beschuldigenden Gedanken und die Wogen des Ärgers kamen und gingen. Unter meinem Groll spürte ich die ängstliche Frage »Wie kann ich das alles schaffen?«. Und als ich diese untergründigen Wellen der Angst und Sorge durch mich hindurchlaufen ließ, eröffnete sich mir ein ruhiger, innerer Zustand, in dem ich mehr Spielraum und einen weiteren Horizont hatte. Natürlich wusste ich nicht, was die Zukunft bringen würde. Ich hatte nur den gegenwärtigen Augenblick, und dieser Augenblick war in Ordnung. Aus diesem Zustand heraus konnte ich spüren, wie schwierig es für meinen Exmann war, eine neue Wohnung zu finden, unsere Zeitpläne abzustimmen und sich auf tieferer Ebene auf eine völlig andere Zukunft, als er sich vorgestellt hatte, einzustellen. Das half mir, toleranter und freundlicher auf die Situation zu schauen.

Zu anderen Zeiten tat ich mich schwerer damit, mich den Wellen anzuvertrauen, vor allem, wenn mein Ex und ich unterschiedliche Ansichten über Finanzen oder Sorgerechtsvereinbarungen hatten. Jedes Sich-Anvertrauen fühlte sich an, als würde ich damit zulassen, ausgenutzt zu werden. Ich erkannte, dass ich zunächst mich selbst mitfühlend annehmen und meine Fürsorge für mich selbst wirklich ernst nehmen musste. Dann konnte ich mir selbst meine wütendsten, gemeinsten Gedanken verzeihen. Allmählich entspannte sich mein Herz ein wenig, und ich konnte die schmerzhaften Strömungen der Wut und der Angst besser durch mich hindurchfließen lassen.

Wie auf dem Retreat stellte sich dann in mir eine Verbindung mit einer weiten Präsenz ein, die das aktuelle Geschehen mit einbezog und mir ermöglichte, mein Leben mit mehr Weisheit zu betrachten. In dieser Gegenwärtigkeit ruhend, konnte ich anfangen, mir klarer meiner gesunden Bedürfnisse bewusst zu werden – nach einer fairen Aufteilung unserer Finanzen, nach eigenem Wohnraum – und sie von Impulsen zu unterscheiden, die aus Angst oder Misstrauen entstanden. Wenn ich für das einstand, was ich brauchte, fühlte ich mich mehr in mir selbst zu Hause, jedoch nicht, wenn ich enge Kontrolle auszuüben versuchte. Und ich bemerkte, wie mein Exmann umso respektvoller und flexibler wurde, je mehr er spürte, wie ich mich um genau diese Qualitäten bemühte.

Diese Zuflucht zur Präsenz ermöglichte es meinem Exmann und mir, Freunde zu bleiben und einander immer noch als Teil der Familie zu betrachten. Aber es war nicht leicht. Wir waren beide auf dem spirituellen Weg und glaubten naiverweise, uns deshalb auf eine ehrenhafte und erwachsene Art voneinander trennen zu können. Keiner von uns beiden rechnete damit, dass wir einander aus dem Stress heraus absichtlich wehtun würden. Und doch taten wir es bisweilen – wir waren unehrlich, wir sagten Dinge, die wir hinterher bereuten, und konfrontierten einander mit unserem Ärger und unserer Verachtung. Wir hielten in dieser emotional schmerzhaften Zeit nur durch, weil uns die Bedürfnisse unseres Sohnes so wichtig waren und weil wir die Liebe zueinander nicht aufgaben. Die Praxis, Zuflucht zur Präsenz zu nehmen, ermöglichte es mir, uns beiden unsere Menschlichkeit zu verzeihen, und sie half, unsere Zuwendung zueinander aufrechtzuerhalten.

Wenn wir leiden, steigt manchmal aus unserer Tiefe der Ruf nach Hilfe auf. Wie damals bei Pam während Jerrys Sterben oder bei mir am Ende meiner ersten Ehe kann uns dieses tiefe, aufrichtige Sehnen aufwecken und zu der Vollständigkeit und Freiheit führen, die im gegenwärtigen Augenblick zu finden sind. Doch wenn wir in Schwierigkeiten sind, ist das Hier und Jetzt oft der letzte Ort, wo wir sein wollen. Was hält uns davon ab, zur wahren Zuflucht der Präsenz heimzukehren? Was hindert uns daran, uns zu entscheiden, hier zu sein? Ich nenne es »die Trance des kleinen Selbst«. Dem wollen wir uns im nächsten Kapitel zuwenden.

Geführte Meditation

Innehalten für Präsenz

Ein natürlicher Zugang zur Präsenz geht durch den Körper. Die folgende kurze Meditation können Sie durchführen, wann immer Sie ein wenig Ruhe und Zeit dafür haben.

Setzen Sie sich ruhig und bequem hin und schließen Sie die Augen. Beginnen Sie mit drei bewussten Atemzügen: Atmen Sie lang und tief ein, füllen Sie die Lungen, und dann atmen Sie langsam aus. Spüren Sie beim Ausatmen, wie sich Spannungen in Körper und Geist lösen.

Laden Sie Ihr Gewahrsein ein, Ihren ganzen Körper zu erfüllen. Können Sie sich Ihre physische Form als ein Feld von Empfindungen vorstellen? Können Sie die Bewegungen und die Qualitäten dieser Empfindungen spüren – sei es ein Kribbeln, ein Beben, Wärme oder Kühle, Härte oder Weichheit, Festhalten oder Fließen? Nehmen Sie sich eine Weile Zeit, um mit Ihrer ganzen Aufmerksamkeit bei diesem Tanz der Empfindungen zu verweilen.

Öffnen Sie jetzt Ihr Gewahrsein auch für den Raum um sich herum. Können Sie sich vorstellen, die Symphonie der Sie umgebenden Klänge aufzunehmen, sie durch sich hindurchströmen zu lassen? Können Sie nicht nur mit den Ohren, sondern mit Ihrem ganzen Gewahrsein auf das sich ständig verändernde Spiel der Geräusche lauschen? Nehmen Sie sich etwas Zeit, um sich mit offener Aufmerksamkeit den Geräuschen um Sie herum zuzuwenden.

Lassen Sie mit weiterhin geschlossenen Augen Ihr Gewahrsein das Spiel der Bilder und Lichter aufnehmen, das sich hinter Ihren Augenlidern abspielt. Vielleicht bemerken Sie ein Flimmern von Licht und Dunkel, oder es zeigen sich Ihnen schattenhafte Umrisse oder Lichtformen. Nehmen Sie sich Zeit, bewusst zu sehen.

Spüren Sie Ihren Atem und spüren Sie den Raum um sich herum. Nehmen Sie die Gerüche auf, die in der Luft liegen. Entdecken Sie, wie es ist, zu riechen, wie das Umfeld duftet, in dem Sie sich gerade befinden.

Lassen Sie jetzt alle Ihre Sinne weit offen sein. Ihr Körper und Ihr Geist sind entspannt und empfänglich. Lassen Sie das Leben frei durch sich hindurchströmen. Nehmen Sie sich so viel Zeit, wie Sie möchten, um Ihre Erfahrung von Augenblick zu Augenblick bewusst hörend und fühlend wahrzunehmen. Bemerken Sie den sich ständig verändernden Fluss der Empfindungen und Klänge, bemerken Sie die Lebendigkeit darin und die zugrunde liegende Präsenz. Genießen Sie diesen wachen, inneren Zustand der Präsenz. Vergegenwärtigen Sie sich zum Abschluss die Möglichkeit, dieses wache, offene Gewahrsein in das mitzunehmen, was Sie als Nächstes tun.

Halten Sie im Verlauf Ihres Tages mehrmals inne und erwecken Sie für einen kurzen Moment Ihre Sinne, indem Sie sich vor allem Ihrer Körperempfindungen bewusst werden und auf die Geräusche lauschen. Mit etwas Übung werden Sie sich in der natürlichen Präsenz immer mehr zu Hause fühlen.

Nach Hause kommen zu sich selbst

Das Heim verlassen –
Die Trance des kleinen Selbst

Was im Sein erscheint,
verliert sich im Sein, vergisst vor Trunkenheit
den Weg nach Hause.

Rumi

Wir werden mit einem wundervollen offenen Geist geboren, voller Lebendigkeit, Unbefangenheit und Widerstandsfähigkeit. Doch wir bringen diesen Schatz in eine schwierige Welt.

Ich stelle mir vor, wie wir von dem Augenblick der Geburt an anfangen, eine Art Raumanzug zu entwickeln, um uns in diesem merkwürdigen neuen Umfeld zurechtzufinden. Dieser Raumanzug soll uns vor Gewalt und Habgier schützen und uns helfen, die Zuwendung unserer Betreuungspersonen zu gewinnen, die mehr oder weniger in ihrer eigenen Selbstbezogenheit und Unsicherheit verstrickt sind. Wenn unsere Bedürfnisse nicht erfüllt werden, erzeugt unser Raumanzug die besten abwehrenden und proaktiven Strategien, die ihm möglich sind. Dazu gehören Anspannungen im Körper und Emotionen wie Ärger, Angst und Scham, mentale Aktivitäten wie Urteilen, Sich-Festbeißen und Fantasieren und eine große Bandbreite von Verhaltensweisen, um an das zu kommen, was einem fehlt: Sicherheit, Nahrung, Sex, Liebe.

Unser Raumanzug dient wesentlich unserem Überleben, und manche seiner Strategien helfen uns durchaus, produktive, stabile und verantwortungsbewusste Erwachsene zu werden. Doch derselbe Raumanzug, der uns schützt, kann uns auch daran hindern, uns spontan, fröhlich und frei durch unser Leben zu bewegen. Dann wird unser Raumanzug zum Gefängnis. Unser Selbstverständnis wird durch seine Stärken und Schwächen geprägt. Wir identifizieren uns mit unseren Fähigkeiten, Probleme zu lösen oder zu kommunizieren, identifizieren uns mit unseren Urteilen und Zwangsvorstellungen, identifizieren uns mit unserer Angst und unserem Ärger. »Identifiziert« bedeutet, wir meinen, wir *sind* der Raumanzug! Es scheint uns so, als *seien* wir tatsächlich jenes Selbst, das ängstlich und wütend ist, das urteilt, von anderen bewundert wird, etwas Besonderes ist oder unvollkommen oder allein.

Wenn wir mit dem Raumanzug verschmelzen, fangen wir an, in einem Zustand zu leben, den ich »Trance« nenne. Unser Selbstverständnis wird dann extrem eng. Wir haben vergessen, wer durch die Maske des Raumanzugs schaut; wir haben unser weites Herz und unser Gewahrsein vergessen. Wir haben die mysteriöse Präsenz vergessen, die immer da ist, jenseits aller flüchtigen Emotionen, Gedanken und Handlungen.

In Trance zu leben, ist, als wäre man in einem Traum gefangen, abgeschnitten von der eigenen unmittelbaren Erfahrung des Augenblicks, getrennt von dieser lebendigen Welt. Wir haben unser Zuhause verlassen – unser Gewahrsein und unsere Lebendigkeit – und uns unwissentlich auf ein verzerrtes Fragment der Wirklichkeit reduziert.

Wir haben alle unsere eigene Art, von zu Hause fortzugehen, und unsere eigenen Strategien, mit dem Schmerz unerfüllter Bedürfnisse umzugehen. Doch das Aufwachen an sich ist ein universeller

Prozess. Wir merken – langsam oder schnell –, in welch reduzierter und häufig schmerzhafter Wirklichkeit wir gelebt haben. Wir wollen uns wieder mit unserer Unschuld und grundlegenden Güte verbinden. Wir möchten unser wahres Sein erkennen. Unser tiefes Sehnen drängt uns, einen Weg zu wahrer Zuflucht und Geborgenheit zu finden.

Dieses Erwachen begann für mich etwa acht Jahre vor meinem ersten buddhistischen Retreat. Wie Sie bereits aus dem ersten Kapitel wissen, geschah es nicht einfach alles auf einmal. Doch wenn die Trance sich auch nur für einen kurzen Moment auflöst, können wir das Potenzial für Freiheit und den Weg aus dem Leiden heraus erkennen.

Das Perfektions-Projekt

Solange ich mich erinnern kann, habe ich mich danach gesehnt, die Wahrheit zu erkennen und bewusst und gütig zu sein. Als ich während des College Yoga kennenlernte, war ich überzeugt, eine Abkürzung gefunden zu haben, der Mensch zu werden, der ich sein wollte. Direkt nach meinem Abschluss zog ich in der Nähe von Boston in einen Ashram, eine Gemeinschaft, die dem Weg des Yoga verpflichtet war. Ich war überzeugt, dass dieser Weg mich mit entsprechendem Einsatz zu spiritueller Freiheit führen würde.

Unsere Gemeinschaft folgte strengen Regeln. Wir standen vor Sonnenaufgang auf, nahmen eine kalte Dusche und verbrachten dann mehrere Stunden mit Yoga, Meditation, Singen und Beten. Wir arbeiteten auch hart und viel an dem Betreiben eines Yoga-Zentrums, eines vegetarischen Restaurants und eines Ladens am Harvard Square. Von hingebungsvollem Eifer erfüllt, stand ich oft sogar noch früher auf als meine Mit-Yogis oder setzte mich spätabends noch hin, um meine spirituelle Praxis zu vertiefen.

Mein aufrichtiges spirituelles Streben hatte sich mit einer Überzeugung verknüpft, die in dieser und vielen ähnlichen spirituellen und religiösen Gemeinschaften verbreitet ist: Um glücklich und frei zu sein, müssen wir uns läutern, indem wir unsere Egos von aller Selbstsucht, Aggression und Unsicherheit befreien. Die durch sportliche Yoga-Übungen ausgelösten Hochgefühle und die Verzückung, die ich in Meditationen erlebte, waren mir Zeichen meines Fortschritts. Doch zu anderen Zeiten war ich mir meiner »Unreinheiten« schmerzlich bewusst, was mich motivierte, mich mit noch mehr Eifer in meine spirituellen Praktiken zu vertiefen.

Solches Streben nach Vollkommenheit ist ein äußeres Zeichen für die Trance. Meine Trance wurde von der Überzeugung genährt, dass ich ein begrenztes, unzulängliches Selbst sei. Ohne mir dessen wirklich bewusst zu sein, hatte ich viele Idealvorstellungen davon, wie ein spiritueller Mensch fühlen, aussehen und sich verhalten sollte. Ich hatte auch ein Ideal davon, wie ein »gesunder« weltlicher Mensch sein sollte. Ich prüfte mich regelmäßig, wie ich im Vergleich zu meiner Idealvorstellung dieses perfekten Selbst abschnitt. Natürlich empfand ich mich praktisch immer als unzulänglich – denn direkt unter der Oberfläche lauerten meine Selbstbezogenheit, meine unklaren Motive, mein Ehrgeiz und meine Bewertungen. Im Rückblick kann ich erkennen, wie die Mischung aus echtem spirituellem Bestreben und unbewusstem Perfektionismus für Verwirrung und Zündstoff sorgte. Ich kann erkennen, was Danna Faulds meinte, als sie schrieb: »Perfektion führt zu nichts als Schmerz.«

Das Perfektions-Projekt bricht zusammen

Die morgendliche Praxis im Ashram gab mir Energie und befreite mich vorübergehend von der Anspannung eines selbstzentrierten Fokus. Ich genoss es, mit meinen Freunden zu meditieren und zu singen, ich genoss das gemeinschaftliche Frühstück und die Fahrgemeinschaft. Dieses Wohlgefühl hielt oft stundenlang an, doch an einem Morgen geriet ich in eine tiefe Krise.

Zu jenem Zeitpunkt war ich die Leiterin unseres Yoga-Zentrums, und wir waren spät dran, unsere wichtigste Veranstaltung im Jahr anzukündigen, bei der mehrere bekannte Yoga-Lehrer auftreten würden. An jenem Morgen kam der Leiter unserer Gemeinschaft verspätet und sichtlich erregt zu unserem wöchentlichen Mitarbeiter-Treffen. Ich fragte ihn, was los sei.

»Was los ist?«, sagte er mit mühsam beherrschter Stimme. »Schau dir das doch mal an!« Er warf die Flyer auf den Tisch, die ich für die Veranstaltung gemacht hatte, und ich sah sofort den Tippfehler in dicken, fetten Buchstaben vorne drauf: Es war das falsche Datum! Mir sank das Herz, und ich spürte, wie mein Gesicht vor Peinlichkeit errötete. Wir hatten von diesem Flyer gerade 3000 Exemplare drucken lassen. Ich hatte es absolut vermasselt.

Wir sprachen darüber, einen neuen Flyer zu erstellen, die Aussendung zu verschieben und welche anderen Wege es gäbe, den Fehler wieder auszubügeln. Mein Verstand arbeitete hart daran, das Problem zu lösen, doch die Last des Versagens lag mir wie ein Felsbrocken auf der Brust. Am Ende unserer Sitzung begann ich, mich zu entschuldigen: »Ich bin dafür verantwortlich«, sagte ich mit leiser, tonloser Stimme. »Und es tut mir echt leid …« Ich spürte, wie mich die anderen ansahen, und plötzlich blitzte Ärger in mir auf, und die Worte brachen aus mir hervor: »Aber es war echt ein Riesenberg Arbeit, mit dem ich ganz alleine dastand.« Ich spürte ein Brennen in den Augen, aber ich blinzelte die Tränen weg. »Es wäre schön gewesen, wenn jemand da gewesen wäre, um es noch mal Korrektur zu lesen. Vielleicht wäre das dann nicht passiert.«

Den Rest der Woche versank ich in Selbstekel. Stunde um Stunde spulte mein Verstand alles ab, wo ich in letzter Zeit hinter meinen Ansprüchen zurückgeblieben war. Ich sah, wie ich log, um mich einer sozialen Verpflichtung zu entziehen, wie ich einer anderen Lehrerin gegenüber den Umfang meiner Yoga-Kurse übertrieb, wie ich einer anderen Freundin Klatsch und Tratsch weitererzählte, um mich als Insiderin zu zeigen. Statt mit Großzügigkeit und selbstlosem Dienen beschäftigte ich mich nur mit meinem eigenen spirituellen Fortschritt und meinem Bestreben, als Yoga-Lehrerin zu glänzen. Wieder einmal wurde ich mit dem konfrontiert, was ich an mir am wenigsten mochte: Unsicherheit und Selbstbezogenheit. Ich fühlte mich von allen um mich herum getrennt und in einem Selbst gefangen, das ich nicht sein wollte.

Während jener schwierigen Tage wurde mir klar, dass ich, seit ich denken konnte, damit beschäftigt war, zu beweisen, dass ich okay bin, und mich zu vergewissern, dass ich Fortschritte mache. Als Studentin, als politische Aktivistin, als Yogini und als Lehrerin – überall führte ich Checklisten meiner Errungenschaften. In all diesen Rollen versuchte ich, einer gewissen Definition eines »guten Menschen« zu entsprechen – hilfsbereit, zugewandt, gute Zuhörerin, konstruktiv, vertrauenswürdig und in jeder Situation positiv. Ich widmete mich mit brennendem Eifer dem Yoga und der Meditation. Doch mein ganzes Gefühl von Kompetenz hatte sich durch einen einzigen Fehler aufgelöst, und mein ganzes Selbstbild als guter, spiritueller Mensch war durch einen Moment verärgerter Abwehr ausgelöscht worden. Trotz all meiner Selbstverbesserungs-Strategien war ich damit konfrontiert, dass ich mich als ein grundsätzlich mangelhaftes Selbst empfand.

Das Raumanzug-Selbst ist das kleine Selbst

Wenn ich anfange, von der Trance zu sprechen, meinen manche, dass jegliche Erfahrung des Selbst schlecht oder unspirituell sei und ausgemerzt oder transzendiert werden sollte. Damals im Ashram war das meine Überzeugung – mein Selbstverständnis und meine Unvollkommenheit waren unzertrennbar miteinander verbunden. Heute sehe ich das Raumanzug-Selbst als mein *kleines Selbst,* welches vielfach auch als »Ego« bezeichnet wird.

Dem »Ego« haftet oft ein negativer Beigeschmack an, doch das kleine Selbst (oder Ego) ist ein natürlicher Bestandteil unserer Konditionierung und unbedingt notwendig, um sich im Leben zurechtzufinden. Es entsteht in allen Menschen aus einem »Ich«-Gefühl und umfasst alle mentalen Aktivitäten, die wir brauchen, um zu funktionieren. Dazu gehört auch das ängstliche, schützende Selbst, welches in manchen Traditionen als »Angst-Körper« bezeichnet wird. Und auch das verlangende Selbst gehört dazu, welches nach der Befriedigung seiner Bedürfnisse nach Nahrung, Sex, Sicherheit und Respekt strebt.

Doch dieses kleine Selbst ist nicht unser *wahres* Selbst – es umfasst nicht die Fülle dessen, wer wir sind. Anders gesagt: Wenn wir mit einem kleinen Selbst identifiziert sind, nehmen wir uns als einzelne Wellen wahr und erkennen nicht, dass wir aus Meer bestehen. Wenn wir uns unseres wahren Selbst als Meer bewusst werden, ist das uns vertraute Wellenmuster – unserer Ängste, Abwehrmechanismen, Vorlieben und Geschäftigkeit – immer noch ein Teil von uns, aber es definiert uns nicht mehr.

Die Lehre des Buddha befasst sich in ihrem Kern mit genau dieser *Buddha* fehlgeleiteten Identität. Der Buddha erkannte, dass wir alle darauf konditioniert sind, an angenehmen oder vertrauten Erfahrungen festhalten zu wollen (was er »Begehren« oder »Anhaften« nannte) und unangenehme Erfahrungen abzulehnen (was er »Widerstand« oder »Ablehnung« nannte). Sowohl das Begehren als auch die Ablehnung verengen unser Verständnis dessen, was wir sind – sie verleiten uns, uns mit einer begrenzten, individuellen, isolierten Existenz zu identifizieren und daran anzuhaften.

Diese fehlgeleitete Identifikation wird durch die Geschichten bestärkt, die wir uns erzählen. Wir glauben, wir seien die Stimme in unserem Kopf, wir glauben, wir seien der Hauptdarsteller unse-

rer Geschichte, und wir glauben, unsere Sicht der Welt »da draußen« sei die Wirklichkeit. Vielleicht haben wir ein prall gefülltes, anstrengendes Leben. Vielleicht stellen die Arbeit, die Familie und Freunde mehr Anforderungen an uns, als wir meinen, erfüllen zu können. Vielleicht ist das die Zusammenfassung all der Geschichten und Gefühle unserer Überforderung – immer zu viel zu tun zu haben, immer so vielen Erwartungen gerecht werden zu wollen, so gerne mehr freie Zeit haben zu wollen, aber sich verantwortlich zu fühlen. Solche Geschichten führen leicht zu falschen Zuflüchten wie Überarbeitung, Selbstschutz-Lügen und betäubendem Konsumverhalten. Indem wir unsere Geschichten immer wieder abspulen, verstärken wir unsere Identifikation mit einem überlasteten, überangepassten Selbst. Diese Identifikation bestimmt dann immer mehr unser Selbstverständnis. Wir haben uns im Raumanzug verfangen.

Oder stellen Sie sich vor, was passieren würde, wenn Sie glaubten, dass jeder da draußen nur seine eigenen Interessen verfolgt, und wenn Sie die Situation nicht zu Ihrem Vorteil ausnutzen, werde es nur ein anderer tun. Dann würden Sie vielleicht wütend werden oder sich verletzt fühlen, wenn andere versuchen, ihre Interessen durchzusetzen. Dies kann zu falschen Zuflüchten wie Kontrolle über andere, Macht- und Besitzstreben führen. Dann entwickeln wir Geschichten, die unsere Weltsicht untermauern, und bestätigen damit unsere Identität eines aggressiven, kontrollierenden Selbst.

Je mehr unsere Geschichten auf Angst beruhen, desto stärker verfangen wir uns in unserem reduzierten Selbstverständnis. Dann glaubt nicht nur unser Verstand, so wie meiner damals: »Ich bin irgendwie verkehrt« – auch unser Körper wird dann von den Emotionen überflutet, die mit dieser Überzeugung einhergehen: Depression, Scham und noch mehr Angst. Dann ist »Ich bin irgendwie verkehrt« nicht mehr einfach eine Idee, die wir loslassen könnten, sondern eine felsenfeste Überzeugung. Es *fühlt* sich einfach real an. Und wenn uns jemand verletzt, fühlt sich die Überzeugung, diese Person sei irgendwie verkehrt, ebenso real an. Wir sind dann in einer Trance gefangen, die uns sowohl von unserem Innenleben als auch von anderen trennt.

Unsere Identifikation mit einem kleinen Selbst findet immer außerhalb des Lichts des Gewahrseins statt. Und sie währt so lange, wie wir nicht bemerken, dass unsere Geschichten einfach Geschichten sind (und keine Realität), solange wir die rohen Gefühle in unserem Körper nicht bemerken, solange wir die Angst oder das Begehren nicht bemerken, welches unser Verhalten antreibt. Es entspricht dem Wesen der Trance, dass sie mit Gewahrsein unvereinbar ist und sich auflöst, wenn wir in Präsenz Zuflucht nehmen.

Erwachen aus der Trance

Meine durch einen Tippfehler ausgelöste Woche der Selbstablehnung war der Anfang eines lebenslangen Prozesses des Erkennens und Loslassens meiner Identifikation mit einem kleinen Selbst. Weil ich meine Selbstzweifel so »unspirituell« fand, sprach ich mit niemandem darüber. Bei der Arbeit verhielt ich mich ganz professionell. Ich hielt mich aus dem spielerischen und zwanglosen Geplauder während der Mahlzeiten heraus, und wenn ich versuchte, teilzunehmen, fühlte ich mich wie eine Betrügerin.

Einige Wochen später beschlossen die Frauen des Ashrams, eine Sensibilitäts-Gruppe zu gründen, in der wir über persönliche Schwierigkeiten reden könnten. Ich fragte mich, ob das vielleicht meine Chance war, wieder authentischer zu werden.

Unser erstes Treffen fand an einem Sommerabend statt. Während der ersten Stunde sprachen die anderen Frauen über den Stress bei der Arbeit, die Kinder und gesundheitliche Probleme, und ich spürte, wie die Angst in mir zunahm. Als im Gespräch eine Pause entstand, brach mein Geständnis aus mir heraus. »Ich weiß, ich mache viel Yoga und ich unterrichte viel, und es sieht vielleicht aus, als wäre ich ein hilfsbereiter, freundlicher Mensch ... Vielleicht ist das in gewisser Weise auch wahr, aber es ist auch eine Fassade. Niemand soll sehen, wie selbstbezogen ich bin, wie egozentrisch und bewertend.« Ich hielt kurz inne und schaute in die ernsten Gesichter, bevor ich mit dem rausrückte, was mir wirklich auf dem Herzen lag: »Es ist schwer auszudrücken, aber ... ich glaube nicht, dass ich ein guter Mensch bin, und das macht es so schwer, mich irgendjemandem wirklich nahe zu fühlen.«

Ich erinnere mich nicht, wie die anderen Frauen auf meinen Versuch der Aufrichtigkeit reagierten. Vielleicht waren sie mitfühlend oder erkannten ähnliche Gefühle auch in sich selbst. Ich war zu sehr in meiner Scham gefangen, um es zu bemerken. Ich verließ das Treffen, so schnell ich konnte, ging in mein Zimmer, rollte mich auf meinem Bett zusammen wie ein Baby und weinte.

Das laute Aussprechen meiner Erfahrung vor den anderen hatte meinem kleinen Selbst seine Schutzschicht genommen. Ich fühlte mich wund und schutzlos und fing an, mich innerlich dafür zu beschimpfen, dass ich etwas gesagt hatte. Wie könnte ich morgen irgendjemandem ins Gesicht schauen? Ich sagte mir, ich sollte sofort aufstehen und Yoga machen. Aber stattdessen begann ich nachzuspüren, was eigentlich wirklich schiefgelaufen war, dass ich mich so schlecht fühlte.

Plötzlich wurde mir klar, dass dieser innere Prozess nur eine weitere Wiederholung war. Ich versuchte immer noch, die Dinge in den Griff zu kriegen, indem ich darüber nachdachte, indem ich mehr übte, indem ich zu beeinflussen versuchte, wie mich die anderen sehen. Als ich diese falschen Zufluchten erkannte, hielt ich abrupt inne. So wollte ich nicht weitermachen.

Eine innere Stimme fragte: »Was würde geschehen, wenn ich jetzt nicht versuchen würde, etwas zu ändern?« Ich spürte sofort die

Angst in meinem Körper und dann das vertraute Versinken in Schamgefühlen – genau den Gefühlen, die ich, seit ich denken kann, zu vermeiden versuchte. Aber in dem Moment flüsterte dieselbe innere Stimme ganz leise einen vertrauten Refrain: »*Let it be. (Lass es zu.)*«

Ich legte mich lang auf den Rücken, atmete ein paarmal tief durch und spürte, wie das Gewicht meines Körpers von dem Futon getragen wurde. Wieder und wieder versuchte mein Verstand, zu entwischen, indem er wiederholte, was ich Stunden zuvor gesagt hatte, oder ausprobierte, was ich sonst noch sagen könnte, um mich zu erklären. Wieder und wieder brachte mich die Absicht »Lass es zu« zurück zu der Angst und der Scham in mir. Während ich die Nacht so allein in der Dunkelheit lag, wurde aus diesen Gefühlen manchmal auch Kummer. Ich war erschüttert, wie viel von meinem Leben – meiner Lebendigkeit, meinem Lieben – verloren ging, wenn ich mich in meinen Gefühlen der Minderwertigkeit verlor. Ich öffnete mich alldem ganz, tief schluchzend, bis der Kummer nach und nach verebbte.

Ich stand auf, setzte mich auf mein Meditationskissen vor meinem kleinen Altar und war weiterhin aufmerksam. Mein Geist kam auf natürliche Weise zur Ruhe und ich wurde mir mehr und mehr meiner inneren Erfahrung bewusst – einer stillen, von Zartgefühl durchdrungenen Präsenz. Diese Präsenz war ein Seinszustand, der alles einbezog: die Wellen der Traurigkeit, das Gefühl meiner trocknenden Tränen, den Gesang der Grillen, die schwüle Sommernacht.

In diesem offenen Zustand tauchten wieder Gedanken auf – die Erinnerung an meine Abwehr bei der Arbeitsbesprechung und meine Versuche einer echten Entschuldigung, dann mein Yoga-Unterricht am nächsten Morgen, wo ich versuchte, eine positive, zuversichtliche Energie auszustrahlen. Während ich mir diese Szenen ansah, fühlte ich mich, als würde ich einer Schauspielerin in einem Stück zusehen. Die Schauspielerin versuchte ständig, sich zu schützen, und trennte sich dabei mehr und mehr von sich selbst, von ihrer Authentizität und von der Möglichkeit, sich durch die Verbindung zu anderen unterstützt zu fühlen. Und in jeder Szene sah ich, wie sie immer etwas »tat«, um sich besser zu fühlen, etwas »tat«, um keinen Schmerz zu spüren, etwas »tat«, um Versagen zu vermeiden.

Während ich da saß und diesem Spiel zusah, hatte ich zum ersten Mal das durchdringende Gefühl, dass ich das nicht wirklich bin. Die Gefühle und Reaktionen dieser Schauspielerin waren mir sehr vertraut, doch sie bildeten nur die Wellen auf der Oberfläche dessen, was ich wirklich bin. Genauso war alles, was in diesem Moment geschah – die Gedanken, die Körperempfindungen des Sitzens auf dem Meditationskissen, die Empfindlichkeit, die Erschöpfung –, Teil von mir, doch es definierte mich nicht. Mein Herz öffnete sich. Wie traurig, so lange in einer derart begrenzten Welt gelebt zu haben, wie traurig, mich so getrieben und einsam gefühlt zu haben!

Trance und Erwachen sind beide natürlich

Wenn wir in Trance sind und uns in einer Emotion wie Angst, Scham oder Ärger verfangen haben, weiß unsere innere Intelligenz, dass etwas nicht im Lot ist. Eine Zeit lang, möglicherweise sogar jahrzehntelang, denken wir vielleicht irrtümlicherweise, »etwas stimmt mit mir nicht« oder »etwas stimmt nicht mit der Welt« und wir müssten unsere Unvollkommenheiten reparieren und uns irgendwie vor Fehlschlägen schützen. Allmählich oder plötzlich erkennen wir dann *die eigentliche Ursache des Problems in unserer fehlgeleiteten Wahrnehmung unserer Selbst.* Wir erkennen, dass wir in der Identität eines kleinen, isolierten, mangelhaften Selbst gelebt haben. In diesem Moment des Erkennens mögen wir versucht sein, einer weiteren Täuschung zu unterliegen: »Mit mir stimmt etwas nicht, weil ich immer wieder in diese Trance verfalle.« Doch mit jedem Erwachen von Bewusstheit, mit jedem Gewahrsein und Zulassen dessen, »was geschieht«, löst sich unsere eingeengte Identität weiter auf, und wir entspannen uns mehr in unsere natürliche Ganzheit hinein.

In jener Nacht an meinem Altar fiel ein altes Selbstbild von mir ab. Aber wer war ich dann? In jenen Augenblicken spürte ich, dass sich die Wahrheit dessen, was ich war, nicht in einer Idee oder einem Bild meiner selbst erfassen ließ. Sie lag vielmehr in dem Zustand der Präsenz selbst – in der Stille, der wachen Offenheit –, die sich wie Heimat anfühlte. Mich durchflutete ein Gefühl der Dankbarkeit und Ehrfurcht, das mich seitdem nie wieder ganz verlassen hat.

Seitdem habe ich von vielen Wegen des Erwachens erfahren, und zu den meisten von ihnen gehört ein formelles oder informelles Aufmerksamkeitstraining. Eine Freundin von mir lernte in einem Malkurs, jenseits aller Ideen von »Bäumen« oder »Wolken« in eine geheimnisvolle Welt sich ständig wandelnder Formen, Schattierungen und Essenzen zu schauen. Sie erklärte: »Statt als Beobachterin eine bestimmte Art von Baum zu sehen, war da einfach diese subjektive Innigkeit lebendiger Strukturen, Farben … Ich war Teil eines Tanzes der Lebendigkeit.« Eine Mutter berichtete, wie sich ihr Gewahrsein nach einem Kurs zum Dialog mit Jugendlichen veränderte. Während sie ihrer Tochter zuhörte, löste sie sich bewusst von ihren Vorstellungen darüber, wie ihre Tochter sein sollte, und ließ einfach den Klang ihrer Stimme und den Blick aus ihren Augen auf sich wirken und spürte nach, was das Herz ihrer Tochter wohl mitteilen wollte. Dieses wertfreie Zuhören erweiterte auch ihr eigenes Selbstgefühl: »Ich war nicht mehr in der Rolle der kritischen Mutter gefangen – endlich ein frischer Wind!«

Eine regelmäßige Meditationspraxis ist der zuverlässigste Weg, unsere Aufmerksamkeit darin zu schulen, die Trance zu bemerken – das Auftauchen der vertrauten, tiefsitzenden Geschichten von Schuld und Versagen, von alten Ängsten, Ärger oder Depression. In den folgenden Kapiteln zeige ich, wie wir uns darin üben können, immer wieder zur Präsenz zurückzukehren, und wie die Erkenntnis dessen, wer wir sind, uns immer bewusster werden lässt. Im Laufe der Zeit werden wir immer schneller erkennen, wann wir uns in der Trance verloren haben, und wir werden wissen, dass die Anschuldigung unserer selbst oder anderer oder der Welt oder das Streben nach Kontrolle oder Perfektion kein Ausweg sind. Das Leiden der Trance wird uns vielmehr daran erinnern, in den gegenwärtigen Moment heimzukehren und uns mit der umfassenderen Wahrheit dessen, was wir sind, zu verbinden.

Die Erfahrung, zu unserem wahren Selbst zu erwachen, ist schwer zu beschreiben. Der indische Lehrer Sri Nisargadatta sagt dazu: »… in der Erkenntnis fühlen Sie sich vollständig, erfüllt, frei … und doch nicht immer fähig, zu erklären, was passiert ist … Sie können es nur in negativen Begriffen ausdrücken: ›Mit mir ist nichts mehr verkehrt.‹« Wenn sich die Schleier der Trance lüften, erleben wir immer noch, wie die Freuden und Nöte, die Hoffnungen und Ängste unseres kleinen Raumanzug-Selbst kommen und gehen, aber wir definieren uns nicht mehr über sie. Wir nehmen die Dinge nicht mehr so persönlich, wir meinen nicht mehr, dass »mit uns etwas nicht stimmt«. Stattdessen fangen wir an, der Unbefangenheit und Güte jenes Wesens zu trauen, das unsere Trance uns nicht erkennen ließ. Wir erleben dies als eine enorme Erleichterung und einen Geschmack von Freiheit.

Geführte Meditation

Herzensgüte –
Freundliche Zuwendung zu sich selbst

Die Meditation der Herzensgüte (das Pali-Wort *Metta* bedeutet »Freundschaft, liebevolle Zuwendung«; es wird auch oft mit »liebende Güte« übersetzt) ruft uns unsere Verbundenheit mit allem Leben ins Bewusstsein. Sie beginnt in der Regel mit einer fürsorglichen Hinwendung zu uns selbst. Diese einfache Praxis ist ein direkter und kraftvoller Weg, aus der Trance zu erwachen. Indem wir uns selbst mit Freundlichkeit betrachten, fangen wir an, die Identität eines isolierten, mangelhaften Selbst aufzulösen. Dies erzeugt die Grundlage dafür, auch andere mit bedingungslos liebendem Herzen einzubeziehen (siehe auch »Herzensgüte – Hinter die Fassade schauen« am Ende von Kapitel 12).

Setzen Sie sich bequem an einen ruhigen Ort und entspannen Sie die Bereiche Ihres Körpers, die sich angespannt anfühlen. Nehmen Sie sich etwas Zeit, um im Herzen den Atem zu spüren: Einatmend spüren Sie, wie Sie Wärme und Energie empfangen, ausatmend spüren Sie, wie Sie sich in eine Offenheit hinein entspannen. Beginnen Sie, sich selbst flüsternd oder in Stille Gebete der Herzensgüte zu widmen. Wählen Sie zu Anfang Ihrer Praxis vier oder fünf Sätze, die Ihnen etwas bedeuten. Die folgenden Sätze sind Anregungen dazu:

- *Möge ich mit Herzensgüte erfüllt sein; möge ich von Herzensgüte umfangen sein.*
- *Möge ich sicher und unbeschwert sein.*
- *Möge ich vor inneren und äußeren Gefahren geschützt sein.*
- *Möge ich glücklich sein.*
- *Möge ich mich so annehmen, wie ich bin.*
- *Möge ich tiefen, natürlichen Frieden erfahren.*

- *Möge ich die natürliche Freude des Lebendigseins erfahren.*
- *Möge ich in meinem eigenen Sein wahre Zuflucht finden.*
- *Mögen mein Herz und mein Geist erwachen; möge ich frei sein.*

Öffnen Sie sich, während Sie die einzelnen Sätze wiederholen, für die Bilder oder Gefühle, die die Worte hervorrufen. Gehen Sie diese Meditation als Experiment an, spüren Sie, welche Worte und Bilder Ihr Herz am wirksamsten erweichen und öffnen. Probieren Sie, ob es Ihre Erfahrung der liebevollen Zuwendung zu Ihnen selbst vertieft, wenn Sie sanft eine Hand auf Ihr Herz legen. Nehmen Sie sich dafür so viel Zeit, wie Sie mögen. Bieten Sie sich selbst diese Sätze an und lassen Sie sie in sich nachklingen. Bleiben Sie zum Ende der Meditation eine Weile ruhig sitzen und achten Sie auf die Gefühle in Ihrem Körper und in Ihrem Herzen. Ist da ein neues Empfinden von Raum und Feinfühligkeit oder Zartgefühl? Fühlen Sie sich mehr in sich selbst zu Hause?

Im Laufe des Tages:
Je mehr Sie sich daran erinnern, sich selbst mit Freundlichkeit zu betrachten, desto leichter werden Sie Verbindung und Freiheit von der Trance erfahren. Sie können das überall üben. Beim Gehen, beim Autofahren, bei jeder alltäglichen Tätigkeit können Sie sich selbst Sätze liebender Güte zukommen lassen.

Wenn Sie beunruhigt oder aufgeregt sind:
Die Gebete der Herzensgüte können sich unpassend und künstlich anfühlen, wenn wir in die Fänge der Angst, Scham oder Verwirrung geraten sind. Manchmal scheint durch sie noch prägnanter zu werden, wie schlecht und minderwertig wir uns fühlen. Beziehen Sie diese Reaktionen ohne Beurteilung in Ihre Meditation mit ein: »Möge auch dies von liebevoller Güte umfangen sein.« Fahren Sie dann einfach mit Ihrer Meditation fort und akzeptieren Sie alle Gedanken oder Gefühle, die sich zeigen.

Wenn die Worte mechanisch scheinen:
Sorgen Sie sich nicht, wenn Sie merken, dass Sie die Worte einfach nur hersagen. Das Herz öffnet und schließt sich nach eigenen, natürlichen Rhythmen. Entscheidend ist Ihre Absicht, Herzensgüte zu erwecken.

3

Nach Hause kommen zu sich selbst

Meditation – Der Weg zur Präsenz

Kann ich irgendetwas tun, um Erleuchtung zu erlangen?
So wenig, wie du dafür tun kannst,
dass die Sonne morgens aufgeht.
Was nützen dann die spirituellen Übungen, die ihr empfehlt?
Sie sorgen dafür, dass du nicht schläfst,
wenn der Sonnenaufgang beginnt.

Anthony de Mello

Wendest du dich regelmäßig dir selbst zu?

Rumi

Jeff war sich sicher, dass er seine Frau Arlene nicht mehr liebte
und seine Ehe nach sechsundzwanzig Jahren nicht mehr zu retten
sei. Er wollte sich von dem Druck befreien, sich ständig beurteilt
und als mangelhaft bewertet zu fühlen. Arlene hingegen fühlte
sich verletzt und war wütend, weil Jeff ihrer Ansicht nach jeglicher echter Kommunikation oder emotionaler Nähe aus dem
Weg ging. Als allerletzten Versuch überredete sie ihn, zu einem
von ihrer Kirche organisierten Wochenend-Workshop für Paare
zu gehen. Zu ihrer beider Überraschung entstand dabei in ihnen

wieder ein Hoffnungsschimmer für eine gemeinsame Zukunft. Sie nahmen die Botschaft mit: »Liebe ist eine Entscheidung.« Die Workshopleiter hatten erklärt, Liebe sei zwar nicht immer spürbar, aber immer verfügbar, wenn wir uns entscheiden, sie zu erwecken.

Doch zurück in ihrem Alltag der alten Angriffs- und Verteidigungsmuster, schien die »Entscheidung für die Liebe« nur noch als unwirksamer intellektueller Schachzug. Entmutigt kam Jess zu einer Beratungssitzung zu mir. »Ich weiß nicht, wie ich von A nach B kommen kann«, erklärte er mir. »Gestern zum Beispiel waren wir zusammen. Mein Verstand riet mir, mich für die Liebe zu entscheiden, aber es bewirkte nichts – mein Herz war verschlossen. Arlene beschuldigte mich für irgendetwas, und ich wollte nur noch weg von ihr!«

»Betrachten wir noch mal, was da gestern passierte«, schlug ich vor. Ich lud ihn ein, seine Augen zu schließen, sich die Situation wieder zu vergegenwärtigen und dann seine Ansichten über Richtig und Falsch loszulassen. »Erlauben Sie sich, einfach zu erfahren, wie es sich in Ihrem Körper anfühlt, wenn Sie sich beschuldigt fühlen und wegwollen.« Jeff saß still, doch sein Gesicht zog sich zu einer Grimasse zusammen. »Bleiben Sie dabei, die Gefühle zuzulassen«, ermutigte ich ihn, »und finden Sie heraus, was sich daraus entfaltet.«

Allmählich entspannte sich sein Gesicht. »Jetzt fühle ich mich festgefahren und traurig«, meinte er. »Wir verbringen so viel Zeit damit, uns so zu verstricken. Ich ziehe mich zurück, oft ohne dass ich es bemerke, und das verletzt sie. Dann regt sie sich auf … und dann ist mir sehr bewusst, dass ich wegwill. Es ist traurig, sich so festgefahren zu haben.«

Er schaute zu mir auf, und ich nickte verständnisvoll. »Wie wäre es, Jeff, wenn Sie, statt sich diesen Begegnungen zu entziehen, ihr genau sagen könnten, was Sie innerlich erleben?« Und ich fügte hinzu: »Und wenn auch sie Ihnen, ohne Sie anzuschuldigen, von ihren Gefühlen erzählen könnte?«

»Dazu müssten wir wissen, was wir fühlen!«, erwiderte er mit einem schwachen Lachen. »Meistens sind wir zu sehr damit beschäftigt, zu reagieren.«

»Genau«, bestätigte ich. »Sie müssten beide darauf achten, was in Ihnen vor sich geht. Und das widerspricht unserer Konditionierung. Wenn wir emotional erregt sind, verlieren wir uns in unseren Geschichten darüber, was gerade passiert, und verfangen uns in reflexartigem Verhalten – wie Anschuldigungen oder Flucht. Um unseren Konditionierungen nicht auf Gedeih und Verderb ausgeliefert zu sein, müssen wir üben, aufmerksam zu sein.«

Ich erklärte ihm, wie die Praxis der Meditation unsere Fähigkeit zur Präsenz, zum direkten Kontakt mit unserer gegenwärtigen Erfahrung stärkt. Das schenkt uns mehr Spielraum und Kreativität, auf die gegebenen Umstände einzugehen, statt einfach nur zu reagieren. Ich lud ihn und Arlene zu meinem wöchentlichen Meditationskurs ein, und er sagte gleich zu. Am nächsten Mittwochabend waren beide da, und einen Monat später kamen sie zu einem Meditations-Wochenende, welches ich leitete.

Einige Wochen nach dem Retreat unterhielten wir drei uns kurz nach dem Kurs. Arlene erzählte, dank ihrer Meditationspraxis seien sie dabei, zu lernen, sich für die Liebe zu entscheiden. »Wir müssen uns immer und immer wieder für die Präsenz entscheiden«, berichtete sie. »Wir müssen uns für Präsenz entscheiden, wenn wir wütend sind; Präsenz, wenn wir keine Lust haben, zuzuhören; Präsenz, wenn wir alleine sind und uns immer wieder dieselben alten Geschichten erzählen, wie verkehrt der andere sei. Diese Entscheidung für Präsenz ist unser Weg, unsere Herzen zu öffnen.« Jeff nickte zustimmend. »Ich habe erkannt, dass es nicht darum geht, von A nach B zu kommen«, fügte er lächelnd hinzu. »Es geht darum, ganz gegenwärtig bei Punkt A zu sein, bei dem

Leben in diesem Moment, egal, was passiert. Der Rest ergibt sich dann.«

Die Zuflucht zur Präsenz – die Entscheidung für Präsenz – braucht Übung. Wenn sich »Punkt A« unangenehm anfühlt, ist Dableiben und Spüren das Letzte, wozu wir Lust haben. Statt uns »den Wellen anzuvertrauen«, wollen wir weg, zurückschlagen, uns betäuben, alles andere, nur nicht spüren, was wirklich ist. Doch wie Jeff und Arlene merkten, bleiben wir in falschen Zufluchten klein und abwehrbereit. Nur indem wir unsere Aufmerksamkeit vertiefen und das Leben einfach so sein lassen, wie es ist, können wir wahre Nähe zu uns selbst und anderen erfahren. In den über fünfunddreißig Jahren, die ich Meditation lehre, habe ich erlebt, wie sie unzähligen Menschen geholfen hat, zur Liebe zurückzufinden, emotionales Leiden loszulassen und sich aus Süchten zu befreien. In jedem einzelnen Fall bildete die innere Verpflichtung zur regelmäßigen Meditation die Grundlage zu einer tiefen, wundervollen Transformation von Herz und Geist.

Den Geist trainieren

Wenn wir uns mitten im Dickicht lebenslanger Muster der Unsicherheit oder Anschuldigung befinden, ist es schwer zu glauben, dass Änderung möglich ist. Bis vor Kurzem schien die Wissenschaft diese Skepsis zu bestätigen. Neurologen glaubten, dass unsere grundlegenden Verschaltungen im Gehirn mit dem Erreichen des Erwachsenenalters festgelegt seien und wir unseren zentralen emotionalen Prägungen dann nicht mehr entkommen könnten. Wenn wir die ersten zwei Jahrzehnte unseres Lebens passiv, ängstlich und verwirrt waren, sei es uns bestimmt, so den Rest unseres Lebens zu verbringen. Doch mit Hilfe von Gehirntomografie und anderen Techniken haben die Forscher die dem Gehirn innewohnende Neuroplastizität entdeckt: Während des ganzen Lebens kann sich das Gehirn weiterentwickeln und verändern, und es können neue neuronale Verbindungen entstehen und gestärkt werden. Das heißt, auch wenn wir uns emotional tief verstrickt haben, verfügen wir über die Kapazität, neue Wege zu entwickeln, auf das Leben zu reagieren.

Was immer Sie regelmäßig denken oder tun, wird zur Gewohnheit, zu einer stark konditionierten neuronalen Bahnung im Gehirn. Je mehr Sie darüber nachdenken, was schiefgehen kann, desto mehr ist Ihr Verstand darauf angelegt, Schwierigkeiten zu erwarten. Je öfter Sie verärgert ausfällig werden, desto mehr sind Ihr Körper und Ihr Verstand auf Aggression programmiert. Je mehr Sie darüber nachdenken, wie Sie anderen helfen können, desto mehr werden Ihr Verstand und Ihr Herz zur Großzügigkeit neigen. So wie Gewichtheben Muskeln aufbaut, kann die Ausrichtung Ihrer Aufmerksamkeit Ängste, Feindseligkeit und Abhängigkeit fördern oder Sie zu Heilung und Erwachen führen.

Sie können sich Präsenz wie einen von einer Quelle gespeisten Waldteich vorstellen – klar, still und rein. Weil wir so viel Zeit damit verbracht haben, uns in den Wäldern unserer Gedanken und Emotionen zu verirren, fällt es uns oft schwer, diesen Teich zu finden. Doch wenn wir uns immer und immer wieder hinsetzen und meditieren, wird uns der Weg durch den Wald allmählich vertrauter. Wir erkennen diese Lücke zwischen den Bäumen wieder, wir erinnern uns an diese Wurzel, über die wir schon so oft gestolpert sind, und selbst wenn wir uns im Dickicht verfangen haben, vertrauen wir darauf, dass wir unseren Weg finden werden.

Die regelmäßige Meditationspraxis erzeugt in unserem Geist neue Pfade, die uns heim zu der Klarheit, Offenheit und Leichtigkeit der Präsenz führen. Der Buddha hat viele Strategien gelehrt, diese Pfade zu kultivieren, unter denen die Praxis der Achtsamkeit jedoch eine zentrale Stellung einnimmt. *Achtsamkeit ist der bewusste Prozess urteilsfreier Aufmerksamkeit für die sich von Augenblick zu Augenblick entfaltende Erfahrung.* Wenn Sie sich in Sorgen um Ihren Kontostand verlieren, bemerkt die Achtsamkeit diese sorgenvollen Gedanken und das damit einhergehende Gefühl der Ängstlichkeit. Wenn Sie sich darin verlieren, auszuprobieren, was Sie einer anderen Person sagen könnten, bemerkt die Achtsamkeit diesen inneren Dialog und – je nachdem – Gefühle der Aufgeregtheit oder Angst. Ohne jeglichen Widerstand erkennt die Achtsamkeit das Kommen und Gehen aller Empfindungen und Gefühle und lässt sie zu. Die meisten tief eingeprägten Gedankenpfade unseres Geistes führen uns vom gegenwärtigen Moment weg. Indem wir unseren Geist bewusst auf das richten, was jetzt gerade passiert, löst die Achtsamkeit diese Konditionierungen auf und lässt uns zu einem frischen, unmittelbaren Empfinden von Lebendigkeit erwachen. So wie ein klarer See den Himmel spiegelt, lässt uns die Achtsamkeit die Wahrheit unserer Erfahrung erkennen.

Vipassana

Die von mir am meisten gelehrte buddhistische Art der Meditation heißt *Vipassana,* das bedeutet »klar erkennen«. Im Vipassana beginnt der Weg der Achtsamkeit mit Konzentration – einer einsgerichteten Fokussierung der Aufmerksamkeit. Es ist schwer, auf die gegenwärtige Erfahrung zu achten, wenn wir uns in einem ständigen Strom diskursiver Gedanken verlieren. Also sammeln und beruhigen wir den Geist zunächst, indem wir die Aufmerksamkeit auf einen sensorischen Anker richten. Das kann bedeuten, dem Atem zu folgen oder die Körperempfindungen zu scannen oder auf Geräusche zu achten oder immer wieder leise einen Satz zu wiederholen wie »Möge ich glücklich sein« oder »Möge ich friedvoll sein«. Dieser Anker kann dann mit etwas Übung zu einer zuverlässigen Heimat Ihrer Aufmerksamkeit werden. Wie ein guter Freund wird er Ihnen helfen, zu einem Gefühl innerer Ausgeglichenheit und allgemeinen Wohlbefindens zurückzukehren.

D. Siegel
Nabe des
Rades

Der Psychiater und Autor Daniel Siegel hat eine nützliche Metapher dafür gefunden, wie wir während der Meditation ständig abschweifen. Stellen Sie sich Ihr Gewahrsein als ein großes Rad vor. An der Nabe des Rades ist die Präsenz, und von dieser Nabe erstrecken sich zahllose Speichen zum äußeren Reifen. Ihre Aufmerksamkeit ist darauf konditioniert, sich an den Speichen entlang von der Präsenz weg zum äußeren Reifen hin zu bewegen und sich ständig an neue Teile dieses Reifens anzuheften. Überlegungen zum Abendessen gehen in Erinnerungen an ein schwieriges Gespräch über, fließen weiter in Selbstbezichtigungen, ein Lied im Radio, die Rückenschmerzen, ein Gefühl der Angst. Oder Ihre Aufmerksamkeit verliert sich in zwanghaftem Denken, welches endlos um Geschichten und Gefühle darüber kreist, was alles verkehrt ist. Wenn Sie nicht mit der Nabe verbunden sind, wenn Ihre Aufmerksamkeit an den Reifen geheftet ist, sind Sie von Ihrer Ganzheit abgeschnitten und leben in Trance.

Eine vorgewählte Heimatstation, ein eingeübter Anker wie der Atem ermöglicht es Ihnen, zu bemerken, wenn Sie nicht präsent sind, und leichter den Weg zurück zur Nabe zu finden. Ich nenne diesen Teil der Praxis »Zurückkommen«. Wenn Sie wieder an der Nabe sind, hilft Ihnen der Anker, den Geist zu beruhigen. Unabhängig davon, wie oft Ihre Aufmerksamkeit zu irgendwelchen Fantasien oder Erinnerungen auf dem Reifen abschweift – Sie kehren immer wieder sanft zu der Nabe zurück und verwurzeln sich wieder in der Präsenz.

Je mehr Ihre Aufmerksamkeit zur Ruhe kommt, desto mehr werden Sie spüren, wie sich die Grenzen der Nabe aufweichen und öffnen. Diese Phase der Praxis nenne ich »Hier sein«. Sie sind weiterhin mit Ihrem Anker verbunden, können jedoch gleichzeitig die sich ständig verändernden Erfahrungen auf dem Reifen zulassen – das Geräusch des bellenden Hundes, den Schmerz in Ihrem Knie, den Gedanken darüber, wie lange Sie jetzt noch meditieren wollen. Statt sich an diese Erfahrungen anzuheften oder sie wegzudrängen, lassen Sie sie frei kommen und gehen. Natürlich wird sich der Geist trotzdem manchmal auf dem Reifen verlieren, und dann bemerken Sie das und kehren sanft zur Nabe zurück. Es ist natürlich, dass die Praxis ständig zwischen »Zurückkommen« und »Hier sein« hin und her fließt.

Je mehr Sie sich in der wachen Stille im Zentrum des Rades aufhalten und alles, was geschieht, mit Achtsamkeit aufnehmen, desto runder, wärmer und heller wird die Nabe der Präsenz. In den Momenten, wo es keine Kontrolle der Erfahrung mehr gibt – wenn die Achtsamkeit frei von allem Bemühen ist –, sind Sie ganz in die Präsenz eingetaucht. Nabe, Speichen und Reifen schweben alle in lichtem, offenem Gewahrsein.

~ Sich erinnern, worauf es ankommt ~

Heutzutage werden so viele verschiedene Arten von Meditation und Kontemplation angeboten, dass sich so mancher sorgt, ob er auch die »richtige« gewählt hat. Doch für das spirituelle Erwachen ist die Aufrichtigkeit Ihrer Absicht viel entscheidender als die genaue Form Ihrer Praxis. Wenn wir mit dem verbunden sind, was uns am meisten am Herzen liegt, sind wir auch ernsthaft bei der Sache. In den buddhistischen Lehren wird die bewusste Anerkennung unseres tiefsten Herzensanliegens »weises Streben« genannt. Vielleicht geht es für Sie um spirituelle Verwirklichung, um umfassenderes Lieben, um das Erkennen der Wahrheit oder um Frieden. Was auch immer es ist, das Bewusstsein dessen, was Ihnen wichtig ist, wird Sie in Ihrer Praxis energetisieren und leiten. Wie der Zen-Meister Suzuki Roshi lehrte: »Das Wichtigste ist, sich an das Wichtigste zu erinnern.«

Es ist hilfreich, Ihre Meditation mit einer Besinnung über Ihr Herzensanliegen zu beginnen. Manche Meditierende vergegenwärtigen sich ein allumfassendes Ziel ihrer Meditation, während andere ihren Fokus auf eine bestimmte Absicht für die Meditation an diesem Tag richten. Sie können sich zum Beispiel mit Ihrem Streben nach allumfassender Liebe verbinden oder sich entscheiden, jegliche schwierigen Gefühle, die während der Meditation auftauchen, liebevoll anzunehmen. Sie können nach Wahrheit streben – tatsächlich zu erkennen, was vor sich geht und was wirklich ist –, oder Sie richten sich auf die Absicht aus, Gedanken zu erkennen und loszulassen. Wenn Sie anfangen, Ihr Herz zu befragen, was ihm wichtig ist, befinden Sie sich bereits auf dem Weg zur Präsenz.

~ Eine weise Einstellung kultivieren ~

Falls Sie bereits meditieren, können Sie sich einen Moment Zeit nehmen, um über Ihre allgemeine Haltung zu Ihrer Praxis nachzudenken. Meinen Sie, Sie sollten mehr üben und bessere Ergebnisse erzielen? Scheint es Ihnen zu schwer und Sie haben sich damit abgefunden, es nicht gut zu machen? Nehmen Sie sich zwar die Zeit, gehen die Sache dann aber nur halbherzig an? Freuen Sie sich auf die Meditation? Sind Sie neugierig, was geschehen wird? Sind Sie in Bezug auf Ihre Fortschritte entspannt?

Eine gesunde Einstellung zur Präsenz ist, sie wichtig zu nehmen, ohne zu beurteilen, was sich zeigt. Stattdessen betrachten wir das, was geschieht, mit interessierter, entspannter, freundlicher Aufmerksamkeit. Wenn die Meditation Teil eines Selbstverbesserungsprojekts ist, kann das die Praxis unterminieren. Die meisten Menschen haben eine innere Vorstellung von einer meditativen Erfahrung, die sie »gut« finden (ruhig, offen, klar, liebevoll und so weiter), und verurteilen sich dafür, wenn ihre Gedanken abschweifen oder schwierige Gefühle auftauchen. Doch tatsächlich gibt es keine »richtige« Meditation, und das Bemühen danach nährt nur die Idee eines unvollkommenen, sich ständig abarbeitenden Selbst. Eine Praxis, die sich mit halbherzigen Bemühungen zufriedengibt, stärkt hingegen das Empfinden eines unbeteiligten, getrennten Selbst.

Als der buddhistische Lehrer Thich Nhat Hanh in den 1970er-Jahren im San Francisco Zen Center zu Gast war, fragten ihn die Übenden, wie sie ihre Praxis verbessern könnten. Thich

Nhat Hanh war mit sechzehn Jahren ins Kloster gegangen, war ordinierter Mönch und hatte die Schrecken des Vietnam-Kriegs durchgemacht. Ich vermute, die Übenden erwarteten zur Vertiefung ihres spirituellen Lebens strenge Vorschriften. Doch Thich Nhat Hanh antwortete: »Zum einen steht ihr zu früh auf. Ihr solltet später aufstehen. Und eure Praxis ist zu verbissen. Ich habe zwei Anweisungen für euch für diese Woche. Die eine ist, zu atmen, und die andere, zu lächeln.«

Das ist so ein guter Rat! Gehen Sie Ihre Praxis (und Ihr Leben) mit einem hingebungsvollen und gleichzeitig entspannten Herzen an. Es ist möglich, sich ernsthaft zu bemühen, ohne sich zu verspannen. Unabhängig davon, ob Sie Anfänger sind oder schon lange meditieren: Bleiben Sie aufmerksam für eventuell auftauchende Bewertungen. Erlauben Sie Ihrer Erfahrung, so zu sein, wie sie ist. Bewerten ist eine Gewohnheit. Wenn Sie daran denken, sie zu unterlassen, werden Sie sich mit der inneren Gelassenheit und Wahrhaftigkeit verbinden, die Sie auf natürliche Weise in die Präsenz und die Freiheit tragen wird.

~ Sich Zeit und Raum zum Praktizieren nehmen ~

Zu den herausragenden Merkmalen unserer Zeit gehört, dass die meisten von uns durch den Tag rasen und versuchen, so viel wie möglich in einen ohnehin schon vollen Zeitplan zu packen. Selbst wenn wir nicht am Handy oder vor dem Bildschirm hängen oder von einem Termin zum nächsten eilen, brodelt unser Verstand weiter. Uns Zeit und Raum zu nehmen, um uns unserem Innenleben zu widmen, widerspricht allen uns umgebenden Trends.

Meditationsanfänger bemerken, wie wertvoll es ist, zu lernen, den Geist zu fokussieren und zur Ruhe zu bringen, aber häufig fällt ihnen noch etwas Grundlegenderes auf. »Allein eine Zeit lang still zu sein, ist für meine Seele ein Geschenk«, brachte es kürzlich jemand zum Ausdruck. Es *ist* ein Geschenk für die Seele. Aus unserer Geschäftigkeit herauszutreten, in unserem endlosen Irgendwo-Hinmüssen innezuhalten, gehört vielleicht zu den schönsten Dingen, die wir uns selbst geben können. Und es ist so einfach. Wir lernen, wie Rumi sagt, uns regelmäßig selbst zu besuchen.

Finden Sie eine Möglichkeit, Ihrer Meditationspraxis einen Rhythmus zu geben. Viele kontemplative Traditionen empfehlen, jeden Tag um dieselbe Zeit zu meditieren – meistens früh am Morgen, weil der Geist nach dem Aufwachen ruhiger ist als später am Tag. Doch die beste Zeit für Sie ist die Zeit, zu der es für Sie realistisch ist, regelmäßig zu sitzen. Für manche Menschen passt es besser, zweimal am Tag kürzer zu meditieren, einmal am Tagesanfang und einmal am Tagesende.

Wie lange sollte man sitzen? Für die meisten Menschen stimmt eine Zeit zwischen 15 und 45 Minuten. Wenn Ihnen die Meditation noch ganz neu ist, mögen Ihnen 15 Minuten wie eine Ewigkeit vorkommen, doch mit etwas Übung wird sich dieser Eindruck wandeln. Wenn Sie jeden Tag sitzen, werden Sie bemerken, wie gut es Ihnen tut (mehr Ruhe und Besonnenheit), und Sie werden Ihre Meditationszeit wahrscheinlich ausdehnen wollen. Unabhängig davon, wie lange Sie meditieren, ist es am besten, die Zeitspanne vorher festzulegen und sich einen Wecker oder Timer zu stellen. Dann müssen Sie sich nicht in Gedanken darüber verwickeln, wann Sie aufhören sollen, und können sich wirklich auf die Meditation einlassen.

Richten Sie sich nach Möglichkeit einen Platz her, der nur Ihrem täglichen Sitzen dient. Wählen Sie dafür einen geschützten, ruhigen Ort, wo Sie Ihr Kissen (oder Ihr Stuhl) immer erwartet. Vielleicht möchten Sie auch einen kleinen Altar aufstellen, mit Kerzen, inspirierenden Bildern, Statuen, Blumen, Steinen, Muscheln – was immer Ihnen schön, bewundernswert und heilig erscheint. Dies ist überhaupt nicht notwendig, aber es kann helfen, eine bestimmte Stimmung zu erzeugen und Sie an das zu erinnern, was Sie lieben.

~ Die Praxis aufrechterhalten ~

Es ist nicht immer leicht, eine regelmäßige Praxis aufrechtzuerhalten. Während der zwölf Jahre, die ich im Ashram lebte, konnte ich jeden Tag mit anderen zusammen praktizieren. Mit solcher Unterstützung war es mir selbstverständlich, jeden Tag Zeit für meine Meditation zu finden. Doch nachdem ich den Ashram verlassen hatte, war es nicht mehr so einfach. Kaum ein Jahr später wurde mein Sohn Narayan geboren, und ich stand mit einem Baby und einem zunehmend unregelmäßigen Tagesverlauf da.

Eines Morgens fühlte ich mich beim Aufwachen besonders missmutig. Nachdem ich Narayans Vater angeschnauzt hatte, weil er beim Einkaufen etwas vergessen hatte, meinte er, ob ich mir nicht etwas Zeit zum Meditieren nehmen wolle. Ich drückte ihm das Kind in den Arm, sank vor meinem kleinen Altar nieder und löste mich sofort in Tränen auf. Mir fehlte der Rhythmus meiner Praxis so sehr. Es fehlte mir, mich selbst regelmäßig zu besuchen! Ich saß da, das Sonnenlicht flutete durch die Fenster, im Hintergrund hörte ich meinen Mann mit Narayan plaudern, und ich schwor mir, komme, was da wolle, jeden Tag Zeit zu finden, um in die Stille zu gehen und auf meine Erfahrung zu achten. Ich ließ mir allerdings eine Hintertür offen: Es war nicht wichtig, wie lange ich saß.

Seitdem habe ich mir immer Zeit genommen. Meistens meditiere ich morgens 30 bis 45 Minuten, aber es gab Tage, vor allem, als Narayan klein war, an denen mir das nicht möglich war. Stattdessen setzte ich mich abends vor dem Einschlafen kurz auf meine Bettkante, entspannte bewusst meinen Körper und öffnete meine Wahrnehmung für meine momentanen Empfindungen und Gefühle. Nach ein paar Minuten sprach ich ein Gebet und schlüpfte unter die Bettdecke. Durch die Veränderungen meines Körpers ist es für mich schwieriger geworden, lange zu sitzen, deshalb mache ich jetzt öfter eine Stehmeditation. Doch mein inneres Versprechen, jeden Tag zu praktizieren, komme, was da wolle, war mir in meinem Leben eine sehr große Stütze.

Für manche meiner Bekannten ist mein Ansatz eine Einladung zur Selbstbestrafung. Irgendetwas kommt dazwischen – eine schlimme Erkältung, frühes Einschlafen auf dem Sofa oder schlichtes Vergessen –, und das Versprechen ist gebrochen. Doch es geht darum, die Meditationspraxis zu genießen, nicht sich Stress damit zu machen. Wie Julia Child schon sagte: »Wenn Ihnen der Braten herunterfällt, heben Sie ihn einfach wieder auf. Wer merkt das schon?« Wenn Sie einen Tag nicht praktiziert haben oder eine Woche oder einen Monat, dann fangen Sie einfach wieder an. Das ist in Ordnung.

Sie werden letztlich nur weitermeditieren, wenn es Sie bereichert. Und es ist schwer, sich bereichert zu fühlen, wenn es mechanisch wird, wenn Sie aufgrund von Schuldgefühlen praktizieren, wenn Sie sich dafür verurteilen, keine Fortschritte zu machen, oder wenn Sie sich in ein verbissenes Einzelkämpfertum zurückziehen. Einer der besten Wege, diese Fallen zu vermeiden, besteht darin, mit anderen zusammen zu praktizieren. Sie können sich an einen bestehenden Meditationskurs anschließen oder sich mit Freunden zusammentun und gemeinsame Erfahrungen machen. Wenn es Ihnen möglich ist, sollten Sie an einem Wochenend- oder Wochen-Retreat teilnehmen, um Ihre Praxis zu vertiefen und Ihr Vertrauen zu stärken, dass Sie friedvoll und achtsam werden können. Dies ist eine wundervolle Zeit in der Menschheitsgeschichte, um Meditation zu praktizieren! Es gibt immer mehr Ressourcen – CDs, Bücher, Podcasts, Lehrer und Mitmeditierende –, um sich auf diesem Weg unterstützen und begleiten zu lassen.

Nach dem Sitzen: Meditationstraining und Alltag

Der Autor und buddhistische Gelehrte Robert Thurman meinte mal im Scherz, die Buddhisten würden immer über die Praxis reden: »Üben, üben, üben! Ich möchte mal wissen, wann denn nun die Aufführung kommt?« Es gibt keine Aufführung, aber es gibt die Möglichkeit, in alltäglichen Momenten wacher zu sein, in denen man sonst in der Trance verloren wäre.

Für Jeff und Arlene, das Ehepaar vom Anfang dieses Kapitels, war die Meditationspraxis ein zentraler Schritt, um ihre Beziehung zu retten. Wie ich es vielen Paaren empfehle, verabredeten auch sie, sich eine meditative »Auszeit« zu nehmen, wenn sie bemerkten, dass sie sich in einem ihrer Tänze aus Ärger und Abwehr verstrickten. Jeder von ihnen konnte um diese bewusste Pause bitten, und beide erklärten sich bereit, solch einer Bitte zu entsprechen. Sie setzten sich dann getrennt oder zusammen (sie experimentierten mit beidem) ruhig hin und nutzten die Fertigkeiten, die sie durch die formelle Praxis erworben hatten: Sie vergegenwärtigten sich ihre Absicht (sich für Präsenz und Liebe zu entscheiden); sie ließen die Geschichten der Schuldzuweisungen los; sie entspannten und beruhigten sich durch den Atem; und sie wandten sich ihren Ängsten und Verletzungen mit Präsenz zu. Nach zehn oder fünfzehn Minuten dieser Mini-Meditationen nahmen sie miteinander Kontakt auf, um zu sehen, ob sie bereit waren, ihr Gespräch wiederaufzunehmen. Ihr Kriterium dafür war, mit der eigenen Verletzlichkeit in Kontakt zu sein statt mit Schuldzuweisungen. Wenn einer von beiden mehr Zeit benötigte, ließen sie dies zu. Manchmal verabredeten sie auch, bis zum nächsten Tag zu warten. Doch meistens waren sie schon nach einer kurzen Meditation besser in der Lage, ihre eigentlichen Gefühle zu erkennen und sie offen mitzuteilen. Indem sie lernten, innezuhalten und sich für Präsenz zu entscheiden, entdeckten sie eine Ebene des Verstehens und der Zuwendung, die sie sich nicht hätten träumen lassen.

Ich werde oft gefragt, was uns im Getriebe des Alltags helfen kann, uns an Präsenz zu erinnern. Meine erste Antwort lautet: »Innehalten.« Meine zweite Antwort ist: »Nochmals innehalten, ein paarmal bewusst atmen und entspannen.« Da wir ständig in die Zukunft taumeln, ist »Anhalten« die einzige Möglichkeit, ins Hier und Jetzt zurückzukehren. Selbst wenige Augenblicke unterbrochener Aktivität, Mini-Meditationen des Stillseins, können uns wieder mit unserer Lebendigkeit und Zuwendung verbinden. Diese Verbindung vertieft sich noch, wenn wir in jenen Augenblicken einen bewussten Kontakt mit unserem Körper und Atem herstellen und uns entspannen.

Ein Spiel, das ich mit mir spiele, besteht darin, zu sehen, ob ich mich auch bei den alltäglichsten Handlungen spontan daran erinnern kann, innezuhalten. Geschirr abwaschen. Von meinem Büro in die Küche gehen. E-Mails durchsehen. Popcorn essen. Innehalten ist ein wundervoller und radikaler Weg, mich aus der virtuellen Realität herauszuziehen und mich an der Nabe des Rades selbst wiederzuentdecken, wach, offen und hier.

Eine bewusste meditative Pause hilft uns, die häufig vergessene Schönheit und Güte wiederzuentdecken, die in uns und um uns ist. Eine Klientin, Frances, war niedergeschmettert, als ihre zwei Töchter die Ferien lieber mit ihrem Vater (Frances' Exmann) als mit ihr verbringen wollten. »Mit dir macht es keinen Spaß, Mama, du kannst dich nicht entspannen«, sagte die eine. Als Frances protestierte, wiesen ihre Töchter sie darauf hin, dass sie immer geschäftig sei. Selbst beim Planen von Urlaubsaktivitäten sei sie ernst und angespannt. Frances musste zugeben, dass da etwas dran war. Als Älteste von fünf Kindern hatte sie sich nach der Erkrankung ihrer Mutter viel zu jung um ihre Geschwister kümmern müssen. »Ich kann nicht spielen«, gestand sie traurig. »Es ist mir viel vertrauter, beschäftigt zu sein, Dinge zu erledigen.«

Nach der Erschütterung durch das Verhalten ihrer Töchter, das sie als Ablehnung empfand, begann Frances, täglich zu meditieren, um zu lernen, wie sie entspannen kann. Doch als sie zu einem Beratungsgespräch zu mir kam, sah ich an ihrer steifen Haltung und ihren zusammengekniffenen Augenbrauen, dass sie die Meditation genauso verbissen anging wie den Rest ihres Lebens.

Ich empfahl ihr, einen schönen Ort zu finden, an dem sie spazieren gehen und auf diese Weise meditieren könnte. Sie sollte weiterhin sich des Denkens bewusst werden, wenn sie es bemerkte. Aber statt ihre Aufmerksamkeit auf den Atem zu richten, sollte sie alle ihre Sinneswahrnehmungen als Anker nutzen. Ich empfahl ihr, sich des Drucks ihrer Füße auf der Erde bewusst zu werden und die Bilder und Gerüche und Geräusche der Natur um sich herum zu bemerken. Ich riet ihr, jedes Mal innezuhalten, wenn ihr etwas Schönes oder Interessantes auffiel, und dieser Erfahrung dann ihre volle Aufmerksamkeit zuzuwenden.

Als wir uns einige Monate später wieder sprachen, berichtete Frances von ihrer Meditation. »Meine Spaziergänge sind ein einziges langes Schlendern!«, erklärte sie und erzählte, wie sehr sie auch andere Dinge in ihrem Leben genießen gelernt habe: ganz langsam einen Pfirsich zu essen und seinen Geschmack und sein Fleisch zu genießen, lange heiß zu duschen und immer mehr während der Sitzmeditation sich einfach mit der Bewegung ihres Atems zu entspannen. Doch vor allem nahm sie ihre Töchter auf neue Weise wahr. Sie genoss das ansteckende Lachen der einen und die anmutigen Bewegungen der anderen. »Ich freue mich an ihnen«, sagte sie mit einem Lächeln. »Und sie scheinen Spaß daran zu haben, mit mir zusammen zu sein!« Frances entdeckte die Segnungen der Präsenz – eine innige Nähe zu dem Leben hier und jetzt.

Dem Herzen und dem Gewahrsein vertrauen

Bei einer Konferenz mit dem Dalai Lama in Indien fragte ihn eine Gruppe buddhistischer Lehrer aus dem Westen nach der wichtigsten Botschaft, die sie für ihre Meditationsschüler mit nach Hause nehmen könnten. Der Dalai Lama besann sich einen Moment, nickte dann und sagte mit einem strahlenden Lächeln: »Sagt ihnen, dass sie darauf vertrauen können, dass ihr Herz und ihr Gewahrsein unter allen Umständen erwachen werden.«

Wir möchten uns so gerne auf unsere Fähigkeit verlassen können, Schwierigkeiten gut zu bewältigen, zu wachsen, zu lieben und alles zu sein, was uns möglich ist.

Viele fangen an zu meditieren, um sich mehr mit ihrem Herzen und ihrem Gewahrsein zu verbinden und mehr Selbstvertrauen zu entwickeln. Und doch liegt für die meisten die mit Abstand größte Herausforderung bei der Aufrechterhaltung der Meditation in ihren Zweifeln: »Ich mache das nicht richtig. Ich kapiere das nicht. Das funktioniert so nicht.« Von Menschen, die sich darum bemühen, eine regelmäßige Praxis aufzubauen, höre ich immer wieder, dass sie ihr Denken nicht kontrollieren könnten oder sich unfähig fühlen, eine Erfahrung offenherziger Präsenz aufrechtzuerhalten. Und dann fragen sie, warum Meditieren so schwer sei.

Es *ist* schwer, unsere Aufmerksamkeit zu trainieren. Wir arbeiten gegen den Strom unzähliger Stunden von Gedankenverlorenheit und unbewusster Getriebenheit durch Wünsche und Ängste. Es ist, als hätten wir unser Leben auf einem Fahrrad verbracht, auf dem wir ständig heftig von dem gegenwärtigen Augenblick wegzuradeln versuchen. Wir strampeln, um uns nicht auf das einlassen zu müssen, was gerade vor sich geht; wir strampeln, damit etwas so geschieht, wie wir wollen; wir strampeln, um woandershin zu kommen. Je mehr wir das Gefühl haben, dass etwas fehlt oder verkehrt ist, desto schneller strampeln wir. Selbst mitten in der Meditation merken wir manchmal, wie wir weiter in die Pedale treten – angestrengt darum bemüht, beim Atem zu bleiben, einer Fantasie nachjagend.

Solange wir die Macht unserer Konditionierung zum Weglaufen nicht anerkennen, kann Meditation ein prima Anlass für Minderwertigkeitsgefühle sein. Diese Neigung zu falschen Zufluchten ist unseren neuronalen Pfaden enorm stark eingeprägt. *Es ist nicht unser Fehler!* Wie können wir angesichts dieser Konditionierung dem Rat des Dalai Lama folgen und unserem Herzen und unserem Gewahrsein trauen?

Das bewusste »Tun« während der Meditation (das Benennen unserer Erfahrung, das achtsame Scannen unseres Körpers oder der Fokus auf den Atem) hilft uns, innezuhalten und uns dem Leben in diesem Augenblick zu öffnen. Doch weil wir uns so leicht von dem Drang, »mehr zu tun«, einfangen lassen, ist es sehr hilfreich, die Absicht darauf zu richten, *loszulassen.* Indem sie sich zuflüsterte: »Ich stimme zu«, öffnete sich Pam in den letzten Tagen ihres Mannes der liebevollen Präsenz; indem ich mich bewusst »den Wellen anvertraute«, entspannte ich meinen Drang, das Leben kontrollieren zu wollen, und verband mich mit einem erweiterten Gewahrsein. In letzter Zeit erinnere ich mich manchmal an eine Zeile von Rainer Maria Rilke: »Lass dir alles geschehn: Schönheit und Schrecken …« Experimentieren Sie damit, was Ihnen hilft, sich zu erinnern. Welches Wort oder welcher Satz hilft Ihnen, mit dem Strampeln aufzuhören, Ihr gewohnheitsmäßiges »Tun« loszulassen und einfach zu *sein?*

Ein Schüler fragte einst den hinduistischen Lehrer Swami Satchidananda, ob er Hindu werden müsse, um tiefer in die Praxis des Yoga einzutauchen. Satchidananda antwortete: »Ich bin kein Hindu, ich bin ein Undo« [engl. Wortspiel: *undo* = das Tun auflösen, ungetan (Anm. d. Übers.)]. Wenn uns die Meditation befreit, macht uns das nicht zu etwas Besserem oder anderem, und sie bringt uns auch nirgendwo hin. Es geht nicht darum, einer spirituellen Leistung entgegenzustreben. Meditation schenkt uns vielmehr die Gelegenheit, unser kontrollierendes Verhalten aufzulösen, unsere einschränkenden Überzeugungen aufzulösen, unsere gewohnten körperlichen Anspannungen aufzulösen, unsere Wehrmauern aufzulösen und vor allem unsere Identifikation mit einem kleinen, bedrohten Selbst aufzulösen. Indem wir alles Tun unterlassen, entdecken wir das weite Herz und das weite Gewahrsein jenseits aller kleinen Identitäten; das Herz und das Gewahrsein, in denen wir in jeder Lebenssituation Zuflucht finden können. Dies ist das Geschenk der Meditationspraxis – wir merken, wir können dem vertrauen, was wir in unserem tiefsten Inneren sind.

Geschenk d Meditat.

Geführte Meditation

Zurückkommen

Die Praxis der Achtsamkeit ist ein direkter Zugang zur natürlichen Präsenz. »Zurückkommen« hilft Ihnen, zur Präsenz zurückzukehren, wenn Sie abgelenkt waren. Es unterstützt Sie darin, sich im gegenwärtigen Augenblick zu fokussieren.

Setzen Sie sich bequem hin. Sie werden besonders wach und aufmerksam sein, wenn Sie auf einem Stuhl, Kissen oder Kniebänkchen sitzen, mit geradem Rücken, aufrechter Haltung und so ausbalanciert wie möglich. Lassen Sie in dieser aufrechten Haltung die nicht benötigten Muskeln los und entspannen Sie sich.

Die Hände ruhen bequem auf den Oberschenkeln oder im Schoß. Schließen Sie die Augen oder lassen Sie sie mit weichem, empfänglichem Blick offen, wenn Ihnen das lieber ist.

Atmen Sie ein paarmal tief durch. Lassen Sie mit jedem Ausatmen bewusst los und entspannen Sie das Gesicht, die Schultern, die Hände und den Bauch. Wenn Ihr Atem seinen natürlichen Rhythmus gefunden hat, wählen Sie einen Anker für Ihre Meditation. Die wirksamsten Anker sind an die sinnliche Wahrnehmung gebunden. Richten Sie Ihre Aufmerksamkeit zum Beispiel auf ...

- *den Atem, wie er durch die Nasenlöcher ein- und ausströmt;*
- *andere Empfindungen, die mit dem Atmen verbunden sind, wie das Heben und Senken der Brust oder der Bauchdecke;*
- *die Geräusche in Ihnen oder um Sie herum;*
- *andere körperliche Wahrnehmungen, die Sie in dieser sitzenden Haltung innerlich erfahren: vielleicht ein Kribbeln in den Händen, Wärme oder Kühle bestimmter Körperregionen, Anspannung oder Entspannung bestimmter Muskelgruppen.*

Nehmen Sie sich etwas Zeit, sich Ihrem Anker mit voller, entspannter Aufmerksamkeit inniglich zuzuwenden. Sie können sich vorstellen, Ihr gesamtes Gewahrsein sei genau hier, offen für den Strom Ihres Atems (oder anderer Empfindungen oder der Geräusche) von Augenblick zu Augenblick. Sie brauchen Ihre Aufmerksamkeit nicht zu erzwingen, schauen Sie vielmehr, ob es Ihnen möglich ist, die Erfahrung einfach zu empfangen und sich mit den wechselnden Ausdrucksformen des von Ihnen gewählten Ankers zu entspannen. Spüren Sie, wie Sie Ihr Anker mit der Wachheit und dem »Hier-Sein« an der Nabe des Rades verbindet.

Welchen Anker Sie auch gewählt haben, Sie werden schnell merken, dass Ihr Geist abgelenkt wird, die Nabe verlässt und in Gedanken kreist. Diese Ablenkungen sind vollkommen normal – so wie der Körper Enzyme absondert, erzeugt der Geist Gedanken! Es gibt keinen Grund, die Gedanken zu bewerten oder als Feinde zu betrachten. Wenn Sie einen Gedanken bemerken, würdigen Sie diesen Moment lieber als einen Augenblick des Erwachens. Solch eine respektvolle Haltung ist ein entscheidender Bestandteil des Nach-Hause-Zurückkommens und der Rückverbindung mit vollständiger Präsenz.

Wenn Sie bemerken, dass Sie sich in Gedanken verloren haben, mag es hilfreich für Sie sein, dies sich selbst gegenüber anzuerkennen, indem Sie sich sagen: »Dies ist ein Gedanke«, oder: »Denken, denken.« Halten Sie dann einen Moment inne – es gibt keine Notwendigkeit, sofort zur Heimatstation zurückzueilen. Indem Sie sich etwas Zeit nehmen, auf die Geräusche zu lauschen, die Schultern, die Hände und den Bauch wieder zu entspannen und das Herz zu entspannen, werden Sie ganz natürlich zur Präsenz zurückkehren. Achten Sie auf den Unterschied zwischen irgendwelchen Gedanken und der Lebendigkeit des Hier-Seins! Lenken Sie Ihre Aufmerksamkeit dann wieder sanft auf Ihren Anker zurück, um mit ganzer Präsenz an der Nabe des Rades zu verweilen.

Praktizieren Sie auf diese Weise weiter, in der Absicht, die Gedanken zu erkennen und immer und immer wieder zu dem entspannten Fokus auf Ihren Anker zurückzukehren. Diese einfache Praxis des »Zurückkommens« zur Nabe des Rades ist ein kraftvoller Weg, eine Atmosphäre des achtsamen

Gewahrseins zu kultivieren. Auch wenn Sie Ihre Meditationspraxis erweitern, kann diese Übung weiterhin ein wichtiges Element Ihrer täglichen Praxis sein.

Geführte Meditation

Hier sein

»Hier sein« fördert direkt die Offenheit und Klarheit des achtsamen Gewahrseins – der wachen Stille an der Nabe des Rades. »Zurückkommen« und »Hier sein« führen wesentliche Aspekte der Achtsamkeit ein, die zur Vipassana-Meditation gehören.

Setzen Sie sich so hin, dass Sie wach und entspannt sein können. Wandern Sie mit Ihrer Aufmerksamkeit durch Ihren Körper und achten Sie darauf, ob Sie irgendwo Spannungen bemerken, die Sie vielleicht etwas lockern und loslassen können. Bringen Sie Ihre Aufmerksamkeit dann auf den von Ihnen gewählten Anker und nehmen Sie sich so viel Zeit wie nötig, um das »Zurückkommen« zu üben. Am Anfang ist der Geist oft ruhelos und abgelenkt, doch nach ein paar Minuten werden Sie vielleicht Lücken zwischen den Gedanken bemerken – und mehr Momente, in denen Sie bei Ihrem Anker an der Nabe des Rades verweilen.

Bleiben Sie mit einer beharrlichen und gleichzeitig leichten Aufmerksamkeit bei Ihrem Anker und schließen Sie jetzt auch den Hintergrund Ihrer sensorischen Erfahrung mit in Ihr Gewahrsein ein. Wenn Ihnen zum Beispiel das Ein- und Ausströmen des Atems als Heimatstation dient, bemerken Sie jetzt vielleicht auch die Geräusche im Raum, eine innere Ruhelosigkeit, ein Jucken, Wärme. Diese Erfahrungen kommen und gehen, ohne Ihre Aufmerksamkeit von Ihrem Anker abzuziehen. Doch wenn eine dieser Erfahrungen Ihre Aufmerksamkeit besonders anzieht, können Sie sie an die Stelle Ihres Ankers in den Vordergrund Ihrer Aufmerksamkeit setzen. Vielleicht bemerken Sie immer stärker, dass Sie schläfrig sind. Ihre Aufgabe besteht einzig und allein darin, zu erkennen und zuzulassen, wie Sie »Schläfrig-Sein« erfahren. Erleben Sie Schläfrigkeit als eine bestimmte Konstellation von Körperempfindungen. Achten Sie darauf, wo Sie die Empfindungen am meisten spüren und wie sich diese anfühlen. Spüren Sie ein Brennen hinter den Augen? Einen Druck auf der Brust? Eine Verschwom-

menheit im Geist? Bemerken Sie, wie sich die Empfindungen verändern: Werden sie stärker, sind sie gleichbleibend oder lassen sie nach? Wenden Sie sich weiter aufmerksam der Schläfrigkeit zu – bemerken Sie, wie sie sich anfühlt, und lassen Sie sie so sein – bis sie nicht mehr Ihre Aufmerksamkeit auf sich zieht.

Manchmal wird sich die Schläfrigkeit vielleicht in etwas anderes verwandeln, was Ihre Beachtung verlangt, vielleicht eine Sorge darüber, schläfrig zu sein. Vielleicht fürchten Sie, mit der Meditation Ihre Zeit zu vergeuden, oder Sie fürchten, den ganzen Tag lang müde zu sein. Beachten Sie die Gedanken (»Denken, denken«) und spüren Sie die Körperempfindungen, die damit einhergehen. Vielleicht eine gewisse Enge in der Brust? Ein Empfinden von Wundheit oder Zusammengezogenheit? Achten Sie genau wie bei der Schläfrigkeit darauf, wie sich die Empfindungen im Körper bewegen und wie sie an Intensität zu- oder abnehmen, und lassen Sie alles so sein, wie es ist. Wenn diese Wahrnehmungen nicht mehr Ihre Aufmerksamkeit fordern, kehren Sie zu Ihrem Anker zurück. Auf diese Weise wird alles, was sich zeigt – Gedanken, Emotionen, Empfindungen –, in die urteilsfreie Präsenz an der Nabe des Rades mit einbezogen. Ihre Übung besteht einfach darin, zu erkennen und zuzulassen, was ist.

Um das »Hier-Sein« zu unterstützen, können Sie sich beim Auftauchen intensiver Erfahrungen mentale Anmerkungen notieren. Das Benennen Ihrer Empfindungen (»Brennen, brennen«), Emotionen (»Angst, Angst«) oder bestimmter Arten von Gedanken (»Sorgen, Sorgen«) kann Ihnen helfen, klarer zu erkennen, was in Ihnen vor sich geht, ohne die Präsenz an der Nabe des Rades zu verlassen. Geben Sie Ihrem Flüstern einen sanften Tonfall der Akzeptanz: Das Benennen soll Ihnen dazu dienen, sich mit Ihrer aktuellen Erfahrung zu verbinden, ohne sie zu beurteilen oder ihr zu widerstehen. Es geht nicht darum, genau die richtige Bezeichnung zu finden oder alles zu benennen, was vor sich geht. Wenn Sie das Benennen als Ablenkung oder als schwerfällig empfinden – wenn es den Fluss Ihrer Präsenz stört –, können Sie es ziemlich sparsam einsetzen oder ganz weglassen.

Wenn Ihr Geist geschäftig umherflitzt und ständig die Nabe des Rades verlässt, wird Ihre Meditation eine natürlich fließende Bewegung zwischen

»Zurückkommen« und vertiefter Präsenz beim »Hier-Sein« aufweisen. Wenn Sie jedoch merken, dass Ihr Geist zur Ruhe kommt, können Sie damit experimentieren, den Anker loszulassen. Ruhen Sie in der stillen Wachheit an der Nabe des Rades und empfangen Sie, was in Ihrem Gewahrsein auftaucht, ohne Ihre Aufmerksamkeit bewusst zu lenken. Gedanken können kommen und gehen, genauso wie die Empfindungen des Atems, ein Geräusch von draußen, ein ängstliches Zucken. Ihre Absicht ist einzig und allein, zu erkennen und zuzulassen, was geschieht, von Moment zu Moment zu Moment. Indem Sie die Kontrolle loslassen und sich mit dem sich ständig wandelnden Strom der Erfahrungen entspannen, beginnen Sie, in die ganze Fülle natürlicher Präsenz hineinzuwachsen. Bemerken Sie, wie grenzenlos die Nabe des Rades eigentlich ist; wie die Erfahrung weniger einem zu verortenden »Hier« entspricht, sondern vielmehr in der wachen Offenheit des Gewahrseins selbst erscheint und vergeht. Ruhen Sie in diesem Gewahrsein, und lassen Sie das ganze Leben durch sich leben.

4

Drei Tore zur Zuflucht

Manchmal hörst du eine Stimme durch die Tür, die dich ruft,
wie ein Fisch auf dem Trockenen die Wellen hört ...
Komm zurück. Komm zurück.
Diese Wendung hin zu dem, was du zutiefst liebst, rettet dich.

Rumi

Das große Geschenk eines spirituellen Pfades liegt in dem wachsenden Vertrauen, einen Weg zu wahrer Zuflucht finden zu können. Wir erkennen, dass wir genau dort beginnen können, wo wir
sind, inmitten unseres eigenen Lebens, und unter allen Umständen Frieden erfahren können. Selbst in jenen Augenblicken, wo
wir meinen, den Boden unter den Füßen zu verlieren – wie bei
einem Verlust, der unser Leben für immer verändert –, können
wir uns darauf verlassen, den Weg nach Hause zu finden. Dies
ist möglich, weil wir mit der zeitlosen Liebe und Bewusstheit in
Berührung gekommen sind, die unserem Sein zu eigen sind.

Im Verlauf der Menschheitsgeschichte und in vielen religiösen und
spirituellen Traditionen tauchen immer wieder drei archetypische
Tore zum universellen Weg des Erwachens auf. Aus meiner Sicht
lässt sich der Geist dieser Tore am besten mit den Begriffen *Wahr-*
heit, Liebe und *Gewahrsein* erfassen. Wahrheit ist die lebendige

Wirklichkeit, die sich im gegenwärtigen Augenblick offenbart; Liebe ist das Empfinden von Verbundenheit oder Einheit mit der Gesamtheit des Lebens; und Gewahrsein meint jene stille Wachheit, die den Hintergrund aller Erfahrung bildet; das Bewusstsein, welches diese Worte liest, Geräusche hört, Empfindungen und Gefühle wahrnimmt. Jedes dieser Tore bildet einen wesentlichen Teil dessen, was uns ausmacht; jedes ist eine Zuflucht, denn sie sind immer da, unserem Dasein selbst innewohnend.

Wer mit dem buddhistischen Weg vertraut ist, erkennt diese Begriffe vielleicht wieder. Traditionell lauten sie:

- Zuflucht zu Buddha (dem »Erwachten« oder unserem eigenen reinen Gewahrsein)
- Zuflucht zum Dharma (der Wahrheit des gegenwärtigen Augenblicks; den Lehren; dem Weg)
- Zuflucht zum Sangha (der Gemeinschaft der spirituellen Freunde oder der Liebe)

In den folgenden Kapiteln habe ich diese Tore jedoch so angeordnet, wie sie nach meiner Erfahrung am zugänglichsten sind. Für viele Menschen, vor allem für jene, die Meditation üben, bildet der Kontakt mit der Wahrheit des gegenwärtigen Augenblicks die erste Öffnung zu innerer Zuflucht. Für andere ist es das Erwachen der Liebe. Wenn wir uns mit diesen Toren der Wahrheit und der Liebe vertraut gemacht haben, entsteht daraus eine Hinwendung zu formlosem Gewahrsein. Im Laufe der Zeit wird die Zuwendung zu jedem dieser Tore auf natürliche Weise zu den anderen führen. Sie sind wahrhaft unzertrennlich.

Im Hinduismus sind dieselben Tore zentral, und sie heißen auf Sanskrit: *Sat* (ultimative Wahrheit oder Wirklichkeit), *Ananda* (Liebe oder Seligkeit) und *Chit* (Bewusstsein oder Gewahrsein). Und wir finden sie auch in manchen Interpretationen der christlichen Dreifaltigkeit wieder: Vater (der Ursprung oder das Gewahrsein), Sohn (das formgewordene Gewahrsein oder die lebendige

Wirklichkeit/Wahrheit) und Heiliger Geist (Liebe, die Liebe zwischen Vater und Sohn).

Scheint das alles sehr abstrakt und unzugänglich, wenn wir mit unserem Alltag ringen? Wie können wir zu diesen Toren in unserem Alltag Zugang finden? Bei genauerer Betrachtung zeigt sich, dass jeder dieser Zufluchtsbereiche einen inneren und einen äußeren Aspekt hat. In ihren äußeren Erscheinungsformen sind uns diese Zufluchten weltliche Quellen der Heilung, der Unterstützung und der Inspiration. Wir können aus weisen Lehren lernen (Wahrheit). Wir können mit Freunden und Verwandten Wärme und Zuneigung genießen (Liebe). Wir können uns von spirituellen Vorbildern inspirieren lassen (Gewahrsein). Jede Religion und jeder spirituelle Weg enthält Angebote solcher äußerer Zufluchten. Wenn wir uns auf sie einlassen, bieten sie uns direkte, konkrete Hilfen für unser tägliches Leben.

	ÄUSSERE ZUFLUCHT	INNERE ZUFLUCHT
WAHRHEIT	Meditation Ethik Lehren	Die Natur der Wirklichkeit erkennen; lebendige Präsenz verkörpern
LIEBE	Bewusste Beziehungen zu sich selbst und anderen	Einheit erkennen; liebevolle Präsenz verkörpern
GEWAHRSEIN	Inspirierende spirituelle Personen	Das leere, leuchtende Gewahrsein erkennen und verkörpern

Doch die äußeren Zufluchten offerieren noch mehr: Sie sind Zugang zu den inneren Zufluchten des reinen Gewahrseins, des lebendigen Flusses der Wahrheit und der grenzenlosen Liebe. Wenn wir uns diese Ausdrucksformen unserer wahren Natur zu eigen machen, löst sich die Trance der Getrenntheit auf und wir sind frei.

Das Tor der Wahrheit

In Pali, der Sprache der frühesten buddhistischen Schriften, kann das Wort *Dharma* »Pfad«, »Weg« oder »Natur der Dinge« bedeuten. Wenn ich oder andere buddhistische Lehrer in unseren Kursen und Retreats »Dharma-Vorträge« anbieten, beziehen wir uns auf drei Wege, die wir einschlagen können, um Zuflucht zur Wahrheit zu nehmen: das Arbeiten mit unserem Innenleben durch eine Meditationspraxis; die innere Verpflichtung zu weisem, tugendhaftem Verhalten; und ein Verstehen der Lehren oder Wahrheiten, die uns auf dem spirituellen Weg leiten.

~ Meditation: Zur Wahrheit erwachen ~

Vielleicht sind Sie mit der Achtsamkeitspraxis in einer Klinik, in einer Psychotherapie oder in einer Fortbildung in Kontakt gekommen – ohne jeglichen Bezug zum Buddhismus. Allein die Erkenntnis, dass wir unsere Aufmerksamkeit bewusst steuern können, kann eine verblüffende, wundervolle Entdeckung sein. Auch ganz am Anfang der Praxis können wir die ruhige Zentriertheit erfahren, die sich einstellt, wenn wir aus unseren Gedanken aufwachen und im Atem ruhen und durch das achtsame Gewahrsein der Erfahrung des jeweiligen Augenblicks neue Klarheit gewinnen.

Viele Menschen kommen zunächst aus gesundheitlichen Gründen oder um Stress abzubauen zu meinem Meditationskurs am

Mittwochabend. Manchmal machen sie dann überraschende Entdeckungen.

Terrance war Richter am Kammergericht in Washington D.C. Bei seinem ersten Besuch meines Kurses kam er am Ende der Veranstaltung auf mich zu, um über seine Arbeit zu reden. Er fühlte sich von den vollen Gerichtssälen und dem ganzen Ausmaß an Leiden, welchem er dort jeden Tag begegnete, oft überfordert. Er fragte mich, was er tun könne, um sich in alldem mehr Luft zu verschaffen. Ich nahm seinen Ausdruck »mehr Luft verschaffen« auf und schlug ihm eine tägliche Meditationspraxis vor, bei der ihm der Atem als Anker diente. So würde er dann selbst bei der Arbeit nur einen kurzen Moment brauchen, in dem er sich mit seinem Atem verbinden und so innere Klarheit und Gelassenheit finden könnte.

Terrance war diszipliniert. Er besuchte einen Kurs, den wir für eine Gruppe von Richtern anboten, und praktizierte jeden Tag eine halbe Stunde für sich allein. Am Ende des Kurses kam er wieder zu mir. »Es funktioniert, Tara«, erklärte er mir mit einem Lächeln, »aber nicht so, wie ich es mir vorgestellt habe. Ja, ich bin auf jeden Fall ruhiger geworden. Aber da ist noch etwas. Jede Person, die jetzt vor meinen Richtertisch tritt, ist zu einem wirklichen Menschen geworden, der meinen Respekt verdient. Und mehr als das … Jeder ist auf eine ganz grundlegende Art ›mir gleich‹. Ich bin mit einer Liebe und einem Bewusstsein verbunden, welches ich zwar intellektuell verstanden, aber noch nie wirklich erlebt hatte.«

Die Praxis der Meditation führt zu konkreten, messbaren und äußerst wertvollen Ergebnissen, doch der Buddha hatte noch eine grundlegendere Absicht: Durch das Einüben eines entspannten, aufmerksamen Geistes gewinnen wir direkten Einblick in die Wahrheit dessen, wer wir sind. Terrance begann, die Erfahrung zu machen, dass Mitgefühl und Verbindung nicht nur Konzepte sind, sondern gelebte Erfahrungen.

~ Ethik: Leben im Einklang mit der Wahrheit ~

Der tibetischen Lehre zufolge sollten wir unserem Geist erlauben, so weit zu sein wie der Himmel, doch in unserem täglichen Umgang sollten wir so fein sein wie ein Sandkorn. Darin spiegelt sich eine grundsätzliche Wahrheit wider: Die Art, wie wir leben – unser Umgang mit anderen, die Energie hinter unseren Worten, unsere gewohnheitsmäßige Beziehung zur Erde –, prägt unser Bewusstsein und wirkt sich in unserer Umgebung aus. Mit allem, was wir in jedem Augenblick sagen und tun, pflanzen wir Samen für unsere Zukunft. Wenn wir uns dieser Wahrheit bewusst sind und ihr erlauben, unser Handeln zu bestimmen, öffnen sich unser Geist und unser Herz für die innere Zuflucht der Wahrheit.

Wie viele spirituelle Leitfiguren lehrte auch der Buddha eine tiefe Ehrfurcht vor dem Leben und eine innere Verpflichtung, niemandem Schaden zuzufügen. Seinen Grundsätzen zufolge sollen wir nicht töten, nicht stehlen, nicht lügen, keine Drogen missbrauchen und niemandem durch sexuelle Aktivitäten schaden. Er ruft uns auf, mitfühlend zu leben: das Leben zu schützen und zu würdigen, großzügig zu sein, freundlich und gütig die Wahrheit auszusprechen, uns gut um unseren Körper und Geist zu kümmern und bewusste, respektvolle Beziehungen zu pflegen.

Ich habe oft erlebt, wie diese Lehren in stürmischen Zeiten Menschen als Rettungsboot dienten. Mein Meditationsschüler Manny war Projektleiter in einem innovativen Unternehmen, welches eine Reihe erfolgreicher Software-Anwendungen entwickelt hatte. Der größte Teil der kreativen Brillanz dieser Anwendungen stammte von einem jungen Mann und einer jungen Frau aus Mannys Team, doch in seinen Treffen mit den Leitern des Unternehmens hatte er ihren Anteil nie erwähnt. Als Manny über sein Handeln nachsann, durchlief ihn eines Tages eine Welle des Selbstekels: Das war Diebstahl. Er hatte die Lorbeeren selbst eingeheimst, die eigentlich anderen gebührten. Und es war Lüge: Er hatte es vermieden, die Wahrheit zu sagen. Von diesem Tag an bemühte er sich bewusst darum, die Beiträge seiner Mitarbeiter zu würdigen, sowohl im Team als auch gegenüber seinen Vorgesetzten. Er merkte, dass er sich dadurch innerlich klarer und mehr mit sich selbst im Reinen fühlte.

Eine Freundin von mir meinte einmal scherzhaft, wenn wir den ganzen Tag über lügen, stehlen und andere niedermachen, könnten wir nicht erwarten, uns am Abend zu einer netten, friedlichen Meditation hinsetzen zu können. Gewaltvolles oder manipulatives Verhalten wirkt sich direkt auf unser Nervensystem und unsere Stimmung aus. Dementsprechend fördert ein tugendhaftes Leben ein glückliches, zufriedenes Herz. Selbst wenn wir keinen Zugang zu unserer ganzen Weisheit und unserem vollen Mitgefühl haben – allein das bewusste Bemühen um ein hilfsbereites, freundliches Verhalten wirkt sich auf unser Innenleben aus. Wir werden energetisch ausgeglichener und sind mehr im Frieden damit, wie wir mit dem Leben in uns und um uns herum umgehen.

Die innere Verpflichtung, niemandem zu schaden, bedeutet jedoch nicht, dass wir uns geißeln sollten, wenn wir etwas Verletzendes gesagt oder einen über den Durst getrunken haben. Unsere innere Verpflichtung kann uns dann vielmehr anregen, inmitten unseres Tuns innezuhalten und zu bemerken, was gerade vor sich geht. Wenn wir lernen, unsere Aufmerksamkeit auf diese Weise zu vertiefen, verbinden wir uns immer tiefer mit der uns innewohnenden Ehrfurcht vor dem Leben.

~ Lehren der Wahrheit: Die Wirklichkeit annehmen ~

Vor etwa zwanzig Jahren fuhr ich mit einem Freund nach Süd-Virginia, um an einem Retreat des vietnamesischen Zen-Lehrers Thich Nhat Hanh teilzunehmen. Während der Schlusszeremonie forderte er uns auf, einen Partner auszuwählen – ich wandte mich meinem Freund zu – und uns voreinander zu verneigen. Dann wies er uns an, einander zu umarmen und dabei drei Mal bewusst und vollständig ein- und auszuatmen. Während des ersten Atemzugs sollten wir uns vergegenwärtigen: »Ich werde sterben«; während des zweiten Atemzugs: »Du wirst sterben«; und während des dritten Atemzugs: »Und uns bleiben nur diese kostbaren Augenblicke.« Nachdem wir uns langsam aus der Umarmung gelöst hatten, sahen mein Freund und ich uns durch Tränenschleier in die Augen. Thich Nhat Hanh hatte uns auf wundervolle Weise zur Zuflucht der Wahrheit geführt.

Es ist nicht so leicht, uns den Realitäten unserer Existenz zu stellen und sie anzunehmen. Wir sind zutiefst darauf konditioniert, uns vor Schmerz zu schützen und uns an jede Hoffnung zu klammern, die uns Sicherheit und Annehmlichkeiten verspricht. Aus diesem Grund verharrte auch mein Freund Paul zwei Jahrzehnte lang in einer konfliktreichen Ehe. Paul war ein extrovertierter Mensch, der in der Gesellschaft anderer aufblühte und der sich von seiner Frau Karen »ausgegrenzt« fühlte. »Sie zog sich lieber mit unserer Katze und ihren Gedichten zurück, als Zeit mit mir zu verbringen«, klagte er. In seiner Verletztheit und seinem Ärger warf er ihr vor, ihn emotional zu vernachlässigen, sich nicht um ihn zu kümmern, nicht für ihn da zu sein. Sie reagierte darauf mit noch mehr Rückzug.

An einem Wochenende, das Karen bei ihrer gemeinsamen erwachsenen Tochter verbrachte, hatte Paul eine verblüffende Erkenntnis. »Woche um Woche, Jahr um Jahr war ich immer davon ausgegangen, dass sie *anders* sein sollte, dass unsere Beziehung *anders* sein sollte … Aber Karen ist einfach so, wie sie ist.« Ihm wurde bewusst, dass er seinen Traum von Nähe und Intimität mit Karen nie erreichen würde. Je mehr er sich seinem eigenen Schmerz und seiner Einsamkeit unmittelbar öffnete, desto mehr konnte er Karen so akzeptieren, wie sie war. Die Spannung wich aus ihrer Beziehung, und sie fingen an, aufrichtiger, respektvoller und sorgsamer miteinander umzugehen. »Als wir uns entschieden, uns zu trennen, geschah dies nicht, weil wir miteinander im Streit lagen«, erklärte mir Paul. »Es geschah, weil wir aufrichtig waren ..., weil wir akzeptierten, wie es war.« Und dann fügte er wehmütig hinzu: »Es ist traurig, zu erkennen, wie unser Bestreben, der andere möge anders sein, unsere Liebe jahrelang verdeckte.«

Wenn wir durch das Tor der Wahrheit gehen, beginnen wir mit der Erkenntnis dessen, was wirklich ist, und streben danach, es anzunehmen. Dieses Annehmen bedeutet nicht passive Resignation, sondern ein mutiges Sich-Einlassen auf die Realität unserer Erfahrung. Vielleicht gefällt uns nicht, was wir dabei entdecken, aber wir können es mit mitfühlender Präsenz umfangen. Je mehr wir in dieser Präsenz ruhen, desto heller und klarer wird unsere Aufmerksamkeit. Dann sehen wir das, was jenseits des wechselhaften Spiels der Gedanken, Gefühle und Empfindungen liegt, und entdecken unsere innere Zuflucht – jene wache Offenheit und Feinfühligkeit, in die jede Erfahrung eingebettet ist.

Das Tor der Liebe

Teil einer bewussten Gemeinschaft zu sein, ist eine wunderbare äußere Zuflucht und ein kraftvoller Weg zu wahrer Geborgenheit. In der buddhistischen Tradition bezog sich das Wort *Sangha* ursprünglich auf die Gemeinde der Mönche und Nonnen, die dem Weg des Buddha folgten. Heutzutage verstehen wir hier im Westen Sangha oft in einem umfassenderen Sinn. Der wesentliche Unterschied zwischen einem Sangha oder einer bewussten Gemeinschaft und anderen sozialen Organisationen ist die hingebungsvolle Verpflichtung zu bestimmten gemeinsamen Werten und Praktiken oder Ritualen, die dem spirituellen Erwachen dienen. Zu den bekanntesten Sanghas unserer Kultur gehören die Zwölf-Schritte-Gruppen, in denen sich die Mitglieder gegenseitig darin unterstützen, sich von Süchten und Abhängigkeiten zu befreien und ihre Lebensqualität zu verbessern.

Alle Religionen und Glaubensrichtungen haben ihre eigenen Formen solcher spirituellen Gemeinschaften, aber man braucht keinen formellen Zutritt zu einem Glauben, um diese Art der Zugehörigkeit zu erfahren. Unserer Meditationsgemeinschaft gehören Anhänger vieler verschiedener Traditionen und auch ausgesprochen säkulare Menschen an. In ihrem weiteren Umfeld haben sich über fünfundzwanzig kleinere Gruppierungen gebildet, sogenannte *Kalyana Mitta* oder spirituelle Freundeskreise, die gemeinsam erforschen, wie sie die Lehren in ihrem täglichen Leben umsetzen können. Diese Gruppen stehen jedem offen, der daran interessiert ist. Andere haben sich mit Menschen zusammengetan, die ähnliche Merkmale aufweisen wie sie selbst – Jugendliche und junge Erwachsene, Farbige, Menschen mit Suchtproblemen, Lesben, Schwule und Zweifelnde.

Natürlich können wir die Vorzüge eines Sangha auch genießen, wenn wir nicht Teil einer spirituellen Gruppierung sind. Häufig erfahren wir gerade in der Familie oder im Freundeskreis ständige Herausforderungen und tiefes Erwachen. Unsere Herzen öffnen sich weit, wenn wir Geburten oder Hochzeiten feiern, den Verlust lieber Menschen betrauern, uns für ein Festmahl versammeln, anderen eine schwierige Wahrheit anvertrauen oder einander in Zeiten der Krankheit und des Stresses helfen. In der unmittelbaren Nähe, die in diesen Momenten entsteht, erhaschen wir eine Ahnung davon, wer wir jenseits der Trance des kleinen Selbst sind.

Die Zuflucht der Liebe wird für mich immer wieder auf ergreifende und einfache Weise lebendig. Ich erlebe sie, wenn ich einem Freund oder einer Freundin im Schmerz still beistehe, wenn mein Mann Jonathan mich und meinen Computer sicher durch ein technologisches Minenfeld führt, wenn der Vorstand unserer Gemeinschaft tagt und einander auch dann respektvoll zuhört, wenn die Meinungen auseinandergehen. Ich erlebe sie, wenn ich an einem gemeinsamen Ziel mit anderen zusammenarbeite, sei es, um einen Text zu verfassen, ein Problem zu lösen, eine Mahlzeit zuzubereiten oder unserer Welt auf eine geringfügige, aber konkrete Art zu helfen. Mein »Ich«-Empfinden wird dabei lockerer und durchlässiger. Ich bin Teil von etwas Größerem, stehe nicht mehr im Bann des Schmerzes und der Angst vor Trennung.

Menschen kommen oft mit der Erwartung in unsere Meditationsgemeinschaft, dass hier alle freundlich, rücksichtsvoll und großzügig seien. Schließlich sind wir ja eine spirituelle Gruppe! Wenn ihre Mitmeditierenden dann gedankenlose oder verurteilende Bemerkungen machen, darauf bestehen, »recht« zu haben, oder sich in Konflikte verwickeln, kommt es leicht zu Enttäuschungen. Und wenn sie immer wieder mit ihren eigenen Gefühlen der Verletztheit und mit ihnen vertrauten Arten der Verteidigung und des Auf-Distanz-Gehens konfrontiert werden, fühlen sie sich oft desillusioniert.

Doch selbst wenn Gewohnheiten wie Schuldzuweisung oder Abwehr auftauchen, kann sich etwas zutiefst verändern, wenn die Betroffenen dem Geschehen mit hingebungsvoller Präsenz begegnen. Dann wird die Gemeinschaft zur Zuflucht – zu einem Ort wahren Erwachens.

Charlie war in seinem letzten Collegejahr, als er zu mir zur Beratung kam. Seine Mutter hatte ihn vernachlässigt, sein Vater hatte ihn misshandelt. Als er der Selbsthilfegruppe der Anonymen Drogensüchtigen beitrat, fühlte er sich unfähig, darauf zu vertrauen, dass sein Wohl seinem Sponsor wirklich wichtig war oder dass die Mitglieder seiner Gruppe ihn wirklich dabeihaben wollten. Ich ermutigte Charlie, dranzubleiben und sich nicht nur der Abstinenz zu verpflichten, sondern sich auch ganz auf die Begegnung mit den anderen Teilnehmern des Programms einzulassen. Es brauchte viele Monate regelmäßiger Treffen, aber schließlich konnte Charlie spüren, dass er endlich eine richtige Familie gefunden hatte.

Manche von uns haben immer wie Charlie im Abseits gestanden und auf die anderen geschaut. Andere brauchten das Gefühl, die

Dinge im Griff zu haben, und waren aus diesem Grund nicht in der Lage, sich ihren Mitmenschen wirklich nahe zu fühlen. Manche sind ständig in Konflikte verwickelt und anderen gegenüber sehr aggressiv oder ausgesprochen defensiv. Wie unsere persönliche Geschichte auch immer verlaufen ist, uns allen wohnt die Fähigkeit zu innigen, authentischen Beziehungen inne, und sie lässt sich mit etwas Übung zum Leben erwecken, indem wir lernen, uns im gegenwärtigen Augenblick uns selbst und unserem Gegenüber bewusst zuzuwenden. Das ist in jeder Form von Beziehung möglich, in der sich die Beteiligten verbindlich darauf eingelassen haben, »zu bleiben«, freundlich zu sein und miteinander zu erwachen.

Spirituelle Freunde zu haben, ist keine oberflächliche Annehmlichkeit. Es hilft uns, aus der Trance der Getrenntheit zu erwachen, die oft so tief ist, dass wir sie nicht bemerken. In bewussten Beziehungen werden die verschiedenen Schichten unserer Gefühle von Minderwertigkeit und Einsamkeit genauso beleuchtet wie die Wahrheit unserer Zugehörigkeit. Wir fangen an, mit dem Leiden der Welt mitfühlender und aktiver umzugehen. Wir entdecken, dass unsere wahre Gemeinschaft alle Lebewesen umfasst. Wenn wir uns in diese Zugehörigkeit zu dem Netzwerk des Lebens hinein entspannen und ihr vertrauen, erkennen wir das *eine* Gewahrsein, welches durch jedes Wesen strahlt. Unsere spirituellen Freunde ebnen uns den Weg zu der inneren Zuflucht der bedingungslos liebenden Präsenz.

Das Tor des Gewahrseins

Kurz nach seiner Erleuchtung machte sich der Buddha auf den Weg, seine Erkenntnisse anderen mitzuteilen. Die Menschen staunten über seine außergewöhnliche Ausstrahlung und seine friedvolle Präsenz. Ein Mann fragte ihn, wer er sei. »Seid Ihr ein himmlisches Wesen oder ein Gott?« – »Nein«, antwortete der Buddha. –

»Seid Ihr ein Heiliger oder Weiser?« Wieder verneinte der Buddha. »Seid Ihr eine Art Magier oder Zauberer?« – »Nein.« – »Aber was seid Ihr dann?« Der Buddha antwortete: »Ich bin erwacht.«

Ich erzähle diese Geschichte gerne, weil sie uns daran erinnert, dass spirituelles Erwachen – so außerordentlich es auch scheinen mag – eine den Menschen innewohnende Fähigkeit ist. Siddhartha Gautama (so lautete der Geburtsname des Buddha) war ein Mensch, kein Gott. Wenn Buddhisten zum historischen Buddha (der Name bedeutet »der Erwachte«) Zuflucht nehmen, lassen sie sich von einem Mitmenschen inspirieren, der seine innere Freiheit verwirklichen konnte. Genau wie wir erlebte Siddhartha körperliche Schmerzen und Krankheiten, und genau wie wir musste er sich mit inneren Konflikten und Widrigkeiten auseinandersetzen. Das Nachsinnen über sein mutiges Erforschen der Wirklichkeit und sein Erwachen zu einer zeitlosen und mitfühlenden Präsenz nährt in seinen Anhängern das Vertrauen, dass dieses Potenzial auch jedem von uns innewohnt.

Auf dieselbe Art können wir dem Leben Jesu oder Lehrern oder Heilern anderer Traditionen nachspüren. Jeder spirituell erwachte Mensch hilft uns, darauf zu vertrauen, dass auch wir erwachen können.

Eine Ahnung dieser äußeren Zuflucht kann uns auch durch zugewandte, weise Lehrer oder Mentorinnen zukommen. Meine sechsundachtzig Jahre alte Tante, eine Spezialistin für Bluterkrankungen bei Kindern, führt ihre Liebe zur Natur und ihre Entschlossenheit, Ärztin zu werden, auf eine Naturkundelehrerin zurück, die sie in der Mittelstufe hatte. Zu jener Zeit waren Frauen auf der medizinischen Hochschule eine Seltenheit, aber diese Lehrerin, eine Frau mit einem leidenschaftlichen Intellekt, vermittelte meiner Tante die wichtige Botschaft: »Vertraue auf deine Intelligenz und lass deiner Neugier freien Lauf!« Ein afro-amerikanischer Freund von mir, der in Unternehmen Diversity-Trainings durchführt, ließ sich durch seinen Pfarrer inspirieren, der sich stark in der Bürgerrechtsbewegung engagierte und ein Vorbild an Großzügigkeit, Humor und Weisheit war. Ich selbst fand in meinem ersten Meditationslehrer Stephen Zuflucht: Seine große Liebe zur Meditation und seine sich ständig weiter entfaltende Klarheit und Güte trugen dazu bei, meine Hingabe an den spirituellen Weg zu erwecken. Wir reagieren auf unsere Mentoren, weil sie Qualitäten des Herzens und des Geistes, Qualitäten des Gewahrseins ansprechen, die wir bereits in uns tragen. Ihr Geschenk besteht darin, dass sie uns daran erinnern, was alles möglich ist, und es hervorrufen. In ganz ähnlicher Weise fühlen wir uns zu spirituellen Figuren hingezogen, die uns helfen, uns mit unseren inneren Qualitäten zu verbinden.

Vor etwa zehn Jahren begann ich, mit einer einfachen, selbst entwickelten Meditation zu experimentieren. Ich rief die Präsenz der göttlichen Mutter (des heiligen Weiblichen) an und spürte dann innerhalb einer Minute oder so, wie mich eine strahlende Offenheit umgab. Ich stellte mir den Geist dieses erwachten Wesens vor und spürte dabei eine große Weite und Klarheit. Dann wandte ich meine Aufmerksamkeit dem Herzen der göttlichen Mutter zu, und diese Offenheit füllte sich mit Wärme und Empfindsamkeit. Zum Schluss richtete ich meine Aufmerksamkeit dann nach innen, um zu erkennen, wie diese zartfühlende, strahlende, alles umfassende Bewusstheit in mir lebte. Ich spürte, wie mein Körper, mein Herz und mein Geist aufleuchteten, als ob der sonnendurchflutete Himmel jede Zelle meines Körpers durchdrang und durch alle Zellzwischenräume schien.

Inzwischen habe ich erkannt, dass ich mit dieser Meditation die Bewegung von der äußeren zur inneren Zuflucht erforschte. Indem ich mich regelmäßig mit diesen Facetten heiliger Präsenz in mir verband, vertiefte ich mein Vertrauen in mein eigenes essenzielles Sein.

Zu erkennen, wer wir sind, erfüllt unser menschliches Potenzial. Wir spüren intuitiv, dass wir mysteriöser und umfassender sind als das kleine Selbst, welches wir durch unsere Geschichten und

unsere wechselhaften Emotionen erfahren. Wenn wir lernen, uns unserem Gewahrsein direkt zuzuwenden, entdecken wir den zeitlosen und wachen Zustand unserer wahren Natur. Diese innere Zuflucht zum reinen Gewahrsein ist die höchste Form unserer Heimkehr. Sie ist die Frucht jeder spirituellen Praxis und verleiht unserem Leben Schönheit und Bedeutung.

Beginnen Sie, wo Sie sind

Unabhängig davon, ob wir auf dem Weg schon viele Erfahrungen gesammelt haben oder ob er uns ganz neu ist: Immer wieder gilt es, für sich selbst herauszufinden, wo wir unsere Aufmerksamkeit zu diesem Zeitpunkt unseres Lebens am sinnvollsten hinlenken. Je nach Umständen, Temperament und vergangenen Erfahrungen erscheint uns die eine oder die andere der äußeren Zufluchten gerade günstiger oder zugänglicher. Manche Menschen blühen auf, wenn sie sich durch irgendeine Art spiritueller Gruppe unterstützt fühlen. Anderen hilft es, zu den wöchentlichen Kursen zu gehen, und wieder andere fühlen sich vielleicht zum Studium der klassischen buddhistischen Texte hingezogen. Wo auch immer Sie anfangen oder welcher Zuflucht Sie sich gerade zuwenden mögen, Sie können sich darauf verlassen, dass es für Sie zum gegenwärtigen Zeitpunkt der richtige Ort sein wird.

Die größte Illusion über einen Weg der Zuflucht besteht darin, dass wir auf einem Weg irgendwohin seien, dass es darum ginge, ein anderer Mensch zu werden. Letztendlich liegt unsere Zuflucht nicht außerhalb von uns und nicht irgendwo in der Zukunft – sie ist immer und bereits hier. Wie Sie in den folgenden Kapiteln immer wieder sehen werden, lässt sich die *Wahrheit* nur in der Lebendigkeit des gegenwärtigen Augenblicks entdecken; lässt sich *Liebe* nur in diesem Herzen, hier und jetzt erfahren; und lässt sich *Gewahrsein* nur verwirklichen, wenn wir in die Wachheit unseres eigenen Geistes eintauchen.

Geführte Besinnung

Das Wichtigste erinnern

Wir wenden uns der Zuflucht zur Wahrheit, der Liebe und des Gewahrseins zu, indem wir auf den Ruf unseres Herzens lauschen. Jenseits aller Meditationstechniken erweckt und befreit unseren Geist vor allem die Erinnerung an das, was uns am wichtigsten ist. Ich zitiere nochmals Zen-Meister Suzuki Roshi: »Das Wichtigste ist, sich an das Wichtigste zu erinnern.« Die meisten Menschen brauchen etwas Zeit und Aufmerksamkeit, um ihre tiefste Sehnsucht zu erkennen und sich damit zu verbinden. Es gilt vielleicht, etliche Schichten unmittelbarer Wünsche und Ängste abzutragen, bevor wir zur Quelle gelangen, zum Licht reinen Strebens. Das Verkörpern dieser Sehnsucht wird zum Kompass des Herzens, der uns den Weg nach Hause weist.

Setzen Sie sich bequem hin und nehmen Sie sich einen Moment Zeit, sich zu lösen und zu entspannen. Werden Sie sich mit empfänglicher Präsenz des Zustands Ihres Herzens gewahr. Fühlt es sich eher offen oder eher angespannt an? Spüren Sie eher Frieden oder eher Besorgnis? Zufriedenheit oder Unzufriedenheit? Wenn gerade etwas in Ihrem Leben vor sich geht, was Ihnen besondere Sorge bereitet oder Sie sehr beschäftigt, oder wenn einfach eine starke Emotion spürbar ist, nehmen Sie es wahr und lassen Sie es zu. Vielleicht bemerken Sie zuerst, dass Sie sich wünschen, Ihr Partner möge anders mit Ihnen umgehen. Vielleicht spüren Sie deutlich, wie sehr Sie eine besonders anstrengende Arbeit gerne hinter sich hätten. Oder Sie sehnen sich danach, einen chronischen Schmerz los zu sein. Vielleicht liegt es Ihnen sehr am Herzen, dass eines Ihrer Kinder mehr Selbstvertrauen entwickeln möge.

Was sich auch zeigt, geben Sie ihm Raum und fragen Sie sich dann neugierig: »Wenn ich hätte, was ich will, was würde mir das dann eigentlich geben?« Wenn Ihr Partner anders mit Ihnen umgehen würde, stellen Sie sich vielleicht vor, Sie wären weniger gereizt und könnten freier lieben. Oder wenn der chronische Schmerz nicht mehr da wäre, könnten Sie sich entspannen und das Leben besser genießen.

Setzen Sie Ihre Untersuchung fort, indem Sie dann direkt fragen: »Wonach sehnt sich mein Herz wirklich?« Manchmal ist auch die Frage hilfreich: »Was ist mir im Leben am wichtigsten?«, oder: »Wenn ich vom Ende meines Lebens aus Rückschau halten würde, was wäre mir in Bezug auf mein heutiges Leben, auf diesen Moment, am wichtigsten?« Richten Sie alle diese Fragen direkt an Ihr Herz.

Lauschen Sie nach dem Fragen einfach in sich hinein und achten Sie auf Worte, Bilder oder Empfindungen, die aufsteigen. Üben Sie sich in Geduld – es kann etwas dauern, bis sich der Geist aus seinen gewohnten Vorstellungen über das Leben löst und sich mit dem Lebendigsten, Wahrsten verbindet. Möglicherweise müssen Sie verschiedene Versionen von »Wonach sehnt sich mein Herz am meisten?« mehrfach wiederholen und sich dann immer wieder empfänglich der Stille öffnen und darauf lauschen, was erscheint. Achten Sie während des Lauschens darauf, was Sie in Ihrem Körper fühlen, vor allem im Herzen.

Ihr innerer Wunsch wird sich Ihnen wahrscheinlich zu verschiedenen Zeiten unterschiedlich darstellen. Vielleicht spüren Sie das Verlangen, ganz lieben zu können oder sich ganz geliebt zu fühlen, die Wahrheit zu erkennen, inneren Frieden zu erfahren, hilfsbereit zu sein oder frei von Angst und Leiden. Es gibt dabei keinen »richtigen« Wunsch. Manchmal wird in Ihnen eine unmittelbare Handlungsabsicht entstehen, die Ihrer Sehnsucht entspricht. Zum Beispiel könnten Sie sich angeregt fühlen, Gedichte zu schreiben oder zu malen, um Ihrer tiefen Sehnsucht nach einem schöpferischen, ausdrucksstarken Leben nachzukommen. Es geht hier darum, sich auf das einzuschwingen, was für Sie in diesem Augenblick zutiefst wahr ist.

Wenn Sie bei einer wirklich klaren Absicht oder einer tiefen, innigen Sehnsucht angekommen sind, werden Sie das an einem Gefühl von Aufrichtigkeit, Unbefangenheit, Energie oder Fließen merken. Manche beschreiben auch einen inneren Stimmungsumschwung, der ihnen neue Entschluss-

kraft, Offenheit und Gelassenheit verleiht. Wenn sich in diesem Augen-
blick keine tiefere Verbindung mit dem wirklich Wichtigen einstellt, ist das
auch in Ordnung. In diesem Fall können Sie einfach still sitzen und sich
dem öffnen, was sich natürlich zeigen will, oder Sie entscheiden sich, diese
Erkundung zu einem anderen Zeitpunkt weiterzuführen.

Wenn Sie spüren, dass Sie in einem reinen, tiefen Bestreben angekommen
sind, lassen Sie sich voll und ganz darauf ein. Spüren Sie die Essenz Ihres
Sehnens bis in jede Zelle, fühlen Sie, wie es durch Ihren ganzen Körper und
Ihr ganzes Sein zum Ausdruck kommt. Lassen Sie Ihren Wunsch das Gebet
Ihres erwachenden Herzens werden.

Sie können es zu einem Teil Ihrer Praxis machen, sich am Anfang
und am Ende jeden Tages und am Anfang und/oder Ende jeder
Meditationssitzung mit Ihrer tiefsten Sehnsucht zu verbinden.
Versuchen Sie zusätzlich, auch während des Tages ab und zu innezuhalten und sich bewusst zu machen, was Ihnen am wichtigsten
ist. In jedem Augenblick, in dem Sie sich daran erinnern, was
Ihnen wirklich viel bedeutet, öffnen Sie Ihr Herz für die Segnungen wahrer Zuflucht.

Im eigenen

erwachten

Zuflucht und

Geborgenheit

Herzen

finden

Teil II

Das Tor der Wahrheit

5

Nach Hause kommen
zu sich selbst

RAIN – Achtsame Präsenz
in schwierigen Zeiten kultivieren

Zwischen Reiz und Reaktion liegt ein Raum.
In diesem Raum befindet sich unsere Macht
zur Wahl unserer Reaktion.
In unserer Reaktion liegen unsere Entwicklung
und unsere Freiheit.

Viktor Frankl

Der schnellste Weg zum Glück besteht darin,
zu wollen, was man bereits hat.

Werner Erhard

Stellen Sie sich vor, Sie haben gerade erfahren, dass Ihr Kind der Schule verwiesen wurde.

Stellen Sie sich vor, Ihr Chef hat Ihnen gerade gesagt, Sie sollten mit dem Bericht, an dem Sie einen ganzen Monat gearbeitet haben, noch mal von vorne anfangen.

Stellen Sie sich vor, Sie merken, dass Sie gerade drei Stunden auf Facebook verbracht und dabei eine Familienpackung Schokokekse vertilgt haben.

Stellen Sie sich vor, Ihr Partner hat Ihnen gerade gestanden, eine Affäre zu haben.

Es kann hart sein, sich der Wahrheit der eigenen Gefühle zu stellen. Wir mögen aufrichtig die Absicht haben, innezuhalten und achtsam zu bleiben, wenn eine Krise auftaucht oder wir uns festgefahren und verwirrt fühlen, doch unsere Gewohnheit, einfach zu reagieren, zu entfliehen oder uns von Emotionen überwältigen zu lassen, ist ungeheuer stark.

Ja, es gibt Zeiten, in denen es unmöglich oder unerträglich erscheint, präsent zu bleiben. Es gibt Zeiten, in denen uns falsche Zufluchten etwas Erleichterung schenken, eine Verschnaufpause verschaffen oder unsere Stimmung etwas verbessern können. Doch wenn wir nicht mit der Klarheit und Güte der Präsenz verbunden sind, ist die Wahrscheinlichkeit groß, dass wir uns in weitere Missverständnisse und Konflikte verwickeln und uns weiter von anderen und von unserem eigenen Herzen entfernen.

Vor etwa zwölf Jahren begann eine Reihe von buddhistischen Lehrern, eine neue Achtsamkeitstechnik namens RAIN zu lehren, die besonders für die Bewältigung intensiver und schwieriger Emotionen äußerst hilfreich ist. RAIN ist ein Akronym für die vier Schritte dieses Prozesses, der in praktisch jeder Situation anwendbar ist. Er steuert unsere Aufmerksamkeit auf eine klare, systematische Weise durch jegliche Verwirrung und Anspannung. In schmerzhaften Augenblicken können wir uns an den Schritten festhalten, und wenn wir sie häufiger anwenden, stärken sie unsere Fähigkeit, zu unserer tiefsten Wahrheit heimzukehren. Wie ein erfrischender Regen (engl. *rain* = Regen) die Luft klärt und die Natur erquickt, schenkt diese Achtsamkeitspraxis unserem Alltag frische Offenheit und Ruhe.

Ich habe RAIN inzwischen Tausenden von Teilnehmern und Klienten vermittelt und es dabei im Laufe der Zeit zu der hier dargestellten Version weiterentwickelt. Es ist auch eine der wichtigsten

Praktiken für mein eigenes Leben. Ich stelle die vier Schritte im Folgenden so dar, wie es mir am hilfreichsten erscheint:

R Erkennen Sie, was vor sich geht
(engl. *Recognize*)

A Lassen Sie das Leben so sein, wie es ist
(engl. *Allow*)

I Erkunden Sie die innere Erfahrung mit Wohlwollen
(engl. *Investigate*)

N Nicht-Identifikation
(engl. *Non-Identifikation*)

RAIN ist ein direkter Weg, die gewohnten Verhaltensmuster aufzubrechen, die uns daran hindern, uns auf unsere gegenwärtige Erfahrung einzulassen. Es spielt dabei keine Rolle, ob unser Widerstand gegen das, was ist, in Ärger, dem Griff nach der Zigarette oder zwanghaftem Denken zum Ausdruck kommt. Der Versuch, das Leben in uns selbst und um uns herum zu kontrollieren, schneidet uns von unserem Herzen und von der Lebendigkeit der Welt ab. Schon mit dem ersten Schritt von RAIN fangen wir an, diese unbewussten Muster aufzulösen.

R – Erkennen Sie, was vor sich geht

Erkennen bedeutet, zu sehen, was in unserem Innenleben wirklich wahr ist. Das beginnt in der Minute, in der wir unsere Aufmerksamkeit auf die Gedanken, Emotionen, Gefühle oder Empfindungen richten, die sich hier und jetzt zeigen. Wenn sich unsere derart ausgerichtete Aufmerksamkeit beruhigt und weitet, stellen wir wahrscheinlich fest, dass uns manche Teile unserer Erfahrung leichter zugänglich sind als andere. Zum Beispiel merken wir vielleicht sofort, dass wir uns Sorgen machen, aber uns entgeht dabei, wie die eigentlichen Empfindungen des Drucks, der Anspannung und der Enge in unserem Körper aufkommen.

Oder wir spüren, wie zittrig und nervös wir uns körperlich fühlen, ohne zu bemerken, dass diese körperliche Reaktion durch die unterschwellige Überzeugung ausgelöst wird, dass wir das, was vor uns liegt, sowieso nicht schaffen werden.

Sie können das Erkennen aktivieren, indem Sie sich einfach fragen: »Was geht jetzt gerade in mir vor?« Verbinden Sie sich mit Ihrer natürlichen Neugier und richten Sie Ihren Fokus nach innen. Versuchen Sie, alle vorgefassten Meinungen loszulassen und stattdessen Ihrem Körper und Ihrem Herzen ganz unbefangen, wohlwollend und empfänglich zuzuhören.

A – Lassen Sie das Leben so sein, wie es ist

Lassen Sie die Gedanken, Emotionen, Gefühle und Empfindungen, die Sie in sich entdecken, einfach so sein, wie sie sind. Es mag ein natürlicher Widerwille auftauchen, Sie mögen sich die unangenehmen Gefühle wegwünschen, doch wenn Sie bereit sind, mit dem präsent zu sein, »was ist«, wird eine neue Qualität von Aufmerksamkeit entstehen. Die Erkenntnis, dass Zulassen ein wesentlicher Bestandteil von Heilung ist, kann uns in dieser bewussten Absicht stärken.

Viele Übende flüstern sich innerlich ein ermutigendes Wort oder einen kurzen Satz zu, um sich in ihrem Zulassen zu unterstützen. Wenn wir beispielsweise merken, wie uns Angst beschleicht oder ein tiefer Kummer befällt, können wir uns ein »Ja« zuflüstern. Sie können auch andere Worte verwenden, zum Beispiel: »Auch das«, »Ich lasse es zu«, oder: »Ich stimme zu.« Am Anfang mag es sich so anfühlen, als würden wir die unangenehmen Gefühle einfach nur »aushalten«. Vielleicht sagen wir Ja zur Scham und hoffen im Stillen, dass sie wie von Zauberhand verschwinden würde. Tatsächlich gilt es, wieder und wieder zuzustimmen. Doch schon mit der ersten kleinen Geste des Zulassens, einfach durch ein geflüstertes »Ja« oder »Ich lasse es zu«, beginnen die harten Kanten des Schmerzes aufzuweichen, und der Widerstand hat uns nicht mehr ganz und gar im Griff. Bieten Sie sich den Satz sanft und geduldig immer wieder an, und Ihre Abwehr wird allmählich nachlassen, wird vielleicht nachgiebiger und offener für Wellen der Erfahrung.

I – Erkunden Sie die innere Erfahrung mit Wohlwollen

Manchmal reicht es schon, die ersten zwei Schritte von RAIN anzuwenden, um Erleichterung zu verspüren und wieder präsent zu werden. In anderen Fällen reicht die Absicht, zu erkennen und zuzulassen, jedoch nicht aus. Wenn Sie zum Beispiel mitten in einer Scheidung stecken, Ihr Arbeitsplatz in Gefahr ist oder Sie mit einer lebensbedrohlichen Krankheit konfrontiert sind, können die Gefühle überwältigend werden. Und weil diese Gefühle immer wieder ausgelöst werden – weil Ihr zukünftiger Ex anruft, weil Sie Ihren Kontoauszug abrufen, weil Sie morgens mit Schmerzen aufwachen –, prägen sich Ihre Reaktionen tief ein. In solchen Situationen kann es nützlich sein, Ihr achtsames Gewahrsein noch weiter zu erwecken und zu stärken.

Mit Erkunden ist hier gemeint, Ihrem natürlichen Interesse, Ihrem Verlangen, die Wahrheit zu ergründen, nachzugehen und sich der gegenwärtigen Erfahrung mit mehr Aufmerksamkeit zuzuwenden. Das Innehalten und Fragen »Was geht in mir vor?« kann ein gewisses Erkennen hervorrufen, doch in diesem Schritt geht es um ein noch aktiveres, gezielteres Erkunden des Geschehens mit Fragen wie: »Was verlangt am meisten nach meiner Aufmerksamkeit?«, »Wie erlebe ich das in meinem Körper?«, »Welche Überzeugung steckt hier dahinter?«, oder: »Was will dieses Gefühl von mir?«

Vielleicht fühlen Sie sich innerlich hohl oder unsicher und entdecken dahinter Scham- oder Minderwertigkeitsgefühle. Solange sie nicht ins Bewusstsein treten, prägen diese Überzeugungen und Emotionen unsere Erfahrungen und erhalten die Identifikation mit einem begrenzten, mangelhaften Selbst aufrecht.

Als ich anfing, RAIN weiterzugeben, hatten viele zunächst Probleme mit diesem Schritt. Ich hörte Bemerkungen wie: »Wenn die Angst aufsteigt, führen mich meine Erkundungen nur zu Gedanken über die Ursache meiner Angst und wie ich mich besser fühlen könnte.« Andere meinten: »Ich kann gar nicht lange genug mit meinem Körper verbunden bleiben, um herauszufinden, wo die Emotion in ihm lebendig ist.« Viele glaubten, diese Art der Erforschung löse leicht Verurteilungen aus: »Ich weiß, ich sollte diese Scham erkunden, aber ich hasse sie … und ich hasse mich dafür, dass ich sie fühle.«

All diese Reaktionen entsprechen unserem natürlichen Widerstand gegen unangenehme und verunsichernde Gefühle: Uns schwirren Gedanken durch den Kopf, wir gehen aus dem Körper, wir bewerten unsere Erfahrung. Ich erkannte, dass RAIN noch ein wesentliches Element fehlte. Damit dieses Erkunden heilsam und befreiend wirkt, müssen wir uns unserer Erfahrung mit einer besonderen Qualität von Aufmerksamkeit zuwenden. Es gilt, alles, was sich zeigt, sanft willkommen zu heißen. Deswegen sage ich: *»Mit Wohlwollen erkunden.«* Ohne diese Herzensenergie ist nicht genug Sicherheit und Offenheit gegeben, damit das Erkunden in die Tiefen vordringen und wirklich in Kontakt bringen kann.

Stellen Sie sich vor, Ihr Kind kommt tränenüberströmt nach Hause, weil es in der Schule von anderen drangsaliert wurde. Um herauszufinden, was genau geschehen ist und wie sich Ihr Kind fühlt, ist eine wohlwollende, empfängliche, sanfte Haltung hilfreich. Wenn wir uns unserem Innenleben mit derselben Sanftmut und Freundlichkeit zuwenden, wird tiefes Erforschen unseres Innenlebens und damit auch Heilung möglich.

N – Nicht-Identifikation verwirklichen – in natürlichem Gewahrsein verweilen

Die klare, offene und wohlwollende Präsenz, die durch R, A und I von RAIN entstanden sind, führt zu N: der Freiheit der *Nicht-Identifikation* und dem Verwirklichen von dem, was ich »natürliches Gewahrsein« oder »natürliche Präsenz« nenne. Nicht-Identifikation bedeutet, dass unser Empfinden von dem, was wir sind, nicht durch irgendwelche begrenzenden Emotionen, Empfindungen oder Geschichten vermischt oder definiert wird. Wenn sich die Identifikation mit dem kleinen Selbst lockert, beginnen wir, aus der Offenheit und Liebe zu leben, die unserem natürlichen Gewahrsein entsprechen. Die ersten drei Schritte von RAIN erfordern ein gerichtetes Tun. Der letzte Schritt hingegen ist das Ergebnis: eine befreiende Verwirklichung des natürlichen Gewahrseins. Es gibt für diesen letzten Teil von RAIN nichts zu tun – diese Verwirklichung entsteht spontan, aus sich selbst heraus. Wir verweilen einfach in natürlichem Gewahrsein.

Anwendung von RAIN auf Schuldzuweisungen

Vor einigen Jahren war ich am Tag nach Weihnachten inmitten meiner Familie von jedem genervt, auf den ich mich eigentlich gefreut hatte. Niemand war wirklich böse zu jemandem gewesen, aber ich drehte mich auf meiner eigenen gereizten, wertenden Umlaufbahn. Nachdem jemand meinen Vater beim Mittagessen unterbrochen und er sich gekränkt zurückgezogen hatte, sank auch bei allen anderen die Stimmung. Dann verzog sich mein Sohn Narayan zu einem Freund, statt wie versprochen beim Abwasch zu helfen. Meine Mutter klagte, dass Narayan kaum da sei. Eine meiner Schwestern schmollte, weil ihre Ernährungsgewohnheiten bei dieser Mahlzeit wie schon bei anderen zuvor wenig Berücksichtigung gefunden hatten; und meine andere

Schwester war eingeschnappt, weil sie bezüglich des Zeitpunkts eines Ausflugs nicht ausreichend befragt worden war. Selbst die Hunde legten ein schlechtes Betragen an den Tag – sie lungerten um den Tisch herum und bettelten. Aus meiner Sicht zeigten alle anwesenden Menschen und Tiere die ihnen vertraute Variante von Opfer- oder Märtyrerverhalten, Bedürftigkeit oder Achtlosigkeit. Außerdem wurde mein Bedürfnis nach Harmonie nicht erfüllt. Wir waren erst zwei Tage zusammen, und ich war schon voller Ärger und Groll.

In den Monaten vor unserem Weihnachtstreffen war mir immer klarer geworden, wie mein gewohnheitsmäßiges Urteilen mich von anderen schmerzhaft trennte. Das damit verbundene Leiden motivierte mich, meinem spirituellen Leben einen spezifischen Fokus hinzuzufügen: Ich begann gezielt, mit RAIN auf meine Gefühle des abwertenden Urteilens und der Anschuldigungen einzugehen. Während der folgenden Wochen versuchte ich zu bemerken, wie sich mein Körper und mein Herz fühlten, wenn mein Verstand Geschichten produzierte, die auf Kosten anderer gingen. Jedes Mal, wenn mein innerer Kritiker herabsetzende Kommentare abgab, erkundete ich, welche Überzeugungen dahintersteckten. Die Erkundung meiner Erfahrung von Abwertung und Anschuldigung öffnete mir die Augen dafür, wie oft mein Herz verschlossen war. Diese Erkenntnis bewirkte, dass ich mich noch tiefer auf diese Übung einließ: Je klarer ich den Schmerz dieser falschen Zuflucht erkannte, desto mehr spürte ich die Freiheit und Offenherzigkeit, die jenseits davon lagen.

Doch trotz meiner inneren Verpflichtung zu dieser Übung war ich an jenem Weihnachtsfeiertag überhaupt nicht in der Stimmung, mein Innenleben zu erforschen. Mürrisch und müde, den Kopf voller Urteile über meine Familie, überlegte ich, mich in einem guten Buch zu vergraben. Aber ich konnte dieser inneren Stimme nicht entkommen, die mich daran erinnerte, dass ich mir vorgenommen hatte, meine Anschuldigungen mit RAIN zu erkunden. Missmutig zog ich mir den Parka und die Stiefel an und stapfte in den grauen Dezember-Nachmittag, um einen Weg zu mehr Präsenz und Frieden zu finden.

Während ich durch den leichten Nieselregen ging, begann ich, über jedes meiner Familienmitglieder nachzudenken und mein abwertendes Denken über sie zu beobachten. Ich machte mich zur Zeugin meiner Urteile: »Du bist manchmal so leicht beleidigt und empört, wenn dich jemand unterbricht, Papa. Was macht das schon? Und du, Narayan, du bist so verantwortungslos, hältst nie dein Wort ...« So fing ich mit RAIN an, indem ich mir meine Reaktionen bewusst machte: Ich erkannte deutlich, wie mir das Verhalten meiner Familie missfiel und wie ich an jedem etwas auszusetzen hatte.

Was das Zulassen betrifft – den zweiten Schritt von RAIN –, so nahm ich mir Zeit, die anklagenden Gedanken wahrzunehmen und sie dann einfach da sein zu lassen. Statt mein urteilendes Denken zu verurteilen, versuchte ich mich daran zu erinnern: »Das ist einfach das, was gerade passiert.«

Wie ich so mit meiner Aufmerksamkeit bei meiner Erfahrung blieb, bemerkte ich eine Stelle in meiner Brust, die sich angespannt und wund anfühlte. Diese wurde dann auf natürliche Weise zum Fokus des nächsten Schrittes von RAIN, dem Erforschen. Ich begann, mich interessiert meinem Körper zuzuwenden, und aus der Anspannung wurde ein scharfkantiger Knoten, der mir aufs Herz drückte. All die verschiedenen Beschwerden, die mir durch den Kopf gingen, schienen alle aus diesem engen, schmerzhaften Bereich aufzusteigen.

Dann stellte ich diesem verknoteten Bereich eine Frage: »Wie sieht das Leben aus deiner Sicht aus ..., aus deiner Perspektive?« Diese Art von Frage hatte mir zuvor schon manches Mal geholfen, an eine »innere« Erfahrung heranzukommen. Und ich erkannte: Meine Reaktionen auf die einzelnen Personen verdeckten, dass ich mich in Bezug auf mich selbst schlecht fühlte. Jede einzelne

Situation hatte in mir Gefühle der Unzulänglichkeit ausgelöst – als Friedensstifterin der Familie, als verantwortungsbewusste Mutter, als hilfsbereite Tochter und als mitfühlende und unterstützende Schwester. Mein Nachforschen hatte den Knoten der Anklagen gelockert, und ich spürte nun, was er verbarg: ein mir sehr vertrautes, bedrückendes, schlechtes Gefühl persönlichen Versagens.

Im Laufe der beiden vergangenen Monate hatte ich durch meine Durchgänge mit RAIN gelernt, wie sehr ich mit mir selbst im Unreinen bin, wenn ich mich über andere aufrege. Doch es gibt in der Regel eine Anfangsphase, in der ich zwar meine Verstrickung in die »Falschheit« der anderen erkannt habe, aber mir meiner Selbstablehnung noch nicht bewusst bin. Jetzt tauchte unter der Beschuldigung der anderen wieder jene vertraute, schmerzhafte Überzeugung auf, die die Trance des kleinen Selbst aufrechterhält: »Ich bin irgendwie verkehrt.«

Wenn wir RAIN praktizieren, bestimmt die Qualität unserer Aufmerksamkeit die Tiefe, in der wir mit unserer inneren Wahrheit in Kontakt kommen. Dies wissend, verlangsamte ich bewusst meine Schritte. Ich wandte mich mit sanfter, empfänglicher Aufmerksamkeit diesem Gefühl des unzulänglichen Selbst zu und ließ es sich voll und ganz zeigen. Es fühlte sich an, als ob ein Drahtnetz mein Herz zusammendrückte und es klein, hart und schwer machte. In meinem Denken war ich mutterseelenallein, abgetrennt von allen anderen. Jetzt erkannte ich, wie diese Erfahrung an den Weihnachtstagen nur eine ausgeprägtere Version dessen war, was in meinem Alltag ständig geschah. Ich beschuldigte Mitglieder des Vorstands, zu wenig zu tun, um unsere Gemeinschaft vielfältiger werden zu lassen, aber eigentlich schmerzte mich, wie wenig Zeit ich selbst diesem wichtigen Thema zuwenden konnte. Ich war ungehalten mit meinem Sohn, weil er seinen Einsatz bei der Hausarbeit vergessen hatte, aber eigentlich litt ich unter der Überzeugung, eine Mutter zu sein, die ihr Kind vernachlässigt. Ich ärgerte mich, dass meine Schwester darüber klagte, ich sei zu beschäftigt, sie zu besuchen, aber eigentlich fühlte ich mich schuldig, so selten entspannt mit ihr und meiner Nichte zusammen zu sein. Doch ob ich nun mich selbst oder andere anklagte – hinter allem stand das vertraute Gefühl, abgeschnitten zu sein, ganz allein zu sein mit meinem schmerzhaft verschlossenen Herzen.

Jetzt spürte ich, wie Traurigkeit aufwallte. Mein Groll wandelte sich in Trauer, und meine Aufmerksamkeit wurde noch inniger und freundlicher. Der Schmerz des Kummers durchrollte mich wie eine Flutwelle, durchströmte mein Herz und spülte alle Anklagen und alle Geschichten über persönliches Versagen aus mir heraus. Die unmittelbare Intensität der Emotionen, die so überwältigend gewirkt hatte, ebbte allmählich ab. Als die Wellen des Kummers zur Ruhe kamen, hinterließen sie mich in einem stillen Zartgefühl.

Als entspräche er meinem inneren Wetter, ließ der Himmel plötzlich los, und es begann in Strömen zu regnen. Dann machte ich mich auf den Heimweg. Ich vergegenwärtigte mir noch einmal meine Familienmitglieder und stellte fest, dass der Regen meine Vorstellungen von »Falschheit« bei jedem Einzelnen von ihnen aufgelöst hatte. Ich betrachtete sie nicht mehr als »schwierige andere da draußen«, sondern als einzigartige Wesen, die einen besonderen Platz in meinem Herzen hatten.

Als ich am Haus meiner Eltern ankam, war ich vollkommen durchnässt. Nur die Hunde begrüßten mich stürmisch, alle anderen waren an ihrem Computer, hielten ein Schläfchen oder waren anderweitig beschäftigt. Das war mir gerade recht. Ich fühlte mich glücklich unbelastet von Geschichten darüber, wie irgendjemand anders sein sollte, als er oder sie war.

Nach dem Abendessen setzte sich meine Mutter ans Klavier und begann, Weihnachtslieder zu spielen. Wir sangen alle mit, auch wenn wir oft nicht richtig sangen und zum großen Teil den Text vergessen hatten. Dann gingen wir zu Musical-Liedern über.

Unser Gesang klang ziemlich schräg, und schon bald lachten wir herzlich über uns selbst. Und sangen fröhlich weiter.

In jener Nacht schlief ich mit einem wohligen Gefühl ein. Meine Familie hatte sich nicht verändert, aber statt meiner Trance der Getrenntheit und der Anklagen spürte ich in mir eine Offenheit, die voller Liebe und Leichtigkeit war. Das ist der Segen der Zuflucht zur Wahrheit. Die Dichterin Dorothy Hunt schreibt dazu:

Frieden ist der Augenblick ohne Urteil.
Das ist alles. Dieser Augenblick im Herzensraum,
in dem alles, was ist, willkommen ist.

Hinweise zur Anwendung von RAIN

Wenn schwierige Emotionen auftauchen, können Sie die Schritte von RAIN im Rahmen einer formellen Meditationspraxis durchführen, oder Sie können sie sich wie ich mitten in Ihrem täglichen Leben vergegenwärtigen. So oder so geht es darum, sich bewusst und mit klarer Absicht auf die Praxis einzulassen – sich bewusst mit verbindlicher Präsenz dem zuzuwenden, was hier und jetzt wahr ist.

Das Folgende sind weitere Empfehlungen, die sich im Laufe meiner Weitergabe von RAIN an viele Schüler und Therapeuten als hilfreich erwiesen haben.

~ Innehalten ~

Nehmen Sie sich Zeit zum Innehalten, bevor Sie mit RAIN beginnen. Dieses Innehalten kann bedeuten, dass Sie sich tatsächlich körperlich aus der Situation zurückziehen, die den äußeren Auslöser darstellt. Doch vor allem geht es dabei um eine innere »Auszeit« von dem Wust an reaktiven Gedanken. Durch diese Auszeit erzeugen Sie bewusst einen ablenkungsfreien, aufmerksamen Zustand. Diese Bereitschaft, Ihre gewohnten Aktivitäten zu unterbrechen und sich Zeit für Präsenz zu nehmen, wird den Fokus und die Klarheit Ihrer Praxis stärken.

~ Sich die Unterstützung einer regelmäßigen Meditationspraxis gönnen ~

Eine regelmäßige Meditationspraxis erweckt und nährt die zentralen Bestandteile von RAIN – Achtsamkeit, Offenherzigkeit und Erkundung. Auf meinem Abendspaziergang an jenem Weihnachtsfeiertag waren mir meine durch mein Meditationstraining erworbenen Fähigkeiten sehr nützlich. Meine Übung in Achtsamkeit auf die Gedanken ermöglichte es mir, mir meiner Gedanken bewusst zu werden, ohne mich in ihnen zu verlieren. Durch meine Übung darin, mit unangenehmen Erfahrungen präsent zu bleiben, konnte ich mich den schmerzhaften Gefühlen und Empfindungen in meinem Körper zuwenden. Und vielleicht am wichtigsten: Durch meine Praxis, Selbstmitgefühl in mir zu erwecken – ein Kernelement meines eigenen meditativen Wegs und meiner Lehren –, konnte ich den Ansturm der Urteile und Anklagen mit warmer, wohlwollender Aufmerksamkeit betrachten.

~ Flexibilität kultivieren ~

Jeder von uns hat einen einzigartigen Körper und Geist mit einer bestimmten Geschichte und bestimmten Prägungen. Niemand kann uns eine Formel geben, die für alle unsere Situationen und

Geisteszustände passt. Nur indem wir immer wieder aufs Neue offen nach innen lauschen, können wir erkennen, was unserer Heilung und Freiheit in jedem Augenblick am besten dient.

Seien Sie sich beim Umgang mit RAIN bitte bewusst, dass die Sequenz, in der ich die Schritte vorgestellt habe, weder so festgelegt noch unbedingt linearer Natur ist. Sie können die Reihenfolge so anpassen, wie es Ihrer inneren Erfahrung entspricht. Vielleicht erkennen Sie beim Auftauchen von Ängstlichkeit sofort ein Ihnen vertrautes Muster, welches Sie auch von vielen Ihrer Bekannten kennen und deswegen weniger »persönlich« nehmen. Damit sind Sie dann bereits beim N von RAIN angekommen. Statt weiterer Aktivitäten wie wohlwollendes Erkunden können Sie einfach in natürlicher Präsenz ruhen. Sie können Ihre RAIN-Praxis auch beenden, ohne alle Schritte formell abgearbeitet zu haben, wenn Sie zum Beispiel während des Prozesses auf etwas Unerwartetes stoßen.

Während Sie so nach innen lauschend nachforschen, was jetzt nötig ist, mögen Sie sich auch angeregt fühlen, RAIN mit anderen Meditationsformen zu kombinieren. Vielleicht möchten Sie sich mit einer körperorientierten Besinnung (wie »Innehalten für Präsenz«, siehe in Kapitel 1), Yoga oder einer Geh-Meditation erden. Wenn während des Prozesses starke Gefühle auftauchen, möchten Sie sich vielleicht eine Weile einfach auf Ihren Atem fokussieren. Oder Sie merken, dass ein paar Minuten der Herzensgüte-Praxis (siehe in Kapitel 2) Sie darin unterstützen, wohlwollendere und mitfühlendere Aufmerksamkeit für die Erkundung aufzubringen. Durch diese Art des Nach-innen-Hörens und der Flexibilität kann aus einer zunächst vielleicht mechanisch wirkenden Technik ein kreatives, lebendiges Instrument werden, welches Ihr Erwachen auf dem spirituellen Weg fördert.

~ Mit »Kleinkram« üben ~

Wenn wir bei kleinen Sorgen präsent bleiben, üben wir uns darin, auch mit großen Widrigkeiten umgehen zu können, rät Shantideva, der buddhistische Lehrer aus dem 8. Jahrhundert. Jedes Mal, wenn Sie einer Situation, in der Sie gewöhnlich einfach reagieren, mit RAIN begegnen, stärken Sie Ihre Fähigkeit, aus der Trance zu erwachen. Vielleicht wissen Sie bereits, was Ihr chronischer »Kleinkram« ist – die Genervtheit, wenn sich jemand mehrfach wiederholt; die Unruhe, wenn Sie irgendwo anstehen müssen; die Frustration, wenn Sie beim Einkaufen etwas vergessen haben –, und Sie entschließen sich, dann innezuhalten und eine »leichte« Version von RAIN durchzuführen, wie sie als geführte Meditation am Ende dieses Kapitels beschrieben wird. Durch häufiges Innehalten und eine interessierte, präsente Zuwendung zu Ihren gewohnten Reaktionsmustern wird Ihr Leben immer spontaner und freier werden.

~ Hilfe in Anspruch nehmen ~

Die Anwendung von RAIN kann unser emotionales Erleben intensivieren. Einige Formen westlicher Psychotherapie bieten wertvolle Hilfen bei der Erkundung schmerzhafter und verwirrender Gefühle. Meine Arbeit mit Klienten wurde durch Focusing (von Eugene Gendlin entwickelt) beeinflusst, einer körperorientierten Psychotherapie, bei der dem Gefühl einer Erfahrung mit offener, annehmender Aufmerksamkeit nachgegangen wird. Bei anderen auf Achtsamkeit beruhenden Therapien wird auf ähnliche Weise eine heilende Aufmerksamkeit aufrechterhalten, während wir erforschen, was in uns geschieht.

Wenn Sie befürchten, von Ihren Gefühlen überwältigt zu werden, rate ich Ihnen, den Prozess nicht alleine durchzuführen und sich Hilfe zu suchen. Besonders wenn Sie mit posttraumatischem

Stress arbeiten möchten, kann es wichtig oder sogar unerlässlich sein, dies mit Hilfe einer Therapeutin oder eines psychologisch erfahrenen Meditationslehrers zu machen. Die Anwesenheit einer erfahrenen Person, der Sie vertrauen, kann Ihnen helfen, sich sicher genug zu fühlen, um sich mit Ihrer Verletzlichkeit zu verbinden, und Unterstützung zu haben, wenn das, was auftaucht, »zu viel« erscheint. (Weitere Hinweise für den Umgang mit Trauma finden Sie auch in Kapitel 9.)

~ Die Sinne als Zugang zur Präsenz nutzen ~

Die Anwendung von RAIN lebt davon, aus unseren Gedanken auszusteigen und uns mit unserer körperlichen Erfahrung zu verbinden. Viele Menschen gehen von Gedanken besessen durch ihr Leben und spüren ihren Körper oft nur wenig. Tiefe emotionale Verwundungen oder Traumatisierungen fördern die Dissoziation vom Körper. Ob Sie sich durch tiefe Angst oder Scham durcharbeiten oder einem weniger akuten emotionalen Reaktionsmuster zuwenden: Die Aufmerksamkeit dafür, wie diese Erfahrung in Ihrem Körper zum Ausdruck kommt, wird Ihre innere Freiheit vergrößern. Der Wendepunkt meines Prozesses an jenem Abendspaziergang kam, als ich direkt spüren konnte, wie die Schichten der Verurteilungen, des Empfindens von Minderwertigkeit und des Kummers auf mein Herz drückten.

~ Achtsam mit Zweifeln umgehen ~

Zweifel können nicht nur den RAIN-Prozess, sondern jeglichen Zugang zu wahrer Zuflucht erheblich behindern. Der Buddha hielt Zweifel (zusammen mit Anhaftung und Ablehnung) für ein universelles Hindernis für spirituelle Freiheit. Wenn Sie Überzeugungen wie »Ich werde mich nie ändern«, »Ich bin für einen spirituellen Weg einfach nicht geeignet« oder »Heilung und Freiheit sind gar nicht wirklich möglich« in sich tragen, fahren Sie sich leicht fest.

Ich brauche wohl nicht zu betonen, dass mancher Zweifel auch gesund ist, zum Beispiel: »Ich bin mir nicht mehr sicher, ob diese Arbeit meinen Werten entspricht«, oder: »Vielleicht bin *ich* es ja, die keine Nähe zulässt«, oder: »Ob ich einer spirituellen Lehrerin wohl trauen kann, wenn sie sich abfällig über andere äußert?« Ähnlich wie beim Erforschen entsteht gesunder Zweifel aus dem Drang, die Wahrheit zu erkennen – er stellt bisher gültige Annahmen oder den Status quo infrage, um zu mehr Heilung und Freiheit zu gelangen. Im Gegensatz dazu entsteht ungesunder Zweifel aus Angst und Ablehnung und stellt das eigene Potenzial, den eigenen Wert oder den Wert anderer infrage.

Wenn ungesunde Zweifel auftauchen, können wir auch diesen mit RAIN begegnen. Es ist hilfreich, sich klarzumachen: »Dies sind Zweifel«, und damit ihre Gegenwart im eigenen Denken bewusst anzuerkennen. Indem wir die Zweifel erkennen und benennen, ohne sie zu bewerten, erweitern wir unsere Perspektive und lockern den Zugriff der Trance. Wenn die Zweifel hartnäckig sind, können wir die Präsenz vertiefen, indem wir sie wohlwollend betrachten. Statt uns von den Zweifeln bestimmen oder lähmen zu lassen, können wir sie als einen Aufruf zu klarer, achtsamer Präsenz betrachten.

~ Geduldig sein ~

Geduld lässt uns den Prozess des Erwachens genießen. Ohne Geduld geraten wir leicht in Widerstreit mit unserer Vergesslichkeit oder unserer Neigung zu unachtsamen Reaktionen. Langjährig Meditierende oder Therapie-Klienten klagen oft darüber, sich seit Jahrzehnten mit demselben Thema abzumühen. Sie stöhnen über ihre Rückfälle in alte Gefühle der Minderwertigkeit, Ablehnung, Unsicherheit oder Scham.

Solche Trance-Anfälle rufen dann oft Verzweiflung hervor und die Angst, dass diese Zyklen ungesunder Gefühls- und Verhaltensmuster immer so weitergehen könnten. RAIN kann zwar den Klammergriff der Trance lockern, doch dies gelingt nur selten durch eine einzige Anwendung. Vielmehr gilt es, viele, viele Runden mit RAIN zu drehen und uns den tief eingefurchten Leidensmustern immer und immer wieder mit Aufmerksamkeit und Wohlwollen zuzuwenden.

Die Überzeugung und das Gefühl »Mit mir stimmt etwas nicht« sind ein Kernthema meines ersten Buches *Mit dem Herzen eines Buddha* und auch weiterhin Bestandteil meines Lebens. Doch meine vielen Runden, ihnen mit Präsenz zu begegnen, hatten eine Wirkung: Die Trance ist viel transparenter, kürzer und leidensfreier geworden. Sie taucht kurz auf, dann entsteht Erkennen – »Ah, das wieder ...« – und Loslassen. Nicht »ich« lasse los, vielmehr löst sich dieses alte, falsche Selbstbild einfach auf, wenn es gesehen wird. Zurück bleiben eine gestärkte Wahrnehmung des Herzensraums, der dieses Leben umfasst, und ein Vertrauen in das jenseits der Trance lebende, zartfühlende Gewahrsein.

Jedes Mal, wenn wir einem alten emotionalen Muster mit Präsenz begegnen, kann sich unser Erwachen zur Wahrheit vertiefen. Die Identifikation mit dem Selbst in der Geschichte lockert sich, und wir können leichter in dem Gewahrsein ruhen, das das Geschehen einfach wahrnimmt. Wir können mehr Mitgefühl verkörpern und unser wahres Zuhause erinnern und ihm vertrauen. Statt immer wieder durch alte Prägungen zu kreisen, bewegen wir uns spiralförmig auf die Freiheit zu.

~ Aufrichtig sein ~

Durch ein aufrichtiges Herangehen an spirituelle Praktiken wie RAIN richten wir unser Herz und unseren Geist auf Freiheit aus. Erinnern Sie sich immer wieder daran, was für Sie »das Wichtigste« ist. Vielleicht verlangt es Sie danach, zu erkennen, wer Sie wahrhaft sind, oder wirklich zu lieben, Frieden zu erfahren oder mehr aus der Präsenz zu leben. Was immer Ihnen das Wichtigste ist: Lassen Sie diese Herzenskraft Ihre Meditation stärken. Die Aufrichtigkeit Ihres Sehnens wird Sie nach Hause bringen.

Alles, wonach du dich je gesehnt hast,
ist in diesem Augenblick für dich da.
Wage es und atme ein
und flüstere: »Ja.«

Danna Faulds

Geführte Besinnung

Sich mit RAIN Schwierigkeiten zuwenden

Setzen Sie sich still hin, schließen Sie die Augen und atmen Sie ein paarmal tief durch. Vergegenwärtigen Sie sich eine Situation, in der Sie sich festgefahren fühlen und die in Ihnen eine schwierige Reaktion wie Ärger, Angst, Scham oder Hoffnungslosigkeit hervorruft. Dabei kann es sich um einen Konflikt mit einem Familienmitglied handeln, eine chronische Krankheit, ein Versagen bei der Arbeit, den Schmerz einer Sucht oder ein Gespräch, welches Sie im Nachhinein bedauern. Nehmen Sie sich etwas Zeit, sich auf die Erfahrung einzulassen – visualisieren Sie die Szene oder Situation, erinnern Sie sich, was gesagt wurde, spüren Sie die angespanntesten Momente. Die Verbindung mit der aufgeladenen Essenz der Geschichte ist der Ausgangspunkt, um die heilsame Präsenz von RAIN zu erkunden.

R – Erkennen Sie, was vor sich geht

Fragen Sie sich angesichts dieser Situation: »Was passiert gerade in mir?« Welcher Empfindungen sind Sie sich besonders bewusst? Welcher Emotionen? Toben Gedanken durch Ihren Kopf? Nehmen Sie sich einen Moment Zeit, um sich bewusst zu werden, wie Sie diese Situation in Ihren Gefühlen und Empfindungen als Ganzes wahrnehmen. Können Sie spüren, wie diese Erfahrung in Ihrem Herzen und in Ihrem Körper genauso wie in Ihrem Kopf lebendig ist?

A – Lassen Sie das Leben so sein, wie es ist

Schicken Sie Ihrem Herzen eine Botschaft, diese ganze Erfahrung so zuzulassen, wie sie ist. Finden Sie in sich die Bereitschaft, innezuhalten und zu akzeptieren, dass in diesem Augenblick »das ist, was ist«. Sie können damit experimentieren, sich innerlich Worte zuzuflüstern wie: »Ja«, »Zulassen«, oder: »Ich stimme zu.«

Vielleicht läuft es darauf hinaus, dass Sie innerlich Ja sagen zu einem großen »Nein«, zu einem in schmerzhafter Abwehr zusammengezogenen Körper und Geist. Vielleicht sagen Sie Ja zu jenem Teil von Ihnen, der sagt: »Ich hasse das!« Dies ist ein natürlicher Teil des Prozesses. Hier geht es einfach darum, »wahr«zunehmen, anzuerkennen, was wahr ist, ohne irgendetwas davon zu verurteilen, zu verdrängen oder zu kontrollieren.

I – Erkunden Sie die innere Erfahrung mit Wohlwollen

Beginnen Sie in diesem Schritt, Ihre Erfahrung genauer zu erforschen. Nutzen Sie dabei Ihre natürliche Neugier und Ihr Interesse an Ihrem Innenleben. Sie können sich fragen: »Was braucht hier am dringendsten meine Aufmerksamkeit?«, oder: »Was sehnt sich am meisten danach, von mir angenommen zu werden?« Richten Sie Ihre Fragen sanft und mit freundlicher, einladender Stimme nach innen.

Achten Sie darauf, wo Sie die Erfahrung am deutlichsten im Körper spüren. Bemerken Sie irgendwo Hitze, Enge, Druck, Schmerz? Wenn Sie den intensivsten Teil Ihrer physischen Erfahrung gefunden haben, können Sie ihn durch Ihr Gesicht zum Ausdruck kommen lassen, sodass Ihre Mimik Ihr Körperempfinden spiegelt oder vielleicht sogar etwas übertrieben darstellt. Welche Emotionen bemerken Sie, wenn Sie das tun? Angst? Ärger? Kummer? Scham?

Für die weitere Erkundung können Sie fragen: »Welche Überzeugung von mir steckt dahinter?« Wenn Sie das zu sehr ins Denken bringt, lassen Sie diesen Aspekt aus. Doch oft taucht auf diese Frage hin sofort eine deutliche Überzeugung auf. Sind Sie davon überzeugt, in dieser Situation irgendwie zu versagen? Oder abgelehnt zu werden? Oder glauben Sie, nicht mit dem fertig zu werden, was hinter der nächsten Ecke lauert? Glauben Sie, irgendwie mangelhaft zu sein? Nie glücklich werden zu können? Wie lebt *diese Überzeugung in Ihrem Körper? Welche Empfindungen gehen damit einher? Anspannung? Wundgefühl? Brennen? Hohlheit?*

Schicken Sie auch hier der Intensität der schwierigen Erfahrung ein »Ja« oder ein »Zulassen« oder »Ich stimme zu«, und erlauben Sie sich, sie in ihrer ganzen Fülle wahrzunehmen. Was bemerken Sie, wenn Sie so zulassen, was geschieht? Wird etwas in Ihrem Körper oder Ihrem Herzen weicher? Spüren Sie mehr Offenheit, mehr inneren Raum? Oder bewirkt die Absicht, zuzulassen, mehr Anspannung, Verurteilungen und Angst? Wird Ihr Empfinden verstärkt oder anderweitig verändert?

Fragen Sie jetzt den Bereich, der sich am schwierigsten anfühlt: »Was willst du von mir?«, oder: »Was brauchst du von mir?« Verlangt dieser leidende Teil von Ihnen nach Anerkennung? Akzeptanz? Vergebung? Liebe? Und wenn Sie ein Gespür dafür haben, was er braucht: Was ruft das natürlicherweise in Ihnen hervor? Vielleicht haben Sie eine weise Botschaft für sich, oder Sie möchten sich auf energetischer Ebene liebevoll in den Arm nehmen. Vielleicht legen Sie sanft die Hand auf Ihr Herz. Experimentieren Sie damit, wie Sie mit Ihrem Innenleben Freundschaft schließen können – ob durch Worte oder Berührungen, Bilder oder Energie. Entdecken Sie, wie Ihre Aufmerksamkeit noch inniger und liebevoller werden kann.

N – Nicht-Identifikation verwirklichen – in natürlichem Gewahrsein verweilen

Mit dieser bedingungslosen, freundlichen Zuwendung zu Ihrem Innenleben bemerken Sie vielleicht auch die Möglichkeit, sich entspannt zurückzulehnen und einfach Gewahrsein zu sein. Wie ein Meer, auf dessen Oberfläche sich Wellen erheben und niedersinken, entstehen in der zartfühlenden, wachen Offenheit, die Sie sind, Empfindungen, Emotionen und Gedanken und vergehen wieder. Können Sie spüren, dass Ihr Sein nicht durch irgendeine Welle der Angst, des Ärgers oder der Verletztheit bestimmt wird? Können Sie spüren, wie die Wellen der Oberfläche zu Ihrer

Erfahrung gehören, ohne dass die unermessliche Tiefe und Größe Ihres Seins je Schaden nimmt? Nehmen Sie sich etwas Zeit, so lange Sie mögen, um einfach in diesem weiten, wohlwollenden Gewahrsein zu verweilen und was immer in Ihrem Körper oder Geist auftaucht, einfach kommen und gehen zu lassen. Erkennen Sie in diesem natürlichen Gewahrsein die innerste Wahrheit Ihres Seins.

Geführte Besinnung

Eine »Leicht«-Version von RAIN für die unmittelbare Anwendung im Alltag

Mitten im Alltag für kurze Momente mit RAIN innezuhalten, ist genauso wichtig für das Erwachen aus der Trance wie das ausführliche Durcharbeiten der Schritte. Ein kurzer, reinigender »Regen-Schauer« (engl. *rain* = Regen) braucht nur eine Minute zu dauern. Die Schritte sind im Prinzip dieselben, nur abgekürzt.

- *Die emotionale Reaktion erkennen.*
- *Innehalten, dreimal tief durchatmen und die innere Erfahrung so zulassen, wie sie ist.*
- *Die stärksten Gefühle mit wohlwollender Anteilnahme tiefer erforschen.*
- *Die Aktivität wieder aufnehmen und darauf achten, ob sich mehr natürliche Präsenz eingestellt hat.*

Eine leichte Version von RAIN beginnt damit, dass Sie erkennen, wie Sie mit schwierigen Gefühlen reagieren – auf eine scheinbare Kränkung, auf den ungemachten Abwasch, auf die verlegte Brille, auf Verdauungsstörungen, auf etwas, was Sie lieber nicht gesagt hätten. Halten Sie inne, wenn Sie bemerken, dass dies vor sich geht, und atmen Sie drei Mal lang und tief durch. Diese Atemzüge helfen Ihnen, sich aus der Mühle Ihrer Gedanken und Aktivitäten zu lösen und Raum zu schaffen für die Wahrnehmung Ihrer inneren Erfahrung.

Erforschen Sie diese, indem Sie sich fragen: »Was fühle ich?«, und achten Sie dabei auf Ihren Körper, vor allem auf Hals, Brust und Bauch. Bemerken Sie, welche Empfindungen (Anspannung, Hitze, Druck) und Emotionen (Ärger, Angst, Schuldgefühle) vorherrschen. Betrachten Sie das, was Sie wahrnehmen, mit freundlicher Anteilnahme. Versuchen Sie, während Sie in sich hineinspüren und wahrnehmen, was vor sich geht, mit Ihrem Atem in Kontakt zu bleiben.

Manchmal ist es einfach, zu verorten, was Sie spüren und fühlen, aber zeitweise kann es auch eher unbestimmt und schwer zu identifizieren sein. Das ist in Ordnung. Wichtig ist, innezuhalten, die Aufmerksamkeit zu vertiefen und sich selbst mit Freundlichkeit zuzuwenden.

Vervollständigen Sie diesen Kurzdurchlauf von RAIN, indem Sie sich einfach entspannen und Ihre Aktivität wieder aufnehmen. Achten Sie dabei darauf, was sich vielleicht verändert hat. Sind Sie bewusster? Offener? Warmherziger? Nehmen Sie Dinge weniger persönlich? Haben Sie mehr Zugang zu natürlicher Präsenz, dem N von RAIN?

Gehen Sie auch diese kurzen Prozesse kreativ an. Sie werden rasch bemerken, was Sie am meisten darin unterstützt, sich Ihrem Innenleben mit wohlwollender Aufmerksamkeit zuzuwenden.

6

*Nach Hause kommen
zu sich selbst*

Zum Leben im Körper erwachen

*Traue der Energie, die
durch dich kreist. Traue
und dann gib dich noch mehr hin. Sei die Energie.
Weise nichts ab. Folge jeder
Empfindung bis zu ihrem Ursprung
in der großen Weite und in reiner Präsenz.*

Danna Faulds

*Hier in diesem Körper fließen die heiligen Ströme:
Hier sind Sonne und Mond und alle Pilgerstätten.
Ich kenne keinen Tempel,
der herrlicher wäre als mein eigener Körper.*

Tantrisches Lied

»Wie fühlt sich gefühlstaub an?«, fragte ich. Jane starrte auf den Boden und flüsterte nach einer Weile: »Alles ist blockiert, nichts kann rein oder raus. Wie eine Decke um mein Herz.« Es war der dritte Tag eines einwöchigen Retreats, und Jane war zu mir gekommen, um mir zu sagen, dass sie nicht weiterkam. Beim Eintreten wich sie meinem Blick aus. Als sie saß, runzelte sie die Stirn und strich sich nervös mit den Fingern durch ihre extrem kurz geschnittenen blonden Haare.

»Ich will schon seit Jahren zu einem Retreat kommen«, begann sie, »und jetzt habe ich mich endlich angemeldet, weil mir in letzter Zeit so hoffnungslos zumute ist. Ich bin ständig ängstlich, verschlossen oder deprimiert.« Seit über zehn Jahren widmete sie ihre ganze Kraft ihrer Arbeit als Soziologin. Sie forschte und lehrte an einer großen Universität, aber der Konkurrenzkampf und der Druck, zu veröffentlichen, erschienen ihr immer sinnloser, und sie fühlte sich innerlich tot. »Ich hatte gehofft, Meditation würde mir helfen, mich wieder lebendiger zu fühlen«, erklärte sie. Doch jetzt fürchtete Jane, ihr Kommen könnte ein Fehler gewesen sein. »Ich mache etwas falsch«, stellte sie matt fest. »Heute Morgen in der Gruppe haben die Leute davon gesprochen, wie sich ihr Herz öffnet, wie alter Kummer aufsteigt oder sie tiefe Erkenntnisse gewinnen.« Jane schüttelte den Kopf. »Bei mir passiert jedoch gar nichts. Ich habe keine Ahnung, was ich fühle. Wenn ich meditiere, dreht sich entweder die Mühle meiner Gedanken, oder ich langweile mich dabei, meinem Atem zu folgen. Ich bin einfach gefühlstaub.« An dieser Stelle hatte sie die Decke um ihr Herz erwähnt.

»Können Sie mehr über diese Decke sagen?«, fragte ich. – »Ich hasse sie!«, platzte es aus ihr heraus. Sie warf mir einen kurzen Blick zu, bevor sie fortfuhr: »Ich habe genug Therapien gemacht, um zu wissen, wie sehr mein Nicht-Fühlen mein Leben zerstört. Es hindert mich daran, wirklich bedeutsame Beziehungen zu haben. Es hindert mich daran, zu wissen, was ich wirklich will, oder mich auf etwas zu freuen.« Sie schüttelte den Kopf. »Ich weiß, dass da einiges in mir begraben liegt, aber etwas in mir will da nicht ran. Jetzt bin ich endlich in einem Retreat ... und ich schaff's einfach nicht.«

»Jane«, begann ich, »ich möchte, dass Sie wissen, dass Sie nichts verkehrt machen.« Sie änderte ihre Sitzhaltung und wirkte beunruhigt. »Sie sind dabei, aufrichtig Ihre Erfahrung so zu erkennen und zu benennen, wie sie ist«, fuhr ich fort. »Das ist ein wesentlicher Bestandteil der Meditation.« Ich hatte RAIN bereits eingeführt und erinnerte sie daran, dass ihr Erkennen dessen, was in ihr vor sich ging, dem R von RAIN entsprach. »Möchten Sie mit mir zusammen die nächsten Schritte erkunden?« Sie nickte zustimmend. »Gut«, sagte ich, »Sie können damit beginnen, innezuhalten und Ihre Aufmerksamkeit Ihrem Körper zuzuwenden.« Ich wartete ein wenig und fragte dann: »Was passiert jetzt in Ihnen?«

Nachdem sie ihre Beine überkreuzt und wieder entkreuzt hatte, lehnte sich Jane auf ihrem Stuhl zurück und änderte immer wieder die Haltung ihrer Hände. »Ich bin unruhig, wie Sie wahrscheinlich schon bemerkt haben. Ich finde es schwer, hier zu sitzen. So fühle ich mich auch, wenn ich zu Hause versuche, zu meditieren. Ich will aufstehen, online gehen oder Texte korrigieren …, alles, nur nicht einfach dasitzen.«

»Da ist also Unruhe«, sagte ich. »Können Sie sie jetzt gerade einfach da sein lassen? So da sein lassen, wie sie ist, damit wir sie ein wenig erforschen können?« Jane lächelte ein wenig. »Ja, klar.« – »Gut. Wo nehmen Sie diese Unruhe am meisten in Ihrem Körper wahr?«

Zuerst schüttelte Jane nur den Kopf, aber dann atmete sie tief durch und schloss die Augen. Wenig später rieb sie mit der Hand die Mitte ihrer Brust auf dem Brustbein. »Jane«, sagte ich, »bringen Sie jetzt Ihre ganze Aufmerksamkeit zu der Stelle, wo Ihre Hand auf Ihrer Brust liegt, und erzählen Sie mir, was Sie dort fühlen.« Sie antwortete sofort: »Da ist ein unbehagliches, zittriges Gefühl. Es ist wirklich unangenehm.«

Ich erklärte ihr, dies sei ein gutes Beispiel für das I von RAIN, das Erforschen. Dann fragte ich sie: »Sind Sie bereit, sich auf ein Experiment einzulassen?« Jane nickte. »Okay. Finden Sie nur für einen kurzen Moment heraus, was passiert, wenn Sie diese zittrigen, unangenehmen Gefühle in Ihrem Körper so da sein lassen,

wie sie gerade sind – als ob Sie mitten in diesen Gefühlen innehalten.« Ich sah, wie sie mit der Hand auf der Brust wie erstarrt
dasaß, und fügte hinzu: »Probieren Sie, die Hand da zu lassen,
wo sie ist, und an der Stelle der stärksten Empfindungen ein- und
auszuatmen. Das kann Ihnen helfen, mit der Erfahrung verbunden zu bleiben.«

Jane saß bewegungslos da, die Hand auf der Brust. Nach etwa
einer Minute öffnete sie die Augen, sah mich kurz an und richtete den Blick dann wieder auf den Boden. Die Stirn war wieder gerunzelt und ihre Stimme klang resigniert. »Zuerst war da
ein Gefühl von Ängstlichkeit, aber dann verschwand es und ich
fühlte wieder nur Taubheit.« Sie hielt einen Moment inne und
zuckte dann mit den Schultern. »Ich konnte kaum was fühlen,
wie üblich.«

Unsere Reaktionskette

Wenn ich Menschen bei Retreats oder in Beratungen begegne,
erzählen mir manche wie Jane, sie könnten nichts fühlen, sie ver-
lören sich in Gedanken und fühlten sich vom Leben getrennt.
Andere erklären mir, sie fühlten sich von Gefühlen wie Angst,
Verletzung oder Ärger überwältigt. Ob wir von unseren Gefühlen überschwemmt werden oder uns von ihnen abgetrennt haben,
beide Male sind wir in Trance, abgeschnitten von unserer vollen
Präsenz und Lebendigkeit.

Sowohl die buddhistische als auch die westliche Psychologie
erklärt uns, dass unsere Trance der emotionalen Reaktivität mit
einem universell konditionierten Reflex beginnt: Bewusst oder
unbewusst taxieren wir ständig, ob das, was geschieht, für uns
angenehm, unangenehm oder neutral ist. Der Duft frisch geba-
ckener Kekse – wahrscheinlich angenehm. Gedanken an einen
jüngsten Streit – wahrscheinlich unangenehm. Das Geräusch

draußen vorbeifahrender Autos – meistens neutral. »Angenehm« reizt uns unserer Konditionierung gemäß, es haben zu wollen. Wir bekommen Verlangen nach den Keksen und stellen uns vielleicht vor, sie zu essen. »Unangenehme« Empfindungen lösen den Impuls aus, uns zurückzuziehen und ihnen auszuweichen. Gedanken an einen Streit führen vielleicht zu körperlicher Anspannung, Ärger oder Plänen, wie der eigene Standpunkt bewiesen werden könnte. Wenn etwas neutral ist, ignorieren wir es in der Regel und wenden unsere Aufmerksamkeit etwas anderem zu.

All diese mentalen und emotionalen Reaktionen sind natürlich, doch wir identifizieren uns leicht mit ihnen und ziehen uns dabei in ein Raumanzug-Selbst zurück. Wenn unsere Aufmerksamkeit beispielsweise auf unser Verlangen nach den Keksen fixiert ist – wie gerne wir welche essen würden, aber es uns vielleicht verkneifen sollten –, ziehen wir uns zusammen und verstricken uns in der Wahrnehmung eines verlangenden Selbst. Wenn sich unsere Aufmerksamkeit auf einen Streit konzentriert, wir uns gekränkt fühlen und darüber nachdenken, was wir besser hätten sagen sollen, ziehen wir uns zusammen und verwickeln uns in der Wahrnehmung eines verärgerten, beleidigten Selbst. Unsere Gedanken und Gefühle drehen sich im Kreis. Je mehr wir darüber nachdenken, was uns stört oder aufregt, desto ärgerlicher werden wir: Je mehr Ärger wir fühlen, desto mehr ärgerliche Gedanken produzieren wir. Wenn wir uns in dieser Kette der Reaktivität verfangen, sind wir in der Trance. Wir entfernen uns von einem umfassenderen Empfinden unserer Selbst und dem, was in unserem Leben wichtig ist.

Im buddhistischen Meditationstraining beginnt das Erwachen aus der Trance mit der Achtsamkeit auf die Empfindungen. Empfindungen sind unser unmittelbarster Weg, das Leben zu erfahren und mit ihm in Beziehung zu treten. All unsere anderen Reaktionen – auf Gedanken, auf äußere Situationen, auf Menschen und Emotionen – sind eigentlich Reaktionen auf physische Empfindungen. Wenn wir auf jemanden wütend sind, reagiert unser Körper auf etwas, was als Bedrohung empfunden wurde. Wenn wir uns zu jemandem hingezogen fühlen, signalisiert uns unser Körper Wohlbefinden, Neugier oder Verlangen. Wenn wir die Basis der Empfindungen nicht erkennen, verlieren wir uns immer wieder in dem Wirbel der Gedanken, Gefühle und Emotionen, aus denen unsere tägliche Trance besteht.

Die Erde berühren

Eine der besten Anleitungen zur Meditationspraxis, die ich je gehört habe, stammt von dem buddhistischen Lehrer Ajahn Buddhadasa aus Thailand. Er sagte: »Tue nichts, was dich von deinem Körper entfernt.« Der Körper lebt in der Gegenwart. Wenn wir uns des Körpers gewahr sind, sind wir mit lebendiger Gegenwärtigkeit verbunden – mit dem *einen* Ort, wo wir die Wirklichkeit sehen, wo wir erkennen, was tatsächlich passiert. *Das Gewahrsein des Körpers ist unser Tor zur Wahrheit dessen, was ist.*

Dieses Tor zur Zuflucht spielte auch beim Erwachen des Buddha eine entscheidende Rolle. Als sich Siddhartha Gautama am Fuß des Bodhi-Baums, des Baums des Erwachens, niederließ, beschloss er, bis zum Erlangen der vollkommenen Freiheit dort sitzen zu bleiben. Er begann seine Meditation damit, seine Aufmerksamkeit zu sammeln, seinen Geist zu beruhigen und zu einer vollen, ausgeglichenen Präsenz »zurückzukommen«. Die Legende erzählt, dass dann jedoch der Dämon Mara erschien, begleitet von einer riesigen Kriegerschar und ausgerüstet mit vielen tödlichen Waffen und Zauberkräften. Mara ist ein Versucher – sein Name bedeutet in Pali »Täuschung« –, man kann ihn auch als Gautamas Schattenselbst verstehen. Mara wollte verhindern, dass sich Gautama aus der Trance löste.

Die ganze Nacht lang schleuderte Mara Steine und Pfeile, kochenden Schlamm und sengenden Sand, um Gautama dazu zu bringen, sich zu wehren oder zu fliehen, doch dieser empfing all diese Angriffe mit mitfühlender Präsenz, und alle Geschosse verwandelten sich in himmlische Blumen. Dann entsandte Mara seine Töchter, »Verlangen, Anhaftung und Wollust«, umringt von lüsternen Dienerinnen, um Gautama zu verführen, doch Gautamas Geist blieb unbewegt, unabgelenkt und gegenwärtig. Die Morgendämmerung nahte schon, da setzte Mara seine letzte Waffe ein – den Zweifel. Er fragte Gautama, welchen Beweis er denn für sein Mitgefühl habe. Wie könne er sich seines erwachten Herzens sicher sein? Mara zielte auf den Kern der Reaktivität ab, der das Empfinden des kleinen Selbst aufrechterhält: die Wahrnehmung unserer Minderwertigkeit.

Gautama bediente sich keiner Meditationstechniken, um sich zu beweisen. Stattdessen berührte er die Erde und bat sie, sein Mitgefühl und die Wahrheit seines Seins zu bezeugen. Zur Antwort erbebte die Erde mit donnerndem Dröhnen und sprach: »Ich bezeuge!« Erschrocken zerstreuten Mara und seine Kräfte sich in alle Winde.

In jenem Augenblick, in dem er seine Zugehörigkeit zur Erde anerkannte, wurde Gautama zum Buddha – zum Erwachten – und war befreit. Indem er seine lebendige Ganzheit annahm, löste er sich aus den letzten Überbleibseln der Trance der Getrenntheit.

In dieser Geschichte von der Befreiung des Buddha liegt eine radikale und wundervolle Einladung. Auch unsere Heilung und unser Erwachen offenbaren sich in jedem Augenblick, in dem wir zu unserer Lebendigkeit Zuflucht nehmen – wenn wir uns mit unserem Fleisch und Blut verbinden, mit unserem Atem, mit der Luft an sich, mit den Elementen, aus denen wir bestehen, und mit der Erde, die unsere Heimat ist. Wann immer wir der lebendigen Welt der Empfindungen mit Präsenz begegnen, berühren auch wir die Erde.

In den Körper kommen

Für Jane war entscheidend, einen Weg in die Welt der Empfindungen zu finden. Ich ermutigte sie, sich in ihren Meditationen Zeit zu nehmen, die Lebendigkeit ihres Körpers von innen her zu spüren. Zu Anfang sei es einfacher, erklärte ich ihr, sich neutraler oder angenehmer Empfindungen bewusst zu werden. Um ihr zu demonstrieren, was ich meinte, bat ich sie, die Augen zu schließen. »Lassen Sie Ihre Hände sich entspannen, lassen Sie sie einfach in Ihrem Schoß ruhen«, schlug ich ihr vor. »Und stellen Sie sich jetzt vor, Sie könnten mit Ihrem Gewahrsein in Ihre Hände hineingehen. Schauen Sie, ob Sie Ihre Hände ein bisschen weicher werden lassen können, und spüren Sie das Leben in Ihren Händen.« Ich gab ihr etwas Zeit. »Können Sie ein Kribbeln spüren oder ein Vibrieren? Können Sie Wärme oder Kühle spüren? Können Sie die Stellen spüren, wo der Kontakt zwischen Ihren Händen und Ihren Beinen oder zwischen den einzelnen Fingern etwas Druck ausübt?«

Jane saß ganz still, dann nickte sie mit einem leisen Lächeln. »Gut«, sagte ich. »Versuchen Sie jetzt, diese Lebendigkeit auch in Ihren Füßen wahrzunehmen. Nehmen Sie sich einfach einen Moment Zeit und spüren Sie das Kribbeln, das Vibrieren, die verschiedenen sich wandelnden Empfindungen in Ihren Füßen.« Nach einer kleinen Pause nickte sie wieder. »Jane, dieselbe Lebendigkeit, die Sie in Ihren Händen und Füßen spüren, durchzieht Ihren gesamten Körper. Versuchen Sie jetzt, die Linse Ihrer Aufmerksamkeit zu erweitern und das ganze Feld der Empfindungen Ihres Körpers mit einzubeziehen. Diese Empfindungen können angenehm oder unangenehm sein. Lassen Sie sie einfach kommen und gehen und bemerken Sie, was gerade vorherrscht. Und um dabei verbunden und entspannt zu bleiben, hilft es, zu spüren, wie sich der Atem durch alles hindurchbewegt.«

Als Jane die Augen wieder öffnete und mich anschaute, schien ihr Blick weicher und heller zu sein. Sie schaute sich im Raum um, als nähme sie ihre Umgebung – die Kerzen, die Uhr, die Packung Taschentücher – zum ersten Mal wahr. »Tara«, begann sie, »im Rest meines Körpers habe ich nicht viel gespürt, aber allein meine Hände und Füße zu spüren, auch ein paar Augenblicke meinen Atem zu spüren …, nun …, ich hatte zum ersten Mal das Gefühl, wirklich hier zu sein!«

Wenn Menschen mit dem Training der Achtsamkeit auf den Körper anfangen, haben einige zunächst Mühe, die Empfindungen in ihrem Bauch, ihrer Brust oder ihrem Hals zu spüren. Ich versicherte Jane jedoch, dass wir alle uns unseres Körpers mit etwas Übung und Geduld bewusst werden können. Ich gab ihr für die nächsten Tage die Aufgabe, in jeder Meditation zunächst ihre neutralen oder angenehmen Empfindungen zu erkunden, indem sie ihre Hände und Füße von innen her wahrnahm, und sich dann so vielen Körperempfindungen wie möglich zu öffnen.

Ich legte ihr auch eine etwas anspruchsvollere Aufgabe ans Herz: Wenn sie mit einem schwierigen Geisteszustand konfrontiert war – Unruhe, Ängstlichkeit, Traurigkeit oder Ärger –, riet ich ihr, sich zu fragen, was gerade in ihr vor sich ging. Wenn sie sich auf diese Weise den mit den Gefühlen einhergehenden Körperempfindungen öffne, könne sie zur Unterstützung immer einen Teil ihrer Aufmerksamkeit beim Atem lassen: »Vor allem, wenn die Empfindungen unangenehm sind, kann der Atem eine Art sicheres Basislager sein …, ein treuer Gefährte.«

Ein achtsames Gewahrsein der Empfindungen ist das Fundament von RAIN. Ich hoffte, Jane würde entdecken, wie sich verschiedene Geisteszustände in Körpergefühlen zeigen, noch bevor sie sich zu einem Gedanken verdichten. »Jede unserer Erfahrungen ist in unserem Körper verankert. Wenn Sie mit diesen Erfahrungen in Kontakt treten, wenn Sie die Empfindungen zulassen, werden Sie sich besser geerdet und bewusster fühlen«, erklärte ich ihr.

»Gilt das auch für die Decke der Taubheit?«, fragte sie mit erhobenen Augenbrauen und einem Anflug von Schalk. »Ja«, erwiderte ich mit einem Lächeln, »auch dafür.«

Jane sollte erfahren, dass was immer sich im gegenwärtigen Moment zeigt, genau die Erfahrung ist, die zur Heilung führen kann.

Wenn alles zu viel zu sein scheint

Als ich vor vielen Jahren anfing, zu Vipassana-Retreats zu gehen, waren die Anleitungen alle ziemlich gleichförmig. Man zeigte uns den Anker des Atems, und wenn sich etwas Intensives oder Unangenehmes zeigte, sollten wir diesen Empfindungen unsere volle Aufmerksamkeit zuwenden. Das bezog sich auch auf Gefühle der Taubheit und des Entsetzens, der Verzweiflung und der Wut. Für die meisten Übenden ergaben sich aus diesem Vorgehen wertvolle Erkenntnisse, doch für Menschen, die mit einem unverarbeiteten Trauma lebten, konnte diese Anweisung schädlich sein. Statt neuer Erkenntnisse und gesteigerter Bewusstheit erfuhren sie überwältigende Emotionen und Hilflosigkeit. Die Erfahrung bestätigte sie nur in ihrem Gefühl der Bedrohung und Ohnmacht. Dies ist einer der Gründe, weshalb ich Jane riet, ihre Basis zu festigen: Ich wusste nicht, was ihre Gefühlstaubheit schützte.

Uns von allem, was schmerzt, zu entfernen, gehört zu unserem Überlebensprogramm. Wenn wir emotional tief verwundet oder in irgendeiner Weise traumatisiert wurden, kann die Dissoziation von extrem starken Empfindungen und überwältigenden Ängsten eine höchst wirksame Selbstschutzmaßnahme sein. Doch wenn das Trauma nicht verarbeitet wird, bleiben diese schmerzhaften Energien in unserem Gewebe und unserem Nervensystem erhalten. Sie zeigen sich als wiederholt auftretender körperlicher oder emotionaler Schmerz, weshalb wir Strategien entwickeln, um sie nicht zu fühlen – indem wir zum Beispiel den Körper anspannen, gefühlstaub werden, uns mit Gedanken ablenken, Süchte entwickeln oder uns aggressiv verhalten. Wenn wir unsere Aufmerksamkeit auf den Körper richten, beginnen diese Schutzstrategien sich aufzulösen, und es können intensive und häufig verstörende Energien auftauchen. Dieser Prozess ist zwar ein wesentlicher Bestandteil der Heilung, doch wenn unsere Achtsamkeit nicht stabil oder stark genug ist, kann uns dieser Prozess überwältigen und möglicherweise sogar retraumatisieren.

Die meisten Menschen leben mit emotionalen Wunden und viele auch mit gewissen Traumata. Da ist »Zeug innerlich vergraben«, wie Jane es ausdrückte. Wie können wir uns vergewissern, ob es sicher ist, mit solchen lang verdrängten Gefühlen Kontakt aufzunehmen? Manche Übende fürchten, emotional zusammenzubrechen und funktionsunfähig zu werden, wenn sie sich bewusst für das öffnen, was in ihnen schlummert. »Gibt es eine Art der Meditation, die für solche Fälle am besten ist?«, fragen sie dann.

Solche Fragen bedürfen der sorgfältigen Prüfung. Es gibt dafür zwar keine klare Formel, doch meiner Erfahrung nach erfordert die Achtsamkeit auf den Körper ein hinreichendes Gefühl der Sicherheit und Stabilität – mit anderen Worten: bereits ein gewisses Empfinden von Zuflucht. Ich rate Menschen in dieser Situation häufig, sich an eine qualifizierte Lehrerin oder einen Therapeuten zu wenden, die sich mit Achtsamkeit und der Heilung von Trauma auskennt. Wenn sich jemand unsicher und verletzlich fühlt, kann es auch hilfreich sein, in einer Gruppe zu praktizieren, wo ein Achtsamkeitslehrer, eine Therapeutin oder vertrauenswürdige Freunde zur Verfügung stehen, wenn Hilfe gebraucht wird.

Im Fall von Jane zeigte mir ihre Bereitschaft, ihre innere Erfahrung mit mir zu erkunden, ein gewisses Vertrauen in meine Begleitung. Diese Art der Begleitung ist ein wichtiger Aspekt der Zuflucht der Liebe. Die Präsenz eines anderen Menschen, dem unser Wohlergehen am Herzen liegt, kann eine Art heilsamen

Raum für unsere intensiven inneren Energien bilden. (Ich werde auf diese Zuflucht in Kapitel 9 noch näher eingehen.)

Unser Empfinden von Sicherheit und Stabilität wächst auch in dem Maße, in dem wir unsere eigenen inneren Ressourcen entwickeln – unsere meditativen Fähigkeiten, Körper und Geist zu beruhigen und die Aufmerksamkeit zu stabilisieren. Dabei nehmen wir mit Hilfe von Praktiken, die uns auf eine volle verkörperte Gegenwärtigkeit vorbereiten, Zuflucht zur Wahrheit. Im Gespräch mit Jane hatte ich sie zunächst eingeladen, sich mit den neutralen und angenehmen Empfindungen in ihrem Körper zu verbinden. Die Fähigkeit dazu würde ihr helfen, ihren Geist zu entspannen und ihren Körper als einen potenziell sicheren Ort zu erfahren. Ich habe sie auch darin unterstützt, ihren Anker (ihren Atem) zu einem zuverlässigen Ausgangs- und Rückzugsort zu entwickeln, dessen beruhigender Wirkung sie sich sicher sein konnte, wenn ihr etwas zu viel wurde. Dieser Anker würde ihr dann »als treuer Gefährte« helfen, auch bei schwierigeren Emotionen präsent zu bleiben.

Kürzlich beriet ich einen jungen Mann, der im Irak gedient hatte und unter posttraumatischem Stress litt. Bei seinem ersten Besuch konnte er seine Aufmerksamkeit nur auf seine Füße richten – die Wahrnehmung seines gesamten übrigen Körpers erzeugte nur Angst und Schrecken in ihm. Gemeinsam bauten wir zwei Anker für ihn auf: die Empfindungen in seinen Füßen, die ihm halfen, sich zu erden, und ein Mantra, ein paar heilige Worte, die ihn daran erinnerten, unter dem Schutz einer liebevollen, universellen Kraft zu stehen. Viele Monate lang bestand seine Praxis im Wesentlichen darin, sein Mantra ständig zu wiederholen, darüber nachzusinnen und seine Füße auf der Erde zu spüren. Nach etwa sechs Monaten fühlte er sich geerdet und beschützt genug, um allmählich auch die Empfindungen seines übrigen Körpers in den Blick zu nehmen. Er nannte dies seine »Reise zurück ins Lebendig- und Heil-Sein«.

Auf einem Wochen-Retreat, das ich leitete, war eine Frau, die unter dem »Würgegriff« der Angst litt, wie sie es nannte. Sie lernte, damit umzugehen, indem sie mit diesen intensiven Empfindungen bewusst in Kontakt trat und sich dann wieder von ihnen distanzierte. Sie stellte sich vor, in den Fluss ihrer Ängste zu treten, und öffnete sich dem Druck, der Wundheit und der Enge, die in ihr waren. Dann stellte sie sich vor, aus dem Fluss herauszutreten und sich ans Ufer zu setzen. Dort nahm sie sich Zeit, bewusst ihre Sinne zu erwecken – die Augen zu öffnen, sich umzuschauen, auch die Geräusche außerhalb des Raumes wahrzunehmen, die Luft um sich herum und ihren Atem zu spüren, die Sitzfläche unter sich zu fühlen. Indem sie ihre Aufmerksamkeit ausdehnte, konnte sie die Umklammerung der Angst spüren, ohne sich davon völlig überwältigt zu fühlen. Im Laufe einer Sitzung trat sie auf diese Weise mehrfach in den Fluss und damit in direkten Kontakt mit ihren Ängsten und trat dann wieder aus ihm heraus, um sich auf dem ruhigen, weiten Ufer auszuruhen. So entdeckte sie allmählich, dass die so angsterregend erscheinenden Energien »bearbeitbar« waren, wie es der tibetische Lehrer Chögyam Trungpa genannt hat.

Ähnliche Fragen wie zum Umgang mit emotionalem Schmerz stellen sich auch bei körperlichem Unwohlsein. Immer wieder fragen Übende, ob sie ihre Meditation abbrechen sollen, wenn der körperliche Schmerz sehr intensiv und ablenkend wird. »Warum sollte ich diese Migräne spüren wollen?«, fragen sie. »Warum sollte ich mich dafür entscheiden, mich dieser Übelkeit oder diesen Magenschmerzen zuzuwenden?« »Was kann ich tun, wenn mir der körperliche Schmerz einfach zu viel wird?«

Manchmal ist der Begriff »Schmerz« an und für sich schon ausreichend, um die Vorstellung zu wecken, die Erfahrung sei schlecht oder es sei zu viel. Wenn ich darüber spreche, mit Schmerz zu sein, ermutige ich die Übenden, den Tanz der Empfindungen, den sie als »Schmerz« bezeichnen, genau zu untersuchen. Hinter dem solide scheinenden Konzept »Schmerz« können alle möglichen, wechselhaften Erfahrungen stecken wie Brennen, Stechen, Krampfen, Drücken, Schneiden oder Wundheit. Indem wir uns dafür interessieren, wie sich diese Empfindungen bewegen und entfalten, wie sie zunehmen und abnehmen, wird die Erfahrung weniger persönlich und unser Empfinden von Präsenz erweitert sich.

Ich empfehle oft, die Aufmerksamkeit zu erweitern, bevor man mit unangenehmen Empfindungen in Kontakt geht. Durch Schmerz kann unser Fokus so eng werden, dass wir alles Übrige aus den Augen verlieren. In solchen Fällen kann es hilfreich sein, den Körper nach neutralen oder angenehmen Empfindungen abzusuchen und dort ein wenig zu verweilen. Experimentieren Sie damit, sich zwischen den neutralen/angenehmen und den unangenehmen Empfindungen hin und her zu bewegen. Sie können auch, so wie ich es Jane empfahl, während der Erkundung der schwierigen Stellen mit einem neutralen/angenehmen Anker wie dem Atem in Kontakt bleiben.

Die Erweiterung der Aufmerksamkeit entsteht auch, wenn wir uns auf den Raum um die unangenehmen Empfindungen oder einfach den Raum um den eigenen Körper einschwingen und zwischen diesen beiden Fokussen hin und her wandern. Statt uns mit einem kleinen, in Anspannung und Abwehrhaltung gegen den Schmerz verhafteten Selbst zu identifizieren, öffnen wir uns so allmählich einem erweiterten Gewahrsein, welches auch angesichts schwieriger Empfindungen präsent bleiben kann, ohne zu reagieren oder auszuweichen.

Und es gibt Zeiten, zu denen unsere Versuche, mit dem Schmerz in Kontakt zu treten, negative Auswirkungen zeigen. Wenn in Ihnen zunehmende Unruhe entsteht und Sie mit Stress reagieren, ist es meistens besser, eine Pause einzulegen. Wenden Sie sich einer Konzentrationspraxis mit einem angenehmen oder neutralen Anker zu – ruhen Sie beim Atem, hören Sie auf die Geräusche um sich herum oder rezitieren Sie ein Mantra. Wenn Sie sich ausgeglichener fühlen, können Sie sich mit sanfter Aufmerksamkeit wieder den intensiveren Empfindungen zuwenden. Oder Sie beenden Ihre Sitzung und versorgen sich achtsam mit dem, was Ihnen Erleichterung verschafft – sei es ein Heilmittel, körperliche Bewegung, eine heiße Dusche oder eine Tasse Tee.

Unter schwierigen Umständen präsent zu bleiben, soll kein Härtetest sein. Es geht nicht darum, ein weiteres Feld zu finden, in dem Sie sich beweisen müssen. Manchmal gilt es einfach, den Boden zu bereiten und Wege zu finden, sich sicherer und stabiler zu fühlen. Wenn Sie mit starken Schmerzen konfrontiert sind, mag es sein, dass Sie nur dreißig Sekunden lang mit dem Schmerz präsent bleiben können, oder eine Minute oder fünf Minuten. Das einzig Wichtige dabei ist Ihre *Einstellung* zu dem Schmerz. Es gibt immer die Möglichkeit der Zuflucht; sie liegt in jenen Momenten, in denen Sie das Geschehen mit freundlicher, sanfter Präsenz betrachten können.

Ungelebtes Leben erkennen

Zwei Tage, nachdem Jane und ich uns zuerst begegnet waren, teilte sie mir in einer Notiz mit, dass sie anfing, den »Trick« rauszufinden, sowohl angenehme als auch unangenehme Körperempfindungen wahrzunehmen. Am folgenden Nachmittag trafen wir uns zu einem weiteren Gespräch. Mit rotgeweinten Augen berichtete Jane, was ihr am Morgen jenes Tages widerfahren war. »Ich dachte an meine Mutter, die vor ein paar Jahren verstorben ist. Wir hatte immer eine distanzierte, angespannte Beziehung – sie war eine alleinerziehende Mutter, auch eine College-Professorin wie ich, immer in ihre Arbeit vertieft und immer froh, wenn ich aus dem Haus war. Ich habe also nicht wirklich um sie getrauert. Während ich meditierte, spürte ich wieder diese taube Schwere, die über mir lag wie eine Decke. Es fühlte sich so an, als wäre diese Decke zwischen mir und ihr, zwischen mir und allem.

Wie Sie mir geraten haben, ließ ich diese Taubheit und Schwere einfach da sein und versuchte wahrzunehmen, wie sich das in meinem Körper anfühlt. Meine Kehle wurde sehr eng und ich musste unentwegt schlucken. Und dann tauchte eine Erinnerung auf …, eine schmerzhafte Szene, die ich völlig vergessen hatte. Ich war wohl ungefähr sieben Jahre alt. Ich hatte wundervolle lange, goldblonde Haare, bis zur Taille. Ich liebte meine Haare. Nach der Schule hüllte ich mich in bunte Seidenschals und tanzte und fühlte mich wie eine wunderschöne Prinzessin. Eines Nachmittags meinte meine Mutter, meine Haare seien eine Qual und wir würden jetzt zum Friseur gehen. Ich kannte das Wort ›Qual‹. Ich war ihr eine Qual, wenn ich vor der Tierhandlung um ein Hündchen bettelte oder wenn ich beim Spielen mein neues Kleid dreckig gemacht hatte oder wenn ich etwas von ihr wollte, während sie gerade Arbeiten korrigierte. Eine Qual zu sein, führte oft zu verschlossenen Türen und Einsamkeit. Diesmal flehte ich sie an, ich versprach, meine Haare immer zusammenzubinden, ich weinte und weinte, aber sie zerrte mich zum Auto und meinte nur, es sei jetzt Zeit, erwachsen zu werden … Die Friseurin merkte, wie unglücklich ich war, aber sie lachte mich nur aus. ›Du wirst es im Sommer kühler haben‹, verkündete sie und schnitt mir ruck, zuck die langen Locken ab.« Janes Hand hob sich unwillkürlich zum Kopf, als wollte sie nach den Haaren greifen, die längst nicht mehr da waren. »Damals in diesem Friseursalon erkannte etwas in mir, dass ich nicht wichtig bin. Meine Gefühle waren nicht wichtig. Ich war wie unsichtbar, es kümmerte niemanden, wie es mir ging.« Jane hielt abrupt inne, den Mund schmal zusammengepresst, die Hände im Schoß zu Fäusten geballt. Mit niedergeschlagener Stimme erklärte sie: »Damals hat wohl ein Teil von mir aufgehört, zu leben.«

Als Jane eine Weile später wieder zu sprechen begann, war ihre Stimme kaum zu hören. »Ich bin genau wie sie geworden, Tara. Freudlos. Eine hart arbeitende, verspannte, vertrocknete Frau. Als Dad uns damals verließ, hat sie zugemacht. Sie ignorierte ihren Schmerz, ihre Bedürfnisse … und meine.« Jane schwieg einen

Moment, als wolle sie dem nachlauschen, was sie gerade gesagt hatte. Dann fuhr sie fort: »Ich habe auch zugemacht. Jetzt weiß ich, wovor ich mich am meisten fürchte: so zu sterben wie sie, ohne gelebt zu haben.«

Carl Jung schrieb: »Nichts hat psychologisch gesehen einen stärkeren Einfluss auf ihre Umgebung und besonders auf ihre Kinder als das ungelebte Leben der Eltern.« Der äußere Aspekt unseres ungelebten Lebens umfasst all die Bereiche, wo wir abgehalten wurden, unserem Potenzial nachzugehen und es zu manifestieren – in unserer Ausbildung, in unserem Beruf, in unseren Beziehungen, in unserer Kreativität. Doch es ist der innere Aspekt unseres ungelebten Lebens, der dieses Leiden in Bewegung versetzt. Dort finden wir die starken Empfindungen, die Sehnsüchte und Verletzungen, die Leidenschaften und Ängste, die wir nicht fühlen wollten.

Wenn wir uns von der energetischen Grundlage unserer Erfahrung entfernen, wenden wir uns von der Wahrheit dessen ab, was ist. Wir lassen uns auf einen furchtbaren Handel ein. Wenn wir uns von dem Körpergefühl unseres Schmerzes trennen, trennen wir uns auch von der unmittelbaren Erfahrung der Liebe, die wahre Nähe und Intimität mit anderen ermöglicht. Wir schneiden uns von der sinnlichen Lebendigkeit ab, die uns mit der natürlichen Welt verbindet. Wenn wir ungelebtes Leben in uns tragen, können wir weder gut für uns selbst noch für unsere Kinder oder die Welt sorgen.

Die Gefühle, die wir dabei zu ignorieren versuchen, sind wie ein schreiendes Kind, das in sein Zimmer gesperrt wurde. Wir können uns die Ohren zuhalten und in die fernste Ecke des Hauses verkriechen – der Körper und das Unbewusste vergessen es jedoch nicht. Vielleicht spüren Sie Anspannung oder Schuldgefühle. Vielleicht geht es Ihnen wie Jane und es verstört Sie jegliche Nähe oder Sie leiden unter der Sinnlosigkeit Ihres Daseins. Vielleicht fixieren Sie sich auf all die Dinge, die Sie erledigen wollen.

Wenn Körper und Geist immer noch auf das gequälte Kind in uns reagieren, können wir nicht spontan leben. Alles, was wir tun, um es zu ignorieren, stärkt nur die Verbindung zu ihm. Unsere ganze Identität ist von der Erfahrung durchdrungen, einen zentralen Teil unseres Lebens ausgesperrt zu haben oder ihm entfliehen zu wollen.

Indem sie sich all der Leidenschaft und dem Schmerz des jungen Mädchens verschloss, dessen kostbare Haare verunstaltet wurden, hatte sich Jane in ein taubes, verängstigtes Fragment ihrer selbst verwandelt. Doch eine Stimme in ihr verlangte danach, vollständiger zu leben. Indem sie anfing, mit ihrer Körpererfahrung in Kontakt zu treten, indem sie die Erde berührte, hatte sie sich dem geöffnet, wovor sie davongelaufen war.

Durch den Körper lebendig werden

Nachdem Jane ihre Angst benannt hatte, zu sterben, ohne gelebt zu haben, verfiel sie in Schweigen. Ich fragte sie, ob sie sich ihrem inneren Prozess mit RAIN widmen wolle, und sie nickte zustimmend. »Also gut«, sagte ich sanft, »Sie können damit beginnen, zuzulassen, diese Angst zu spüren. Wo lebt diese Angst in Ihrem Körper?« Sie wies auf die Mitte ihrer Brust und legte wiederum die Hand dorthin. »Sie können sie erkunden, indem Sie bemerken, wie es sich von innen her anfühlt«, regte ich an.

Jane saß eine Weile still da. Dann atmete sie einmal tief durch und antwortete: »Es ist wie eine Kralle, die an meinem Herzen zerrt.« Ich erinnerte sie daran, diese Empfindungen einfach da sein und sich so zeigen zu lassen, wie sie wollten. Sie atmete tief und ließ sich vom Atem helfen, bei der Erfahrung ihres Körpers zu bleiben. »Das Zerren reißt mich auf, es wird ganz heiß … Jetzt ist da ein gewaltiges Schreien, das alles auseinandersprengt – es ist meine eigene Stimme, ich schreie meine Mutter an!«

»Jane, wenn da Worte in Ihnen sind, können Sie sie gerne laut aussprechen.«

Mit fest zusammengepressten Augen schien sie die Worte zunächst zurückdrängen zu wollen. Doch dann brach es aus ihr heraus: »Ich *hasse* dich dafür, dass du mir die Haare hast abschneiden lassen. Wie konntest du mir das antun? Wie konntest du nur?« Ihre Stimme brach und sie schlug weinend die Hände vor ihr Gesicht. »Du wolltest mich nur los sein, damit du deine Ruhe hast. Du hast mich nicht geliebt, du konntest mich nicht lieben.« Jane schluchzte ein paar Minuten lang, schlang die Arme um sich und wiegte sich hin und her. Ich lud sie ein, sich so viel Zeit zu nehmen, wie sie brauchte, um zu fühlen, was in ihrem Herzen war, und wenn sie wolle, zu benennen, was in ihr vor sich ging. »Da ist ein stechender Schmerz«, flüsterte sie und hielt sich weiter in den Armen. Wenig später sprach sie mit weicherer, zärtlicherer Stimme weiter und betonte jedes Wort: »Und jetzt tiefe, schmerzhafte Traurigkeit.« Als ihr Schluchzen nachließ, saßen wir eine Weile in Stille beisammen. Schließlich trank sie etwas Wasser und sah mich dann an. Zum ersten Mal blieben ihre Augen in einem innigen Blick mit meinen verbunden.

»Tara, als ich eben still war, verwandelte sich die Traurigkeit in eine liebliche, friedvolle Energie, mein ganzer Körper kribbelte davon. Ich fühlte mich total lebendig – zum ersten Mal. Dann hörte ich eine andere Stimme, ein unendlich sanftes Flüstern, das mich segnete. Es gab mir die Erlaubnis, mein Leben aus dieser Lebendigkeit heraus zu leben. Ich hatte eine Ahnung, dass dieses Flüstern von dem kam, was ich wirklich bin und was all die Jahre über unsichtbar war, aber nie ganz verschwunden ist.« In Janes Augen glitzerten Tränen. »Mehr als alles andere möchte ich mich dieser Stimme anvertrauen, um verbunden zu bleiben mit dem, was ich wirklich bin.«

Jane war auf dem Pfad zu wahrer Zuflucht. Indem sie sich der Erfahrung ihres Körpers mit hingebungsvoller Präsenz zugewandt hatte, war sie mit ihrem ungelebten Leben in Verbindung gekommen. Nun tauchte aus ihren eigenen Tiefen eine weise, hoffnungsvolle Stimme auf, ein Zeichen ihres Erwachens aus einem jahrelangen, ruhelosen Schlaf.

Wieder im Universum verwurzeln

Am Anfang des vergangenen Jahrhunderts lebte D.H. Lawrence in einer von Kriegen zerrütteten Gesellschaft, in einer von der Industrialisierung verwüsteten Landschaft und in einer Kultur, die unter einer radikalen Trennung zwischen Körper und Geist litt. Seine 1928 geschriebenen Worte aus »Lady Chatterley« haben seitdem nichts von ihrer Dringlichkeit verloren:

> »Es ist letztlich eine Frage der Beziehung. Wir müssen wieder in Beziehung kommen, in eine lebendige und nährende Beziehung zum Kosmos und zum Universum ... Denn die Wahrheit ist, dass wir vergehen, weil unsere größeren Bedürfnisse unerfüllt bleiben; wir sind von den großen Quellen unserer inneren Nahrung und Erneuerung abgeschnitten, den Quellen, die im Universum ewig strömen. Die menschliche Rasse liegt im Sterben. Sie ist wie ein großer entwurzelter Baum, dessen Wurzeln in die Luft ragen. Wir müssen uns wieder in das Universum einpflanzen.«

Wenn wir uns vom Körper trennen, entfernen wir uns von dem energetischen Ausdruck unseres Seins, der uns mit der Gesamtheit des Lebens verbindet. In dem Bild von dem entwurzelten Baum wird deutlich, wie unnatürlich, gewaltvoll und leidend diese unterbrochene Zugehörigkeit ist. Die Erfahrung der Entwurzelung ist ähnlich wie Sterben.

Jane erwähnte, dass sie sich innerlich »wie tot« fühlte und nur mechanisch einen Tag nach dem anderen abarbeitete. Manche Menschen erzählen mir von ihrer Verzweiflung darüber, nicht wirklich zu leben oder das Leben nur oberflächlich auszuschöpfen. Andere haben ständig das Gefühl einer Bedrohung, die hinter der nächsten Ecke lauert. Und viele sprechen von einer tiefen Erschöpfung, die sie niederdrückt. Ständig den Schmerzen und der Anspannung entfliehen zu wollen, sich ständig dem gegenwärtigen Augenblick zu entziehen, verbraucht viel Energie. Wenn unsere Wurzeln in die Luft ragen, verlieren wir den Zugang zu der Lebendigkeit, Liebe und Schönheit, die unser tiefstes Sein nähren. Diesen Verlust kann keine falsche Zuflucht kompensieren.

Einige Jahre nach jenem Retreat kam Jane wegen einer Konferenz nach Washington D.C. und verabredete sich mit mir. Ich erkannte die Frau mit den langen, fließenden blonden Haaren kaum wieder, die da in meine Praxis trat. Entspannt lächelnd schaute sie mir direkt in die Augen und scherzte über ihren Friseur-Boykott. Sie erzählte mir, dass sie weiterhin die Achtsamkeit auf den Körper praktiziert habe und ihren alten Mustern der Angst und Depression jeweils mit den Schritten von RAIN begegnet sei. Sie wurde immer noch manchmal ängstlich und angespannt, doch ihr Leben hatte sich vielfach auf überraschende Weise geändert. Die wichtigste Veränderung hatte mit ihrem Herzen zu tun: »Wenn ich meine Aufmerksamkeit auf das kleine Mädchen richte, dessen Haare abgeschnitten wurden, und seine Verletzung in meinem Körper spüre, weine ich manchmal über meine Mutter, die sich nie wirklich entspannen und ihr Leben auskosten konnte. Ich spüre auch ihr Leiden in meinem Körper, die Einsamkeit und den Verlust, den sie sich nie zu fühlen erlaubte. Ich habe genug Platz in meinem Herzen, auch ihr Leben einzubeziehen, und da ist eine Liebe, die ich nie gespürt habe, solange sie noch lebte.«

Jane und ich saßen eine Weile schweigend zusammen und teilten diesen Moment miteinander. Dann fuhr sie fort: »Wenn ich präsent und wach in meinem Körper bin, bin ich größer als jede alte Vorstellung, die ich von mir hatte. Dieser lebendige Geist, mit dem ich auf dem Retreat in Kontakt gekommen bin – das ist, was ich wirklich bin.« Wir saßen noch eine Weile zusammen und freuten uns gemeinsam an ihrer Erkenntnis, dann verabschiedete sie sich.

Wie der die Erde berührende Buddha fordern auch wir unser Leben und unseren Geist wieder ein, wenn wir uns im Universum verwurzeln. Es beginnt damit, dass wir uns mit dem verbinden, was in unserem Körper tatsächlich geschieht. Das geheimnisvolle Feld der Lebendigkeit, welches wir »Universum« nennen, ist nur über unser eigenes körperliches Empfinden dieser Lebendigkeit erfahrbar. Für Jane erweiterte sich die einfache Praxis, das Leben in ihren Händen zu spüren, bis hin zu den Wunden ihres ungelebten Lebens, und eröffnete ihr dann die reine Lebendigkeit ihres Herzens und ihres Körpers. Durch die Verbindung mit ihrem Innenleben, indem sie präsent bei der Wahrheit ihrer unmittelbaren Erfahrung blieb, hatte sie begonnen, sich wieder im Universum zu verwurzeln.

Sich mit RAIN Schmerzen zuwenden

Wir lösen uns aus dem Leiden, welches mit Schmerz einhergehen kann, indem wir unseren Widerstand gegen unangenehme
Empfindungen aufgeben und uns ihnen mit offener, zustimmen-
der Präsenz zuwenden. Diese Meditation ist vor allem nützlich,
wenn Sie gerade unter körperlichen Schmerzen leiden. Wenn
der Schmerz irgendwann zu viel erscheint, können Sie Ihre Aufmerksamkeit achtsam und mitfühlend dem zuwenden, was Ihnen
Erleichterung verschafft und guttut. Wann immer Sie dann wieder so weit sind, wenden Sie sich erneut dieser direkten Praxis der
Achtsamkeit und offenen Präsenz zu.

*Finden Sie eine bequeme sitzende oder liegende Haltung. Nehmen Sie sich
etwas Zeit, sich mit dem natürlichen Rhythmus Ihres Atems zu entspannen
und zur Ruhe zu kommen. Wandern Sie mit Ihrer Aufmerksamkeit sanft
durch den Körper, entspannen Sie die Stirn und den Kiefer, lassen Sie die
Schultern los und erlauben Sie Ihren Händen, weicher zu werden. Versuchen Sie, alle unnötige Anspannung im Körper zu vermeiden.*

*Beginnen Sie mit dem R von RAIN (engl. »recognize«; erkennen), indem
Sie mit Ihrer Aufmerksamkeit durch Ihren Körper wandern und prüfen, ob
es irgendwo Bereiche gibt, die sehr unangenehm oder schmerzhaft sind.
Wenn ja, wenden Sie sich mit offener Aufmerksamkeit direkt diesen un-
angenehmen Empfindungen zu. Achten Sie darauf, was passiert, wenn
Sie anfangen, präsent bei dem Schmerz zu sein. Gibt es da irgendeinen
Impuls – und sei er noch so subtil –, den Schmerz verdrängen, sich vor ihm
abschirmen oder von ihm zurückziehen zu wollen? Ist da Angst?*

*Wegen der Tendenz, unangenehmen Empfindungen auszuweichen, ist es
essenziell wichtig, zu einer offenen Haltung des Zulassens zu finden, dem
A von RAIN (engl. »allow«; das Leben so sein lassen, wie es ist). Um in*

diese Offenheit zu kommen, können Sie sich einen weiten blauen Himmel vorstellen, in den hinein sich Ihr Geist ausdehnt. Öffnen Sie Ihre Sinne auch für die Geräusche – lauschen Sie mit ganzer, offener Aufmerksamkeit. Spüren Sie während des Lauschens den Raum, in dem diese Geräusche stattfinden. Dehnen Sie Ihr Gewahrsein dann auch auf Bereiche Ihres Körpers aus, die sich neutral oder angenehm anfühlen. Vielleicht sind das Ihre Hände, Ihre Füße, die Wangen oder die Augenpartie. Sie können diese Bereiche oder Ihren ganzen Körper auch als ein offenes, von Raum durchflutetes Feld der Empfindungen wahrnehmen.

Die Vertiefung der Aufmerksamkeit, das Erkunden der inneren Erfahrung (das I von RAIN; engl. »investigate«), beginnt damit, dass Sie sich gleichzeitig dieses offenen Hintergrunds und der unangenehmen Empfindungen gewahr sind. Lassen Sie Ihre Aufmerksamkeit zu den Stellen wandern, wo die Empfindungen am intensivsten oder am unangenehmsten sind. Wenn es sich schwierig anfühlt, können Sie Ihre Aufmerksamkeit eine Weile auf den Bereich um die unangenehme Stelle herum ruhen lassen, um wieder ein Gefühl der Offenheit zu entwickeln. Bewegen Sie sich sanft zwischen dem Berühren des Schmerzes und dem Gespür für den Bereich um ihn herum hin und her, bis Sie sich bereit fühlen, sich ohne Widerstand in die Mitte des Unangenehmen hineinzubegeben.

Erlauben Sie Ihren Empfindungen, sich so natürlich und echt wie möglich zu zeigen. Wo befinden sich die unangenehmen Empfindungen? Welche Form hat der Schmerz? Welche Intensität (auf einer Skala von 1 bis 10, wobei 10 am stärksten ist)? Wenn Sie so die Stelle, die Form und die Intensität erspürt haben, erkunden Sie, wie voll und ganz Sie »Ja« oder »Ich bin einverstanden« sagen können, wie Sie allen Widerstand loslassen und das Leben wirklich so sein lassen können, wie es ist. Spüren Sie weiterhin sowohl den Schmerz als auch das Hintergrundfeld der Empfindungen und des Raums. Was passiert mit den unangenehmen Empfindungen, wenn es keinen Widerstand gibt?

Es ist natürlich, auf dieser Stufe der Meditation mehrere Runden zu drehen. Wenn Ihr Gewahrsein auf den sanften offenen Raum um Ihren Schmerz herum gerichtet ist, lenken Sie es wieder in die Mitte der unangenehmen

Empfindungen. Lassen Sie Ihr Gewahrsein wie einen warmen, weichen Sommerregen den Schmerz durchtränken. Kann Ihre Aufmerksamkeit mit dem Kern des Schmerzes verschmelzen? Können Sie spüren, wie die Offenheit die schmerzhaften Empfindungen aufweicht? Oder spüren Sie, wie sich die schmerzhaften Empfindungen in die Offenheit hinein auflösen? Achten Sie darauf, was passiert, während Sie sich immer und immer wieder der Erfahrung der schmerzhaften Empfindungen hingeben.

Lassen Sie den Körper zu einem offenen Raum werden, in dem viel Platz ist, in dem sich unangenehme Empfindungen zeigen und auflösen können, in dem sie abebben und anschwellen, sich bewegen und verändern können. Kein Festhalten, keine Anspannung. Erkunden Sie, was es bedeutet, in hingebungsvoller Präsenz zu sein und den Widerstand immer wieder aufzugeben. Wenn jeder Widerstand aufgelöst ist, gibt es dann noch ein Empfinden eines Selbst, zu dem der Schmerz gehört? Eines Selbst, das sich als Opfer des Schmerzes empfindet? Entdecken Sie, wie Sie im Meer des Gewahrseins ruhen können, mitsamt den sich ständig wandelnden Wellen der Empfindungen, ohne sich mit ihnen zu identifizieren. Dies ist das N von RAIN: Nicht identifiziert erfahren Sie die Freiheit der natürlichen Gegenwärtigkeit.

Geführte Besinnung

Das Lächeln des Buddha

Auf vielen Statuen und Bildern wird der Buddha mit einem leichten Lächeln dargestellt. Studien haben jetzt bestätigt, dass selbst ein winziges Lächeln bereits unsere Reaktivität mindert und uns zu Gefühlen der Unbeschwertheit und des Wohlbefindens neigen lässt. Diese kurze Besinnung kann im Zuge einer formellen Meditation oder jederzeit während des Tages durchgeführt werden.

Schließen Sie die Augen, atmen Sie ein paarmal tief durch und lassen Sie mit jedem Ausatmen Anspannung los. Lassen Sie den Körper sich entspannen und weicher werden. Stellen Sie sich vor, wie sich in Ihren Augen ein Lächeln ausbreitet, wie es zart Ihre Augenwinkel anhebt und die Muskeln um Ihre Augen weicher werden lässt. Spüren Sie, wie Ihr Mund ein ganz leichtes Lächeln formt, und spüren Sie, wie auch das Innere Ihres Mundes lächelt. Entspannen Sie den Kiefer. Achten Sie darauf, wie sich Ihr Mund und Ihre Wangen anfühlen.

Stellen Sie sich vor, Sie lächeln in Ihr Herz hinein. Spüren Sie, wie sich das Lächeln durch das Herz und die Brust ausbreitet und dort Raum schafft für alles, was Sie fühlen. Lassen Sie die Empfindungen und Gefühle Ihrer Herzgegend in diesem mitfühlenden Raum schweben.

Stellen Sie sich vor, wie Sie in die Nabelgegend lächeln und sich ein Lächeln im Bauch ausbreitet und dort jegliche Spannung mildert. Bemerken Sie tief in Ihrem Leib ein erwachendes Gewahrsein.

Stellen Sie sich jetzt vor, wie die Energie eines Lächelns sich so erweitert, dass sie Ihren ganzen Körper durchströmt und einhüllt. Atmen Sie noch einige Male tief durch und spüren Sie, wie die Offenheit dieses Lächelns Ihren ganzen Körper mit Lebendigkeit erfüllt. Ruhen Sie, solange Sie mögen, in diesem Körpergefühl der Lebendigkeit und Offenheit.

*Nach Hause kommen
zu sich selbst*

In den Fängen des Verstands –
Das Gefängnis des zwanghaften Denkens

*Du denkst zu viel, das ist dein Problem.
Kluge Leute und Krämer, die wägen alles ab.*

Nikos Kazantzakis

*Sei frei von Sorgen.
Bedenke, wer die Gedanken erschuf!
Warum im Gefängnis bleiben,
wenn die Tür so weit offen steht?*

Rumi

Am Anfang seiner Laufbahn bereiste der große Magier Harry Houdini europäische Kleinstädte, in denen er sich fesseln und in das örtliche Gefängnis einsperren ließ und die Schaulustigen damit begeisterte, dass er sich selbst schnell aus den unmöglichsten Situationen befreite. Doch in einer kleinen irischen Stadt geriet er in Schwierigkeiten. Vor der neugierigen Menge aus Bürgern und Reportern gelang es ihm zwar, sich aus den Fesseln zu lösen, doch er schaffte es trotz verzweifelter Bemühungen nicht, das Schloss der Zellentür zu knacken.

Nachdem alle gegangen waren, fragte Houdini den Gefängniswärter, welche Art von neuem Schloss er denn in der Tür installiert habe. »Oh«, meinte der Gefängniswärter, »es ist ein ganz gewöhnliches Schloss. Ich bin davon ausgegangen, dass Sie es ohnehin einfach öffnen würden, also habe ich es gar nicht erst abgeschlossen.« In der irrigen Annahme, eingeschlossen zu sein, hatte sich Houdini mit seinen Bemühungen, sich zu befreien, selbst gefangen gesetzt!

Als ich diese Geschichte das erste Mal hörte, dachte ich darüber nach, wie viele von uns wie Houdini ständig annehmen, dass das Leben ein Problem ist, das es zu lösen gilt. Die Schwierigkeit liegt darin, dass wir denksüchtig sind – wir meinen, durch Denken das Leben kontrollieren zu können. Erst wenn unser unablässiger innerer Dialog verstummt, erkennen wir, dass die Zellentür bereits offen steht.

»Gedankenverloren«

Als ein Schüler den bekannten thailändischen Lehrer Ajahn Buddhadasa bat, den Bewusstseinszustand der heutigen Welt zu beschreiben, antwortete er einfach: »Gedankenverloren.« Wenn wir in einem beständigen Gedankenstrom leben, identifizieren wir uns mit unseren mentalen Werken. Wir reagieren auf die Personen oder Ereignisse in unserem Denken, als wären sie real, und wir glauben, wir seien tatsächlich das Selbst, von dem unsere mentalen Geschichten erzählen. Abgetrennt von der direkten Erfahrung des gegenwärtigen Moments – der Wahrheit des Hier und Jetzt –, *verlieren wir uns in einer virtuellen Realität.*

Mancher schmerzlich-zwanghafter Gedanken sind wir uns bewusst, zum Beispiel, wenn es um ein gefürchtetes Vorstellungsgespräch geht, um hartnäckige Fantasien von einem Drink, nachdem wir uns geschworen haben, abstinent zu bleiben. Aber zwanghaftes Denken findet auch im ganz Alltäglichen statt, in dem vertrauten, unablässigen Strom unserer Sorgen und Pläne, die in unserem Leben stets gegenwärtig sind. Diese Art von Zwanghaftigkeit ist frei verfügbar, sie kann sich an jedes beliebige Objekt heften. Vielleicht drehen sich unsere Gedanken tagelang um ein Arbeitsprojekt, das dringend fertiggestellt werden muss, und sobald es abgeschlossen ist, fixiert sich unser Denken auf das, was als Nächstes ansteht. Oder wir haben ein dringendes Verlangen nach Anerkennung oder danach, etwas Bestimmtes zu kaufen, und sobald wir es haben, drehen sich alle unsere Gedanken um das nächste Lob, das nächste elektronische Spielzeug. Selbst ein unbestimmtes Empfinden von Angst oder Stress kann uns verleiten, stunden- und tagelang sorgenvoll zu brüten, Pläne zu schmieden oder Bewertungen durchzuspielen.

Die Intensität des zwanghaften Denkens kann variieren, doch der gemeinsame Nenner ist: Wenn wir uns in unseren Gedanken verlieren, verlieren wir die Verbindung zu unserem Körper und unseren Sinneswahrnehmungen. Wir schneiden uns von der Wahrnehmungsfähigkeit und Empfänglichkeit ab, auf der unsere natürliche Intelligenz und Freundlichkeit beruhen.

Mit alldem möchte ich das Denken in keiner Weise abwerten. Denken ist ein entscheidender Aspekt unserer evolutionären Ausstattung und ein wesentliches Mittel für unser Überleben und Gedeihen. Alles, was wir Menschen in die Welt bringen – Gebäude, Computer, Klaviere und Gedichte –, beginnt als eine Idee im Geist. Doch dasselbe denkende Gehirn bringt auch unaussprechliche Gewalt hervor, gegenüber unserer eigenen Art und gegenüber Tieren. Es drängt uns zu dem übermäßigen Konsum, der das Leben auf unserem Planeten bedroht, und erzeugt einen großen Teil unseres emotionalen Elends. So wie sich Houdini selbst in der Zelle einsperrte, halten uns unsere Gedanken in einer schmerzhaften, manchmal schier albtraumhaften Trance gefangen.

Zwanghaftes Denken ist eine falsche Zuflucht

Zwanghaftes Denken ist die primäre Strategie des Raumanzug-Selbst. Für viele von uns ist es der einfachste und schnellste Weg, mit Stress umzugehen oder sich der unmittelbaren körperlichen Anspannung von Wünschen oder Ängsten zu entziehen. Unsere Gedanken bewahren uns davor, uns ohnmächtig zu fühlen – dann sitzen wir nicht einfach nur hilflos da, sondern wir tun etwas: Wir denken! Wie schon Descartes sagte: »Ich denke, also bin ich.« Unser Denken hält unsere Selbstwahrnehmung aufrecht, und wir vergewissern uns damit, dass dieses Selbst existiert.

Doch die Annahme, zwanghaftes Denken würde uns helfen, ist eine Täuschung. Zwanghafte Gedanken entstehen letztlich aus angstvollen Überzeugungen, die uns dazu verleiten, uns mit einem Selbst zu identifizieren, das Probleme hat, isoliert oder gefährdet ist. Uns beherrscht dann die untergründige Botschaft »Etwas stimmt nicht mit mir« oder »Etwas stimmt nicht mit dir«. Zwanghaftes Denken hält uns davon ab, die Wurzel des Leidens klar zu erkennen – unseres eigenen und das der anderen – und auf dieses Leiden mit der Freundlichkeit und Klarheit einzugehen, die echte Heilung bewirken können.

In meinen Kursen wenden manche Leute ein, zwanghaftes Denken könne doch auch vorteilhaft sein. »Was ist mit schöpferischen Besessenheiten – dem Dichter, der tagelang nach den richtigen Worten sucht, oder dem Wissenschaftler, der wochenlang über die Lösung eines Problems nachgrübelt? Diese Art zu denken ist doch nützlich, oder?« Tatsächlich unterscheidet sich dieses intensive, achtsame Engagement von den mühlsteinartig kreisenden Gedanken der Zwanghaftigkeit. Wenn wir nachdenken, um tiefer zu begreifen, um klarer zu kommunizieren, spirituell zu erwachen oder dem Leben um uns herum zu dienen, dann dreht sich unser Denken nicht primär darum, das kleine Selbst zu schützen. Unsere Gedanken kreisen nicht darum, was uns (oder die uns Nahestehenden) verletzen oder helfen könnte. Unsere Gedanken beherrschen uns dann nicht, sondern werden zu Werkzeugen, die wir mit natürlichem Mitgefühl, Intuition und Kreativität einsetzen können.

Ich werde auch nach Situationen gefragt, in denen wir wirklich in Gefahr sind. Hat zwanghaftes Denken nicht auch da eine Berechtigung? Ja, wenn wir uns dringend schützen müssen, erfüllt durch Angst hervorgerufenes Denken eine wichtige Funktion. So wie sich der Körper auf die Bedrohung einstellt, indem er mehr Blut in die Extremitäten pumpt und die Muskeln anspannt, mobilisiert auch das Gehirn bestimmte Funktionen, um möglichst angemessen reagieren zu können. Doch wenn diese Reaktion nie wieder aufhört, wenn wir uns völlig mit dem Strom unserer angsterfüllten Gedanken identifizieren, verlieren wir den Kontakt mit den tatsächlichen Gefühlen und Umständen, die unserer Aufmerksamkeit bedürfen. Dann führen unsere sich wiederholenden Gedanken zu keinem Ende, zu keinem Ergebnis, sondern drehen sich in Endlosschleifen immer weiter. Schlimmer noch, sie verstricken uns in Ängste.

Im Würgegriff der zwanghaften Gedanken

Der Schmerz des zwanghaften Denkens wurde mir zum ersten Mal in meinem ersten Collegejahr bewusst. Ich ging regelmäßig zu einer Therapeutin und erinnere mich noch an jenen Märztag, an dem ich mein derzeit dringendstes Thema ansprach: meine Fressattacken. Egal, wie fest entschlossen ich war, mich an meine jeweils neueste Diät zu halten, ich verstieß jeden Tag dagegen. Ich verurteilte mich gnadenlos für diese Art des Kontrollverlustes. Wenn ich nicht damit beschäftigt war, wie ich eine noch striktere Diät einhalten könnte, war ich in meinem Verlangen nach Essen gefangen.

Meine Therapeutin hörte mir eine Weile zu und stellte mir dann eine Frage, an die ich mich mein Leben lang erinnern werde:

»Wenn Sie so zwanghaft mit dem Essen beschäftigt sind: Was fühlen Sie dabei in Ihrem Körper?« Als sich meine Aufmerksamkeit entsprechend verlagerte, bemerkte ich sofort das schmerzhaft zusammengezogene Gefühl in meiner Brust. Während mein Verstand sagte: »Mit mir stimmt etwas nicht«, presste mein Körper angstvoll mein Herz und meine Kehle zusammen.

Ich erkannte im selben Augenblick, wie sehr ich mit meiner zwanghaften Beschäftigung mit dem Essen – meiner Gier danach, meiner Abwehr dagegen – letztlich diesen Gefühlen zu entkommen suchte. Meine Zwanghaftigkeit war mein Versuch der Kontrolle. Und noch etwas wurde mir klar. »Es geht nicht nur ums Essen«, erklärte ich meiner Therapeutin, »ich denke über alles zwanghaft nach.« Es laut ausgesprochen zu haben, setzte eine ganze Welle in mir in Bewegung. Ich sprach davon, wie sehr meine Gedanken darum kreisten, was mit meinem Freund falsch war, wie ich die Prüfungen bestehen kann, was ich in den Semesterferien machen will, wann ich Zeit zum Laufen habe und was ich ihr in unserer nächsten Therapiestunde erzählen würde. Und vor allem dachte mein unermüdlicher innerer Kritiker unablässig über meine Fehler nach: Ich würde mich nie ändern können; ich würde mich nie selbst lieben lernen; niemand würde mir je nahe sein wollen.

Nachdem all dies aus mir herausgeströmt war, fing mein Verstand an, wieder seine Runden zu drehen – diesmal auf der Suche nach einer neuen Strategie, meine Zwanghaftigkeit in den Griff zu kriegen. Als ich in diesem Sinne anhob, lächelte meine Therapeutin und sagte freundlich: »Wenn Sie bemerken, dass Sie sich in zwanghaftes Denken verstricken, und dann spüren, was gerade in Ihrem Körper passiert, können Sie allmählich inneren Frieden finden.«

In den darauf folgenden Wochen beobachtete ich meine zwanghaften Gedanken. Sobald ich mich dabei ertappte, wie ich plante und bewertete und organisierte, merkte ich für mich an, dass ich gerade in zwanghaftes Denken geraten war; dann versuchte ich, damit aufzuhören, und fragte mich, wie es sich in meinem Körper anfühlte. Woran auch immer ich gerade gedacht hatte: Ich begegnete jedes Mal diesem ruhelosen, ängstlichen Gefühl in mir – demselben pressenden Druck, den ich in der Praxis meiner Therapeutin wahrgenommen hatte. Mein zwanghaftes Denken war mir unangenehm, doch diese Gefühle waren mir noch *viel* unangenehmer. Ohne mir dessen bewusst zu sein, versuchte ich, von ihnen wegzukommen, sobald ich den Schmerz bemerkte. Dann hatte die unerbittliche Stimme in meinem Kopf wieder das Sagen. Nachdem ich mich etwa einen Monat lang so damit beschäftigt hatte, erlebte ich etwas, was mich wirklich beeindruckte.

An einem Samstagabend hatte ich mit Freunden stundenlang zur Musik einer unserer Lieblingsbands getanzt. Ich trat hinaus in die Nacht, um etwas frische Luft zu schnappen. Der Vollmond strahlte und die Luft war vom Duft der Frühlingsblumen erfüllt. Ich ließ mich auf eine Bank nieder und saß dort eine Weile ganz für mich allein. Plötzlich war die ganze Welt wunderbar still. Ich war verschwitzt und müde, und mein Körper vibrierte noch von dem vielen Tanzen, doch mein Geist war ruhig. Er war weit und offen wie der Nachthimmel und von einem Gefühl des Friedens erfüllt – es gab nichts, was ich wollte, nichts, was ich fürchtete. Alles war gut.

Am Sonntagmorgen hatte sich diese Stimmung schon wieder verflüchtigt. Ich sorgte mich wegen eines Referats, welches ich Mitte der Woche abzugeben hatte, und setzte mich gegen Mittag mit Diät-Cola, Käse und Kräckern bewaffnet an meinen Schreibtisch. Ich würde mich wieder vollstopfen, ich wusste es. Mein Verstand jagte hin und her zwischen dem Verlangen, zu essen, und dem Wunsch, nicht zuzunehmen. Ich wurde immer angespannter. Einen Moment lang erinnerte ich mich an die Nacht zuvor, jenen stillen, glücklichen Augenblick, der sich jetzt wie ein ferner Traum anfühlte. Ich spürte, wie mich eine Welle der Hilflosigkeit und Traurigkeit übermannte. Ich begann flüsternd zu beten: »Bitte …, ich will mit dieser Zwanghaftigkeit aufhören …, bitte, bitte.« Ich wollte raus aus diesem Gefängnis meines angsterfüllten Denkens. Der Geschmack eines ruhigen, friedvollen Geistes, den ich in der Nacht zuvor erlebt hatte, war für mich wie Nach-Hause-Kommen gewesen.

Diese Erfahrung motivierte mich, kurz danach mit einer spirituellen Praxis zu beginnen. In den vielen Jahren, die seitdem vergangen sind, konnte ich mich immer mehr von meinem zwanghaften Denken befreien, doch das Erwachen aus der mentalen Trance ging langsamer vonstatten, als ich mir das zunächst vorgestellt hatte. Zwanghaftes Denken ist eine hartnäckige Sucht. Wie alle anderen Facetten der Trance spricht jedoch auch diese auf Gewahrsein an – auf eine interessierte, wohlwollende, vergebungsbereite Präsenz. Wir können auf die Energien achten, die hinter unserem zwanghaften Denken stecken, auf das eingehen, was unserer Aufmerksamkeit bedarf, und immer mehr Zeit in der Gegenwärtigkeit verbringen, die unser Leben so sehr bereichert.

Zwanghaftes Denken und Emotionen

Ich las vor Kurzem in dem Buch *Mit einem Schlag* der Gehirnforscherin Jill Bolte Taylor, dass die natürliche Lebensspanne einer Emotion – die durchschnittliche Zeit, die sie braucht, um sich durch das Nervensystem und den Körper zu bewegen – nur anderthalb Minuten beträgt. Danach bedarf es unserer Gedanken, um die Emotion am Leben zu erhalten. Falls wir uns also je fragen, warum wir uns in so schmerzhafte emotionale Zustände wie Angst, Depression oder Wut verstricken, brauchen wir nur auf den endlosen Strom unseres inneren Monologs zu schauen.

Die moderne Neurowissenschaft hat eine interessante Erkenntnis gewonnen: *Neuronen, die zusammen feuern, verschalten sich miteinander.* Wenn wir eine bestimmte Kombination aus Gedanken und Emotionen ständig wiederholen, erzeugen wir tief eingeprägte Muster emotionaler Reaktivität. Das bedeutet, je mehr wir bestimmte Erfahrungen immer wieder innerlich abspulen, desto stärker wird die Erinnerung daran und desto leichter werden damit verbundene Gefühle wieder ausgelöst. Wenn beispielsweise ein kleines Mädchen seinen Vater bittet, ihm zu helfen, und er es entweder nicht beachtet oder gereizt reagiert, kann sich der emotionale Schmerz der Zurückweisung mit allen möglichen Gedanken und Überzeugungen verknüpfen wie: »Ich werde nicht geliebt«, »Ich bin es nicht wert, dass man mir hilft«, »Ich bin schwach, weil ich Hilfe brauche«, »Es ist gefährlich, um Hilfe zu bitten«, oder: »Er ist doof, ich mag ihn nicht.« Je mehr das Kind von seinen Eltern eine derartige Reaktion erlebt – oder sich auch nur *vorstellt,* diese Reaktion zu erleben –, desto mehr verbindet sich der Impuls, um Hilfe zu bitten, mit der Überzeugung, auf Ablehnung zu stoßen und die damit zusammenhängenden Gefühle wie Angst, Verletzung, Ärger oder Scham zu erleben. Jahre später wird sie vielleicht überhaupt nicht mehr um Hilfe bitten. Oder sie tut es, und wenn der Angesprochene auch nur einen Moment innehält oder unaufmerksam ist, tauchen die alten Gefühle wieder auf und sie wird ihre Bedürfnisse herunterspielen, sich entschuldigen oder ärgerlich werden. Diese tiefsitzenden Verhaltens- und Emotionsmuster verstärken sich so immer mehr, bis wir lernen, unser zwanghaftes Denken zu erkennen und zu unterbrechen.

Zum Glück ist es möglich, aus diesen Mustern auszusteigen. Der Forscher Benjamin Libet entdeckte, dass der für Bewegungen zuständige Teil des Gehirns eine Viertelsekunde früher aktiv wird, als wir uns der Absicht zur Bewegung bewusst sind. Dann vergeht eine weitere Viertelsekunde, bis die Bewegung beginnt. Was bedeutet das? Zunächst wirft es ein interessantes Licht auf den sogenannten »freien Willen«: Bevor wir uns bewusst entscheiden, hat unser Gehirn den Prozess bereits in Bewegung gesetzt! Doch es verweist auch auf eine Chance. Angenommen, Sie denken zwanghaft daran, eine Zigarette rauchen zu wollen. In dem Zeitraum zwischen dem Impuls (»Ich brauche eine Zigarette«)

und der Tat (dem Griff nach der Schachtel) ist eine Entscheidung möglich. Die Autorin Tara Bennett-Goleman spricht von der »magischen Viertelsekunde«. Die Praxis der Achtsamkeit befähigt uns, diese Lücke zu nutzen.

Indem wir uns in dieser magischen Viertelsekunde unserer Gedanken bewusst werden, können wir aus einer weiseren Perspektive heraus handeln und den Kreislauf des zwanghaften Denkens unterbrechen, der Besorgnis und andere schmerzhafte Emotionen aufrechterhält. Wenn uns unser Kind bittet, mit ihm zu spielen, denken wir vielleicht automatisch: »Ich habe keine Zeit«, doch dann können wir innehalten und uns entscheiden, uns ein wenig Zeit dafür zu nehmen. Wenn wir uns haben verleiten lassen, eine verärgerte E-Mail zu verfassen, können wir innehalten und uns entscheiden, nicht auf »Senden« zu klicken.

Die Achtsamkeits-Werkzeuge für den Umgang mit zwanghaftem Denken sind »Zurückkommen« und »Hier sein«. Sie erinnern sich vielleicht an die Metapher des Rades aus Kapitel 3. Unser Denken fixiert sich leicht auf den Reifen und dreht und dreht sich immer weiter. Doch wenn wir bemerken, dass unsere Aufmerksamkeit abgewandert ist, und zu unserem Anker (zum Beispiel dem Atem) zurückkehren, verbinden wir uns wieder mit der Präsenz der Nabe. Damit entwickeln wir eine wichtige Kapazität: die Fähigkeit, aufzuwachen und »zurückzukommen«, wenn wir uns in Gedanken verloren haben.

Wenn wir dann »Hier sein« praktizieren – die sich wandelnden Empfindungen unseres Körpers beobachten, die Geräusche um uns herum wahrnehmen, das Kommen und Gehen der Gefühle bemerken –, werden wir uns des Unterschieds zwischen der virtuellen Wirklichkeit der Gedanken und der Wahrheit dessen, was in diesem Augenblick passiert, immer bewusster. Wenn wir diese Art des Aufwachens aus Gedanken in weniger anstrengenden Zeiten üben, sind wir besser darauf vorbereitet, achtsam zu reagieren, sobald wir mit starken Überzeugungen und Gefühlen konfrontiert werden. Je mehr uns die Haltung von »Dies ist nur ein Gedanke« vertraut wird, desto weniger Macht haben die Gedanken über uns.

Aus manchen Gedanken ist es schwerer aufzuwachen als aus anderen. Wenn wir auf eine flüchtige Gedankenwolke achtsam sind, löst sie sich meist unmittelbar auf und es ist leicht, zur Nabe des Rades zurückzukehren. Doch wenn sich dunkle Gewitterwolken aus zwanghaftem, von starken Ängsten oder Verlangen angetriebenem Denken über uns zusammengebraut haben, hat uns die Trance fester im Griff. Dann geraten wir leicht in einen emotionalen Wirbelsturm – eine fest »verkabelte« Mischung aus Gedanken und Gefühlen. Sobald wir uns unserer mentalen Gewitterwolken bewusst werden, sind wir nicht mehr mittendrin. Doch wenn wir die starke emotionale Ladung dieser Wolke nicht anerkennen, katapultiert uns ihr Sog wieder in die Zwanghaftigkeit. Dann identifizieren wir uns schnell wieder mit unseren Gedanken, und sie bestimmen erneut unsere Emotionen und unser Verhalten. Mit ihrer Frage »Was passiert in Ihrem Körper, wenn Sie an Ihr Ringen mit dem Essen denken?« hatte meine Therapeutin mich auf genau diesen Kreislauf aufmerksam machen wollen.

Wenn wir aus unseren emotional aufgeladenen Gedanken aufwachen, kann uns die Erinnerung an einen Anker wie den Atem helfen, zurückzukommen. Doch um ganz hier zu sein, müssen wir uns achtsam den Empfindungen zuwenden, die den Gedanken zugrunde liegen.

Jeder Gedanke, jede mentale Wahrnehmung geht mit einem Körpergefühl einher, und umgekehrt rufen unsere Gefühle auch Gedanken hervor. Das bedeutet, dass wir uns beider Elemente dieses sich selbst verstärkenden Kreislaufs bewusst werden müssen, um uns aus der Identifikation mit einem gefährdeten oder gierigen Selbst zu lösen. Wenn wir uns unserer Denkprozesse nicht bewusst sind, nehmen wir den Inhalt unserer Gedanken für bare Münze, was wiederum Gefühle des Begehrens oder der Angst hervorrufen wird. Und umgekehrt, wenn wir uns der Angst in unserem Körper nicht bewusst sind, identifizieren wir uns mit dem Körpergefühl der Bedrohung oder des Begehrens, was neues zwanghaftes Denken erzeugen wird. Dann kann eine Emotion, die eigentlich nur eine Lebensdauer von anderthalb Minuten hat, zu einem ganzen Wettersystem werden, das sich für lange Zeit einnistet.

Der Buddha lehrte: Um frei zu sein – also nicht mit Gedanken oder Gefühlen identifiziert oder von ihnen beherrscht zu sein –, müssen wir uns jedem Teil unserer Erfahrung mit unmittelbarer, achtsamer Aufmerksamkeit widmen. Diese wohlwollende, vertiefte Aufmerksamkeit, das I (engl. *investigate*) von RAIN, ist gerade für den Umgang mit Zwanghaftigkeit ein besonders hilfreiches Werkzeug.

Als ich im College mit der Therapie begann, war meine innere Einstellung alles andere als offen: Ich rügte mich scharf für meine Zwanghaftigkeit, und gleichzeitig wollte ich mit den schmerzhaften Gefühlen, die sie verdeckte, nichts zu tun haben. In den Jahren, die seitdem vergangen sind, habe ich bei vielen Übenden und Klienten eine ähnliche Reaktion beobachten können. Es ist ein natürlicher Teil unserer Prägung, und wir können daran arbeiten. Das Entscheidende ist, uns selbst gegenüber ehrlich einzugestehen, was gerade vor sich geht, und uns so oft wie möglich für Präsenz zu entscheiden.

Sich mit RAIN zwanghaftem Denken zuwenden

Der Jurastudent Jim kam seit anderthalb Jahren zu meinem Meditationskurs am Mittwochabend, als er mich um einen Termin für ein Beratungsgespräch bat. Er sagte, er habe einen inneren Zwang, über den er mit mir sprechen wolle. Als er zu mir in die Praxis kam, schritt er rasch zu einem der Stühle, setzte sich hin und kam gleich zur Sache. »Ich weiß nicht, ob Sie mit so was auch arbeiten«, sagte er. »Ich habe sexuelle Probleme und brauche dringend Hilfe.« Er hielt abrupt inne und blinzelte nervös. Ich spürte, wie viel Mut es ihn kostete, so direkt zu sein, und wollte es ihm gerne leichter machen. »Vielleicht erzählen Sie mir ein bisschen mehr«, sagte ich und nickte ihm aufmunternd zu. »Wenn ich in dieser Sache nicht optimal weiterhelfen kann, können wir vielleicht zumindest gemeinsam einen guten nächsten Schritt herausfinden.«

Jim lächelte mich grimmig entschlossen an. »Also gut«, meinte er. »Die Sache ist so: Ich habe gerade eine neue Beziehung angefangen, eine, die wirklich Potenzial hat. Sie … Beth … ist in vieler Hinsicht genau das, wonach ich suche. Sie ist klug, lustig, sie hat Humor und ein gutes Herz. Und sie ist sehr attraktiv.« Jim hielt inne, als ob er sich ihre Attraktivität noch mal richtig bewusst machen wollte. Als er fortfuhr, klang seine Stimme niedergeschlagen. »Das Problem ist, dass ich Angst habe, es kaputt zu machen.« Jim fürchtete, sexuell zu versagen. Er meinte, damit habe er schon mehrere frühere Beziehungen zerstört. Er sehnte sich zwanghaft nach Sex, und dann fürchtete er sich genauso zwanghaft davor, vorzeitig zu ejakulieren. Wenn es dann zu einer sexuellen Begegnung kam, kam er entweder sehr schnell zum Höhepunkt oder er machte zu und verlor seine Erektion. Vor Scham darüber zog er sich dann im Laufe von Wochen oder Monaten immer mehr zurück, bis seine Partnerin irgendwann verletzt oder verärgert reagierte. Dann beendete er die Beziehung.

»Ich will das Beth nicht antun – und mir auch nicht«, erklärte er bitter. »Ich *hasse* es, wie meine Gedanken zwanghaft um Sex kreisen, wie ich ihn unbedingt haben will und wie ich fürchte, was dann passieren wird. *Mein Denken ruiniert mein Sexualleben –* und es ruiniert mein Studium.« Er lehnte sich zurück und schüttelte angewidert den Kopf. »Wir haben jetzt ein paarmal zusammen geschlafen, und es lief wieder genauso ab wie immer … Was kann ich nur tun?«, fragte er in einem Ton, der nicht wirklich eine Antwort erwartete.

Ich meinte, wir könnten noch eine Weile darüber reden, wir könnten die Situation aber auch mit RAIN erkunden. Jim hatte in meinem Kurs schon von RAIN gehört, aber es noch nicht selbstständig ausprobiert. »Ja gerne«, antwortete er, »ich habe über diese Sache in meinem Kopf schon mehr als genug geredet.«

Als wir gemeinsam die Schritte von RAIN durchgingen, bemerkte Jim die Angst und die Scham, die seinen Gedanken zugrunde lagen, ging dann aber von der Verbindung mit den Gefühlen schnell wieder zur Analyse des Geschehens über. »Ich bin so auf die Vergangenheit fixiert«, schimpfte er. »Ich kapiere einfach nicht, dass jetzt *jetzt* ist!«

Ich machte ihn auf seine strenge Haltung gegenüber seinen Gefühlen und seinem Denken aufmerksam und schlug ihm vor, dem, was sich schmerzhaft oder unerwünscht anfühlte, mit einer Botschaft der Akzeptanz oder des Wohlwollens zu begegnen. Dies erwies sich als echte Schwierigkeit für ihn.

Als wir uns einige Wochen später wieder trafen, gab er zu, bei seinen eigenen Versuchen mit RAIN sich seine Gefühle zwar eingestehen, sie jedoch nicht zulassen und akzeptieren zu können. Stattdessen verfiel er angesichts seiner Scham und Angst sofort wieder in Geschichten über vergangene Peinlichkeiten und Befürchtungen zukünftiger Demütigungen. Und dann verurteilte er sich. »Was auch immer geschah, ich machte etwas verkehrt«, erzählte er mir.

Nachdem sich Jim über eine Woche lang abgemüht hatte, erkannte er, dass er das Vertrauen in RAIN verloren hatte. An einem späten Abend kam es zur Krise. Er sehnte sich nach Erlösung und griff nach allem, was ihn ablenken oder seine mentale Fixierung überlagern könnte. Er konzentrierte sich auf seinen Atem, er versuchte, sich auf andere Gedanken zu konzentrieren, er legte seine Lieblingsmusik auf und griff schließlich nach einem Roman. Als ihm bewusst wurde, dass er die Worte, die er las, überhaupt nicht aufnahm, warf er das Buch verzweifelt zur Seite. »Ich wusste, dass ich weglief und dadurch alles noch schlimmer wurde«, erzählte er mir.

Das war der Moment, in dem er sich dem hingab, was in ihm vor sich ging. »Auf meinem mentalen Bildschirm lief eine Mischung aus schlechtem Porno und dämlicher Seifenoper ab ... und niemand hatte Kontrolle über die Fernbedienung«, erinnerte er sich. »Es war mir klar, dass ›ich‹ nichts daran ändern konnte. Also hörte etwas in mir auf zu kämpfen und wurde weicher.« Während die emotional aufgeladenen Gedanken durch seinen Kopf tobten, benannte Jim sie achtsam als »zwanghaftes Denken«. Nach kurzer Zeit bemerkte er die ihm bekannten Unterströmungen der Angst und der Scham. Aber dieses Mal flüsterte er ihnen sanft zu: »Es ist okay, es ist okay.« Zu seiner Überraschung kam hinter der Angst und der Scham eine tiefe Einsamkeit zum Vorschein. Wieder flüsterte er sich zu: »Es ist okay«, und er spürte, wie sich seine Augen mit Tränen füllten. Als seine Gedanken zurück zu den sexuellen Fantasien und wieder zur Verurteilung sprangen, bemerkte er dies und flüsterte sich zu: »Es ist okay.« Er akzeptierte sowohl seine Fantasie als auch ihre Ablehnung. Je mehr er sich dem öffnete, was sich zeigte, desto mehr erkannte Jim, wie unendlich traurig er war. Doch es war in Ordnung. Er fühlte sich echt, »ganz da in seiner Haut«, wie er es ausdrückte.

Jim hatte einen Weg gefunden, die Gegenwärtigkeit zu akzeptieren, die Grundlage von RAIN. Ich ermutigte ihn, weiterhin innezuhalten – wann immer er merkte, dass er sich festgefahren und reaktiv fühlte –, um sich Zeit zu geben, zurückzukommen und hier zu sein, und sich dann seinem Innenleben interessiert zuzuwenden. »Versuchen Sie, geduldig zu sein«, gab ich ihm mit auf den Weg. »Es kann eine Weile dauern, bis sich unsere emotionalen Kreisläufe entkoppeln. Aber Sie können sich darauf verlassen: Es passiert!«

Jim entdeckte in den folgenden Wochen, wie sich das Kreisen der zwanghaften Gedanken und unangenehmen Gefühle auflöste, je mehr er in seinem inneren Kampf innehalten und seiner Erfahrung mit bedingungsloser Präsenz begegnen konnte. Je mehr er seine Szenarien zukünftigen Versagens achtsam benennen und akzeptieren konnte, desto mehr erkannte er sie als Gedanken, nicht als Realität. Er musste ihre Geschichten nicht glauben. Und indem er sich der Angst in seinem Körper nicht mehr widersetzte, sondern öffnete, entstand in ihm eine achtsame Gegenwärtigkeit, die die Angst mit einbezog, aber nicht von ihr besessen war. Jim fühlte sich mehr zu Hause in sich selbst, doch als ich ihn nach seiner Beziehung zu Beth fragte, rutschte er nervös auf seinem Stuhl hin und her und blickte zu Boden. »Wir haben noch einen langen Weg vor uns«, meinte er, »aber ich bleibe dran.«

Unser nächstes Gespräch fand einen Monat später statt. Jim erzählte mir, die Woche zuvor hätten Beth und er beinahe Schluss gemacht. In den vergangenen Wochen sei der Sex zwischen ihnen einige Male »passabel« gewesen: »Es hat geklappt«, meinte Jim knapp. Aber zu anderen Zeiten vermied er den intimen Kontakt, weil er spürte, wie im Hintergrund seine alte Unsicherheit lauerte. Auch Beth hatte sich ein paarmal zurückgezogen, nachdem sie begonnen hatten, sich zu küssen und zu umarmen.

Eines Abends nach dem Abendessen brach sie das angespannte Schweigen zwischen ihnen und sagte, sie würde gerne mit ihm über das reden, was zwischen ihnen vor sich ging. Jim fühlte sich total verschlossen. Er schaute sie müde an und schob alles auf den Druck im Studium. Als er sich unter dem Vorwand, noch lernen zu müssen, früh verabschiedete, begleitete sie ihn nicht mal mehr bis zur Tür.

Zu Hause angekommen, wandte sich Jim mit großer Aufrichtigkeit seinem inneren Prozess zu. Er fragte sich, was da wirklich seine Aufmerksamkeit brauchte, und erhielt eine unmittelbare Körperreaktion. Eine schmerzhafte Traurigkeit erfüllte seine Brust und schnürte ihm die Kehle zu. »Es war eine lebenslange Einsamkeit …, es war schier unerträglich«, erzählte er. »Als ich

diesen Bereich der Einsamkeit und Traurigkeit fragte, was er von mir wollte, kam die Antwort: ›Akzeptanz‹, aber das war nicht alles.« Jim wartete einen Moment und lauschte nach innen. »Er wollte, dass ich mit Beth genauso aufrichtig sein sollte wie mit mir selbst.« Er sah mich mit einem bedrückten Lächeln an und schüttelte den Kopf. »Ich hatte eine Heidenangst davor!« Seine Gedanken rasten sofort zu dem Moment, wo er Beth seine Scham über sein sexuelles Versagen eingestand. Er stellte sich vor, wie sie zwar höflich und nett blieb, doch nur um das Mitleid und die Verachtung zu verbergen, die sie empfand. »Unmöglich«, dachte er, »vergiss es. Ich könnte genauso gut gleich Schluss machen.« Doch bei der Vorstellung, Beth zu verlieren, brach etwas in ihm auf. »Ich musste das Risiko einfach eingehen, Tara«, erklärte er mit Tränen in den Augen.

Er rief Beth sofort an und fragte, ob er jetzt gleich noch mal rüberkommen könne. »Sie war einverstanden – fast, als hätte sie den Anruf erwartet.« Zu Anfang hockte Beth ziemlich frostig und verschlossen am anderen Ende der Couch. Doch als Jim anfing zu reden, merkte sie, dass er nicht gekommen war, um mit ihr Schluss zu machen. »Beth überraschte mich total, denn sie fing an zu weinen. Da begriff ich, wie wichtig ihr unsere Beziehung war.« Von diesem Moment an nahm ihr Gespräch einen völlig anderen Verlauf, als er sich vorgestellt hatte. Je mehr er ihr von seinen Ängsten und seinen Schamgefühlen erzählte, desto mehr wurde ihm klar, dass seine Gefühle in den sichersten, fürsorglichsten Händen waren. »Beth war verletzt, dass ich ihr nicht genug vertraut hatte, ihr davon zu erzählen«, sagte Jim. »Sie hatte gedacht, ich hätte kein Interesse mehr an ihr. Wir hatten uns beide vor Zurückweisung gefürchtet.« Jim schwieg ein wenig, als ob er abwog, was er als Nächstes sagen wollte, doch dann fuhr er fort: »In dieser Nacht habe ich zum ersten Mal mit jemandem wirklich Liebe gemacht.«

Das Sprichwort »Widerstand stärkt den Gegner« enthält eine tiefe Wahrheit. Wenn wir versuchen, die Zwanghaftigkeit und die darunter liegenden heftigen Gefühle niederzuringen, verstärken wir sie nur. Bei manchen Menschen führt das dann zu Wutausbrüchen oder Drogenkonsum. In Jims Fall bedeutete es die Unfähigkeit, eine sexuell erfüllende Beziehung zu führen. Und selbst wenn es nicht derart ausagiert wird, hält uns der Widerstand gegen unsere zwanghaften Gedanken oder Gefühle in unserem kleinen, mangelhaften, getrennten Selbst gefangen.

Wie Jim erkannte, ist die Zuflucht zur Wahrheit des gegenwärtigen Augenblicks die beste Medizin für Zwanghaftigkeit. Wir lernen, zu erkennen, was vor sich geht, und dies als Tatsache zu akzeptieren. Wenn wir achtsam einen Gedanken als Gedanken erkennen, verschmilzt unser Selbstbild nicht unbewusst mit seinen Inhalten und den damit verbundenen Gefühlen. Gedanken und Gefühle können kommen und gehen, ohne uns von unserer natürlichen Offenheit, Intelligenz und Wärme abzuschneiden. Dieses Heimkehren befreite Jim und ermöglichte es ihm, mit einem anderen Menschen wirklich intim zu werden. Er konnte mit seinem eigenen Innenleben in Kontakt treten und es akzeptieren, ohne die einschränkenden Geschichten über sich zu glauben. Und er konnte den Schleier seiner Geschichten über Beth durchschauen, der ihn von ihr getrennt gehalten hatte. Sie wurde eine authentische, verletzliche Frau, und dadurch konnte sich wahre Liebe entfalten.

Wirklich, aber nicht wahr

Die tibetisch-buddhistische Lehrerin Pema Chödrön schreibt:

> »Die Fokussierung auf unser Selbstbild macht uns taub und blind. Es ist, als stünden wir mit einer schwarzen Kapuze über dem Kopf mitten auf einer riesigen Blumenwiese. Es ist, als kämen wir mit Stöpseln in den Ohren zu einem Baum, in dem die Vögel singen.«

Nehmen Sie sich das nächste Mal, wenn Sie aus einer langen Kette von Gedanken erwachen, einen Moment Zeit und verankern Sie sich in Präsenz – in Ihrer unmittelbaren Erfahrung von Empfindungen, Gefühlen und Geräuschen – und vergleichen Sie diesen Zustand dann mit dem, wo Sie eben noch waren.

Aus Gedanken zu erwachen, ist wie das Erwachen aus einem Traum. Die Erfahrung scheint wirklich, während wir träumen; wir reagieren auf die Handlung mit wirklichen Gefühlen, mit Freude und Schmerz. Aber der Traum ist nicht wahr. Seine Bilder und Geräusche stellen nur Fragmente der lebendigen Welt dar.

Ähnlich real sind die Gedanken (sie erschaffen eine gefühlte Erfahrung), aber sie sind nicht wahr. Wenn wir in der virtuellen Realität des Denkens feststecken, erfahren wir einen Splitter dessen, was getrennt ist von der Intensität, der Weite und der Lebendigkeit des Hier und Jetzt.

Die Redewendung »Wirklich, aber nicht wahr« hörte ich zum ersten Mal von dem tibetisch-buddhistischen Lehrer Tsoknyi Rinpoche, und ich finde, das ist ein hilfreiches Werkzeug, um aus der Trance auszubrechen. Mitten in unserem zwanghaften Denken – über unsere Fehler; darüber, was alles falsch läuft; wie andere uns wahrnehmen; was mit anderen verkehrt ist – kann uns eine innere Weisheit erinnern: »Wirklich, aber nicht wahr.«

Achtsamkeit kann uns wieder mit den vibrierenden Empfindungen in unseren Händen, mit dem Einatmen, mit dem Druck oder Schmerz in unserem Herzen verbinden, sodass wir uns dem größeren Gewahrsein, das all unsere Gedanken und Gefühle enthält, öffnen können. Zwischen unserer Geschichte und der lebendigen Wahrheit zu unterscheiden, ist wesentlich, wenn unsere Beziehungen und unser Glück von schmerzhaft begrenzenden Überzeugungen unterminiert wurden, wie wir im nächsten Kapitel sehen werden. Wenn wir erkennen können, dass unsere angstbesetzten Gedanken wirklich, aber nicht wahr sind, verlieren sie ihre Macht über uns. Wir sind frei, unsere Ganzheit und Vitalität zu leben und uns an den Blumen und den singenden Vögeln zu erfreuen.

Entziehe dich dem Dickicht
des angstvollen Denkens.
Lebe in Stille.
Ströme hinauf und hinab in stets
wachsenden Ringen des Seins.

Rumi

Geführte Besinnung

Meine Top-Ten-Hits

Wenn wir zu unseren »Top-Ten-Hits« – jenen Themen, die unseren Verstand regelmäßig mit Beschlag belegen – eine wache, freundliche Beziehung aufbauen können, fangen wir an, uns ihrem Klammergriff zu entziehen. Die folgende Übung und die nachfolgende RAIN-Meditation bauen auf der am Ende von Kapitel 3 beschriebenen Meditation zum Erkennen der Gedanken beim »Zurückkommen« auf.

Führen Sie über einige Tage hinweg ein Tagebuch, in dem Sie versuchen, die wesentlichen Bereiche Ihres zwanghaften Denkens zu identifizieren und aufzuzeichnen. Solche Themen könnten sein:

- *Wie eine Person (oder mehrere) mit Ihnen umgeht (umgehen)*
- *Ihre Fehler, Ihre Unzulänglichkeiten*
- *Was Sie alles zu tun haben*
- *Was andere falsch machen*
- *Ihre Sorgen um jemanden*
- *Ihr Aussehen*
- *Krankheitssymptome und ihre Bedeutung*
- *Beziehungsprobleme*
- *Wie sich jemand anderes verändern sollte*
- *Was schiefgehen könnte*
- *Was bereits schiefgegangen ist*
- *Wie Sie sich verändern sollten*
- *Wonach Sie gierig sind*
- *Was dringend geschehen sollte*
- *Was Sie sich wirklich anders wünschen*

Wählen Sie dann zwei oder drei Themen Ihrer Liste aus, von denen Sie wissen, dass sie regelmäßig Ihr Denken beherrschen und Ängste, Scham,

Ärger oder Unzufriedenheit auslösen. Finden Sie für jedes dieser Themen einen Namen – ein paar leicht zu merkende, aber nicht abfällige Worte, zum Beispiel: »Sorgen um meine Tochter«, »Lust auf einen Drink«, »Selbstverurteilung«. Eines meiner Zwangsthemen ist, darüber nachzudenken, wie ich alles erledigen kann. Ich nenne das: »Die Liste abarbeiten.« Ein anderes Thema taucht auf, wenn ich gerade durch eine Phase der Gelenkschmerzen und körperlichen Schwäche gehe und meine Gedanken sich ständig darum drehen, was die Ursache sein könnte, was mir helfen könnte, wie es sein wird, wenn es schlimmer wird, und wie viel Sport ich meinem Körper zumuten kann. Das sind »Krankheits-Gedanken«. Ein anderes Thema sind Gedanken um bevorstehende anstrengende Ereignisse. Das nenne ich »Vorauseilen«.

Achten Sie im Laufe der nächsten ein bis zwei Wochen darauf, wann Sie sich in einer dieser Gedankenschleifen verfangen. Halten Sie inne, wenn Sie es bemerken; flüstern Sie innerlich die Bezeichnung und machen Sie einen Moment Pause.

In dem Augenblick, wo wir einen zwanghaften Gedanken identifizieren, ist es das Wichtigste, uns der Erfahrung mit einer wertungsfreien, freundlichen Aufmerksamkeit zuzuwenden. Je freundlicher, desto besser! Erinnern Sie sich behutsam daran, dass dieser Gedanke »wirklich, aber nicht wahr« ist. Würdigen Sie den Moment als einen Augenblick des Erwachens, ein Heraustreten aus der virtuellen Wirklichkeit in das, was echt ist. Wenden Sie sich mit dieser Haltung und echtem Interesse dem zu, was in Ihnen vor sich geht. Vielleicht spüren Sie das Ein- und Ausströmen des Atems, während Sie in Ihren Körper hineinspüren und fragen, was er gerade empfindet. Ist da eine Spannung in Ihrer Brust? Knoten im Magen? Gefühlstaubheit? Druck? Bemerken Sie Angst? Ärger? Verlangen? Atmen Sie mit diesen Empfindungen und Emotionen, spüren Sie die Energie, die dem zwanghaften Denken zugrunde liegt.

Versuchen Sie auf keinen Fall, die Gefühle, die Sie bemerken, zu verändern. Begegnen Sie ihnen mit respektvoller, offener Präsenz. Dieser Schritt kann je nach Situation 30 Sekunden bis eine Minute dauern. Atmen Sie dann ein paarmal tief durch, entspannen Sie sich mit jedem Ausatmen und wen-

den Sie sich wieder Ihrem Alltag zu. Achten Sie darauf, wie unterschiedlich es sich anfühlt, in der virtuellen Realität der Zwanghaftigkeit zu leben oder hier und jetzt wach zu sein.

Üben Sie auf diese Weise mit Ihren ersten zwei bis drei Themen ein paar Tage, Wochen oder Monate, solange es Ihnen fruchtbar erscheint. Wenn Ihnen danach ist, können Sie dann Themen hinzufügen oder auswechseln. Probieren Sie, ob Ihnen Tagebuchschreiben hilft. Manche empfinden es auch als hilfreich, sich mit jemand anderem zusammenzutun, um sich gegenseitig zu unterstützen. Teilen Sie einander mit, welches Thema Sie gerade bearbeiten, und nehmen Sie sich jede Woche etwas Zeit, sich über Ihre Erkenntnisse und Erfahrungen auszutauschen.

Sinnen Sie über folgende Fragen nach: Was hilft Ihnen, zu merken, dass Sie sich in Ihren zwanghaften Gedanken verloren haben? Was bemerken Sie beim ersten Innehalten? Wie schauen Sie innerlich auf Ihre Zwanghaftigkeit: freundlich, neugierig, als Opfer, entmutigt ...? Bemerken Sie Veränderungen in der Stärke und Dauer Ihres zwanghaften Denkens? Und allgemeiner: Wie hat sich Ihr zwanghaftes Denken auf Ihr Leben ausgewirkt, und wie könnte sich das verändern?

Geführte Besinnung

Sich mit RAIN zwanghaftem Denken zuwenden

Diese Übung ist geeignet, wenn das zwanghafte Denken in einer Meditation auftaucht oder Sie sich während des Tages Zeit nehmen können, Ihr zwanghaftes Denken tiefer zu erkunden.

Setzen Sie sich in einer Haltung hin, in der Sie wach und entspannt sein können. Richten Sie Ihre Aufmerksamkeit auf das Thema der zwanghaften Gedanken, welches in Ihrem Denken aufgetaucht ist. Finden Sie ein paar bezeichnende Worte, falls Sie es noch nicht benannt haben. Vielleicht bemerken Sie »Ängstlich wegen ...« oder »Lust auf ...« oder »... verurteilend«.

Halten Sie nach dem Benennen inne und lassen Sie die gesamte Erfahrung des zwanghaften Denkens – die Bilder und Worte, die Tatsache, dass Sie so denken, die Stimmung, die damit zusammenhängt – so sein, wie sie ist. Es geht nicht darum, die zwanghaften Gedanken zu bekämpfen, sondern sie als solche zu erkennen und zuzulassen.

Beginnen Sie, neugierig und wohlwollend zu erkunden, was in Ihnen vor sich geht. Richten Sie, während Sie wahrnehmen, worum Ihre Gedanken kreisen, Ihre Aufmerksamkeit auch darauf, wo diese Angst oder dieses Verlangen in Ihrem Körper lebt. Achten Sie dabei besonders auf Ihre Kehle, Ihre Brust und Ihren Bauch – die Mittellinie Ihres Körpers. Wo ist diese Erfahrung am deutlichsten? Welche Empfindungen bemerken Sie dabei? Wärme? Druck? Anspannung? Welche Gefühle werden Ihnen bewusst? Angst? Scham? Ärger?

Forschen Sie weiter, indem Sie direkt die Erfahrung ansprechen, die sich am stärksten im Vordergrund zeigt. Fragen Sie diesen Teil von sich: »Was willst du von mir? Was brauchst du am meisten?« Vielleicht empfinden Sie Angst, und die Angst wünscht sich Vergebung dafür, dass sie da ist, oder sie möchte sich darauf verlassen können, dass Sie sie beachten. Ein Teil von

Ihnen ist vielleicht gierig auf bestimmte Lebensmittel und möchte beruhigt und liebevoll gehalten werden. Lauschen Sie mit inniger Aufmerksamkeit darauf, worum die dem zwanghaften Denken zugrunde liegenden emotionalen Energien in Ihrem Körper bitten.

Achten Sie dabei auf Worte, Bilder oder Gefühle, die als Antwort auf Ihre Fragen auftauchen. Vielleicht spüren Sie, wie Ihr Herz weicher, fürsorglicher und offener wird. Vielleicht sehen Sie in einem Bild, wie jener verletzliche Anteil von Ihnen von Licht und Wärme erfüllt ist, oder Sie spüren, wie dieser Bereich ganz in liebevolle Zuwendung gehüllt ist. Sie brauchen dabei nichts zu erfinden oder zu erzwingen; spüren Sie einfach die Impulse, die natürlich in Ihnen aufsteigen.

Vielleicht bemerken Sie auch statt einer warmherzigen eine eher abwehrende Reaktion in sich. Vielleicht tauchen verurteilende Gedanken auf (»Ich verdiene es nicht, geliebt zu werden«) oder Ängste (»Hier läuft etwas total schief, das bringt alles nichts«). Begegnen Sie allem, indem Sie es erkennen, in Ihre Aufmerksamkeit einbeziehen und Ja dazu sagen. Wie zuvor können Sie es erforschen, indem Sie darauf achten, wie es sich in Ihrem Körper zeigt und was es braucht. Lassen Sie auch hier die Möglichkeit zu, ihm die Feinfühligkeit, Akzeptanz oder Liebe anzubieten, die es sich wünscht.

Indem Sie in dieser Art den Schichten, aus denen das zwanghafte Denken besteht, mit zugewandter Präsenz begegnen, erweitern Sie das Gewahrsein, das Sie heilt und befreit. Wenn Sie in dieser Präsenz ruhen, hat das zwanghafte Denken weniger Macht, zu verbergen, wer Sie wirklich sind.

8

Nach Hause kommen
zu sich selbst

Zentrale Überzeugungen erforschen

Die Wirklichkeit ist immer freundlicher
als die Geschichten, die wir über sie erzählen.

Byron Katie

Eure Überzeugungen werden eure Gedanken
Eure Gedanken werden eure Worte
Eure Worte werden eure Taten
Eure Taten werden eure Gewohnheiten
Eure Gewohnheiten werden euer Charakter
Euer Charakter wird eure Bestimmung

Mohandas Gandhi

Können Sie sich vorstellen, jemanden zu verstehen oder sogar zu lieben, der zu einer Gruppe von Leuten gehört, die Ihren Vater, Bruder oder besten Freund umgebracht haben?

Können Sie sich vorstellen, sich mit jemandem anzufreunden, dessen Leute Sie aus Ihrer Heimat vertrieben, Ihre Familie gedemütigt und Sie in Ihrem eigenen Land zu einem Flüchtling gemacht haben?

Zweiundzwanzig jugendliche Mädchen aus Israel und Palästina trafen sich in einem Camp im ländlichen New Jersey, um genau diese Fragen zu erkunden. Im Rahmen eines Programms namens *Building Bridges for Peace* wurden diese jungen Menschen eingeladen, Überzeugungen zu überprüfen, die zentraler Bestandteil ihrer Identität waren und die zu Entfremdung, Wut, Hass und Krieg geführt hatten. Die Mädchen hatten sich zwar freiwillig für dieses Camp beworben, doch zu Anfang herrschte Misstrauen und manchmal sogar offenkundige Feindseligkeit zwischen ihnen. Eine palästinensische Jugendliche zog gleich zu Anfang eine deutliche Grenzlinie: »Wenn wir hier sind, freunden wir uns vielleicht an, wer weiß. Aber wenn wir zurück sind, seid ihr wieder meine Feinde. Mein Herz ist voller Hass auf die Juden.« Bei einem anderen Austausch sagte ein israelisches zu einem palästinensischen Mädchen: »Ihr wollt wie Menschen behandelt werden, aber ihr verhaltet euch nicht so. Ihr *verdient* keine Menschenrechte!«

Trotz dieses harschen Anfangs bildeten einige der Mädchen im Laufe der Tage tiefe Verbindungen, und für die meisten wurde es unmöglich, die anderen noch als Feinde zu betrachten. Diese Umstimmung des Herzens war möglich, weil die Mädchen die Wahrheit des Schmerzes und die Wahrheit des grundlegenden Gutseins von sich und den anderen erkannten. Wenn wir uns der Wirklichkeit öffnen, löst sie uns aus der eisernen Umklammerung unserer Überzeugungen. Ein israelisches Mädchen sagte zum Schluss: »Wenn ich euch nicht kenne, ist es leicht, euch zu hassen. Wenn ich euch in die Augen schaue, geht es nicht mehr.«

Leiden: Ein Aufruf, Überzeugungen zu erforschen

Der Buddha lehrte, dass Unwissen – ein Missachten oder Missverstehen der Wirklichkeit – die Wurzel allen Leidens ist. Was bedeutet das? Er meinte damit sicher nicht, die unvermeidlichen Schmerzen und Verluste unseres Lebens zu leugnen. Es ging ihm vielmehr darum, wie sehr unsere Überzeugungen über uns selbst, andere und die Welt eine verengte, bruchstückhafte Sicht der Wirklichkeit darstellen. Diese verzerrte Sichtweise, die der Buddha als einen Traum bezeichnete, fördert das Verlangen und die Ängste, die unser Leben einschränken.

Wie alle Gedanken sind auch unsere Überzeugungen wirklich, aber nicht wahr. Der Buddha veranschaulichte dies anhand einer alten Lehrgeschichte, die wir unseren Kindern immer noch weitergeben: Ein König wies eine Gruppe Blinder an, einen Elefanten zu beschreiben. Jeder der Blinden erspürte einen Teil des Elefantenkörpers: den Rüssel, das Bein, den Leib, den Schwanz. Jeder legte einen dementsprechend anderen Bericht über das Wesen des Elefanten ab, und dann stritten sie sich darüber, wer recht hätte. Jeder Mensch beschreibt aufrichtig seine unmittelbare, wirkliche Erfahrung, doch uns entgeht dabei der größere Zusammenhang, die vollständige Wahrheit.

[handschriftliche Notiz: Elefant Metaph...]

Jede unserer Überzeugungen ist ein begrenzter Schnappschuss, ein mentales Abbild, nicht die vollständige Wahrheit der Wirklichkeit selbst. Dabei beruhen manche Überzeugungen mehr auf Ängsten und Verletzungen als andere. Wie die Jugendlichen in dem Building-Bridges-Projekt halten vielleicht auch wir bestimmte Menschen für böse. Wir glauben vielleicht, dass wir anderen nicht trauen können oder dass etwas mit uns selbst grundlegend verkehrt sei und wir uns selbst nicht trauen können. All diese Überzeugungen entstehen aus der grundlegenden, auf Angst beruhenden Überzeugung, die der Buddha erkannte: Wir glauben, wir seien verletzlich, vom Rest der Welt getrennt und allein. Ob unsere Überzeugungen uns dazu anstacheln, uns selbst abzulehnen und fertigzumachen, uns in selbstzerstörerische Süchte treiben, uns in Konflikte mit dem Partner verwickeln oder uns gegen einen Feind marschieren lassen – wir leiden, weil wir uns über die Wirklichkeit irren. <u>Unsere Überzeugungen verengen unsere Aufmerksamkeit und trennen uns von der lebendigen Wahrheit</u> dessen, wie die Dinge sind. Sie schneiden uns von der

[handschriftliche Notiz: us. Herz]

vollen Lebendigkeit, Liebe und Bewusstheit und damit von unserer Quelle ab.

Der Weise Sri Nisargadatta lehrt uns: »Illusion existiert ..., weil sie nicht erforscht wird.« Wenn wir an unwahren Überzeugungen festhalten, haben wir unsere Gedanken nicht erforscht. Wir sind ihnen nicht mit der achtsamen Erkundung von RAIN begegnet. Wir haben nicht hinterfragt, ob sie wirklich unserer gegenwärtigen, lebendigen Erfahrung der Wirklichkeit entsprechen. Leiden ruft uns zur Aufmerksamkeit auf. *Leiden ruft uns auf, aufmerksam zu sein und die Wahrheit unserer Überzeugungen zu überprüfen.* Für die Jugendlichen in dem Building-Bridges-Projekt bestand dieser Aufruf in dem Hass, der ihr Leben und ihre Gesellschaft beeinträchtigte. Für einen Vater oder eine Mutter kann die heftige Sorge um das Wohlergehen eines Kindes solch ein Aufruf sein. Für einen politischen Aktivisten kann der Aufruf in der Erschöpfung und Verzweiflung angesichts der endlos scheinenden Ungerechtigkeiten und Kriege bestehen. Für eine Musikerin zeigt sich der Aufruf vielleicht in einem lähmenden Lampenfieber. Wo auch immer wir uns besonders gefährdet, getrennt oder unzulänglich fühlen, brauchen wir das Licht des wohlwollenden Erkundens.

Das Tor der Sucht

Jasons Aufruf war seine Sucht, die seine Ehe und seine Karriere zu zerstören drohte. Als Lobbyist für eine große Unternehmensgruppe war er ständig darauf gefasst, dass ihn die anderen austricksen wollten, und er beschäftigte sich zwanghaft mit Szenarien, die seine Reputation als mächtige, einflussreiche Person gefährden könnten. Der Mann, der in meine Praxis kam, wirkte sportlich, attraktiv und selbstbewusst. Doch wie ich erfuhr, hielt er sich mit Alkohol und Kokain aufrecht, um die vielen Besprechungen und sozialen Veranstaltungen durchzustehen, die für seine Arbeit wichtig waren.

Jason war als Jugendlicher aus Argentinien in die USA gekommen. Mit Hilfe von Stipendien absolvierte er eine akademische Ausbildung und erklomm im Laufe der Jahre die Karriereleiter. Mit seiner Frau Marcella schien er den amerikanischen Traum zu leben, doch dieser Traum drohte zu zerbrechen.

Seit etwa einem Jahr war Jason immer mal wieder zu den Anonymen Drogensüchtigen gegangen. Er hatte jedoch erst kürzlich einen Sponsor gefunden, der ihm wirklich sympathisch war, und dieser Sponsor hatte Jason zu meinem wöchentlichen Meditationskurs eingeladen. Nach einigen Besuchen dort bat mich Jason per E-Mail um einen Termin.

Jason kam bei unserem ersten Treffen gleich zur Sache. »Im Moment bin ich abstinent«, erzählte er mir, »aber ein Teil von mir glaubt immer noch, ich könnte das auf meine Art regeln.« Er gab zu, dass der Alkohol und das Kokain ihm »echt Schwierigkeiten« bereiteten, aber er glaubte, er könne sich den Genuss trotzdem ab und zu leisten. Vor allem das Kokain gab ihm ein Gefühl der Kompetenz und Kontrolle, dem er seinen eigenen Worten gemäß »nur schwer abschwören konnte«. Doch Jason war klar, dass er in der Klemme steckte. Der Geschäftsführer seines Handelsunternehmens hatte darauf bestanden, dass Jason an einem Zwölf-Schritte-Programm teilnahm, und seine Frau hatte klargestellt, dass er die Beziehung zu ihr riskieren würde, wenn er nicht vollkommen abstinent bliebe. Nachdem mir Jason erklärt hatte, dass er unbedingt sowohl seine Arbeit als auch seine Ehe bewahren wolle, schüttelte er den Kopf und runzelte die Stirn. »Ich weiß, Tara, eigentlich ist das eine vollkommen klare Sache. Aber ich tue mich echt schwer damit.«

Ich habe mit vielen Klienten und Übenden gearbeitet, die sich auf ähnliche Weise festgefahren hatten. Sie versuchten, ihr Leben in gesündere, klügere Bahnen zu leiten – das Rauchen aufzugeben, abzunehmen, treu zu bleiben oder sich der Wutausbrüche zu enthalten –, doch ein innerer Widerstand oder eine gewisse

Impulsivität machte sie entweder unwillig oder führte sie ständig erfolgreich in Versuchung. Dies ist ein Signal, dass hier starke Überzeugungen am Werk sind – es ist ein Aufruf zur Erkundung.

Als ich Jason fragte, wie er sich mit seiner Situation fühlte, sagte er, ohne zu zögern: »Im Moment bin ich wütend. Ich kann mit meinen Problemen selbst fertig werden, es macht mich total sauer, dass Marcella oder mein Chef sich in meine Angelegenheiten mischen.« – »Können Sie die Wut einfach da sein lassen?«, fragte ich. »Sie einfach zulassen und spüren?«

Jason hielt einen Moment inne und nickte dann. »Ich werde oft wütend. Vor allem, wenn mir jemand in die Quere kommt, wenn jemand versucht, die Regie zu übernehmen.« – »Jason, nehmen Sie sich einen Moment Zeit und erinnern Sie sich an einen Vorfall aus jüngster Zeit, wo jemand das tat – wo jemand versuchte, die Regie zu übernehmen.« Er nickte und meinte mit einem grimmigen Lächeln: »Das ist erst ein paar Stunden her...« – »Okay«, sagte ich. »Lassen Sie die Situation noch einmal Revue passieren und halten Sie dort inne, wo Sie Ihre stärkste Reaktion bemerken.«

Er brauchte nur ein paar Sekunden dafür. »Ich bin da.« – »Bringen Sie jetzt Ihre Aufmerksamkeit zu jenem Ort in Ihrem Körper, wo Ihre Gefühle am stärksten sind – vielleicht in Ihrer Kehle, in Ihrer Brust, in Ihrem Bauch ... Spüren Sie in sich hinein und nehmen Sie wahr, was da passiert, was Sie fühlen.«

Jasons Hände ballten sich zu Fäusten. Ich fragte ihn, was er fühlte, und er zögerte zunächst. »Es ist ..., es ist ... mein Magen, ein steinharter Knoten. Es ist ... Angst.«

Warum zentrale Überzeugungen so mächtig sind

Unsere zentralen Überzeugungen beruhen oft auf unseren frühesten und stärksten Ängsten – auf ihnen bauen wir unsere wichtigsten Annahmen und Schlussfolgerungen über das Leben auf. Diese Konditionierung dient dem Überleben. Unsere Gehirne sind dafür gebaut, die Zukunft aus der Vergangenheit abzuleiten: Wenn etwas Schlimmes einmal passiert ist, kann es wieder passieren. Deshalb sind unsere Gehirne darauf eingerichtet, die Erfahrungen, die mit einem Gefühl von Bedrohung verbunden sind, am stärksten zu verankern. Schon wenige Fehlschläge können ein Gefühl von Hilflosigkeit und Unzulänglichkeit verankern, das sich selbst durch zahlreiche spätere Erfolge kaum auflösen lässt. »Unsere Erinnerungen sind Velcro (Klettband) für schmerzhafte Erfahrungen und Teflon für angenehme«, so lautet ein Sprichwort bei uns. Mit anderen Worten: Wir neigen stark dazu, unsere Kernüberzeugungen auf schmerzhaften und angsterfüllten Erfahrungen aufzubauen und uns an ihnen (und den ihnen zugrunde liegenden Ängsten) festzuklammern, als gelte es das Leben.

Stellen Sie sich vor, ein Kind zu sein, das sich um die Aufmerksamkeit der Mutter bemüht: Sie soll sich Ihre Zeichnung anschauen, Ihnen etwas zu trinken geben oder mit Ihnen spielen. Manchmal geht sie auf Ihre Wünsche ein, doch zu anderen Zeiten fährt sie Sie zornig an, weil sie sich gestört fühlt. Sie schreit Sie an und will in Ruhe gelassen werden, droht vielleicht sogar mit Schlägen. Jahre später erinnern Sie sich wahrscheinlich kaum noch daran, doch Ihr Gehirn hat den Ärger und die Ablehnung Ihrer Mutter und Ihre eigene Verletztheit und Angst fest abgespeichert.

Im Laufe der Zeit bilden wir aus solchen Erinnerungen negative Überzeugungen über uns selbst und über das, was wir von anderen erwarten können: »Ich bin zu bedürftig …, niemand mag mich«, »Wenn ich mich an jemanden wende, werde ich bestraft«, oder: »Niemand will Zeit mit mir verbringen.«

Je intensiver dieser frühe Stress oder das Trauma sind, desto stärker ist die Prägung und desto größer ist die Wahrscheinlichkeit, dass sich angstvolle Überzeugungen tief eingeprägt haben. Wenn Sie in einem Kriegsgebiet aufgewachsen sind, haben Ihre Überlebensinstinkte Sie gelehrt, zwischen »wir« und »die anderen« zu unterscheiden und »die anderen« im Zweifelsfall für schlecht und gefährlich zu halten. Wenn Sie als Kind sexuell missbraucht wurden, erscheint Ihnen später vielleicht jegliche Intimität als gefährlich und potenziell missbräuchlich. Oder Sie fühlen sich zu aggressiven, dominanten Menschen hingezogen, weil sich eine derartige Verbindung vertraut oder gar »sicher« anfühlt. Wenn Sie ein afrikanisch-amerikanischer Mann sind, rechnen Sie vielleicht damit, dass Sie als minderwertig angesehen und missgünstig behandelt oder ungerechterweise als Krimineller bezeichnet werden. Wenn Sie arm waren und hungern mussten, glauben Sie vielleicht, dass nie genug da sein wird, dass Sie sich nie sicher fühlen können, egal, wie reich Sie werden.

Unsere zentralen Überzeugungen stammen zwar aus der Vergangenheit, aber sie fühlen sich aktuell und wahr an. Die mit ihnen verbundenen Gedanken und Gefühle filtern unsere Wahrnehmung dessen, was hier und jetzt passiert, und veranlassen uns, auf eine bestimmte Weise zu reagieren. Wenn Ihre Partnerin abwesend wirkt, während Sie ihr eine Frage stellen, kann das ganz alte Gefühle der Bedeutungslosigkeit auslösen, und Sie werden sich reflexartig entschuldigen, zurückziehen oder aggressiv werden. Wenn Ihr Chef verlangt, dass Sie einen Teil eines Projekts noch einmal machen, kann es alte Gefühle des Versagens auslösen und Sie dazu neigen lassen, aufzugeben oder wütend zu werden. Unsere zentralen Überzeugungen verengen unsere Wahrnehmung unserer Erfahrung auf eine einzige Interpretation: Wir fühlen uns bedroht und allein.

Dieses Bild ist natürlich vielschichtig, weil gegenwärtige Erfahrungen die alten Überzeugungen bestätigen und somit verstärken können. Wenn Sie wie die Jugendlichen des Building-Bridges-

Projekts davon überzeugt sind, dass Ihre Feinde Sie umbringen wollen, wird jedes Selbstmordattentat und jedes von der Armee zerstörte Haus Sie in Ihrer Überzeugung bestärken. Für diese Mädchen gehört die Gefahr zum Alltag. Doch die Interpretation dieser Realität – dass dahinter ein persönlich gemeinter Hass steht, gegen den sich das Selbst nur durch Gegenschläge zur Wehr setzen kann – muss nicht stimmen. Wenn wir uns der ganzen Wahrheit unserer gegenwärtigen Erfahrung zuwenden können, eröffnet sich uns mehr Spielraum und es beginnen sich andere Möglichkeiten zu zeigen.

In den Fängen der Angst-Überzeugungen

Jasons erster Schritt bestand darin, die Ängste zu erkunden, die er unter seiner Wut entdeckt hatte. Ich lud ihn zu einem Experiment ein. »Versuchen Sie mal, diese Angst, die Sie in Ihrem Magen spüren, mit Ihrem Gesicht zum Ausdruck zu bringen.« Jasons Augen weiteten sich, sein Blick wurde hart und richtete sich auf den Boden. Sein Kiefer war angespannt und sein Mund schmal zusammengepresst. »Achten Sie jetzt darauf, was passiert, wenn Sie sich die Situation aus der Perspektive Ihrer Angst anschauen«, leitete ich ihn weiter an. »Was versucht Ihnen Ihre Angst zu sagen? Was glaubt sie, was passieren wird? Was glaubt sie in Bezug auf Sie selbst und Ihr Leben? Es geht nicht darum, über eine Antwort *nachzudenken*«, fuhr ich fort. »Spüren Sie diesen Fragen vielmehr aus der Angst heraus nach, als wären Sie in der Angst drin. Wie erlebt diese Angst die Welt?« Dieser Hinweis ist wichtig, denn man verliert sich beim Erforschen leicht in mentalen Aktivitäten, die nicht mehr mit der gegenwärtigen Erfahrung verbunden sind.

Jason schien zu verstehen, dass es darum ging, in direktem Kontakt mit seinen Gefühlen zu bleiben: Er legte den Kopf etwas schräg, als würde er auf den verängstigten Teil in sich lauschen. Als er wieder sprach, klang seine Stimme leise und weich: »Meine

Angst sagt mir: Wenn ich nicht die Kontrolle übernehme, wird jemand anderes mich kontrollieren, mich demütigen und mir wehtun.« Er hielt wieder inne und schien nach innen zu schauen. Schließlich sagte er: »Sie glaubt, ich bin ein Versager, nichts als heiße Luft ... und dass alle herausfinden werden, wie schwach ich bin. Und dann werden sie mich nicht mehr achten ... und nicht mehr mögen.«

Sankaran

Indem er seiner Angst eine Stimme verlieh, hatte Jason die zentralen Überzeugungen offenbart, die sein Leben bestimmten. Während unserer nächsten beiden Sitzungen erzählte er mir von seiner Kindheit etwas außerhalb von Buenos Aires. Sein trunksüchtiger Vater und später sein älterer Bruder hatten ihn schikaniert und gedemütigt. »In meiner Kindheit waren das die echten Männer«, erklärte er. »So ist ein Mann. Ein Mann ist hart und behauptet sich auf Kosten der Schwächeren.« Er schwieg einen Moment. »Mein Bruder war groß und laut, ich war anders. Ich mochte Bücher, schon als Kind. Und ich kämpfte nicht gerne. Mein Vater nannte mich deshalb vor der gesamten Nachbarschaft ›una nina‹, ein Mädchen. Am schlimmsten war es, wenn er getrunken hatte. Als er seine Arbeit verlor, verprügelte er mich entsetzlich.«

Jason erinnerte sich an den Tag, an dem er beschloss, mit Krafttraining zu beginnen. Das Jahr zuvor war seine Familie zu Verwandten in die Bronx gezogen, und er ging im ersten Jahr zur Highschool. »Mein Bruder und seine Freunde hingen an der Tankstelle herum, und mein Schulweg führte da vorbei. An jenem Tag regnete es, und ich beeilte mich, mit meinem Bücherstapel nach Hause zu kommen. Sie fingen an, mich aufzuziehen, sich über mich lustig zu machen.« Einer der Jungen gab Jason einen Stoß, und er fiel über die Bordsteinkante. Ein Auto fuhr über einige seiner Bücher. Die Jungs lachten sich darüber kaputt. »Das war's, Tara«, erklärte er. »Ich beschloss, mich von niemandem mehr herumschubsen zu lassen.« Innerhalb eines Jahres hatte sich der dünne Junge vollständig verändert. »Ich war richtig gerissen geworden«, erzählte Jason. »Ich zog mit den älteren Jungs durch die Straßen und war eine Zeit lang so gemein wie die Schlimmsten unter ihnen.«

Jason verbarg vor den anderen, dass er viel lernte und gute Noten bekam. »Ich spielte den Schlimmen, und dann blieb ich nachts lange auf und machte meine Hausaufgaben.« Zwei seiner Lehrer erkannten sein Potenzial und halfen ihm, ein Stipendium für eine renommierte Universität zu erhalten. »Ich machte allen etwas vor«, gestand er. »Die Lehrer dachten, ich sei ›clean‹, aber ich nahm Drogen und machte Party, dass es nur so krachte. Und meine Freunde dachten, ich sei einer von ihnen, aber ich wusste im Stillen, dass ich diese Gegend verlassen würde.« Jason dachte einen Moment nach und sah mich dann geradeheraus an. »Ich mache immer noch allen etwas vor, stimmt's?«

Unsere Überzeugungen werden unsere Bestimmung – bis wir sie erkennen

Mit Muskeltraining, guten Noten, Drogenpartys und einem selbstsicheren, verantwortungsbewussten Auftreten hatte Jason Strategien gefunden, die ihm ein Gefühl der Kontrolle und der vorübergehenden Sicherheit gaben. Doch wie alle falschen Zufluchten präsentierten auch diese ihm jetzt die Quittung. Das ständige Manipulieren anderer stärkte seine Überzeugung, ein unzulänglicher Mensch zu sein, der darum kämpfen muss, alles im Griff zu behalten. Der Alkohol und der Drogenkonsum waren zu Süchten geworden, die seine Karriere und seine Ehe bedrohten. Seine Anstrengungen, alles unter Kontrolle zu behalten, waren genau das, was ihn daran hinderte, sich seiner tiefen Unsicherheit zu stellen und sie zu heilen. Jason hatte sich in einem Teufelskreis verfangen, der so lange weiterging, wie er an seinen zentralen Überzeugungen festhielt.

Wenn wir genau hinschauen, erkennen wir, wie unsere Überzeugungen über uns selbst und die Welt genau die Verhaltensweisen und Ereignisse produzieren, die sie bestätigen. Wenn wir glauben, von niemandem gemocht zu werden, verhalten wir uns so, dass wir diese Unsicherheit ausstrahlen. Wenn sich dann jemand von uns zurückzieht, fühlen wir uns abgewiesen und in unserer Überzeugung bestätigt. Wenn wir glauben, dass andere nur darauf warten, uns anzugreifen oder zu kritisieren, neigen wir dazu, defensiv oder aggressiv zu handeln. Wenn uns dann jemand widerspricht, scheinen unsere Ängste berechtigt gewesen zu sein.

Wenn unser Geist im Bann der Ängste und Missverständnisse einschränkender Überzeugungen steht, »folgt das Leiden so sicher, wie das Rad dem Huf des Ochsen folgt, der den Karren zieht«, wie der Buddha lehrte. Traditionelle buddhistische Texte sprechen vom Geist als »unrein«. Wir können ihn auch als »verzerrt«, »gefärbt« oder »voreingenommen« bezeichnen. Viele Zwölf-Schritte-Programme nennen die irreführenden Selbstrechtfertigungen, die einem Rückfall vorausgehen, »stinkendes Denken«. Auch ein kognitiver Therapeut, der seinem Klienten hilft, zu erkennen, wie sehr die Annahmen, auf denen seine Interpretation einer Situation beruht, seine Reaktion bestimmen, arbeitet in diesem Sinne. Wie wird es sich auf unsere Suche nach Intimität auswirken, wenn wir fest davon überzeugt sind, dass wir allen egal sind oder uns niemand versteht? Wie wird es unsere Kreativität und unseren Selbstausdruck prägen, wenn wir glauben, es sei gefährlich, sich hervorzutun? Wie schon der Buddha sagte: »Wir erschaffen die Welt mit unseren Gedanken.«

Es gibt nur einen Weg, uns dem Zugriff der einschränkenden Überzeugungen zu entziehen: sich den tiefen Gefühlen, die ihnen zugrunde liegen, mit voller Präsenz zuzuwenden. Doch der Kontakt mit diesen Gefühlen – Angst, Scham, Kummer – kann schmerzhaft und manchmal schier unerträglich sein. Deshalb reagieren wir lieber jahre- und jahrzehntelang aus unseren Überzeugungen heraus, statt ihre emotionalen Wurzeln zu ergründen.

In manchen Fällen ist es klug oder gar notwendig, sich dabei von einem vertrauenswürdigen Heiler, Lehrer oder Therapeuten unterstützen zu lassen. Doch unabhängig davon, ob wir uns alleine oder mit Unterstützung unseren zentralen Überzeugungen zuwenden, entsteht Heilung aus unserer Bereitschaft, den ganzen Wust der miteinander verstrickten Überzeugungen und Emotionen ins Bewusstsein zu holen.

Hinein in das schwarze Loch

Als Jason das nächste Mal wiederkam, war er in einer Krise. Während unserer ersten drei Sitzungen hatte er die Überzeugungen aufgedeckt, die sein Leben bestimmten. Doch er fing schnell an, diese Bewusstheit wieder zu betäuben. Er stürzte sich mit einem neuen Klienten in ein neues, großes Projekt, und unter der großen Anspannung hielt er seine Abstinenz an einem Freitagabend nicht mehr aus. Nach der Arbeit ging er in eine Bar und trank mehrere Martinis. Als er nach Hause kam, machte ihm Marcella eine Szene. »Ich hatte nicht mit meinem Sponsor telefoniert, ich war nicht zu den Treffen gegangen und hatte nicht meditiert ... Marcella erklärte mir, ich hätte ihren letzten Hoffnungsschimmer zerstört.« Sie bestand darauf, dass er in seinem Arbeitszimmer schlief, und kündigte an, am Montag einen Scheidungsanwalt aufzusuchen.

»Marcella und ich haben seit dem Wochenende nicht mehr miteinander gesprochen. Ich weiß, was ich ihr sagen möchte, aber ich kann es einfach nicht.«

Ich wartete, er nickte und sammelte sich, um die Worte auszusprechen. »Ich möchte sie bitten ...« Seine Stimme brach, und er atmete ein paarmal tief durch. »Ich möchte sie anflehen, mir noch eine Chance zu geben, aber das ist so ... schwach. So jämmerlich.« Seine Augen wurden schmaler und seine Schultern versteiften sich. »Wenn sie mich so sähe, wie könnte sie mich dann je wollen?«

»Es ist also schwach, dass Sie eine zweite Chance möchten?«, fragte ich nach.

»Nun …, ihr zu gestehen, dass ohne sie, ohne unser gemeinsames Leben meine ganze Welt zusammenbrechen würde …, dass ich sie brauche.« Tränen stiegen ihm in die Augen, aber er wischte sie schnell fort. Seine Hände ballten sich wieder zu Fäusten und er zuckte mit den Schultern, als wollte er sich für all das entschuldigen.

»Jason, etwas in Ihnen hat sehr lange Zeit geglaubt, dass Sie schwach und minderwertig seien. Ich möchte Sie jetzt fragen: Ist das die Wahrheit? Sind Sie es nicht wert, geachtet zu werden? Sind Sie es nicht wert, von Marcella geliebt zu werden?«

»Ich …, ich weiß nicht.« Er schüttelte verwirrt den Kopf. »Intellektuell verstehe ich, dass ich es wert bin, aber ich fühle mich irgendwie zu jämmerlich, als dass sie oder sonst irgendjemand mich achten oder lieben könnte.« Jasons Stimmte stockte, und sein Körper sank in den Stuhl. Sein Gesicht wurde blass. Ich bat ihn, auf seinen Körper zu achten, sein Herz zu spüren und mir zu sagen, wie es sich anfühlte, zu glauben, dass er Marcellas Liebe nicht würdig sei. Mit leiser Stimme antwortete er: »Ich schäme mich. Und ich fühle mich ganz allein.« Wieder kamen Tränen hoch. »Diese Gefühle, die Scham, die Einsamkeit …, das fühlt sich uralt an.«

»Wo fühlen Sie die Scham und die Einsamkeit?«, fragte ich. Jason legte schweigend eine Hand auf seinen Bauch und machte kleine Kreise. Ich lud ihn wiederum ein, mir zu sagen, wie sich das anfühlt. »Es fühlt sich zutiefst hohl an. Und es tut weh. Als hätte ich jahrelang meine Bauchmuskeln trainiert, um dieses Loch zu verdecken.« Ich bemerkte, dass die Kreise, die er mit seiner Hand zog, während des Sprechens größer wurden. Ich wies ihn darauf hin und er nickte. »Es ist riesig – wie ein schwarzes Loch, in dem mein Herz verschwunden ist ... und alles andere auch.«

Ich ermutigte Jason, einfach zu atmen und das Loch, den Schmerz, die Hohlheit so groß sein zu lassen, wie sie wollten. Mit bewegungslosem Körper stimmte er zu, und sein Kopf schwang leicht von Seite zu Seite.

»Es ist wichtig, zu merken, dass diese Überzeugung, schwach oder minderwertig zu sein, so in Ihrem Körper lebt. In diesem Gefühl eines klaffenden schwarzen Loches. Und Sie haben damit lange Zeit gelebt, mit dieser untergründigen Einsamkeit und Scham, sehr lange.«

Er ließ seinen Kopf hänge und nickte traurig. Wir schwiegen einige Momente lang, dann fuhr ich fort: »Nehmen Sie sich einen Augenblick Zeit, Jason, und vergegenwärtigen Sie sich, wie sich Ihre Überzeugung, minderwertig zu sein, auf Ihre Beziehungen ausgewirkt hat – auf die Beziehung zu Marcella, zu Ihren Kollegen und Freunden ...« Wieder nickte er, und als er nach einer langen Pause wieder sprach, war seine Stimme so leise, dass ich mich vorlehnen musste, um ihn zu verstehen. »Die Überzeugung hat mich von allen getrennt.« Er machte eine Geste zu seiner Brust hin. »Mein Herz ging in einem schwarzen Loch verloren, mein Leben ...« Er hörte auf zu reden und schloss die Augen, als sei der Verlust zu groß, um ihn in Worte zu fassen.

Ich lud ihn ein, sich Zeit zu nehmen und die Gefühle sich entfalten zu lassen. Ein paar Minuten lang war er sehr still, dann sagte er: »Ich fühle mich wie zusammengepresst. Es ist wie ein tiefer Schmerz, der aus meiner Kindheit stammt. Jetzt breitet es sich über verschiedene Teile meines Körpers aus.« Ich schlug ihm vor, bei seiner Erfahrung zu verweilen und, wenn es hilfreich wäre, damit zu atmen. Als er seine Augen ein paar Minuten später öffnete, strahlten sie mehr Licht und Leben aus. »Nachdem sich der

Schmerz ausgebreitet hatte, begann er sich aufzulösen …, und jetzt ist er weg.«

Ich lächelte, würdigte seinen Prozess und blieb eine Weile einfach still mit ihm in der Präsenz. Dann stellte ich ihm eine Frage, die zu einem Richtungswechsel der Aufmerksamkeit aufforderte: »Jason, wie wäre es, ohne die Überzeugung zu leben, dass Sie schwach und minderwertig sind?« Jason fing an, darüber nachzusinnen, und ich fügte hinzu: »Wer wären Sie, wenn Sie nicht mehr glauben würden, Sie seien schwach und minderwertig?«

Jason schaute mich direkt an und antwortete: »Ich weiß nicht, wer ich wäre.« Er hielt kurz nachdenklich inne und fuhr dann fort: »Aber dieses Nicht-Wissen fühlt sich irgendwie gut an – als ob es da plötzlich mehr Raum gibt und ich lebendiger bin.« Jason holte ein paarmal tief Luft, als wolle er sich diesem Raum noch mehr öffnen und ihn genießen. »Eines ist klar: Wenn ich nicht davon überzeugt wäre, dass ich minderwertig bin, könnte ich mich *hier* entspannen«, und er deutete auf sein Herz. »Ich könnte darauf vertrauen, dass Marcella wirklich etwas an mir liegt; ich könnte genug vertrauen, um ihr die Wahrheit zu sagen, dass ich sie liebe.« Jason fing an zu weinen, und diesmal wischte er sich nicht gleich die Tränen ab. Seine Hände entkrampften sich, als wollten sie die Größe und Intensität all dieser Gefühle durch sich hindurchlassen. Indem er den unmittelbaren Schmerz seiner Überzeugungen bewusst erkannte und diesem Schmerz Ausdruck verlieh, begann sich sein Herz zu öffnen. Er entdeckte die Freiheit, die in »Wirklich, aber nicht wahr« steckt.

Als die Intensität der Gefühle abflaute, atmete Jason tief durch und saß still da. Wir wussten beide, dass es nicht viel mehr zu sagen gab. Er flüsterte ein aufrichtiges »Danke!« und fügte hinzu: »Ich weiß, was ich zu tun habe.« Er verließ meine Praxis mit einem weichen, aber entschlossenen Ausdruck im Gesicht: Von seinen unsichtbaren Überzeugungen befreit, konnte Jason sich jetzt wieder mit seinem Herzen verbinden – und mit seiner Frau.

Die Kraft der Überprüfung

Auf Angst beruhende Überzeugungen sind Wesen der Dunkelheit. Sie werden außerhalb des Lichtes des Gewahrseins aufrechterhalten und lösen sich auf, wenn sie achtsam erforscht werden. Im Zusammenhang mit ihrer großartigen Arbeit *The Work* schreibt Byron Katie darüber: »Entweder Sie halten an Ihren Gedanken fest, oder Sie überprüfen sie. Es gibt keine andere Möglichkeit.« Dieses Überprüfen auf seinen Wahrheitsgehalt ist das zentrale Element von *The Work* und von meditativen Praktiken wie RAIN. Mit »Überprüfen« (oder Erkunden, wie es in RAIN genannt wird) meine ich die Art von Fragen, die ich Jason stellte und die zu einer vertieften Aufmerksamkeit führen. Das Ziel dieses Überprüfens ist, uns innehalten zu lassen, statt in den gewohnten Gleisen unserer Annahmen über die Wirklichkeit dahinzurollen. In der damit entstehenden Pause kann die Wahrheit durchscheinen.

~ »Was glaube ich?« ~

Emotionales Leiden ist ein Zeichen dafür, dass wir uns in den Fängen ungeprüfter, auf Angst beruhender Überzeugungen befinden. Wenn wir uns in Ärger oder Depression, Verletztheit oder Angst verfangen haben, kann die einfache Frage »Was glaube ich?« an den Tag bringen, was hinter unserer Stimmung steckt. Wie ich anhand des Gesprächs mit Jason gezeigt habe, sollte sich diese Überprüfung direkt an die Gefühle wenden. Sie können also fragen: »Traurigkeit, was glaubst du?«, oder: »Angst, was glaubst du?«

~ »Ist es wirklich wahr?« ~

Wenn wir annehmen, dass eine Überzeugung wahr ist, gibt es keinen Spielraum mehr für andere Möglichkeiten, für neue Infor-

mationen oder eine erweiterte Perspektive. Indem wir innehalten und unsere Überzeugungen hinterfragen, können sich in unserem Verstand die Fenster öffnen und die frische Luft der Wirklichkeit kann hindurchwehen.

Ein Klient stellte sich diese Frage in Bezug auf eine schwierige Situation mit seinem jugendlichen Sohn. Er hatte angenommen, sein Sohn würde nur ein verantwortungsbewusster, produktiver Erwachsener werden, wenn er ihm seinen Ärger und seine Bewertungen zeigte. Die Frage »Ist das wirklich wahr?« ließ ihn abrupt anhalten. Er erkannte, dass er nicht wirklich wusste, ob die verärgerten Konfrontationen mit seinem Sohn hilfreich waren. Während er weiter die Frage stellte, innehielt und auf das lauschte, was in ihm auftauchte, öffnete er sich allmählich für weitere Möglichkeiten. »Statt ihm immer zu sagen, was falsch sei, ist es vielleicht wichtiger, dass er begreift, wie sehr ich ihm vertraue und dass er im Grunde ein guter Junge ist«, besann er sich.

~ »Wie ist es, mit dieser Überzeugung zu leben?« ~

Überzeugungen gehen mit einem Körperempfinden einher. Mit der entsprechenden Aufmerksamkeit können wir entdecken, wie sich unser Körper fühlt, wenn wir gerade mitten in einer einschränkenden Überzeugung stecken. Ist ein bestimmter Bereich angespannt oder schwer, oder fühlt er sich hohl an? Gibt es irgendwo eine Verhärtung oder ein Zittern? Sind diese Empfindungen mit bestimmten emotionalen Zuständen verbunden? Ist da ein Gefühl von Peinlichkeit, Angst, Ärger oder Selbstverachtung? Wir können auch auf eine breitere Art tiefer schauen, indem wir fragen: »Wie hat diese Überzeugung meine Beziehung zu mir selbst, zu anderen und zum Leben allgemein beeinflusst?« Unsere Antworten auf diese Fragen können auf alle möglichen Bereiche unseres Lebens hinweisen: auf eine anhaltende Kurzatmigkeit, auf wiederkehrende Reizbarkeiten, auf einen unterschwelligen

Konflikt mit unserer Partnerin. Körper, Emotionen, Gedanken und Verhalten – unsere Überzeugungen kommen in all diesen Bereichen zum Ausdruck.

Wenn ich erforsche, wie die Überzeugung »Mit mir stimmt etwas nicht« mein Leben beeinflusst, kann ich spüren, wie sie mich daran hindert, mich geliebt zu fühlen und zu lieben. Sie erzeugt eine Spannung, die mich ruhelos, reizbar und abgelenkt macht und mit der es mir schwerfällt, zu genießen, was ich gerade tue. Sie hält mich davon ab, mich auf andere einzustellen und einzulassen. Manchmal werde ich mir bewusst, wie lange ich mich schon so hart beurteile und wie viele Augenblicke meines Lebens dieser vertrauten Trance zum Opfer gefallen sind. Das erzeugt dann jenen Zustand zärtlichen Mitgefühls mit sich selbst, den ich »Seelen-Traurigkeit« nenne. In diesen Augenblicken lebe ich in einer Gegenwärtigkeit, die nicht durch meine Überzeugungen beschränkt ist.

~ »Was hält mich davon ab, diese Überzeugung loszulassen?« ~

Selbst wenn wir den Schmerz einer Überzeugung erkannt haben, gehen wir ihr leicht wieder auf den Leim und halten die Botschaft für wahr. Unsere neu entdeckte Freiheit kann sich in dem Moment verflüchtigen, in dem sich jemand uns gegenüber unsensibel verhält oder uns ein Fehler unterläuft. Manchmal kehren die alten Überzeugungen dann mit neuer Wucht zurück: »Ich muss ja verrückt gewesen sein … Niemand wird mich je verstehen, niemand interessiert sich wirklich für mich«, oder: »Das ist der Beweis! Wenn ich mal meinen Schutzpanzer aufmache, nutzt das gleich jemand aus«, oder: »Was habe ich mir da nur vorgemacht? Ich bin einfach eine Versagerin – ich vermassele alles Gute, was mir begegnet.«

Es ist wahr: Die Menschen verstehen uns nicht immer, und manche verletzen uns auch. Es ist auch wahr, dass wir weiterhin Fehler machen werden. Doch es ist nicht wahr, dass uns niemand je lieben oder verstehen wird oder dass die anderen oder wir selbst schlecht sind. Unsere auf Angst beruhenden Überzeugungen klammern sich jedoch gut fest. Der Verstand sammelt und stützt sich auf die Beweise, die seine einschränkenden Überzeugungen bestätigen. Wenn wir fragen: »Was hält mich davon ab, diese Überzeugungen loszulassen?«, beleuchten wir diese grundlegende Schutzstrategie, die auf einer weiteren Überzeugung beruht: »Wenn ich weiß, was falsch ist, kann ich zumindest die Dinge kontrollieren. Wenn ich mich darauf konzentriere, kann ich in Zukunft größeres Leiden vermeiden.« In gewisser Weise glauben wir also, dass uns unsere Überzeugungen dienen.

Wir können diese tiefer liegenden Überzeugungen wiederum prüfen, indem wir fragen: »Ist das wirklich wahr?« Wird es uns wirklich mehr Leiden ersparen, wenn wir an der Überzeugung festhalten, dass wir niemandem je etwas bedeuten würden? Werden wir wirklich irgendwie besser werden, wenn wir weiterhin glauben, eine Versagerin zu sein? Werden wir uns wirklich sicherer und friedvoller fühlen, wenn wir weiterhin fürchten, uns zu öffnen, weil wir dann ausgenutzt werden könnten?

~ »Wie sähe mein Leben ohne diese Überzeugung aus?« ~

Nehmen Sie sich einige Minuten Zeit und vergegenwärtigen Sie sich eine angsterfüllte Überzeugung, die Ihnen bewusst ist. Vielleicht glauben Sie, nie wirkliche Nähe erleben zu können, oder Sie sind überzeugt, dass Sie andere enttäuschen, oder Sie meinen, keine Liebe zu verdienen. Vielleicht glauben Sie, immer etwas leisten zu müssen, um von anderen anerkannt zu werden. Oder Sie halten sich für zu alt, als dass sich noch jemand wirklich für Sie interessieren könnte. Was auch immer Sie glauben: Nehmen Sie sich einen Moment Zeit, zu spüren, wie das Ihr Leben beeinflusst hat. Können Sie sich mit dem Lebensschmerz verbinden, der in dieser Überzeugung steckt? Und dann können Sie sich fragen: »Wie sähe mein Leben ohne diese Überzeugung aus? Wie würde sich meine Beziehung zu mir selbst verändern? Wie würde sich meine Beziehung zu anderen verändern?«

Als Jason sich diese Fragen stellte, spürte er sofort, dass er ohne den Glauben an seine Minderwertigkeit über mehr Spielraum, mehr Lebendigkeit verfügte. Er erkannte auch, dass er ohne diese Überzeugung auf die Liebe vertrauen könnte, die ihn mit seiner Frau verband. Manche Menschen spüren bei dieser Frage, wie sich in ihrem Körper spontan eine tiefe, gewohnheitsmäßige Anspannung löst, die ihnen gar nicht bewusst war. Andere sehen sich in einer Haltung von echter Offenheit, Kreativität und Staunen durch ihren Alltag gehen. Wieder andere ahnen die Möglichkeit, rückhaltlos zu lieben. Selbst ein kleiner Vorgeschmack der Freiheit kann das uns innewohnende Gewahrsein und die Weisheit erwecken und unsere Anhaftung an die Überzeugung lockern.

~ »Wer oder was wäre ich, wenn ich ohne diese Überzeugung leben würde?« ~

Wenn unser Selbstbild auf einer Überzeugung wie »Ich verdiene keine Liebe« beruht und wir erkannt haben, dass diese Überzeugung nicht wahr ist, fühlen wir uns vielleicht zunächst desorientiert und verwirrt. Wie Jason sagen wir dann möglicherweise: »Ich weiß nicht, wer ich dann wäre.« Wir wissen nicht mehr, wer wir sind! In Jason erzeugte dieses Nicht-Wissen einen Raum, in dem er sich öffnen, atmen und langsam entspannen konnte. Andere erleben ein Empfinden der Bodenlosigkeit, welches als belebend, faszinierend und manchmal auch als beängstigend empfunden werden kann.

Es liegt eine große spirituelle Kraft darin, zu fragen: »Wer wäre ich, wenn ich ohne diese Überzeugung leben würde?« Die Frage lässt den Fragenden verschwinden, das Empfinden eines getrennten Selbst. Sich selbst zu verlieren, öffnet den Weg zum N von RAIN – der Nicht-Identifikation. Wenn wir uns selbst verlieren, bricht das kleine Raumanzug-Selbst auf, und wir entdecken, dass wir uns ohne diese einschränkenden Schutzschichten, ohne Helm und Sauerstoffgerät freier bewegen und atmen können. Sich selbst zu verlieren, ermöglicht es uns, das echte Mysterium und die Ganzheit unseres wahren Seins zu erkennen.

Leben jenseits der Überzeugungen

Als Jason und ich das nächste Mal zusammenkamen, erzählte er mir von seinem Gespräch mit Marcella nach unserer letzten Sitzung. Zuerst hatte er geredet und Marcella hatte zugehört. »Ich sagte ihr Dinge, die ich noch nie laut ausgesprochen habe. Vor allem erzählte ich ihr von dem beschämten, verängstigten Kind in mir, das immer versucht, alles im Griff zu behalten, um sich zu schützen, und ich erzählte ihr von dem Mann, der sie liebt.« Er hielt inne und seine Augen füllten sich bei der Erinnerung daran mit Tränen. »Ich sagte ihr, selbst wenn sie mich verlassen würde, wüsste sie jetzt zumindest die Wahrheit.«

Marcella war ebenso aufrichtig gewesen, und Jason hatte ihr zuhören können, ohne sich zu verteidigen. Sie erzählte ihm von ihrer enormen Wut und Einsamkeit und Verzweiflung darüber, in ihrer Ehe ohne echte Nähe zu leben. Sie brachte ihren Schmerz und ihre Unzufriedenheit nicht zum ersten Mal zum Ausdruck, doch zum ersten Mal blieb Jason aufmerksam dabei und hörte sie bis zum Ende an. »Ich glaube, ich werde langsam besser darin, präsent zu bleiben«, meinte er mit einem gewissen Stolz. »Ich wollte wirklich wissen, was für sie wahr war und wie sie die Situation erlebte, auch wenn es sich nicht gut anfühlte, das zu hören.«

»Sie endete damit, dass sie mir sagte, ich hätte in meinem Kopf gelebt und sei unerreichbar gewesen … und dass ich mich jetzt vielleicht vom Kopf ins Herz bewege.« Als alles gesagt war, hatten sie einander einfach im Arm gehalten. In der Stille konnte er die Zärtlichkeit seiner Liebe spüren und wie sehr er es genoss, ihre Liebe zu empfangen. Und da war noch etwas: »Mein Verstand erzählte mir keine Geschichte mehr darüber, was jetzt schiefgehen könnte und was ich als Nächstes tun müsste, um alles zu kontrollieren. Also verschwand ich einfach. Mir war nur noch die Liebe bewusst, die da war, da war nur noch liebevolles Gewahrsein.«

An jenem Tag verließ Jason meine Praxis voller Dankbarkeit und Offenheit für das, was sich als Nächstes zeigen mochte. Als er etwa einen Monat später wiederkam, begrüßte er mich mit einem Lächeln. »Natürlich war es keine Überraschung, dass sich der Unsichere, der meint, er müsse alles in den Griff bekommen, wieder gezeigt hat«, berichtete er freimütig. Nach einer kurzen Pause fuhr er fort: »Aber ich kann jetzt damit umgehen.« Doch als das Verlangen nach einem Drink auftauchte, konnte ihm Jason mit neuem Selbstbewusstsein begegnen. »Bei unserem Zwölf-Schritte-Treffen ist ein Mann, der ein Gebet verwendet, das auch für mich gut passt: ›Nicht mein Wille geschehe, sondern der Wille meines Herzens …‹ Wenn ich anfange, wieder an Alkohol oder Drogen zu denken, oder wenn ich merke, dass ich versuche, eine Situation zu kontrollieren, stecke ich wieder in der Überzeugung, minderwertig zu sein. Wenn ich ängstlich oder wütend bin, stecke ich wieder in der Überzeugung, minderwertig zu sein. Doch sobald ich mir dessen bewusst bin, sage ich mir: Höre auf den Willen deines Herzens! Und wissen Sie, Tara, es funktioniert. Ich verberge nichts mehr. Ich mache niemandem etwas vor. Mein Leben ist sauberer, und zu Hause wird es auch immer besser.«

Unsere auf Angst beruhenden Überzeugungen halten uns in der Trance-Identität eines unsicheren Selbst gefangen, das übereifrig versucht, mit seinem Leben klarzukommen. Wir reden uns etwas ein, wir rechtfertigen uns, wir verteidigen uns, wir geben anderen die Schuld. Unser Wille, unsere Fähigkeit zu bewusstem, sinnvollem Tun, wird von einem verängstigten Ego bestimmt. In Jasons Fall hatte dies zu Sucht und beinahe zur Scheidung geführt. Doch wir können uns mit derselben Energie auch von einer tieferen Intelligenz leiten lassen. Als er sich auf »den Willen seines Herzens« berief, konnte Jason sein angsterfülltes Denken erkennen und aus seiner tiefen inneren Weisheit heraus Entscheidungen fällen, statt sich in einschränkende Überzeugungen zu fügen.

Zuflucht zur Wahrheit

Das Building-Bridges-Programm erinnert uns daran, dass Überzeugungen selbst unter schwierigsten Umständen abgebaut werden können. Auf einem früheren Camp von Building Bridges erzählte ein palästinensisches Mädchen den anderen Teilnehmerinnen, wie israelische Soldaten in ihr Haus gestürmt kamen, alle verprügelt hatten und dann ohne Entschuldigung wieder abgezogen waren, als sie feststellten, dass sie im falschen Haus waren. Im Rahmen des sogenannten »Mitfühlenden Zuhörens« bat die Gruppenleiterin dann eine israelische Jugendliche, die Geschichte in der ersten Person zu wiederholen, mitsamt all der Wut, dem Entsetzen und all den Gefühlen, die sie in dieser Situation empfunden hätte. Als die Palästinenserin der Israelin zuhörte, fing sie an, zu weinen. »Mein Feind hat mich gehört!«, sagte sie. Die beiden Mädchen weinten zusammen und wurden im Laufe des Camps gute Freundinnen.

Doch was passiert mit den Verbindungen zwischen diesen Mädchen, wenn sie in ihre vom Krieg zerrütteten Heimatländer zurückkehren? Seit 1993 haben Hunderte von Jugendlichen an den Building-Bridges-Camps teilgenommen, und Folgestudien haben gezeigt, dass selbst solch ein kurzer Blick auf die umfassendere Wirklichkeit – die Echtheit und das Herz des »Feindes« – echte Veränderungen nach sich zieht und zu weiteren Brückenbildung führt. Bei manchen ist dieser Prozess eher innerlich, bei anderen mehr öffentlich. Ein paar der jungen Frauen sind Friedensaktivistinnen geworden. Eine Palästinenserin ist eine führende Umweltschützerin, die mit beiden Seiten zusammenarbeitet, um das fragile Ökosystem der Wüste zu schützen. Eine andere versucht, als Lehrerin ihren Schülern einen weiteren, mitfühlenderen Blick auf die Wirklichkeit zu vermitteln. Etliche Teilnehmerinnen haben ihre Freundschaften weitergeführt. Nachdem ihre Schule bombardiert worden war, erhielt eine palästinensische Jugendliche einen Anruf von einer israelischen Freundin aus dem Camp, noch bevor sich ihre palästinensischen Freunde meldeten, was sie sehr berührte. Als ein israelischer Bus durch eine Bombe zerstört wurde, brach diese Palästinenserin dann auch in Tränen aus, während ihre Verwandten um sie herum jubelten.

Die Trance der Trennung in »wir« und »die anderen« ist sehr machtvoll. Doch der Buddha lehrte: »... noch größer ist die Wahrheit unserer Verbundenheit.« Die Überzeugungen verlieren ihre Kraft, wenn wir zur aktuellen Erfahrung Zuflucht nehmen. Wenn wir wirklich auf jemand anderen achten, wenn wir wirklich zuhören und versuchen, uns auf die Erfahrung unseres Gegenübers einzulassen, können wir entdecken, wer der oder die andere jenseits aller vorgefassten Meinungen wirklich ist.

Henry Wadsworth Longfellow schrieb: »Wenn wir die geheime Geschichte unserer Feinde lesen könnten, würden wir im Leben eines jeden Menschen genug Kummer und Leiden finden, um alle Feindseligkeit zu entwaffnen.« Das ist keine naive Behauptung. Es bedeutet auch nicht, dass andere Menschen – selbst unsere Freunde – uns nicht schaden werden oder dass wir nicht weise Unterscheidungen treffen sollten, um uns zu schützen. Es bedeutet vielmehr, dass wir unsere Herzen nicht hinter Überzeugungen verschanzen sollten, die die »geheime Geschichte« des Leidens des anderen verschleiern oder die Möglichkeit gegenseitigen Verstehens ausschließen.

Wenn wir uns in gleicher Weise ganz gegenwärtig unserer eigenen Erfahrung zuwenden, durchschauen wir die einschränkenden Geschichten, die wir uns über unsere eigene Minderwertigkeit, Schlechtigkeit und unser nicht liebenswertes Sein erzählen. Anstatt aus unseren Geschichten zu leben, werden wir immer freier, zu vertrauen und aus unserer natürlichen Intelligenz, Offenheit und Liebe heraus zu leben. Dann erkennen wir vielleicht wie der Dichter Rumi:

> Frei bin ich von der unwissenden Faust,
> die mein geheimes Selbst bedrängte und schlug.
> Das Universum und das Licht der Sterne
> strömen durch mich hindurch.

Geführte Besinnung

Bestandsaufnahme von Überzeugungen

Je achtsamer Sie mit Ihren Überzeugungen umgehen, desto weniger Macht werden diese über Ihre Psyche haben. Zur Stärkung dieser Achtsamkeit können Sie eine Bestandsaufnahme Ihrer besonders ausgeprägten Überzeugungen zusammenstellen. Nehmen Sie sich etwas Zeit, um über Ihre einschränkenden, auf Angst beruhenden Überzeugungen nachzudenken, und schreiben Sie diese auf. Vielleicht klingen einige der folgenden Anregungen vertraut:

- »Ich muss hart arbeiten, um anerkannt oder geliebt zu werden.«
- »Ich bin es nicht wert, geliebt zu werden; ich verdiene es nicht, glücklich zu sein.«
- »Wenn ich jemandem nahekomme, werde ich verletzt.«
- »Ich verletze alle, die ich liebe.«
- »Ich muss mich schützen, sonst werde ich verletzt.«
- »Ich muss irgendwie anders sein (attraktiver, intelligenter, selbstbewusster, erfolgreicher), um geliebt zu werden, zu lieben, glücklich oder in Frieden zu sein.«
- »Andere verstehen oder schätzen mich nicht.«
- »Ich bin für andere unsichtbar.«
- »Ich bin etwas Besonderes, ich bin besser als andere.«
- »Es ist gefährlich, schwach oder bedürftig zu wirken.«
- »Ich muss immer damit rechnen, dass mich andere ausnutzen wollen.«
- »Wenn ich nicht ›zurückschlage‹, werden mich die anderen weiter verletzen.«
- »Mit mir ist etwas grundlegend verkehrt.«
- »Ich bin eine Versagerin/ein Versager; bei mir geht alles schief.«
- »Gott (das Leben, ein anderer Mensch) hat mich betrogen.«

Geführte Besinnung

Überzeugungen auf frischer Tat ertappen

Sie können Ihre Achtsamkeits-Muskeln trainieren, Überzeugungen auf frischer Tat zu ertappen, indem Sie mit Situationen üben, die eher mäßige Emotionen auslösen und nicht die volle Wucht der Reaktivität.

1. *Schreiben Sie zu einem Zeitpunkt, zu dem Sie sich ruhig fühlen, einige Situationen auf, in denen Sie regelmäßig mit Ängstlichkeit, Gereiztheit oder Entmutigung reagieren. Ein paar Beispiele: »Mit meinem Chef reden«; »mein Kind morgens für die Schule fertig machen«; »im Stau stecken«; »der Abgabetermin für ein Projekt rückt immer näher«; »mich bei der Arbeit erschöpft fühlen«; »von meinem Partner kritisiert werden«.*

2. *Nehmen Sie sich Ihre Bestandaufnahme von Überzeugungen zur Hand und denken Sie über jede dieser Situationen ein wenig nach. Fragen Sie sich: »Was glaube ich da?« Vielleicht müssen Sie sich die Frage mehrmals stellen, um die grundlegendste Überzeugung zutage zu bringen: »Was glaube ich da wirklich?«, oder: »Welche meiner Überzeugungen ist hier am hinderlichsten?« Schreiben Sie diese auf und versuchen Sie, die Überzeugung in wenigen, leicht zu merkenden Worten zusammenzufassen wie: »Ich glaube, dass ich nicht gut genug bin«, »Ich glaube, ich werde bestraft (abgelehnt), wenn ich es nicht schaffe«, oder: »Ich glaube, ich muss mich noch mehr anstrengen, um okay zu sein.«*

3. *Richten Sie sich innerlich darauf aus, achtsam zu sein, wenn es zu den von Ihnen erkannten Situationen kommt. Versuchen Sie, mittendrin innezuhalten und zu erkennen, was Sie gerade glauben. Achten Sie darauf, ob das Ihr Empfinden oder Ihre Gefühle ändert oder Ihnen neue Reaktionsmöglichkeiten aufzeigt.*

Sie können sich dann Ihrem eigenen Tempo gemäß neue Situationen vornehmen, um Überzeugungen auf frischer Tat zu ertappen. Wenn Sie mehr Sicherheit darin gewonnen haben, Ihren Überzeugungen und Gefühlen achtsam zu begegnen, können Sie auch in schwierigeren Situationen üben.

Im eigenen

erwachten

Zuflucht und

Geborgenheit

Herzen

finden

Teil III

Das Tor der Liebe

9

Nach Hause kommen
zu sich selbst

Herzensmedizin für traumatische Ängste

Wie konnte die Rose
je ihr Herz öffnen
und all ihre Schönheit
an die Welt verschenken?
Sie spürte die Ermutigung des Lichts
ihr Sein berühren.
Ohne diese bleiben wir alle
zu furchtsam.

Hafiz

Als Ram Dass 1997 eine massive Gehirnblutung erlitt, konnte
er auf über vier Jahrzehnte spiritueller Ausbildung und Übung
zurückgreifen, um mit der Situation umzugehen. Als einer der
Pioniere Amerikas hatte Ram Dass die östliche Spiritualität in den
Westen gebracht und im Laufe seines Lebens Meditationsprakti-
ken aller Art erforscht: Hinduismus, Buddhismus, Advaita und
andere. Und er unterwies mehrere Generationen von Übenden
in Meditation und in dem Weg des hingebungsvollen Dienens.
Als er in den Stunden nach seinem heftigen Schlaganfall von seiner Krankenbahre aus die Rohre an der Klinikdecke anstarrte,
fühlte er sich nichtsdestotrotz unendlich hilflos und allein. Kein
erhebender Gedanke kam ihm zu Hilfe, und er fühlte sich völlig

unfähig, das Geschehen mit Achtsamkeit oder Selbstmitgefühl zu betrachten. In jenem entscheidenden Moment »habe ich den Test nicht bestanden«, stellte er unverblümt fest.

Ich erzähle diese Geschichte von Ram Dass manchmal Übenden, die sich Sorgen machen, auch »nicht bestanden« zu haben. Sie haben sich ihren Schwierigkeiten zuversichtlich mit RAIN zugewandt, doch irgendwann gerieten sie in eine Situation, wo die Angst oder die Verzweiflung oder der Schmerz so groß war, dass ihnen keine achtsame Gegenwärtigkeit mehr möglich war. Dies erzeugt oft ein Gefühl tiefer Entmutigung und Selbstzweifel, als würde sich das Tor der Zuflucht vor einem verschließen.

Mit dieser Geschichte von Ram Dass möchte ich diese Menschen ermutigen, sich selbst nicht so hart zu beurteilen. Wenn wir in einer emotionalen oder körperlichen Krise stecken, befinden wir uns oft in einer Trance und sind von Angst und Verwirrung gepackt. In solchen Momenten besteht unser erster – und oft einzig verfügbarer – Schritt in Richtung Zuflucht vielleicht darin, eine gewisse zugewandte, fürsorgliche Verbindung zum Leben um uns herum und in uns zu spüren. In diesem Fall können wir durch das Tor der Liebe Zuflucht finden.

Ram Dass durchschritt dieses Tor, indem er sich an Maharaji (Neem Karoli Baba) wandte, jenen indischen Guru, der ihm seinen hinduistischen Namen gegeben hatte und der 24 Jahre zuvor verstorben war. Inmitten seiner körperlichen Qualen, seiner Ohnmacht und Verzweiflung begann Ram Dass, zu Maharaji zu beten, der ihm immer ein Ausdruck reiner Liebe gewesen war. Später schrieb er darüber: »Ich redete mit dem Bild meines Gurus, und er sprach mit mir, er war überall um mich herum.« Maharajis unmittelbares »Dasein«, so ansprechbar wie eh und je, war für Ram Dass reine Gnade. Derart heimgekehrt in die liebevolle Präsenz, konnte er der vollen Wucht der Herausforderung, der er jeden Moment ausgesetzt war, im Frieden begegnen.

Das Tor der Liebe ist ein spürbares Gefühl von Zugewandtheit und Bezogenheit – zu einem geliebten Menschen, der Erde, einer spirituellen Leitfigur und letztlich zur Bewusstheit selbst. So wie eine Rose die Ermutigung des Lichts braucht, benötigen wir Liebe. Sonst, wie der Dichter Hafiz sagt, »bleiben wir alle zu furchtsam«.

Nachwirkungen eines Traumas

Dana kam seit vier Monaten zu unseren wöchentlichen Meditationen, als sie mich eines Abends nach dem Kurs ansprach. Sie bräuchte mehr Hilfe, um mit ihren Ängsten umzugehen, erklärte sie mir. »Ich tue mich schwer, zu vertrauen«, meinte sie, »aber es beruhigt mich, Ihnen zuzuhören. Ich habe das Gefühl, Sie könnten mich vielleicht verstehen, bei Ihnen könnte ich mich sicher genug fühlen, um an mir zu arbeiten.«

Dana machte nicht den Eindruck, als sei sie unsicher oder leicht einzuschüchtern. Die große, kräftige Afroamerikanerin Ende zwanzig hatte einen harten Job als Bewährungshelferin eines staatlichen Gefängnisses. Sie lächelte viel und hatte lebendige Augen, aber ihre Worte erzählten eine andere Geschichte. »In einem Moment geht es mir noch gut, Tara«, erklärte sie, »und dann komme ich in einen Zustand …, dann bin ich überhaupt nicht mehr funktionsfähig.« Vor allem, wenn sie mit dem Ärger starker Männer konfrontiert würde, verschlüge es ihr die Sprache. »Ich bin dann wie ein verängstigtes kleines Mädchen, ein hilfloses Häufchen Unglück.«

Ich bat Dana, mir von einer Situation aus der jüngeren Vergangenheit zu erzählen, wo es ihr vor Angst die Sprache verschlagen hatte. Sie lehnte sich auf ihrem Stuhl zurück, schlug die Beine übereinander und begann, mit einem Fuß nervös auf den Boden zu tippen. Als sie sprach, brachen die Worte schnell aus ihr hervor. »Es passiert zum Beispiel mit meinem Freund. Er trinkt manchmal zu viel, und dann schreit er mich an und beschuldigt mich für Dinge, die gar nicht wahr sind: dass ich mit anderen Männern flirte oder hinter seinem Rücken über ihn rede.« Sie hielt einen Moment inne und fuhr dann fort: »Wenn er sich so über mich aufregt und mich bedroht, dann kauert sich mein Inneres wie in eine feste kleine Kugel zusammen, als ob mein eigentliches Ich verschwinden würde.« Dana konnte dann weder denken noch reden. Sie spürte nur noch ihr pochendes Herz und ein würgendes Gefühl im Hals.

Ihr Freund war nicht der Erste, der ihr gegenüber gewalttätig geworden war. Es kam heraus, dass Dana immer wieder in dieser festen kleinen Kugel verschwunden war, und zwar seit sie elf Jahre alt war und ihr Onkel angefangen hatte, sie zu missbrauchen. Bis er vier Jahre später in einen anderen Staat zog, lebte Dana ständig in der Angst, dass er vorbeikam, wenn ihre Mutter bei der Arbeit war. Nach jedem Mal ließ er sie schwören, niemandem etwas zu verraten, und drohte, sie zu bestrafen, falls sie es doch tue. Er behauptete oft, sie würde »es« ja »herausfordern«; wenn sie sich anders anziehen oder verhalten hätte, wäre »es« nie geschehen. Obwohl ein Teil von ihr schon damals wusste, dass das nicht wahr war, glaubte ihm ein anderer Teil von ihr. »Er glaubt ihm immer noch«, meinte sie. »Als ob da etwas Schlechtes in mir ist, das immer nur darauf wartet, sich zu zeigen.«

Der Ursprung ihrer Ängste war Dana klar, doch diese Klarheit bewahrte sie nicht davor, sich verängstigt, schuldig und ohnmächtig zu fühlen. Als wir uns das nächste Mal sahen, erzählte mir Dana, nach unserer letzten Sitzung sei die alte Angst vor den Drohungen ihres Onkels wieder hochgekommen. Hatte sie ihren Freund hintergangen? Würde sie dafür bestraft werden, dass sie »es« erzählt hatte? Schon hier bei mir in der Praxis zu sitzen, löste in ihr die alte und vertraute Spirale der Angst aus. Sie hörte auf zu reden, ihr Gesicht erstarrte, und ihr Blick heftete sich auf den Boden. Ich sah, dass sie zitterte und ihr Atem flacher wurde. »Verschwinden Sie gerade innerlich?«, fragte ich. Sie nickte, ohne aufzusehen.

Dana litt offenbar gerade unter einer posttraumatischen Belastungsreaktion. Sie schien in die Vergangenheit zurückzufallen, als sie sich gegenüber ihrem Onkel wehrlos und bedroht gefühlt hatte. In diesem Augenblick war sie zu keiner achtsamen Präsenz fähig. Die Angstreaktion war zu stark.

Wenn die Angst so stark ist, braucht die Person meiner Erfahrung nach vor allem das Gefühl, »begleitet zu werden«, wie ich es nenne – das Erleben, dass da ein anderer Mensch ist, der sich ihr mit wohlwollender und annehmender Präsenz zuwendet. Wenn ein Kind verletzt oder verängstigt ist, braucht es oft dringender Mitgefühl und Verständnis, als dass ein Pflaster geholt oder abwiegelnder Trost gespendet wird. Der Kern der Verletzlichkeit besteht in dem Gefühl, in seinem Schmerz allein zu sein; die Verbindung mit einem anderen Menschen besänftigt dementsprechend die Angst und stärkt das Gefühl von Sicherheit. Doch wenn ein Mensch traumatisiert ist, braucht er es auch, die Art und Intensität des Kontaktes steuern zu können, sonst wird der Kontakt leicht mit der traumatisierenden Situation assoziiert.

»Dana«, sagte ich mit leiser Stimme, »möchten Sie, dass ich mich neben Sie setze?« Sie nickte und klopfte auf das Sofakissen neben sich. Als ich neben ihr saß, fragte ich, ob der Abstand zwischen uns so gut für sie sei. »Ja, das ist gut so«, flüsterte sie. »Danke.« Ich lud sie ein, es sich so bequem wie möglich zu machen. Dann schlug ich ihr vor, ihre Aufmerksamkeit darauf zu lenken, wie ihr Körper vom Sofa getragen wurde und wie ihre Füße den Boden berührten. Als sie wieder nickte, ermutigte ich sie, zu spüren, wie es sich anfühlte, dass wir hier zusammensaßen.

Im Laufe der nächsten paar Minuten ließ ich sie immer wieder wissen, dass ich hier bei ihr war, und fragte, ob alles in Ordnung sei. Sie nickte und blieb still, aber allmählich hörte sie auf, zu zittern, und ihr Atem wurde wieder tiefer und regelmäßiger. Als ich das nächste Mal fragte, wie es ihr gehe, wandte sie mir den Kopf zu, schaute mich an und versuchte ein kleines Lächeln. »Ich beruhige mich gerade wieder, Tara. Es ist jetzt besser.« Die Art, wie sie in Kontakt ging – ihr Blick und ihr Lächeln –, zeigten mir, dass sie sich nicht mehr so sehr in ihrer Angst gefangen fühlte.

Ich kehrte zu meinem Stuhl zurück, damit wir über das, was eben geschehen war, reden konnten. »Ich weiß nicht, irgendetwas stimmt nicht mit mir«, begann sie. »Ich sollte das doch alleine hinbekommen, aber wenn ich in diesen Zuständen stecke – es ist mir so peinlich. Ich fühle mich einfach so kaputt.« Dana war klar, dass sie traumatisiert war, und doch betrachtete sie ihre »Zustände«, wie sie sie nannte, als Zeichen von Schwäche und Feigheit. Schlimmer noch, sie sah darin den Beweis dafür, dass sie spirituell leer sei. »Ich habe keine spirituelle Mitte«, meinte sie. »Es ist nur dunkel in mir …, keine Seele.«

Eine der schmerzhaftesten und langwierigsten Nachwirkungen von Trauma sind die Vorwürfe gegen sich selbst. Ich höre oft von Übenden und Klienten, dass sie sich kaputt oder minderwertig fühlen, wie »Ausschuss«. Die Wirkung ihres Traumas ist ihnen zwar rational klar, aber sie empfinden trotzdem Selbstekel und Scham, wenn sie die Kontrolle über ihr Fühlen oder Verhalten verlieren. Sie scheinen die Überzeugung in sich zu tragen, dass wir trotz der schrecklichsten Erfahrungen das Entsetzen verdrängen, unser Katastrophen-Denken zum Schweigen bringen und falschen Zufluchten wie Suchtverhalten oder die Vermeidung von Intimität entsagen sollten. Mit anderen Worten: Wie schlimm die Situation auch sein mag, das Selbst sollte immer die Kontrolle bewahren.

Das kleine Selbst fällt bei diesem »Test« unausweichlich durch. Wenn wir in der Trance des getrennten, traumatisierten Selbst stecken, sind wir in einer Endlosschleife des Leidens gefangen: Unser Gehirn und unser Körper produzieren ständig die Physiologie der Angst und bestärken unser Empfinden von Gefahr und Ohnmacht. Die Heilung des Traumas und der Scham, die das Trauma umgibt, erfordert das Erwachen aus der Trance der Getrenntheit. Dana musste entdecken, dass sie zu Zugehörigkeit

Zuflucht nehmen konnte, selbst wenn die intensiven Gefühle des Traumas hochkamen. Unser enger persönlicher Kontakt während dieser verstörenden Momente in meiner Praxis war ein erster wichtiger Schritt in diese Richtung.

Trauma verstehen

Trauma bedeutet die Erfahrung von äußerstem körperlichem oder emotionalem Stress, der unsere normalen Fähigkeiten, schwierige Situationen zu bewältigen, übersteigt. Wenn wir traumatisiert sind, beherrschen uns ganz primitive Überlebensstrategien. Wir sind von unserer inneren Weisheit und den potenziellen Ressourcen um uns herum abgeschnitten. Unsere ganze Wirklichkeit besteht aus dem Empfinden, isoliert, hilflos und voller Angst zu sein. Dieser tiefe Zustand der Getrenntheit ist das Kernmerkmal von Trauma und in gewissem Maße aller schwierigen Emotionen.

Ich habe mit vielen Menschen gearbeitet, die schmerzhafte Traumata erlebt hatten, die das Trauma jedoch nicht als Ursache ihrer Probleme erkannten. Ihre eigene Geschichte ist ihnen so vertraut, dass sie die Wirkung der Gewalt, der sie ausgesetzt waren, ignorieren. Andere, wie Dana, haben das Trauma erkannt, schämen sich jedoch und meinen, kein Mitgefühl zu verdienen. Manchen hilft, zu wissen, wie weit verbreitet Traumatisierungen sind: Zum Beispiel haben zwischen fünfundsiebzig und einhundert Millionen Amerikaner in ihrer Kindheit sexuelle oder körperliche Misshandlungen erlebt. Die konservative *American Medical Association* schätzt, dass über dreißig Prozent aller verheirateten Frauen – und dreißig Prozent aller Schwangeren – von ihren Partnern geschlagen wurden, häufig auch wiederholt. Weniger anerkannte Quellen von Trauma sind Schwierigkeiten während der Geburt, Operationen oder der plötzliche Verlust eines lieben Menschen. Im Krieg oder bei Naturkatastrophen machen Millionen traumatische Erfahrungen. Wenn die Menschen, mit denen ich arbeite,

anerkennen, dass auch sie Trauma erlitten haben, fangen sie an, sich ihrem Leben mit vertiefter und freundlicherer Aufmerksamkeit zuzuwenden.

Nicht alle Traumata ziehen den chronischen Zustand der posttraumatischen Störung nach sich. Dem Arzt und Autor Peter Levine zufolge folgt dem Trauma eine posttraumatische Störung, wenn die durch das Trauma entstandenen starken biologischen Energien nicht verarbeitet oder bewältigt werden können. Wenn wir bedroht werden, will uns die Angst veranlassen, etwas zu tun – zu kämpfen oder zu fliehen –, um uns vor der Gefahr zu schützen. In traumatischen Situationen gelingt es manchen Menschen, der Gefahr zu entrinnen, zurückzuschlagen, andere zu retten oder starke Verbündete zu finden, die sie in Zukunft schützen werden. Das Gefühl der Bedrohung wird dann gemindert, und die Überlebensenergien können sich abbauen. Wenn es jedoch keine Möglichkeit einer Schutzreaktion gibt, wie bei Dana, als sie wiederholt von ihrem Onkel vergewaltigt wurde, bleibt nur noch, zu erstarren. Die von der Angst hervorgerufenen Energien von Kampf oder Flucht bleiben im Körper stecken, und der Verstand spaltet die extrem schmerzhafte Intensität der Gefühle ab. Diese Dissoziation, die häufig als »Gefühlstaubheit« oder als »Sich-unwirklich-Fühlen« erlebt wird, ist ein Kernelement der posttraumatischen Störung.

Diese erstarrten Erinnerungen an das Trauma können jederzeit wachgerufen werden. Wenn ein ähnliches oder assoziativ damit in Zusammenhang gebrachtes Ereignis auftritt, werden die unverarbeiteten, vorübergehend abgespaltenen Energien des Entsetzens, der Wut, der Hilflosigkeit oder der Ohnmacht wieder hervorgerufen. Dann spüren wir den Stress, fliehen oder kämpfen zu wollen, mit derselben Intensität, als fände es jetzt gerade statt. Bei Dana löste selbst das in meiner Praxis erfolgte »Weitererzählen« dessen, was ihr Freund ihr antat, den abgespaltenen Schrecken der Drohungen ihres Onkels aus, der sie bestrafen würde, wenn sie etwas »erzählte«.

Viele Menschen sind verblüfft, wenn ihnen klar wird, wie viele ihrer Gedanken, Gefühle und Verhaltensmuster darum kreisen, die Intensität ihrer Traumatisierung im Griff zu behalten. Gemeinsam erkunden wir dann, wie oft sie sich bedroht fühlen, wie oft ihre Energien in den Kampf- oder Fluchtmodus gehen und wie diese Energien sich in allerlei Symptomen äußern: Neben Abspaltungen und Flashbacks können auch Panikattacken, Schlafstörungen, Albträume, Depressionen, Zwangsvorstellungen, Wutanfälle, Suchtverhalten und die Unfähigkeit zu sexueller Intimität dazu gehören. Dana litt unter einer lähmenden Angst (»in einer kleinen festen Kugel verschwinden«), doch sie kannte auch Wutausbrüche, Fressattacken, und sie rauchte. Wie alle falschen Zufluchten bieten auch diese eine vorübergehende Erleichterung von dem Schmerz der blanken Angst, doch sie hindern uns daran, die Sicherheit und Liebe echter Heilung zu erfahren. Sie bestätigen uns auch in unserem Empfinden, schwach, unkontrolliert und mangelhaft zu sein.

Menschen mit posttraumatischen Störungen schwanken oft hin und her, sich von jeglichem Körperempfinden abgespalten oder sich ganz von einer Emotion beherrscht zu fühlen. Im Bann ihrer Trance fehlen ihnen die Erdung und andere wesentliche Dimensionen ihres Seins. Manche verlieren auch den Zugang zu wichtigen kognitiven Fähigkeiten, können sich nicht mehr daran erinnern, je mit etwas erfolgreich fertig geworden zu sein, und scheinen blind für die potenziellen Ressourcen, die sie umgeben. Die liebevollen Verbindungen zu ihren Mitmenschen scheinen ihnen verloren. Schließlich verlieren sie jedes Gespür für Präsenz und entfremden sich damit von ihrer spirituellen Quelle. Das war es, was Dana damit meinte, sie habe keine spirituelle Mitte mehr, keine Seele.

Für Dana und andere, die qualvolle Traumata erlitten haben, ist die zentrale Frage: »Was brauche ich, um mich sicher genug zu fühlen, nach Hause zurückzukehren – zu diesem Körper, diesem Leben, dieser Präsenz?«

Zur Liebe Zuflucht nehmen

Bei unserer nächsten Sitzung erzählte mir Dana, das Schlimmste an dem sexuellen Missbrauch sei die Angst gewesen, jemanden um Hilfe zu bitten. »Ich stellte mir immer wieder vor, wie ich es meiner Mutter erzähle«, sagte sie, »und dann hatte ich Albträume, wie mein Onkel davon erfährt und mich dann entführt und erwürgt.«

Dana hatte gemerkt, dass sie sich in unserer letzten Sitzung, als der alte Schrecken in ihr ausgelöst worden war, schneller als sonst davon erholt hatte. »Als Sie sich neben mich aufs Sofa setzten, begann er abzuflauen. Es hatte damit zu tun, dass Sie sich um mich kümmerten, einfach da waren. Ich wusste, ich bin hier sicher, es ist alles okay.« Sie hielt einen Moment inne und stellte dann eine entscheidende Frage: »Aber was kann ich tun, wenn ich damit alleine bin?«

Im Prozess der Heilung gibt es oft eine natürliche Bewegung. Zuerst finden wir in der körperlichen Gegenwart anderer Trost, und dann entdecken wir in uns selbst einen Weg zu Sicherheit und Liebe. Dies ist eine wichtige und sensible Reihenfolge. Das traumatisierte Selbst fühlt sich zerbrechlich an und braucht eine äußere Anbindung. Doch weil die ursprüngliche traumatische Verwundung oft in einer Beziehung geschah, werden Beziehungen mit Gefahr assoziiert. Aus diesem Grunde ist eine liebevoll zugewandte, sichere Beziehung ein wesentlicher Bestandteil für Heilung.

In einer traumatischen Situation verlässt – vielen schamanischen Kulturen zufolge – die Seele den Körper, um sich vor unerträglichem Schmerz zu schützen. In einer Zeremonie der »Seelenrückholung« wird die traumatisierte Person von der ganzen Gemeinschaft liebevoll und sicher gehalten, während ihre Seele eingeladen wird, zurückzukommen. Wir können dieses Modell auch auf viele andere heilsame Beziehungen übertragen, in denen die liebevolle Zuwendung eines Therapeuten, einer Freundin, einer unterstützenden Gruppe oder einer Lehrerin einen sicheren Rahmen bietet, um sich wieder mit einem gewissen Maß an Präsenz sowie körperlichem und psychischem Wohlbefinden zu verbinden.

Doch im Sinne von Danas Frage ermöglicht uns die tiefere Heilung, uns in jeder Situation geliebt und sicher zu fühlen, auch wenn wir alleine sind. Durch Meditation kann unsere äußere Zuflucht – die Gegenwart eines mitfühlenden Mitmenschen – zu einer Brücke werden, die uns zu einer vertrauenswürdigen inneren Zuflucht führt, zu der Liebe und Fürsorge, die uns selbst innewohnen.

Um Ängste abzuwehren, lehrte der Buddha vor über 2500 Jahren seine Anhänger die Meditation der Herzensgüte. Zu Anfang der Regenzeit versammelten sich jedes Jahr Hunderte von Mönchen um den Buddha, um spirituelle Lehren und Anleitungen zu erhalten. Dann suchten sie sich einen geeigneten Platz, um während der drei Monate dauernden Regenzeit intensiv zu üben. Es heißt, in einem Jahr fanden die Mönche einen wunderschönen Hain mit majestätischen Bäumen und einer sauberen, kühlen Quelle – den idealen Ort, um Tag und Nacht zu meditieren. Dieser Wald war jedoch von starken Baumgeistern bewohnt, die sich von den Mönchen gestört fühlten. Die verärgerten Geister erzeugten schreckliche Wahnbilder von Dämonen und Gespenstern, erfüllten den Hain mit entsetzlichem Schreien und Stöhnen und einem bestialischen Gestank. Die Mönche wurden immer blasser, zittriger und unfähiger, sich zu konzentrieren oder innerlich ausgeglichen zu bleiben. Dies ermutigte die Baumgeister, noch dreister zu werden, bis die Mönche schließlich zurück zum Buddha flohen.

Zu ihrer Bestürzung bestand der Buddha jedoch darauf, dass sie zu dem Gespensterwald zurückkehren. Zuvor lehrte er sie jedoch Verse universeller Liebe, die sie rezitieren und über die sie nachsinnen sollten. Diese würden sie über die Angst hinaus zu spiritueller Befreiung führen, versprach er ihnen. Als sich die Mönche wieder dem Hain näherten, versenkten sie sich in diese Meditation und sandten Ströme bedingungsloser Liebe zunächst zu sich selbst und dann nach außen zu allen Wesen überall. Die Herzen der Baumgeister wurden so von gutem Willen durchtränkt, dass sie sich in menschlichen Gestalten materialisierten, die den Mönchen Nahrung und Wasser anboten und sie einluden, zu bleiben. Im weiteren Verlauf des Retreats genossen es die Baumgeister, in der Aura der liebevollen Präsenz der Mönche zu baden, und hielten im Gegenzug den Wald frei von Lärm oder anderen Störungen. Die Geschichte berichtet, dass jeder dieser Mönche den Gipfel spiritueller Verwirklichung erreichte.

Wie die Mönche leiden auch wir, wenn wir Energien der Scham, der Verletztheit, des Ärgers oder der Angst abgespalten haben. Wenn irgendein Teil unseres Innenlebens nicht gesehen, nicht gefühlt, verdrängt oder abgelehnt wird, fühlen wir uns allein und furchtsam. Wie die Baumgeister verfolgen uns diese abgespaltenen Energien und halten uns in Angst und Schrecken, bis wir uns ihnen mit liebevoller Präsenz zuwenden. Der Buddha lehrte, dass es zwei Ausdrucksformen der Liebe gibt, die uns auf natürliche Weise heilen und befreien. Das Pali-Wort für Herzensgüte oder liebende Güte – *Metta* – bedeutet bedingungslose Freundlichkeit, Wärme, Liebe und Fürsorge, und das Pali-Wort für Mitgefühl – *Karuna* – bedeutet, mit jemandem zu fühlen, sich dem Leiden mit aktiver Empathie zuzuwenden. In seiner Weisheit erkannte der Buddha, wie wir durch das Erwecken von Herzensgüte und Mitgefühl die abgespaltenen Verletzungen und Ängste ins Bewusstsein heben und uns so zur Ganzheit unseres Seins befreien.

Inzwischen haben Wissenschaftler untersucht, was passiert, wenn sich jemand in meditativer Versenkung auf diese zwei Ausdrucksformen der Liebe konzentriert. Hochauflösende Gehirnscans zeigen, wie während der Meditation der Herzensgüte und des Mitgefühls der linke frontale Kortex aufleuchtet. Dies ist genau der Teil des Gehirns, der in einer traumatischen Erfahrung deaktiviert wird. Die Aktivität dieses Gehirnteils hängt stark mit subjektiven Empfindungen von Glück, Offenheit und Frieden zusammen.

Wenn ich Herzens-Meditationen lehre, lade ich die Übenden oft ein, sich vorzustellen, von einem geliebten Menschen gehalten zu werden oder sich sanft selbst zu berühren. Wissenschaftliche Untersuchungen haben ergeben, dass schon eine zweiundzwanzig Sekunden lange Umarmung die Ausschüttung von Oxytocin stimuliert. Das Hormon Oxytocin wird mit Gefühlen von Liebe, Verbundenheit und Sicherheit in Zusammenhang gebracht. Doch wir brauchen noch nicht einmal eine körperliche Umarmung, um in diesen Genuss zu kommen: Allein die Vorstellung einer Umarmung oder auch die Berührung durch uns selbst – an der Wange, an der Brust – setzt Oxytocin frei. Ob sie nun mit Visualisierungen, Worten oder Berührung verbunden sind: Meditationen der Liebe können die Aktivität im Gehirn so beeinflussen, dass positive Emotionen entstehen und die traumabezogene Reaktivität gemindert wird.

Deshalb war in der Arbeit mit Dana mein nächstes Ziel, ihr zu helfen, selbstständig Zugang zu Gefühlen der Liebe und Sicherheit zu finden. Sie hatte in meinem Kurs bereits eine traditionelle Form der Herzensgüte-Meditation gelernt. Jetzt wollte ich diese mit ihr zusammen persönlicher gestalten, indem wir gezielt Bilder und Worte einbezogen, die ihr halfen, sich liebevoll gehalten zu fühlen.

»In wessen Gegenwart fühlen Sie sich innerlich warm und sicher?« Danas Augen leuchteten auf. »Das ist einfach. Mit meiner Freundin Marin … und mit meiner jüngeren Schwester Serena. Den beiden vertraue ich voll und ganz. Und bei Ihnen fühle ich mich auch sicher.« Sie sagte das mit etwas schüchterner Stimme, und ich zeigte ihr mit einem Lächeln, dass ich mich geehrt fühlte, dazuzugehören. Ich empfahl ihr, sich ihre drei »Verbündeten«, wie ich sie nenne, hier im Raum um sich herum vorzustellen. Dana schloss die Augen und konzentrierte sich einen Moment. Dann sagte sie leise: »Okay, ich sehe euch alle; Sie sind an meiner Seite und halten meinen Arm, und Marin ist an der anderen und hält meinen anderen Arm. Und meine Schwester ist direkt hinter mir.« – »Wie fühlt sich das an, Dana?« Ohne zu zögern, antwortete sie: »Wie in einer warmen Badewanne!«

»Gut«, sagte ich. »Baden Sie einfach in der Wärme, lassen Sie sich ganz davon durchweichen. Spüren Sie, wie tief diese Wärme gehen kann und wie sich darin die Stellen in Ihnen entspannen, die es am dringendsten nötig haben.« Ich hielt inne und fragte dann: »Wenn Sie so die Wärme der Gegenwart Ihrer Verbündeten aufnehmen, welche Worte würden Sie dann am liebsten hören, um sich daran zu erinnern?«

Dana war ganz still und nickte dann. »Dass ich sicher bin, dass ich geliebt werde – das ist mein Gebet: ›Möge ich sicher sein, möge ich mich geliebt fühlen.‹«

Ich wartete noch eine Weile und sagte dann: »Dana, wenn Sie sich das nächste Mal innerlich zusammenziehen und ängstlich einrollen, können Sie sich uns alle wieder um sich herum vorstellen. Sie können spüren, wie Sie von Wärme umgeben sind, und sich mit diesen Worten, aus Ihrem Gebet, Trost holen. Und dann lassen Sie das Gefühl, sicher und geliebt zu sein, in sich einsinken. *Spüren Sie körperlich das Empfinden, geliebt zu werden.* Sie können das jetzt gerade einmal üben, wenn Sie möchten.«

Dana lehnte sich auf ihrem Stuhl zurück und ihr Atem wurde entspannter und tiefer. Sie drehte ein paarmal den Kopf in allen Richtungen, um ihren Nacken zu entspannen, und wurde dann ganz ruhig. Als sie mich wieder ansah, lächelte sie und ihr Blick war klar. »Das erinnert mich daran, dass es mir *möglich* ist, mich zu entspannen. Es ist, als wäre da ein Netz um mich herum, sodass ich nicht weit fallen kann. Ich fühle mich besser, als ich mich seit langer Zeit gefühlt habe.«

Bevor Dana ging, ermutigte ich sie, jeden Tag zu einem wenig belasteten Zeitpunkt zu üben, ihre »Verbündeten zu rufen«. »Experimentieren Sie damit, was Ihnen hilft, unsere Präsenz, unseren Beistand zu spüren«, riet ich ihr. »Sie können unsere Namen flüstern, unsere Gesichter visualisieren oder spüren, wie wir Sie berühren und stützen – was immer Sie mit diesem Gefühl der Erleichterung verbindet. Erinnern Sie sich dann an Ihr Gebet um Sicherheit und Liebe und lassen Sie sich davon erfüllen.«

Das Bedürfnis nach neuen Ressourcen

Einen Zugang zu positiven Emotionen und vor allem zu einem Gefühl der Fürsorge und relativer Sicherheit zu finden, ist ein zentrales Element der Heilung von Trauma. Neue wissenschaftliche Studien haben dies als den gemeinsamen Nenner aller wirksamen Trauma-Therapien benannt. Um sich von intensiven Emotionen wie Entsetzen oder Scham zu befreien, *muss dieses schmerzhafte Empfinden in einem umfassenderen, reichhaltigeren Kontext wiedererlebt werden.* Damit meine ich, dass zusätzliche Ressourcen wie Liebe, Sicherheit oder Stärke gegeben sein müssen, damit sich das wiederholte Muster des emotionalen Schmerzes transformieren kann.

Dieser Ansatz beruht auch auf einer grundlegenden Erkenntnis der modernen Lerntheorie. Damit neues Lernen stattfinden kann, muss die neue Information an eine bekannte Erfahrung anknüpfen. Für Dana bedeutete es, ihre alten Muster der Angst vor Strafe zu erleben, während jemand – in diesem Fall ich – anwesend war, um ihr in diesem Moment Sicherheit zu geben.

Therapien oder meditative Strategien, die diese Zugewandtheit und Fürsorge nicht bieten, können leicht retraumatisierend wirken, weil die erneute Erfahrung der Angst und Hilflosigkeit ohne neue Ressourcen die Identifikation mit dem gefährdeten, ohnmächtigen Selbst bestätigt. Im Gegensatz dazu befähigt uns die Entwicklung einer inneren Zuflucht, in der wir uns sicher und geliebt fühlen, die Intensität der traumatischen Ängste zu min-

dern. Wenn wir uns durch unsere innerlich erzeugten Worte, Bilder oder unsere eigene Berührung mit einer inneren Zuflucht verbinden können, verändert sich unser biochemischer Zustand. Die Kampf-Flucht-Erstarrung-Reaktivität überwältigt uns nicht mehr, sodass wir zu angemesseneren Reaktionen finden können und unser Geist weiter und empfänglicher werden kann. Es können sich spontan neue Assoziationen, neue innere Ressourcen, neue Bewältigungsmöglichkeiten und neue Erkenntnisse zeigen. Es erwächst uns ein grundlegendes Empfinden des Selbstvertrauens – wir wissen, dass wir alles in uns haben, was wir brauchen, um in unserem Leben gegenwärtig zu sein.

Innere Zuflucht und Geborgenheit entwickeln

Sie können damit beginnen, einen zuverlässigen inneren Zufluchtsort zu entwickeln, indem Sie sich mit etwas verbinden, was Ihnen in der Vergangenheit geholfen hat, sich verbunden und sicherer zu fühlen. *Darüber können Sie am besten nachsinnen, wenn Sie gerade relativ frei von Angst sind.* Wenn Sie sich auf diese bereits existierenden Möglichkeiten der Zuflucht eingeschwungen haben, können Sie diese Geisteszustände kraft Ihrer Aufmerksamkeit zielgerichtet einsetzen.

Wenn ich mit Übenden und Klienten daran arbeite, einen inneren Zufluchtsort der Sicherheit und der Liebe zu entwickeln, stelle ich folgende Fragen:

- Mit wem fühlen Sie sich verbunden und zugehörig? Bei wem haben Sie das Gefühl, es kümmert sich jemand um Sie und Sie werden geliebt? Bei wem fühlen Sie sich vollkommen sicher und geborgen?

Manche Menschen können wie Dana sofort jemanden benennen – einen Verwandten, eine Freundin, einen Heiler oder eine Lehrerin –, in dessen Gegenwart sie sich »zu Hause« fühlen. Andere fühlen sich eher in einer spirituellen Gemeinschaft »zu Hause«, in einer Zwölf-Schritte-Gruppe oder im Freundeskreis. Manche fühlen die stärkste Zugehörigkeit mit einem Verstorbenen, wie Ram Dass mit Maharaji, oder mit einer verehrten oder bewunderten Person, der sie vielleicht nie persönlich begegnet sind, wie dem Dalai Lama, Gandhi oder Mutter Teresa. Einige Leute fühlen sich zu archetypischen Wesen wie dem Buddha, Jesus, Quan Yin (die Bodhisattva des Mitgefühls), Mutter Maria oder einer anderen Facette der göttlichen Mutter hingezogen. Ich kenne auch etliche Menschen, die sich zugehörig und geborgen fühlen, wenn sie an ihre Katze oder ihren Hund denken. In diesem Kontext ist keine Figur spiritueller, erhabener oder reiner als eine andere. Das einzig Wichtige ist hier, eine Quelle für Gefühle der Sicherheit und der Liebe zu finden.

- Wann und wo fühlen Sie sich besonders sicher und geborgen, wo fühlen Sie sich wohl, stark und entspannt?

Manche Menschen finden ihren Schutzraum in der Natur, während sich andere in dem Lärm und der Lebendigkeit der Großstadt wohler und entspannter fühlen. Ihr sicherer Ort kann eine Kirche oder ein Tempel sein, Ihr Büro oder ein volles Fußballstadion. Manche Menschen fühlen sich am wohlsten, wenn sie mit einem Buch ins Bett eingekuschelt sind – andere eher, wenn sie an ihrem Laptop in einem belebten Café arbeiten. Bestimmte Aktivitäten können ein Gefühl der Leichtigkeit und des Flows auslösen, zum Beispiel Tischtennis spielen, einen Schrank ausmisten oder Musik hören. Wenn Sie sich nie wirklich entspannt und sicher fühlen, nehmen Sie einfach eine Situation, in der Sie sich noch am ehesten geborgen fühlen.

Ein Klient von mir genoss es, alleine durch den Wald zu streifen, also riet ich ihm, sich einen Platz im Wald vorzustellen, der ihm besonders gefiel, wo das Sonnenlicht im Wasser eines über die Steine plätschernden Baches glitzerte, und ich bat ihn dann, mir zu sagen, was er sah, roch, hörte und spürte. Wir gingen mehrere Male gemeinsam zu diesem Bach, und während sich seine Aufmerksamkeit auf diese Weise vertiefte, verband sich die Wahrnehmung dieses Ortes für ihn mit einem weichen, fließenden Gefühl in seiner Brust. Wann immer er sich von da an von Niedergeschlagenheit oder Angst überrollt fühlte, erinnerte er sich an diesen heiligen Ort im Wald, legte sich die Hand auf die Brust und atmete in einem Empfinden von Lebendigkeit, Dahinfließen und Unbeschwertheit.

- Welche Ereignisse oder Erfahrungen oder Beziehungen haben Sie besonders Ihre Stärken, Ihren Mut und Ihr Potenzial spüren lassen?

Manchmal tauchen bei dieser Frage Erinnerungen an eine herausragende Erfahrung auf – an ein künstlerisches oder berufliches Werk, einen geleisteten Dienst, eine sportliche Leistung –, die persönlich besonders befriedigend waren. Doch welche Erfahrung es für Sie auch sein mag, wichtig ist hier, zu erkunden, wie sie Ihr Selbstvertrauen gestärkt hat.

Ein Klient von mir erinnerte sich daran, wie er sich an einer Demonstration beteiligte, um gegen die diskriminierende Einstellungspolitik seines Arbeitgebers zu protestieren. Als er sich mit der damals empfundenen Integrität und dem Mut verband, spürte er, wie sich eine starke, helle Schwingung von seinem Herzen her ausbreitete, seine ganze Brust erfüllte und in die Welt um ihn herum strömte. »Da kam etwas sehr Echtes in mir zum Vorschein«, erzählte er.

- Was haben Sie an oder in sich, was Ihnen hilft, auf Ihr Gutsein zu vertrauen?

Wenn wir mitten in einer traumatischen Erfahrung oder Erinnerung stecken oder von starken Emotionen erfüllt sind, kann es uns unmöglich sein, in uns selbst oder in anderen etwas Gutes wahrzunehmen. Doch wenn Körper und Geist weniger erregt sind, kann das Nachsinnen über diese Frage ein wirksamer Zugang zu innerer Zuflucht und Geborgenheit sein. Denken Sie an die Qualitäten, die Sie an sich mögen: Humor, Freundlichkeit, Geduld, Kreativität, Neugier, Treue, Ehrlichkeit, Begeisterungsfähigkeit. Werden Sie sich Ihrer tiefsten Bestrebungen im Leben bewusst: wirklich lieben zu können, die Wahrheit zu erkennen, glücklich zu sein, im Frieden zu leben, anderen zu dienen – und das Gute dieser Herzenssehnsüchte zu erkennen. Spüren Sie das Gute in Ihrer eigenen Essenz, in Ihrer grundlegenden Erfahrung von Lebendigkeit, Gewahrsein und Herzenskraft.

- Wenn Sie gerade voller Angst sind, was möchten Sie dann am dringendsten fühlen?

Viele Leute antworten auf diese Frage, sie wollten einfach, dass die Angst verschwindet. Doch wenn sie ein wenig mehr nachsinnen, fallen ihnen auch positive Geisteszustände ein. Manche wollen sich wie Dana vor allem sicher und geliebt fühlen. Andere sehnen sich nach Wertschätzung. Manche wollen sich friedvoll, geborgen und vertrauensvoll fühlen. Einige möchten vor allem körperlich gehalten oder umarmt werden. Die Worte, die unser Sehnen benennen, und die Bilder, die mit ihm auftauchen, können ein wertvoller Zugang zu innerer Zuflucht und Geborgenheit sein. Ein guter Ausgangspunkt ist, uns selbst gute Wünsche oder Gebete zu widmen, wie: »Möge ich mich sicher und geborgen fühlen.« Wie die klassischen Sätze der Herzensgüte-Meditation oder die Geste der Hand auf dem Herzen helfen uns auch diese Ausdrucksformen der Selbstfürsorge, uns für eine Erfahrung der Zugehörigkeit und Erleichterung zu öffnen.

Manchmal fühlen sich Menschen jedoch so isoliert, so weit von Liebe und Sicherheit entfernt, dass sie zunächst keine inneren Ressourcen finden können, auf denen sich aufbauen ließe. Bonnie kam zu einem Wochenend-Retreat, nachdem eine Biopsie eines verdächtigen Knotens in ihrer Brust gemacht worden war.

Ihr Krebs war seit etlichen Jahren in Remission gewesen, und die Angst, dass er jetzt zurückgekehrt sein könnte, nahm ihr schier den Atem. In einer Kleingruppe sprachen zwei andere Leute von den lebensbedrohlichen Krankheiten, mit denen sie lebten. Als Bonnie an der Reihe war, zu reden, zitterte sie, aber sie war präsent. »Als ich euren Geschichten zuhörte, konnte ich zum ersten Mal seit ein paar Tagen wieder durchatmen. Ich habe gemerkt, dass ich nicht alleine bin.« Wir kamen überein, dass Bonnies Übung für dieses Wochenende einfach nur darin bestehen würde, ihre Angst anzuerkennen, indem sie sich sagte: »Das ist Leiden«, und sich dann daran erinnerte: »Ich bin nicht allein. Andere machen auch solche Erfahrungen.« Bevor sie ging, sagte sie zu mir: »Ich habe diese Worte ständig wiederholt. Es einfach so zu benennen und zu spüren, dass ich zu einer Gemeinschaft gehöre, gibt mir ein bisschen Raum zum Atmen. Ich kann die Angst dann für eine Minute oder so zulassen. Ich mag sie nicht, aber ich kann bei ihr bleiben.« Als Bonnie zu Hause erfuhr, dass der Tumor gutartig war, schickte sie mir eine E-Mail: »Ich weiß jetzt mehr darüber, wie ich wahre Zuflucht und Geborgenheit finden kann«, schrieb sie. »Mein Krebs kann immer noch zurückkommen. Es ist alles unsicher, aber ich weiß jetzt, woran ich mich erinnern muss: ›Ich bin nicht allein.‹«

Der Satz »Neuronen, die zusammen feuern, verkabeln sich« trifft auch hier zu: Wenn wir unser Denken wiederholt auf Gedanken und Erinnerungen lenken, die Gefühle der Liebe (oder Sicherheit oder Stärke) hervorrufen, verändern wir die Struktur unseres Gehirns. Auf physischer und energetischer Ebene erzeugen wir neue neuronale Verbindungen, durch die Heilung stattfinden kann. Die Energie folgt der Aufmerksamkeit.

Als Ram Dass seinen Schlaganfall erlitt, hatte er seinen Guru Maharaji über dreißig Jahre lang verehrt, bei ihm gelernt und zu ihm gebetet. Das Tor liebevoller Präsenz stand bereits weit offen, und in seiner höchsten Bedrängnis konnte er es durchschreiten und Heilung finden. Doch ich habe immer wieder erlebt, wie dieses Tor des Herzens auch Menschen wie Dana zugänglich ist, die sehr wenig Erfahrung mit innerer Arbeit hatten. Die Sehnsucht nach Heilung und die Bereitschaft, zu üben, sind alles, was nötig ist. Wie der Dichter Hafiz schreibt: »Bitte den Freund um Liebe, bitte ihn noch mal …, denn ich habe gelernt, jedes Herz erhält, worum es innigst bittet.«

»Ich vertraue meiner Seele«

Drei Monate lang übte Dana jeden Tag in Ruhe, ihre Verbündeten zu rufen und sich in ihrer Wärme und ihren eigenen Gebeten um Sicherheit und Liebe geborgen zu fühlen. Sie kam regelmäßig zu Sitzungen zu mir, und wir erkundeten gemeinsam, wie ihre neue Fähigkeit, sich zu beruhigen, ihr im Zusammenhang mit RAIN helfen könnte, wenn sie sich ängstlich, gereizt oder ärgerlich fühlte. Doch als sie dann ihre Fähigkeit, aus der Trance des Traumas zu erwachen, wirklich entdeckte, war sie allein und voll von reaktiver Angst.

»Ich lerne, was es bedeutet, wirklich auf mich zu vertrauen«, begann sie zu erzählen. Den Samstag zuvor hatte Danas Freund nach einem Sixpack Bier angefangen, sie zu beschimpfen, und immer wieder versucht, sie zu einer Reaktion zu provozieren: »Dir gefällt nicht, wie ich rede? Versuch doch, mich zum Schweigen zu bringen, du Schlampe, du wirst schon sehen, was passiert!« Dana spürte, wie sich alles in ihr vor Angst zusammenzog, und sie wusste, wenn sie dablieb, würde sie nur noch mehr erstarren und noch angstvoller werden. Als sie zur Tür hinausging, sagte sie ihrem Freund, diesmal sei es wirklich aus zwischen ihnen.

Dann schlugen die Wellen der Angst über ihr zusammen. Sie fürchtete sich, alleine zu Hause zu bleiben, und fragte ihre Freundin Marin, ob sie die Nacht über bei ihr bleiben könne. Marin nahm sie in den Arm, und sie redeten lange über das, was geschehen war. Doch noch lange, nachdem Marin schlafen gegangen war, lag Dana wach auf dem Sofa. »Ich konnte nicht aufhören, mir vorzustellen, wie er versuchen würde, mich zu bestrafen, mich zu verfolgen und dergleichen.« Als eine neue Welle des Entsetzens in ihr hochkroch, merkte Dana, wie sie sich innerlich zusammengekauert hatte und zitterte. »Da erinnerte ich mich an die Situation in Ihrer Praxis, als ich diesen Anfall hatte und wir zusammen auf dem Sofa saßen – und ich wusste, ich muss meine Verbündeten rufen.« Dana setzte sich auf und schlug die Decke um sich. Sie spürte den Halt des Sofas, auf dem sie saß. Und wie ich ihr für solche Situationen geraten hatte, setzte sie die Füße fest auf den Boden und spürte seine Stabilität. »Dann rief ich um Hilfe«, erzählte Dana mit leiser Stimme. »Ich flüsterte Marins Namen, den Namen meiner Schwester und Ihren Namen, Tara. Ich versammelte meine Frauen-Verbündeten um mich herum. Doch mein Herz fühlte sich immer noch an, als würde es gleich vor Angst explodieren.«

Dana beschrieb das Gefühl der Angst – »als würden heiße Glasscherben meine Brust aufreißen« –, aber sie flüsterte weiter die Namen und richtete ihre Aufmerksamkeit auf ihre Füße auf dem Boden. »Mit euch allen um mich herum konnte ich dableiben, während in mir die Hölle los war«, erzählte sie. Sie saß auf dem Sofa, hielt sich selbst in den Armen und stellte sich vor, dass wir sie alle umarmen würden, während ihr Körper unkontrollierbar zitterte und die Angst weiter durch sie hindurchtobte. »Während mein Innerstes auseinanderbrach, fühlte ich weiter, wie ihr alle da wart, mit eurer ganzen Fürsorge – wie ich von einer Präsenz umgeben war, der ich wichtig war. Ich war völlig in Panik, aber ich fühlte mich nicht allein. Ich konnte die Worte ›Möge ich sicher sein, möge ich mich geliebt fühlen‹ in meinem Geist hören.«

Dana bemerkte, wie sich allmählich etwas änderte. »Die Angst war noch da, aber ich war ihr nicht mehr ausgeliefert ... Ich hatte innerlich mehr Spielraum. *Dieser Raum, dieser Zustand des Liebens war größer als mein verängstigtes Selbst.* Und während ich mich weiter beruhigte, erfüllte sich dieser Raum mehr und mehr mit Licht, mit einem warmen, strahlenden Licht. Es war, als sei ich Teil von diesem Licht … Und dann erkannte ich: Meine *Seele* war wieder da! Dieser helle Raum war in mir! Ich fing an zu weinen. Ich weinte um all diese Jahre, die ich verloren gewesen war, die ich ohne dieses Licht gelebt hatte, die ich in einem gebrochenen Selbst verbracht hatte!«

Dana hörte auf zu reden und schwieg eine Weile. Mit wie im Gebet zusammengepressten Händen beugte sie den Kopf nach vorne und ließ die Tränen fließen. Als sie wieder aufsah, war ihre Stimme leise und doch voll. »Tara«, hob sie an, »ich bin traurig, und das ist okay. Da erwächst etwas Neues in mir. Als ich Ihnen sagte, dass ich lerne, mir zu vertrauen, da habe ich gemeint: Ich vertraue diesem fürsorglichen Teil von mir …, diesem Teil, der Liebe zulässt, der liebt: meiner Seele. Da ist Sicherheit. Auch wenn ich mich wahrscheinlich wieder gebrochen fühlen werde, auch wenn ich mich wieder verloren fühlen werde: Ich werde meinen Weg zurückfinden. Dieses Licht, diese Liebe ist Teil von dem, was ich bin.«

Dana und ich saßen noch eine Weile still zusammen, und ich erinnerte mich an ein paar Zeilen aus einem Gedicht von Rashani Réa namens »Das Ungebrochene«:

Da ist eine Gebrochenheit,
aus der das Ungebrochene hervorgeht …
Und eine Zerbrechlichkeit, aus deren Tiefen Stärke steigt.
Da ist ein hohler Raum, zu groß für Worte,
den wir bei jedem Verlust durchmessen,
aus dessen Dunkelheit wir gesegnet ins Sein treten.
Da ist ein Schrei, der tiefer reicht als aller Klang,
mit scharfen Kanten, die ins Herz schneiden,
während wir aufbrechen zu diesem inneren Raum,
der ungebrochen ist und heil …

Gnadenlose Gnade: Werden, wer wir sind

Nach seinem Schlaganfall bezeichnete Ram Dass seinen Weg der Heilung als »gnadenlose Gnade«. Der Schlaganfall hatte ihm wichtige Aspekte seiner Identität geraubt – er war nicht mehr selbstständig, er konnte nicht mehr Auto fahren, Golf spielen oder mit gewohnter Flüssigkeit sprechen. Doch indem er sich seiner Verletzlichkeit und dem Verlust öffnete, wurde er sich des Göttlichen in sich und um sich herum noch viel bewusster.

Jede Wunde, jeder tiefe Verlust kann in gnadenlose Gnade transformiert werden, wenn wir uns dem Schmerz mit liebevoller Gegenwärtigkeit zuwenden. Wir können in der Unmittelbarkeit einer furchterregenden Erfahrung genauso Gnade finden wie in der Bewältigung uralten Traumas. Der Schmerz des Traumas kann uns weismachen wollen, dass unser Geist beschädigt oder zerstört wurde, aber das stimmt nicht. Keine Gewalt der Welt kann die zeitlose und reine Präsenz beschädigen, auf der unser Sein beruht. Wir können vorübergehend von Wellen der Angst oder Scham heimgesucht werden, doch wenn wir uns beharrlich der liebevollen Präsenz anvertrauen, wenn wir uns erlauben, zu *fühlen*, dass wir geliebt werden, wird unser Leben mehr und mehr zum Ausdruck dessen, wer oder was wir sind. Dies ist die Essenz der Gnade – das Heimkehren zu dem, was wir sind.

Dana hatte damit gerechnet, dass das alte Gefühl der Gebrochenheit wieder auftauchen würde, und vertraute darauf, dann fähig zu sein, ihren Weg zurück nach Hause zu finden. Zum Glück schien ihr Freund zu akzeptieren, dass die Beziehung vorbei war, und ließ sie in Ruhe. Einige Monate später rief Dana einen ihrer Klienten, der zur Bewährung entlassen worden war, an, weil er zu einem verabredeten Termin zur Vermeidung von Rückfällen nicht erschienen war. Als sie ihn darauf ansprach, wurde der Mann wütend, fluchte und schimpfte und endete mit: »Leckt mich am Arsch! Ihr seid doch alle gleich, euch ist es komplett egal, was in meinem Leben los ist.« Als er aufgelegt hatte, raste Danas Herz und sie zitterte am ganzen Körper. Sie konnte nicht aufhören, zu denken, dass sie einen Fehler gemacht hatte.

Dana wollte RAIN anwenden, doch zuvor setzte sie sich auf ihren Bürostuhl, stellte die Füße fest auf den Boden und rief ihre Verbündeten zu sich. In wenigen Minuten konnte sie sich der Botschaft des Vertrauens öffnen und sich wieder von dem vertrauten, fürsorglichen Kreis gehalten fühlen. Als sie sich gefestigt genug fühlte, sich ihrem Innenleben achtsam zuzuwenden, vertiefte Dana ihre Aufmerksamkeit. Sie wandte sich mit freundlicher Präsenz der Angst zu, die wie ein Knoten in ihrer Brust saß, und erkannte ihre altbekannte Überzeugung wieder, dass sie in Gefahr sei und bestraft werden könne. Sie sandte die ihr inzwischen vertraut gewordenen fürsorglichen Worte nach innen: »Möge ich mich sicher fühlen, möge ich mich geliebt fühlen.« Je mehr sie sich entspannte und die Empfindungen und Gedanken einfach kommen und gehen lassen konnte, desto verbundener fühlte sie sich mit ihrem wahren Selbst. »Dieser innere Zustand von Wärme und Licht war wieder da …, meine Seele war wieder da. Das große Ich hielt mich warm umfangen.«

Was dann geschah, überraschte Dana. Nachdem sie ihre eigene innere Erfahrung erforscht hatte, begann sie sich zu fragen, wie es wohl dem Mann ergangen war, der so aggressiv und bedrohlich reagiert hatte. Was hatte er gefühlt? Plötzlich spürte sie die Angst hinter seiner Wut und die Demütigung, unter der er litt. Ihre ganze Sicht auf die Situation verlagerte sich. »Als ich mich fragte, was *er* wohl am meisten brauchte, war es mir vollkommen klar«, erzählte sie. »Er brauchte jemanden, der ihm half, sich sicher zu fühlen, der ihm das Gefühl gab, wichtig zu sein.«

Vor der nächsten Begegnung mit diesem Klienten war Dana etwas nervös, aber auch zuversichtlich und offen. Der Mann war zunächst mürrisch und sah ihr nicht in die Augen. Doch als sie ihm Fragen stellte und echte Sorge zeigte, wurde er lebendiger und erzählte ihr, wie hart der Umgang seiner alten Freunde sei und wie schwer es für ihn sei, sauber zu bleiben. Als er sich verabschiedete, meinte er: »Wissen Sie, ich glaube, ich habe mich in Ihnen geirrt – das tut mir leid. Danke, dass Sie in meinem Team sind.«

Je sicherer sich Dana fühlte, mit schwierigen Situationen umgehen zu können, desto freundlicher wurde sie nach ihrem eigenen Empfinden. Das war eine dramatische Veränderung, denn sie hielt sich bis dahin für eher kurz angebunden. »Jetzt kann ich wirklich den Schmerz in ihnen spüren«, meinte sie in Bezug auf ihre Klienten. »Wenn sie wieder zur Flasche greifen und kiffen, wie es dieser Mann wahrscheinlich tat; wenn sie wieder auf die Straße gehen – es ist nicht anders, als wenn ich nach der Zigarette greife oder mich wieder mit dem falschen Mann einlasse. Also frage ich mich jeweils: ›Wie kann ich mich neben ihn setzen und ihm Beistand leisten? Was könnte ihr helfen, ihre Seele wiederzufinden?‹«

Joseph Campbell schrieb: »Das Privileg eines Lebens besteht darin, zu sein, wer du bist.« Wenn wir weniger mit der Angst identifiziert sind, kann die Wahrheit dessen, wer wir sind, durchscheinen. Dann entdecken wir vielleicht wie Dana unser natürliches Mitgefühl und können auch in anderen die Seele, das Licht und das ihnen innewohnende Gutsein erahnen. Unsere Wahrheit kann sich in Kreativität oder Humor zeigen, in Neugier oder Großzügigkeit, in Hingabe oder Liebe. Wie auch immer sie sich zeigt: Der Weg zur Heilung führt uns von einer engen, selbstzentrierten, angstbestimmten Existenz zu einem Leben des Gewahrseins und des Herzens.

Geführte Meditation

Herzensgüte – Liebe annehmen

Die Übungen des Herzens sind für das Erkennen wahrer Zuflucht so wichtig, dass sie in diesem Buch überall zu finden sind.

- Uns selbst Herzensgüte (Metta) zukommen zu lassen, wird in der geführten Meditation von Kapitel 2 vorgestellt (»Herzensgüte – Freundliche Zuwendung zu sich selbst«).
- Das Empfangen liebender Güte von anderen ist das Thema der ersten Meditation, die hier folgt.
- In Zeiten der Angst Mitgefühl (Karuna) in uns zu erwecken, ist das Thema der darauf folgenden zweiten Meditation.
- Mitgefühl als eine Form, uns selbst zu vergeben, wird in der geführten Besinnung »Den Krieg mit sich selbst beenden« in Kapitel 10 beschrieben.
- Bei der geführten Besinnung »Anderen von Herzen vergeben« am Ende von Kapitel 11 geht es darum, anderen zu vergeben.
- Die Übungen, Mitgefühl und Herzensgüte vollständig auch auf andere auszudehnen, finden Sie in Kapitel 12: »Tonglen – Das mitfühlende Herz erwecken« und »Herzensgüte – Hinter die Fassade schauen«.

Angst entsteht aus einem Gefühl der Getrenntheit, und sie löst sich auf, wenn wir uns mit anderen und dem Leben selbst verbunden fühlen. Die folgende Version der Herzensgüte-Meditation kann Ihnen helfen, Ihre Fähigkeit zu stärken, Liebe zu empfangen und auf Zugehörigkeit zu vertrauen.

Setzen Sie sich bequem und ruhig hin und atmen Sie ein paarmal tief durch. Scannen Sie mit einer sanften Aufmerksamkeit Ihren Körper und Ihren Geist und achten Sie darauf, ob sich Angst oder das Gefühl von Verletzlichkeit zeigen. Verbinden Sie sich mit Ihrer Sehnsucht, sich sicher, geschützt und geliebt zu fühlen. Erinnern Sie sich dann an einen Ort – in der Welt oder in Ihrer Imagination –, wo Sie sich zutiefst geborgen fühlen. Das kann ein Platz in der Natur sein, Ihr Schlafzimmer, ein Café oder eine Kathedrale. Nehmen Sie sich einen Moment Zeit, sich diese Situation mit allen Sinnen zu vergegenwärtigen. Nehmen Sie die Formen und Farben, die Gerüche und die Klänge Ihres Heilungsplatzes wahr. Können Sie spüren, wie Sie dort sind, umgeben von der friedvollen, trostreichen, wundervollen Energie dieses Ortes?

Vergegenwärtigen Sie sich jetzt das Gesicht von jemandem, der Ihnen hilft, sich geliebt und sicher zu fühlen. Das kann Ihre Großmutter sein oder ein geliebter Lehrer, Ihr Hund oder ein sehr guter Freund. Es kann eine spirituelle Gestalt sein wie der Buddha, Quan Yin (die Bodhisattva des Mitgefühls) oder Jesus. Wer sich auch zeigt – spüren Sie, wie dieses Wesen Ihre Verletzlichkeit und Ihre Sehnsucht nach einer sicheren Zuflucht spürt. Schauen Sie ihm in die Augen und spüren Sie, wie es Ihnen eine Botschaft der Liebe schickt: »Ich bin hier bei dir ... Ich kümmere mich um dich.« Spüren Sie die physische Gegenwart dieses Wesens und lassen Sie sich ganz von seiner Energie einhüllen und sicher halten. Lassen Sie sich etwas Zeit, diese Liebe und Geborgenheit zu spüren. Wie fühlt es sich an, so umsorgt und gehalten zu werden?

Legen Sie jetzt sanft Ihre Hand auf Ihr Herz oder Ihre Wange und empfangen Sie diese Berührung als eine Botschaft der Fürsorge und des Schutzes dieses Wesens.

Falls Sie in Ihrem Leben gerade vor einer besonders schmerzhaften Situation stehen, versuchen Sie, in Kontakt mit der Angst zu gehen, die damit verbunden ist, und spüren Sie, wie sich diese Angst in Ihrem Körper zeigt. Berühren Sie Ihren Hals, Ihre Brust, Ihren Bauch. Stellen Sie sich dabei vor, wie die Liebe jenes Wesens, welches Sie zu sich gerufen haben, durch Ihre Hand in Ihre verletzlichsten, angstvollsten Körperbereiche fließt. Vielleicht hören Sie auch, wie die Stimme dieses Wesens liebevolle, zuversichtliche Worte spricht. Nehmen Sie sich so viel Zeit, wie Sie möchten, um die Liebe in sich hineinzulassen und sich direkt den Empfindungen und Gefühlen zu öffnen, die sich zeigen. Was macht es mit Ihnen, wenn Sie auf diese

Weise Liebe empfangen? Achten Sie auf Veränderungen in Ihrem Atem, Ihren Schultern, Ihrem Bauch, Ihrem Herzen, Ihrem Verstand und Ihrem Gemüt. Nehmen Sie Anzeichen wahr, dass die Botschaft der Liebe und Zugehörigkeit tief in Ihrem Körper und Geist angekommen ist? Wenn Sie geduldig und freundlich mit sich sind, können Sie so lernen, auch in großer Bedrängnis innerlich Zuflucht und Geborgenheit zu finden.

Weil wir alle in Beziehungen verletzt worden sind, kann es schwierig sein, sich anzuvertrauen und Liebe in sich hineinzulassen. Lassen Sie sich Zeit und erkunden Sie diese Übung mit so viel Selbstmitgefühl wie möglich:

- Wenn Ihnen niemand einfällt, bei dem Sie sich zutiefst geliebt oder sicher fühlen, können Sie eine Person (oder ein Haustier, eine spirituelle Gestalt) wählen, die Ihrem Empfinden nach wirklich fürsorglich, liebevoll und weise ist. Sie können sich auch eine eher formlose Präsenz vorstellen, die Sie einfach als Wärme und Licht empfinden. Mit etwas Übung wird auch das Körperempfinden von lebendiger Liebe wieder erwachen.
- Wenn Sie mit einem Schmerz in Berührung kommen, der damit zu tun hat, dass Sie sich ungeliebt fühlen, können Sie sich vorstellen, wie dieses Wesen oder diese Präsenz sich liebevoll direkt Ihrem Zweifel, Ihrer Verletzung oder Ihrer Angst zuwendet. Öffnen Sie sich dafür, von diesem Wesen eine Botschaft oder eine Erinnerung zu empfangen, die Ihnen hilft, sich zu entspannen und der Gegenwart der Liebe zu vertrauen.
- Verbinden Sie sich mit Ihrer Absicht, Ihr Herz zu erwecken und zu befreien. Dies wird Sie ermutigen, zu experimentieren und Ihren eigenen Weg zu einer sicheren Zuflucht und liebevollen Geborgenheit zu entdecken.

Geführte Meditation

Tonglen – Heilsame Präsenz und Angst

Die folgende Meditation ist eine Version der traditionellen tibetischen Mitgefühlspraxis des *Tonglen*. Tonglen zu üben, ist besonders hilfreich, wenn Sie merken, dass Sie die Angst gepackt hat. Wenn Sie jedoch traumatisiert sind oder sich überwältigt fühlen, ist es sicherer, mit der Herzensgüte-Meditation zu beginnen oder Tonglen mit der Unterstützung eines Therapeuten oder Heilers zu erkunden.

Finden Sie einen angenehmen Platz zum Sitzen, an dem Sie sich körperlich so sicher und geschützt wie möglich fühlen. Schließen Sie die Augen und scannen Sie sanft Ihren Körper. Entspannen Sie Ihre Augenbrauen und Ihren Kiefer, lassen Sie die Schultern sinken und Ihre Hände weich werden.

Lenken Sie Ihre Aufmerksamkeit auf den natürlichen Rhythmus und die Empfindungen Ihres Atems. Mit dem Hereinströmen des Atems lassen Sie alle Ihre Zellen diese Lebensenergie aufnehmen. Entspannen Sie sich mit jedem Einatmen in eine große Empfänglichkeit hinein, wie ein Ballon, der sich sanft vergrößert. Lassen Sie alle Widerstände und Anspannungen weich werden und achten Sie auf die unmittelbaren Empfindungen des Atems.

Seien Sie beim Ausatmen bei der Erfahrung des Loslassens, lassen Sie das Innere in den Raum um Sie herum fließen. Stellen Sie sich vor, Ihr gesamter Körper und Geist könnten mit dem Atem nach außen strömen und sich mit der unendlichen Weite des Raums vermischen.

Meditieren Sie eine Weile in diesem Rhythmus des Empfangens – berührt werden beim Einatmen – und des Loslassens – Offenheit spüren mit dem Ausatmen.

Wenn Sie dazu bereit sind, können Sie sich eine Situation vergegenwär-
tigen, die Angst hervorruft. Fragen Sie sich: »Was ist das Schlimmste an
dieser Situation? Wovor fürchte ich mich eigentlich?« Ihr Nachforschen
wird wahrscheinlich zunächst eine Geschichte auslösen. Wenn Sie jedoch
aufmerksam dem Geschehen in Ihrem Körper folgen, können Sie über die
Geschichte Zugang zu einer tieferen Wahrnehmung Ihrer Gefühle finden.
Achten Sie dabei besonders auf Ihre Kehle, Ihre Brust und den Bauch-
bereich. Entdecken Sie, wie sich die Angst in Ihnen zeigt. Laden Sie die
Angst freundlich ein, sich so groß zu zeigen, wie sie wirklich ist.

Wie fühlt sich die Angst an? Wo spüren Sie sie am stärksten in Ihrem Kör-
per? Verändern sich die damit verbundenen Empfindungen oder wandern
sie? Haben sie eine Form? Eine Farbe? Wie erleben Sie die Angst in Ihrem
Verstand? Fühlt er sich eingeengt an? Rasen Ihre Gedanken oder fühlen
Sie sich verwirrt?

Lassen Sie jetzt beim Einatmen den Atem direkt die Stelle in Ihrem Körper
berühren, an dem Sie am meisten Schmerz und Verletzlichkeit empfinden.
Widmen Sie diesen Empfindungen der Angst Ihre volle Aufmerksamkeit.
Spüren Sie dann beim Ausatmen die Offenheit des Raums, in dem Ihre Er-
fahrung stattfindet. Spüren Sie auch den Raum, der innerhalb der Empfin-
dung der Angst existiert. Lassen Sie Ihre Angst in diesen endlosen inneren
und äußeren Raum hinein los. Stellen Sie sich vor, wie sie in diese Offenheit
hineinschwebt und sich entspannt.

Das heilsame, mit der Angst verbundene Präsentsein lässt sich noch vertie-
fen, indem Sie sanft eine Hand auf Ihr Herz legen. Berühren Sie es mit Zart-
gefühl, als eine Geste des Beistands für die Angst. Bestätigen Sie sich mit
jedem Einatmen Ihre Bereitschaft, mit den Wellen der Angst verbunden zu
sein, so unangenehm und störend sie auch sein mögen. Und geben Sie mit
dem Ausatmen Ihre Angst in die Offenheit des Gewahrseins hinein und
widmen Sie sich ein liebevolles Gebet wie: »Möge ich frei sein von diesem
Leiden«, »Möge ich mich sicher und leicht fühlen«, »Möge ich mich liebevoll
gehalten fühlen«, »Es tut mir leid, ich liebe dich« oder irgendein Gebet,
das Ihnen Erleichterung und Wohlbefinden verschafft. Spüren Sie, wie die
Wärme Ihrer Berührung hilft, das Wohlwollen dieses Gebets zu vermitteln.

Vergegenwärtigen Sie sich nach ein paar Minuten andere Wesen, die Angst erleben: Menschen, die Sie kennen, und die zahllosen Menschen, die Sie nicht kennen. Erinnern Sie sich daran, dass unsere Geschichten sich zwar unterscheiden, unsere menschliche Erfahrung der Angst jedoch dieselbe ist. Beginnen Sie damit, für all jene einzuatmen, die dieses Leiden erleben, und lassen Sie deren Schmerz voll und ganz in Ihr Herz. Mit dem Ausatmen lassen Sie dieses ungeheure Leiden in den grenzenlosen Raum strömen und senden allen Leidenden Offenheit, Frieden, Fürsorge oder die Qualität, die Ihnen am dringlichsten ist. Je mehr sich Ihr Herz der Wahrheit unseres gemeinsamen Leidens öffnet, desto mehr werden Sie zu diesem offenen, heilsamen Raum. Wenn Sie auf diese Weise Ihre Zuwendung und Ihre Gebete anbieten, erfüllt sich Ihr Bewusstsein mit Mitgefühl. Atmen Sie weiterhin Leiden ein und Zuwendung aus, und spüren Sie, wie Ihr weites, liebevolles Herz all die Ängste dieser Welt aufnehmen kann.

Passen Sie Ihre Meditation Ihrem Gemütszustand an:
Falls Sie sich eher verschlossen und gefühlstaub fühlen, kann es hilfreich sein, Ihren Fokus auf das Einatmen und die Körperempfindungen der Angst zu richten. Wenn Ihnen hingegen die Angst »zu viel« erscheint, können Sie das Ausatmen betonen – das Loslassen in die Offenheit und Sicherheit. Richten Sie Ihre Aufmerksamkeit auf die Sätze liebevoller Güte oder spüren Sie Ihre Hand auf Ihrem Herzen. Es kann auch helfen, Ihre Augen zu öffnen oder auf die Geräusche um sich herum zu achten. Im Laufe der Zeit werden Sie eine Balance zwischen dem Berühren der Angst und dem Erinnern von Offenheit und Liebe entwickeln.

Die Rolle des Atems:
Der Atem kann in dieser Übung eine große Unterstützung sein, doch entscheidend ist, zu empfangen oder sich von der Erfahrung berühren zu lassen und dann in das größere Feld der Liebe und des Gewahrseins loszulassen. Wenn Sie der Fokus auf den Atem ablenkt oder einengt, können Sie sich auch einfach auf diese Qualitäten der Präsenz ausrichten.

Die Rolle der Berührung:
Sich selbst zu berühren, kann helfen, die eigene Erfahrung unmittelbarer wahrzunehmen und ein Gefühl der Selbstfürsorge zu erwecken. Experimen-

tieren Sie mit verschiedenen Stellen, an die Sie Ihre Hand legen, mit dem Druck und mit der Dauer, um herauszufinden, was Sie am besten in Ihrer Meditation unterstützt.

Im Laufe des Tages:
Die Angst erwischt uns oft in Situationen, wo wir uns keine »Auszeit« für eine Meditation nehmen können, aber selbst eine Kurzform dieser Übung kann helfen, mit den eigenen Gefühlen Kontakt aufzunehmen und sie zu heilen. So wird die Energie der Angst nicht verdrängt und beginnt nicht im Untergrund zu gären.

Wenn Sie Ihren Atem verwenden, atmen Sie ein und lassen Sie sich von den Empfindungen der Angst berühren; atmen Sie aus und lassen Sie die Angst in den Raum um Sie herum entströmen. Schauen Sie dabei mit Offenheit und liebender Güte auf die Angst. Legen Sie Ihre Hand sanft auf Ihr Herz, wenn es Ihnen guttut. Achten Sie darauf, was passiert, wenn Sie Ihre Aufmerksamkeit ausdehnen, um sich an andere zu erinnern, die sich ebenfalls mit Angst plagen, und für sie atmen.

Wenn die Angst sehr stark ist:
Halten Sie einen Moment inne, sobald Sie Gedanken und Gefühle der Angst bemerken, und atmen Sie ein paarmal tief durch. Versuchen Sie, mit jedem Ausatmen die besonders angespannten Bereiche Ihres Körpers zu entspannen, Ihr Gesicht weich werden zu lassen, Ihre Schultern nach hinten und unten sinken zu lassen und die Spannung in Ihren Armen und Händen zu lösen.

Sagen Sie sich dann im Stillen:
»Dies ist das Leiden der Angst.
Angst gehört zum Leben.
Auch andere Menschen erleben das ...
Ich bin nicht allein damit.
Möge ich freundlich zu mir sein,
möge ich mir das Mitgefühl schenken,
das ich brauche.«

Diese Erinnerungssätze für die Arbeit mit Angst ähneln jenen, die die Autorin und Professorin Kristin Neff für den Umgang mit allen Formen des Leidens empfiehlt. Wiederholen Sie sie einige Male und kehren Sie dann wieder zu Ihrem Tagewerk zurück. Bewahren Sie dabei die innere Haltung, mitfühlend mit sich umzugehen. Diese einfache Übung kann Sie zu einer klaren, herzlichen Gegenwärtigkeit führen und Ihnen helfen, zuversichtlicher durch Ihren Tag zu gehen.

10

Nach Hause kommen
zu sich selbst

Selbstmitgefühl –
Den zweiten Pfeil entfernen

Sobald du erkennst, wie wichtig es ist,
dich selbst zu lieben,
wirst du aufhören, anderen Leiden zuzufügen.

Buddha, Samyutta Nikaya

Ich ärgere mich nie über mich selbst, wenn ich nicht treffe.
Ich ärgere mich über den Schläger,
und wenn er das weiter tut, wechsele ich einfach den Schläger ...
Wie könnte ich mich auch über mich selbst ärgern,
da ich doch weiß, dass es nicht mein Fehler ist,
wenn ich nicht treffe?

Yogi Berra

Der Buddha fragte einst einen Schüler: »Tut es weh, wenn jemand von einem Pfeil getroffen wird?« Der Schüler antwortete: »Ja, das tut es.« Der Buddha fragte daraufhin: »Und tut es noch mehr weh, wenn diese Person von einem zweiten Pfeil getroffen wird?« Der Schüler antwortete wieder: »Ja, das tut es.« Da erklärte der Buddha: »Im Leben haben wir oft keinen Einfluss auf den ersten

Pfeil. Aber der zweite Pfeil besteht aus unserer Reaktion auf den ersten. Bei dem zweiten Pfeil haben wir die Wahl.«

Unsere menschliche Neigung, nach dem Angenehmen zu streben und auf Unangenehmes mit Ärger oder Angst zu reagieren, ist der erste Pfeil. Wir müssen demütig anerkennen, dass bei diesen grundlegenden Energien unsere Willenskraft manchmal an ihre Grenzen stößt. Wir meinen, wir sollten unsere »negativen« Emotionen im Griff haben, doch oft stürmen sie einfach herein und besetzen unsere Psyche. Wir meinen, wir sollten unsere zwanghaften Gedanken und Verhaltensweisen unterlassen können, und doch suchen uns unsere angstvollen Gedankenspiele, unsere Gier nach Dingen oder Aufmerksamkeit im Laufe des Tages immer wieder heim.

Der zweite, schmerzhaftere Pfeil besteht aus unserer Reaktion auf dieses »Versagen«. Manchmal ist unsere Selbstablehnung eher subtil und wir merken gar nicht, wie sie uns sabotiert. Doch häufig ist sie durchaus deutlich – wir hassen uns dafür, wie wir uns verunsichern und verwirren lassen, wie erschöpft und unproduktiv wir sind, wie wir nicht vom Alkohol oder anderen Substanzen lassen können. Statt uns den schwierigen (und manchmal durch Trauma ausgelösten) Emotionen zuzuwenden, die dem ersten Pfeil zugrunde liegen, beschießen wir uns mit dem zweiten Pfeil der Selbstanklage.

Selbstmitgefühl zu entwickeln, ist oft eine der größten Herausforderungen des spirituellen Wegs. Die Menschen kommen mit den verschiedensten Problemen zu mir: Süchte, Familienzwiste, lähmendes Lampenfieber, Prüfungsangst oder Schwierigkeiten mit ihren Kindern. Doch wenn wir anfangen, tiefer zu forschen, entdecken sie, dass ihr tiefster Schmerz oft damit zu tun hat, wie sie zu sich selbst stehen – wie sie sich für ihre Gier, ihren Ärger, ihre Unzulänglichkeiten bei der Arbeit oder in Beziehungen verurteilen.

Wenn wir nicht von der Botschaft des zweiten Pfeils lassen können, der »Ich bin grundlegend verkehrt« meint, werden wir hart und können uns nicht vergeben. Wir mögen versuchen, unsere Schwächen zu überwinden und uns zu bessern, doch es bestätigt uns nur in unserer Überzeugung, zutiefst mangelhaft zu sein. Dieses Kerngefühl der Schlechtigkeit ruft dann die nächste Runde der Aggression, der Abwehr oder der Gelähmtheit auf den Plan, die unser Leiden weiter nährt. Selbstanklagen sind eine schmerzhafte falsche Zuflucht.

Die gute Nachricht lautet, dass wir in Bezug auf den zweiten Pfeil die Wahl haben. Wir können aufhören, uns selbst für unser Fühlen, Denken und Handeln fertigzumachen. Wir können lernen, zu erkennen, wann wir gegen uns selbst Krieg führen, und uns entscheiden, innezuhalten und unsere Aufmerksamkeit zu vertiefen. Wir können uns ermöglichen, durch das Tor der Liebe zu gehen.

Die Sucht nach Selbstbeschuldigung

Sam hasste sich für seinen Ärger. In seinem Büro war er dafür bekannt, ein anspruchsvoller, ungeduldiger, perfektionistischer Chef zu sein. Er hatte null Verständnis für Entschuldigungen und erwartete, dass seine Anweisungen schnell und effektiv ausgeführt wurden. Wenn das nicht geschah, hagelte es Beschuldigungen der Inkompetenz oder Faulheit. Zu Hause war es nicht viel anders. Wenn seine Tochter nach einem Konzert verspätet nach Hause kam, rastete er aus und tobte und schrie so lange, bis sie in ihr Zimmer rannte und die Tür abschloss. Als seiner Frau Jennie bei der Catering-Bestellung für ihre alljährliche Party ein Fehler unterlaufen war, beschimpfte er sie vor dem ganzen Catering-Team.

Vor allem, wenn es um seine Frau und seine Tochter ging, schämte er sich hinterher oft und verachtete sich selbst dafür, so die Kontrolle zu verlieren. Er versuchte, sich zu entschuldigen und es irgendwie wettzumachen. Doch seine Selbstverachtung bereitete den Weg für den nächsten Ausbruch. Wenn ihn etwas provozierte, fühlte er sich reflexhaft »schlecht behandelt« und geriet dann in eine selbstgerechte Wut. Jemand verhinderte, dass geschah, was geschehen sollte; jemand vermasselte alles. Er fühlte sich absichtsvoll sabotiert und gering geschätzt.

Sam wusste, er brauchte einen Weg, um ruhiger zu werden. Als er von einem Kollegen hörte, wie sehr diesem ein MBSR-Programm (Mindfulness-based Stress Reduction, Stressbewältigung durch Achtsamkeit) gegen seine Ängste und Schlaflosigkeit geholfen hatte, sorgte Sam dafür, dass dieses Programm auch in seinem Unternehmen durchgeführt wurde. Durch die Achtsamkeits-Meditation lernte Sam sich von einer ganz neuen Seite kennen. Der Gegensatz zwischen der Zeit, in der er achtsam dasaß und auf seinen Atem, die Geräusche und Empfindungen achtete, und seinem übrigen Leben, in dem er geschäftig umherrannte und in seinen Wutreaktionen gefangen war, verblüffte ihn. Später sagte er darüber: »Es war, als bestünde ich aus zwei völlig verschiedenen Menschen.«

Sam fing an, regelmäßig zu meinen wöchentlichen Meditationen zu kommen. Er hoffte, die Vorträge und geführten Meditationen würden ihm helfen, sich mehr zu entspannen. Nachdem er von der Praxis des achtsamen Innehaltens gehört hatte, versuchte Sam, an verschiedenen Punkten seines Alltags innezuhalten – wenn er sich morgens an seinen Schreibtisch setzte, wenn er das Telefon auflegte, bevor er in eine Besprechung ging –, und nahm sich einen Moment Zeit, um sich mit seinem Atem und seinen Sinneswahrnehmungen zu verbinden. Eines Abends erzählte er mir, wenn er sich daran erinnere, innezuhalten, sei es »wie Magie – eine Chance, zu mir zu kommen.« Doch wenn sein Temperament mit ihm durchging, »bin ich wie ein Verrückter, und alles, was mit Meditation zu tun hat, scheint zu einer anderen Galaxie zu gehören«, sagte er.

Sam blieb jedoch dran und meldete sich nach sechs Monaten, in denen er regelmäßig zu den Meditationsabenden gekommen war, für ein einwöchiges Retreat an. Als wir Mitte der Woche für ein Gespräch zusammenkamen, schritt er zügig ins Zimmer, setzte sich und kam gleich zur Sache: »Durch die Achtsamkeit merke ich, wie sehr ich mich hasse, Tara. Ich verachte mich. Hier bin ich, ein Kerl, der so viel hat – eine interessante Arbeit, keine finanziellen Sorgen, eine tolle Familie –, und ich laufe umher und verhalte mich wie ein gottverdammter Trottel.« Er verschränkte die Arme und lehnte sich heftig zurück gegen die Lehne. »Mit meiner Wut tue ich den Menschen weh … Menschen, die ich liebe.« Nach einer kurzen Pause fuhr er fort: »Es gibt nur eine Sache, die wichtig ist. Ich muss diese gewalttätige Bestie in mir loswerden …, ich hasse diesen Menschen, der ich geworden bin.«

Damit brachte Sam unser menschliches Dilemma auf den Punkt. Hinter den vielfältigen Angriffen unserer Selbstverurteilungen liegt dasselbe Grundgefühl: die Ablehnung des als mangelhaft empfundenen Selbst. Oft halten wir an unseren uns selbst verurteilenden Gedanken so fest, weil wir hoffen, uns dadurch zu verbessern. Wenn ich über Selbstakzeptanz und Selbstvergebung rede, tauchen immer dieselben Fragen auf: »Aber wenn ich mit meinen Fressattacken doch mein Leben zerstöre – ist das nicht falsch?«, »Aber wenn ich doch wirklich jemanden verletze – das ist doch böse, oder?«, »Warum sollte ich mich einfach machen lassen?« Heißt uns selbst zu vergeben, unseren Schatten einfach zu dulden und von jenen Teilen unserer selbst, die am dringendsten entfernt werden sollten, einfach den Blick abzuwenden? Bedeutet das nicht, zu resignieren? Verlieren wir nicht unsere einzige Chance auf Veränderung, wenn wir uns selbst vergeben?

Ich antwortete Sam mit einer Gegenfrage: »Wird die Bestie durch den Hass weniger wütend?« Er schüttelte verneinend den Kopf und gab mit einem Lächeln zu, dass da etwas dran war. In unserem weiteren Gespräch versicherte ich Sam, dass es bei der Selbstvergebung nicht darum gehe, verletzendes Verhalten zu entschuldigen oder irgendeine Art Freibrief auszustellen. Das Ziel ist vielmehr, den Selbsthass loszulassen, der uns das Herz verschließt und unser Denken einengt. Der erste Schritt, uns zu befreien, besteht darin, innezuhalten, wenn wir uns in Selbstvorwürfe verstricken, und unsere Aufmerksamkeit zu vertiefen. Sam erhielt für die nächsten Tage die Aufgabe, die Momente, in denen er sich gegen sich selbst wandte, genauer zu erforschen.

»Es ist wirklich nicht Ihr Fehler«

Zwei Tage später erzählte mir Sam, was er entdeckt hatte. »Alle zweiten Pfeile erschienen wie Nadelstiche, bis ich an Jennie dachte.« Er atmete ein paarmal tief durch, um sich vorzubereiten, mir mehr zu erzählen. »Vor zwei Wochen hatte sie bei der Mammografie einen verdächtigen Befund. Am Dienstag war sie bei der Biopsie, und am Freitag sollten die Ergebnisse da sein. Aber als ich am Freitagabend von der Arbeit nach Hause kam, lag im Flur noch das Päckchen, das sie eigentlich für mich hätte zur Post bringen sollen. In mir stieg Ärger hoch, und ich fing an, herumzubrüllen. Ich hatte das mit den Testergebnissen völlig vergessen.« Er hielt inne, Tränen stiegen ihm in die Augen. »Ihr Gesichtsausdruck …, ich werde ihn nie vergessen. Sie brach zusammen.« Sam begann zu schluchzen. »Tara«, sagte er mit erstickter Stimme, »sie haben es früh entdeckt, ich glaube, es kommt in Ordnung. Aber ihr Herz? Wie konnte ich das nur tun!?«

Sam erzählte mir, jedes Mal, wenn er während der Meditationen an Jennie dachte, musste er den Meditationssaal sofort verlassen. »Ich ging auf mein Zimmer und brach zusammen. Ich weinte und sagte immer und immer wieder: ›Ich kann nicht anders‹, als wollte ich, dass sie mich versteht und mir vergibt. Und plötzlich hörte ich die Stimme meines Vaters, der meine Mutter anflehte, ihm zu vergeben, nachdem er ausgerastet war. Er hatte fünf Weingläser zerbrochen – er hatte sie eines nach dem anderen gegen die Küchenschränke gepfeffert. Ich stand in der Tür – ich war vielleicht elf –, er bemerkte mich überhaupt nicht. Er verlor so oft die Beherrschung ... mir gegenüber, meinem jüngeren Bruder gegenüber, meiner Mutter gegenüber, selbst am Telefon brüllte er herum. Man wusste nie, was als Nächstes kommt.« Sam holte tief Luft und schüttelte den Kopf. »Ich hab's kapiert, Tara. Ich hasste ihn damals. Ich erinnere mich, wie ich ihm in meinem ersten Jahr im College einen Brief schrieb, wie sehr ich ihn dafür verachtete, dass er sich nicht im Griff hatte. Aber er konnte sich einfach nicht beherrschen. Als ob er unter Drogen wäre. Er war seiner Wut völlig ausgeliefert. Und er verachtete sich auch selbst dafür.« Sam schwieg einen Moment und sah zu Boden. »Als mir das klar wurde, wusste ich, dass ich auch nicht anders kann ... Ich denke, ich *müsste* anders sein, aber es kommt einfach so. Ich kann mir nicht helfen.«

Ich ließ die Worte eine Weile im Raum stehen, um seine Erkenntnis zu würdigen. »Sam, was Sie da über sich selbst und über Ihren Vater erkannt haben, ist wahr. Diese unkontrollierbaren Wutausbrüche sind nicht Ihr Fehler.« Ich hielt einen Moment inne und wiederholte mich dann. »*Es ist nicht Ihr Fehler ..., wirklich nicht.*« Sam traten Tränen in die Augen. Ich fuhr fort: »Es ist wichtig, dass Sie das wissen. Sie können dafür Verantwortung übernehmen und anders reagieren lernen – aber das geht nur, wenn Sie erkennen, dass es nicht Ihr Fehler ist.«

Ich habe das schon vielen Menschen gesagt, auch mir selbst, und es hilft, denn unsere innere Weisheit weiß, dass es wahr ist. Wir wären ja gerne besser, wenn wir könnten. Wir wollen uns nicht in schmerzhafte Emotionen verstricken, und wir wollen niemandem Leiden zufügen.

Der Buddha lehrte, dass wir auf den ersten Pfeil – die Dinge in uns selbst, die Schamgefühle und Selbstverachtung auslösen – oft wenig Einfluss haben. Unsere Mängel werden durch unzählige Kräfte geformt und aufrechterhalten. Viele von uns haben eine erbliche Veranlagung zu Angstzuständen, Aggressivität oder Depression. Wir wachsen in Kulturen auf, die von Süchten und Gewalt, Täuschung und Habgier geprägt sind. Unsere Umwelt ist voller Schadstoffe, die auf vielfache und unbekannte Weise auf unser Nervensystem wirken. Unsere Ursprungsfamilien litten oft unter finanziellen Schwierigkeiten, Konflikten, Missverständnissen und über Generationen hinweg weitergegebenen Traumata. Und unsere Art, mit uns selbst und anderen umzugehen, ist auch wesentlich durch das geprägt, wie einst mit uns umgegangen wurde. Im Spannungsfeld all dieser Kräfte entstehen die ersten Pfeile der schmerzhaften Emotionen und zwanghaften Verhaltensweisen.

Wenn wir darauf achten, wie unsere Erfahrungen aus einer komplexen Vielfalt von Ursachen hervorgehen, stehen wir vor einer wichtigen Erkenntnis: *Die überwältigenden Emotionen, die unsere Selbstwahrnehmung formen, sind letztlich unpersönlich.* So wie ein Schneesturm oder eine Dürre es nicht auf einen bestimmten Bauernhof abgesehen hat, so ist auch unser inneres emotionales Wetter nicht persönlich gemeint und wird nicht von diesem einen Körper und Geist gesteuert. Vielmehr entsteht es aus Ursachen, die über unsere individuelle Existenz hinausreichen.

Im Zusammenhang mit dieser Idee der Unpersönlichkeit verweise ich manchmal auf die Bronze-Statue des Buddha, die in unserer Meditationshalle steht. Vor Jahren wollten eine Kollegin und ich den perfekten Buddha für unsere Gemeinschaft finden. Wir sahen uns viele Statuen an und wählten schließlich diese, weil sie uns so wunderbar schlicht und anmutig erschien. Der Buddha wurde auf einen Altar gestellt und ich weiß noch, wie ich mich freute, als die Übenden nach dem Kurs nach vorne kamen, um ihn sich genauer anzusehen. Doch dann bemerkte ich eine kleine Gruppe, die gestikulierten und die Köpfe schieflegten. Ich ging hin und ließ mich von einem von ihnen darauf aufmerksam machen, dass unser Buddha schief sei. Tatsächlich, es war ein nicht ganz perfekt ausgeführtes Werkstück, ein aus der Balance geratener Buddha! Zum Glück hat unsere Gemeinschaft den schiefen Buddha gut angenommen, und die Statue erinnert uns alle immer wieder daran, dass Kräfte auf uns einwirken, auf die wir keinen Einfluss haben. Wir sind unvollkommen, und wir können es nicht ändern.

Selbst eine Ahnung dieser Wahrheit, ein geflüstertes »Es ist nicht mein Fehler« lockert die Identifikation mit den Selbstvorwürfen und lässt uns mitfühlender auf unsere Erfahrung blicken. Wenn wir aufhören, uns für unsere Unvollkommenheit zu verurteilen, können wir uns wieder mit der heilsamen Wärme unseres Buddha-Herzens verbinden. Und das macht den Weg zu Veränderungen frei.

Den zweiten Pfeil loslassen

Sam hatte kapiert, dass er aufhören musste, sich zu beschuldigen und zu verachten, aber er wusste nicht, wo er anfangen sollte oder ob es überhaupt möglich war. »Das Gefühl, schlecht zu sein, ist manchmal so stark. Ich weiß einfach nicht, ob ich mir vergeben kann, was ich meiner Frau angetan habe oder meiner Tochter.«

»Wir können uns in der Regel nicht sofort vergeben«, antwortete ich ihm. »Es ist ein Prozess, der sein eigenes Tempo hat. Erst einmal ist Ihre *Absicht,* mitfühlend und freundlich mit sich umzugehen, das Entscheidende.«

Sam und ich beendeten unser Gespräch mit einer einfachen, geführten Meditation. »Gehen Sie zu der Situation mit Ihrer Frau zurück, zu dem Moment, da Sie zur Tür hereinkommen«, lud ich ihn ein. »Versuchen Sie, sich zu erinnern, was den Ärger hervorgerufen hat.« Er nickte. »Und jetzt lassen Sie den Ärger einfach da sein … Sie erkennen ihn mit Achtsamkeit und lassen ihn zu. Spüren Sie, wo er in Ihrem Körper sitzt, und laden Sie ihn ein, sich im ganzen Umfang zu zeigen, den er hat.« Ich wartete ein wenig, und als ich sah, wie Sams Atem flacher wurde und sein Gesicht sich rötete, fragte ich: »Was ist aus der Sicht des Ärgers so schlimm?« Die Antwort kam wie aus der Pistole geschossen: »Er regt sich auf, weil Jennie nicht getan hat, worum ich sie gebeten hatte.« – »Und was ist das Schlimmste daran?«, fragte ich. Diesmal dauerte es etwas, bis die Antwort kam. »Hmm, hinter dem Ärger steckt das Gefühl, dass ich ihr nicht wichtig bin, dass sie mich nicht respektiert …«, er hielt einen Moment inne, »… sich nicht um mich kümmert. So etwas wie … Geringschätzung. Wenn sie mich achten und mich wichtig nehmen würde, würde sie mir doch helfen wollen.« Er hielt wieder inne und fuhr dann fort: »Da ist auch ein Gefühl der Scham, als ob etwas mit mir nicht stimmt, wenn sie so etwas nicht für mich tun will.«

Ich spiegelte ihm zurück, was er gesagt hatte. »Hinter dem Ärger ist also ein Gefühl, nicht respektiert zu werden; dass es sie nicht kümmert – und das löst *Schamgefühle* aus, als ob es heißt, dass etwas mit Ihnen wirklich nicht stimmt.« Sam nickte langsam, während er sich seiner eigenen Unsicherheit bewusst wurde.

»Gut, nehmen Sie sich jetzt einen Moment Zeit, wie durch die Augen eines Freundes auf sich zu schauen, eines Freundes, dem Sie wirklich wichtig sind und der versteht, wie Sie sich beschämt und gering geschätzt fühlen.« Ich ließ Sam etwas Zeit, sich das zu vergegenwärtigen. »Fangen Sie jetzt an, sich aus dieser Perspektive Worte der Vergebung und des Mitgefühls zu sagen. Das könnte sein: ›Ich vergebe dir‹, oder: ›Vergeben, vergeben‹, oder vielleicht: ›Dein Leiden geht mir zu Herzen.‹ Finden Sie Worte, die Verständnis und Fürsorge vermitteln.«

Sam übte einige Minuten lang in Stille. Als er die Augen wieder öffnete, waren sie klar und hell. »Etwas hat sich geöffnet, und es entstand mehr Raum«, erzählte er. »Als ob mein Herz jenen Teil von mir umarmt, der wütend wird, der verunsichert ist …, und auch meinen Vater.«

Wir saßen noch eine Weile still zusammen und genossen diesen Zustand der Freundlichkeit und Präsenz. Als Sam sich verabschiedete, sagte er: »Ich fühle mich zum ersten Mal zwar schrecklich unvollkommen, aber nicht *schlecht*. Der Ärger ist ein Teil des Ganzen, aber ich bin mehr …« Er sah mich nachdenklich an und klopfte dann auf sein Herz. »Ich glaube, ich öffne mich für die Möglichkeit, dass es hier drinnen doch einen anständigen Menschen gibt.«

Sam und ich arbeiteten noch viele Monate lang miteinander, doch jener Augenblick, da er sich dem Guten in sich selbst geöffnet hatte, war für ihn der Anfang, die Freiheit eines vergebenden Herzens zu erfahren.

Über unsere Fehler hinaussehen

Wenn wir die Wahrheit unseres eigenen Leidens spüren, bricht unser Herz auf, und wir können Selbstmitgefühl und Vergebung erfahren. Sam erlebte dies, als er die Gefühle entdeckte, die seinen Ärger antrieben. Vanessa, eine Gefangene in einem Hochsicherheitsgefängnis, kam durch ein Gedicht damit in Berührung. Sie nahm an einem Meditationskurs teil, den eine Freundin von mir leitete. Vanessa war über 1,80 Meter groß und eine drahtige, starke, überall tätowierte Frau mit hellrot gefärbtem Haar. In ihrer Abteilung war sie dafür bekannt, manche Frauen zu schützen, andere hingegen unablässig zu beleidigen und einzuschüchtern. Während des Meditationskurses saß sie die meiste Zeit einfach still und mit finsterem Blick da, während andere an den Diskussionen teilnahmen. Aber sie verpasste in den acht Wochen kein einziges Treffen. In der abschließenden Runde des Kurses bat meine Freundin um Rückmeldungen. Nachdem sich einige zu Wort gemeldet hatten, sprach sie auch Vanessa an. »Na ja«, meinte diese etwas unsicher, »ich konnte einige dieser buddhistischen Worte nicht verstehen.« Sie schaute sich rasch um, es wirkte fast schüchtern. »Was war das noch, dieses … buddhisat …?« Die Kursleiterin fragte: »Meinen Sie ›Bodhisattva‹ – ein erwachtes Wesen voller Mitgefühl?« – »Ja, genau«, sagte Vanessa, »das gefiel mir. Und dieses Gedicht über den Piraten.« Der Pirat war in einem Gedicht von Thich Nhat Hanh aufgetaucht, das meine Freundin zu einem der Kurstermine vorgelesen hatte:

> Ich bin das zwölfjährige Mädchen,
> Flüchtling in einem kleinen Boot,
> das von Piraten vergewaltigt wurde
> und nur noch den Tod im Ozean sucht.
> Und ich bin auch der Pirat,
> mein Herz ist noch nicht fähig,
> zu erkennen und zu lieben.

»Da musste ich nachdenken. Das hat mir was gesagt«, fuhr Vanessa fort. Und dann sprach sie so leise, dass sich alle bemühen mussten, sie noch zu verstehen. »Ich dachte immer, ich sei schlecht, ich sei das Problem, ich würde anderen Leid bringen. Jetzt weiß ich, *dass ich auch leide.*« Vanessa hatte Tränen in den Augen, doch kaum jemand sah es, weil alle aus Respekt vor ihren Worten zu Boden sahen.

Meine Freundin lehrte noch weiter in diesem Gefängnis und hörte so, wie sehr sich Vanessa verändert hatte. Sie dominierte nicht mehr alle um sich herum. Sie war zu einem traurigeren, stilleren Menschen geworden, der sich allmählich der Realität seines eigenen Leidens bewusst wurde.

Vanessas Geschichte erinnerte mich an eine Zeile eines afrikanisch-amerikanischen Spirituals, das mich immer bewegt hat: »God looks beyond our fault and sees our need« (»Gott schaut über unsere Fehler hinweg und sieht unsere Bedürfnisse«). Wie wäre es, wenn wir unsere Fehler erkennen und dann über sie hinwegschauen könnten? Wenn wir mit viel Feingefühl die schmerzhaft unerfüllten Bedürfnisse sehen würden, aus denen sich unser Verhalten herausgebildet hat? Für viele von uns ist das ein lebenslanger Prozess, für den wir die aktive Unterstützung durch nahestehende Menschen, Therapeutinnen, spirituelle Lehrer oder Heilerinnen brauchen. Doch dieser Prozess beginnt in dem Augenblick, in dem wir bereit sind, uns selbst mit mitfühlendem Blick zu betrachten.

Das Herz einer Mutter

Marge, eine Frau aus unserer Meditationsgemeinschaft, hatte Schwierigkeiten mit ihrem fünfzehn Jahre alten Sohn. Micky schien sich in einer Abwärtsspirale zu befinden: Er schwänzte den Unterricht, nahm Drogen und war kürzlich der Schule verwiesen worden, weil er auf dem Schulgelände Marihuana geraucht hatte. Marge gab sich selbst die Schuld, schließlich war sie ja die Mutter, aber sie ärgerte sich auch über ihren Sohn. Die Piercings, die sie schrecklich fand, die Lügen, der Geruch von kaltem Zigarettenrauch, die Kopfhörer, mit denen er sich in seine eigene Welt zurückzog – immer wieder fühlte sie sich im Kontakt mit ihm ohnmächtig, wütend und verängstigt. Und je mehr sie versuchte, ihn mit ihrer Kritik zu beeinflussen, indem sie ihm Ausgehverbot erteilte oder ihm andere Grenzen setzte, desto zurückgezogener und abwehrender wurde Micky.

Als sie zu mir in die Beratung kam, erzählte Marge: »Mein Sohn und ich haben seit Monaten kein vernünftiges Gespräch mehr miteinander geführt. Er redet einfach nicht mit mir.« Vor allem aber versuchte sie mir zu erklären, dass das Ganze ihre Schuld sei. Marge war Juristin in einem großen Unternehmen und hatte ihrer Meinung nach zu viel Energie in ihre Karriere gesteckt und sich zu wenig Zeit genommen, eine zugewandte Mutter zu sein. Als Micky in den Kindergarten kam, hatte sie sich von seinem Vater scheiden lassen, und ihr neuer Partner Jan war einige Jahre später eingezogen. Häufig war Jan zu Elternabenden und Fußballspielen erschienen und nicht Marge, und Jan war zu Hause gewesen, wenn Micky aus der Schule kam. In letzter Zeit hatte der Stress noch zugenommen, weil Marge ein neues Ressort zugeteilt worden war, was noch mehr Arbeit bedeutete.

»Ich wünschte, ich wäre mehr für ihn da gewesen«, sagte Marge. »Ich meine, ich liebe ihn doch, ich habe es versucht, aber jetzt erreiche ich ihn überhaupt nicht mehr. Tara, ich habe solche Angst, dass er sein Leben gegen die Wand fährt.« Aus ihrer Stimme sprach Verzweiflung, und als sie aufhörte zu sprechen, lud ich sie ein, ein Weilchen einfach nur still zu sitzen. »Achten Sie darauf, welche Gefühle Sie in sich wahrnehmen, und wenn Sie so weit sind, können Sie sie laut benennen.« Als sie wieder sprach, klang ihre Stimme matt. »Ärger – auf ihn, auf mich, keine Ahnung. Angst – er ruiniert sich sein Leben. Schuld, Scham – so viel Scham, dass ich als Mutter versagt habe.« Als sie die Scham benannte, wurde ihre Stimme noch leiser, fast unhörbar.

»Marge«, sprach ich sie sanft an, »wäre es für Sie in Ordnung, wenn wir uns etwas Zeit nähmen, die Scham näher zu erkunden?« Sie nickte. »Sie können damit anfangen, indem Sie sie da sein lassen und spüren, wo Sie sie am stärksten in Ihrem Körper wahrnehmen.« Sie nickte nochmals und legte sich wenig später eine Hand auf ihr Herz und die andere auf ihren Bauch. »Gut«, meinte ich. »Lassen Sie die Scham weiter zu und spüren Sie, ob die Scham etwas sagen möchte. Was glaubt sie in Bezug auf Sie und Ihr Leben?« Es dauerte eine Weile, bevor Marge etwas sagte: »Die Scham sagt, dass ich alle enttäusche. Ich bin so mit mir selbst beschäftigt, mit dem, was mir wichtig ist. Das betrifft nicht nur Micky – auch Jan … und Rick (ihr Exmann) … und meine Mutter. Ich bin egoistisch und zu ehrgeizig – ich enttäusche alle, die mir wichtig sind.« Sie ließ sich auf das Sofa zurücksinken.

»Wie lange fühlen Sie sich schon so, dass Sie alle enttäuschen?«, fragte ich. Sie schüttelte den Kopf und sagte: »Solange ich denken kann. Schon als kleines Mädchen. Ich hatte immer das Gefühl, ich enttäusche die Menschen, ich verdiene es nicht, geliebt zu werden. Und jetzt hetze ich umher und versuche, alles zu schaffen, versuche, Wertschätzung zu erhalten – und enttäusche die, die ich am meisten liebe!«

»Nehmen Sie sich einen Moment Zeit, Marge, und lassen Sie das Gefühl, die Menschen zu enttäuschen, keine Liebe zu verdienen, so groß da sein, wie es wirklich ist.« Ich wartete ein wenig, und nach einer Weile sagte sie: »Es ist wie ein wundes, ziehendes Gefühl in meinem Herzen.«

»Spüren Sie jetzt, wie es ist, zu wissen, dass Sie schon als kleines Mädchen – solange Sie denken können – mit diesem wunden Ziehen im Herzen gelebt haben, mit diesem Schmerz, keine Liebe zu verdienen. Spüren Sie, wie sich das auf Ihr Leben ausgewirkt hat.«

Marge wurde sehr still und begann dann leise zu weinen. Sie erlebte das, was ich »Seelentraurigkeit« nenne, jene Traurigkeit, die aufsteigt, wenn wir uns unserer vergänglichen, kostbaren Existenz bewusst werden und uns dem Leiden des verlorenen Lebens stellen. Wir erkennen, wie unsere Selbstablehnung uns davon abgehalten hat, anderen wirklich nahezukommen und Liebe zuzulassen. Wir erkennen, manchmal mit erschütternder Klarheit, wie wir uns von unserer Kreativität und Spontaneität, von unserer vollen Lebendigkeit abgeschnitten haben. Wir erinnern uns an verpasste Momente, in denen es hätte anders sein können, und wir betrauern unser ungelebtes Leben. Diese Trauer kann so schmerzhaft sein, dass wir ihr unbewusst ausweichen wollen. Wenn wir anfangen, damit in Berührung zu kommen, begraben wir sie oft wieder, indem wir in die Scham zurückfallen, in eine Abwertung unseres Leidens und in die Idee, dass wir es irgendwie verdient haben. Wir erzählen uns, dass es andere gibt, die »wirklich leiden«, und wir uns nicht so anstellen und nicht in Selbstmitleid verfallen sollten. *Nur wenn wir direkt und achtsam mit unserem Schmerz in Berührung gehen, zeigt sich unsere ganze Seelentraurigkeit. Sie offenbart sich, wenn wir dranbleiben und voll und ganz* anerkennen, dass dieses Menschenwesen es schwer hat. In solchen Momenten spüren wir, wie natürliches Mitgefühl aufwallt – die Zärtlichkeit unseres eigenen, vergebungsbereiten Herzens.

Als Marges Tränen nachließen, lud ich sie ein, jene Stelle des Kummers zu fragen, wonach sie sich am meisten sehnt. Sie antwortete sofort: »Darauf zu vertrauen, dass ich es wert bin, in meinem Leben Liebe zu erleben.«

Ich schlug ihr vor, wieder eine Hand auf ihr Herz und die andere auf ihren Bauch zu legen, um sich ein Gefühl der Fürsorge zu vermitteln. »Spüren Sie jetzt eine Botschaft, die Ihnen guttut, und senden Sie sie nach innen zu sich selbst. Lassen Sie all die Bereiche in sich, die diese Botschaft brauchen, in dieser Energie baden und sich von ihr trösten.«

Marge saß mit konzentriertem Gesicht sehr still. Nach ein paar Minuten atmete sie tief durch und legte die Hände in ihren Schoß. Ihr Gesichtsausdruck war gelassen und frei von Abwehr. »Das fühlt sich richtig an, Tara«, sagte sie leise, »mich so freundlich meinem eigenen schmerzenden Herzen zuzuwenden.« Marge konnte über ihre Fehler hinaus auf ihre Bedürfnisse schauen. Sie heilte sich selbst mit Mitgefühl.

Als wir uns verabschiedeten, empfahl ich ihr, innezuhalten, wann immer sie Schuld- oder Schamgefühle in sich bemerkte, und sich einen Moment lang in Mitgefühl mit sich selbst zu verbinden. Wenn es die Situation erlaubte, könne sie auch sanft ihr Herz und ihren Bauch berühren und damit ihre Kommunikation mit ihrem Innenleben vertiefen. Ich legte ihr auch ans Herz, die Metta-(Herzensgüte)-Praxis für sich selbst und ihren Sohn zu einem Teil ihrer täglichen Meditation zu machen, für sich selbst und für ihren Sohn. »Sie werden merken, wie das Selbstmitgefühl Ihnen hilft, mehr Liebe zu empfinden und sich mehr geliebt zu fühlen.« In Marges Augen glitzerten Tränen, und ich spürte ihre tiefe Sehnsucht, ihr Herz zu erwecken.

Sechs Wochen später begegnete ich Marge wieder. »Es ist etwas passiert«, erzählte sie mir, »was ich nie für möglich gehalten hätte.« Marge hatte am Ende ihrer täglichen Meditation etwas Metta für sich selbst geübt, indem sie sich an ihre Aufrichtigkeit, ihre Ernsthaftigkeit und ihre Sehnsucht, wirklich zu lieben, erinnerte. Dann wünschte sie sich Gutes, meistens indem sie sich sagte: »Möge ich mich so akzeptieren, wie ich bin. Möge ich mit Herzensgüte erfüllt sein. Möge ich mich in liebender Güte gehalten fühlen.« Nach ein paar Minuten richtete sie ihre Aufmerksamkeit dann auf Micky. »Ich sah, wie seine Augen aufleuchten, wenn ihn etwas begeistert, und wie fröhlich er aussieht, wenn er lacht. Dann sagte ich: ›Mögest du glücklich sein. Mögest du entspannt und unbeschwert sein. Mögest du jetzt meine Liebe spüren.‹ Und mit jedem Satz stellte ich ihn mir vor: glücklich, entspannt, sich geliebt fühlend.«

Etwas veränderte sich zwischen ihnen. Sie ging jeden Samstagmorgen los, um ihm seine Lieblingsbagels zu holen. Er brachte unaufgefordert den Müll raus. Sie sahen sich zusammen ein paar Episoden von »The Wire« im Fernsehen an. Sie lachten zusammen darüber, wie ihr alter Golden Retriever mit dem jungen Nachbarshund herumtollte. »Und vor ein paar Tagen kam er plötzlich in mein Arbeitszimmer«, erzählte Marge, »machte es sich auf dem Sofa bequem und sagte, als sei es das Selbstverständlichste von der Welt: ›Na, wie geht's Mom? Ich wollte nur mal nach dir sehen.‹ Es war nicht gerade ein ausführliches Gespräch«, sagte sie mit einem Lächeln. »Er sprang nach wenigen Momenten auf und meinte, er müsse sich jetzt mit ein paar Kumpels treffen. Aber es fühlt sich entspannter an zwischen uns – die Tür hat sich wieder geöffnet.« Marge schwieg einen Moment nachdenklich und fügte hinzu: »Ich weiß, was passiert ist. Indem ich keine Schuld mehr zuweise – die meistens an mich ging –, habe ich in meinem Herzen Platz geschaffen für uns beide.« Marge sah mich wehmütig an. »Ich wünschte, ich hätte das schon früher erkennen können, aber es ist nicht zu spät.«

Wenn wir Schaden angerichtet haben

Jack Handey, der Komiker von »Saturday Night Live«, schrieb: »Zuerst habe ich gelernt, mir selbst zu vergeben. Und dann sagte ich mir: ›Nur zu, jetzt kannst du tun und lassen, was du willst, ich habe nichts mehr dagegen.‹« Das beschreibt ganz gut, was viele Leute in Bezug auf Selbstvergebung fürchten: Die Büchse der Pandora öffnet sich und lässt all unseren zerstörerischen Instinkten freien Lauf. Es gibt mit Sicherheit verfälschte Formen der Selbstvergebung, die auf Kosten anderer gehen, zum Beispiel wenn jemand die Verletzung, die er verursacht hat, ignoriert oder seine Gier oder seine Aggressionen rechtfertigt. Doch wenn sie auf einer ehrlichen Zuwendung zu unserem eigenen Leiden beruhen, sind Selbstvergebung und Selbstmitgefühl gesund und heilsam.

Wie Marge erlebt hatte, gehen Selbstmitgefühl und ein verantwortungsbewusster, mitfühlender Umgang mit anderen Hand in Hand. Wenn wir uns selbst vergeben, wird der Weg frei für eine liebevolle Präsenz, die das Gute im anderen erkennt und auf seine Verletzungen und Bedürfnisse eingeht. Im Gegenzug wirkt sich unsere mitfühlende Art, mit anderen umzugehen, auch auf unser Selbstbild aus und fördert unsere Selbstvergebung.

In Sams weiterem Prozess wurde das sehr schön deutlich. Einen Monat nach unserem Retreat kam er zu einer Sitzung zu mir. Er erzählte mir, vor wenigen Tagen habe er Karten für ein Konzert im Kennedy-Center gehabt, doch zu dem Zeitpunkt, als sie eigentlich losfahren wollten, war seine Frau noch nicht einmal nach Hause gekommen. Keine Nachricht, und per Handy war sie auch nicht erreichbar. Als sie zehn Minuten später zur Tür hereinstürzte, war Sam, wie er sagte, im »Madman-Modus«. »Sie entschuldigte sich, ihr Akku sei leer gewesen, und der Verkehr … Aber ich wollte sie trotzdem niedermachen. Sie wusste doch schließlich, dass mir Pünktlichkeit wichtig ist. Wenn ich ihr wichtig wäre, hätte sie es doch so eingerichtet, dass sie rechtzeitig zu Hause gewesen wäre!«

Doch Sam hatte sich gezwungen, nichts zu sagen. Ein Teil von ihm wollte sie verletzen, aber tief in sich wusste er, dass es einen anderen Weg gab. Während sie zusammen in die Stadt fuhren, beobachtete er seine Wut und was dahintersteckte: sein Gefühl, missachtet zu werden, weil seine Bedürfnisse nicht wichtig genommen würden. »Als ich zu mir sagte: ›Vergeben, vergeben‹, verwandelten sich die Gefühle erst in Ohnmacht – ich konnte sie nicht kontrollieren, ich konnte mich nicht kontrollieren – und dann in Scham. Ich versuchte, alles, was in mir aufstieg, freundlich und mit Vergebung zu betrachten. Als sei es wie das Wetter – es passiert einfach.«

Während des Konzertes schaute Sam irgendwann zu seiner Frau hinüber und sah, wie hingerissen, offen und schön sie war. Der Sturm hatte sich verzogen. Als sie später an jenem Abend zu Hause waren, kuschelte sie sich im Bett an ihn. »Ich weiß, wie sehr du dich bemühst«, flüsterte sie. »Ich hatte immer solche Angst vor deinen Ausbrüchen, aber schon allein zu wissen, dass du dir ihrer *bewusst* bist, gibt mir mehr Sicherheit.« Jennies verständnisvolle Worte waren für Sam wie Balsam für sein Herz. »Ich werde es wieder vermasseln«, meinte er, »aber sie vertraut mir mehr, und ich fange an, mir selbst zu vertrauen. Ich lerne, zwischen mir und meiner Wut einen gewissen Abstand entstehen zu lassen; ich lerne, eine Beziehung zu ihr zu haben …, und dann habe ich eine Wahl.«

Der Drang nach Wiedergutmachung

Das Leiden, welches wir anderen zugefügt haben, hat sich uns tief eingeprägt. Diese Einprägungen zeigen sich manchmal in Scham, Schuld oder Reue, durch die unser empfindsames Herz unsere Aufmerksamkeit erregen möchte. Der buddhistischen Lehre zufolge kann diese Empfindsamkeit intelligent und gesund sein – sie leistet einen wichtigen Beitrag zum Erwecken und

Befreien unseres Herzens. Im Gegensatz zu unserer Gewohnheit, uns selbst fertigzumachen, weist uns eine gesunde Scham darauf hin, dass wir unsere tiefsten Werte aus dem Blick verloren haben. Sie macht uns auf unser zusammengezogenes, reduziertes Selbstbild aufmerksam und kann uns anregen, uns wieder mit unserem Herzen zu verbinden. Auf ähnliche Weise machen Schuldgefühle uns auf unsere ungeschickten Verhaltensweisen aufmerksam und veranlassen uns vielleicht, unsere Fehler zuzugeben und so weit wie möglich wiedergutzumachen.

Selbstvergebung ist oft kaum möglich und auf jeden Fall unvollständig, solange wir nicht irgendetwas unternommen haben, um es den Geschädigten gegenüber auszugleichen. Wiedergutmachung hat nichts damit zu tun, einem äußerlichen moralischen Standard zu entsprechen. Sie ist vielmehr ein Ausdruck unserer Zugehörigkeit zur Welt und zu unserem Herzen. Der Drang nach Wiedergutmachung zeigt sich zum Beispiel darin, dass wir den Mut haben, uns der Realität unserer Wirkung auf andere zu stellen. Er zeigt sich, wenn sich unser Herz danach sehnt, das Leiden der anderen zu lindern, oder wenn es uns – wie bei Sam – zum dringenden Anliegen wird, kein Leid mehr zu verursachen. Selbst wenn jemand nicht mehr lebt oder nicht mehr Teil unseres Lebens ist, können wir die Wahrheit seiner Verletztheit anerkennen und ihm unsere guten Wünsche, Gebete und unser Bedauern anbieten. Wenn wir für unser Tun und Lassen bewusst die Verantwortung übernehmen, beginnt sich der harte Zugriff der Selbstablehnung zu lockern und wir können zu Verbindung, Frieden und Unbeschwertheit zurückfinden. Diese Art der Heilung ist dem christlichen und jüdischen Prozess der Sühne verwandt. Indem wir für unser Fehlverhalten sühnen, wird Versöhnung möglich – mit Gott, mit dem verletzten Mitmenschen, mit unserem eigenen Herzen und Sein.

Ein wunderschönes Beispiel für diesen Heilungsprozess habe ich in dem Buch *Offerings at the Wall* gefunden, in dem eine Auswahl der über 90.000 Briefe und Erinnerungsstücke dargestellt wird, die Veteranen und ihre Angehörigen an der Gedenkstätte für die Vietnam-Veteranen in Washington D.C. hinterlassen haben. 1989 wurde ein Brief mit einem abgewetzten Foto eines jungen Vietnamesen mit einem kleinen Mädchen hinterlassen. In dem Brief stand:

Werter Herr,
seit zweiundzwanzig Jahren trage ich Ihr Foto in meiner Brieftasche. Ich war erst achtzehn Jahre alt, als wir uns damals auf dem Pfad in Chu Lai in Vietnam gegenüberstanden. Ich werde nie erfahren, warum Sie mich damals nicht getötet haben … Bitte vergeben Sie mir, dass ich Ihnen das Leben nahm, ich habe nur so reagiert, wie man mich ausgebildet hatte … Im Laufe der Jahre habe ich mir unzählige Male das Bild von Ihnen und Ihrer Tochter angeschaut. Die Schuldgefühle schienen mir jedes Mal Herz und Bauch zu verbrennen. Heute habe ich selbst zwei Töchter. Ich sehe Sie als einen tapferen Soldaten, der seine Heimat verteidigte. Vor allem kann ich heute würdigen, wie wichtig Ihnen das Leben war. Ich glaube, deshalb kann ich heute hier sein. Es ist Zeit für mich, mit meinem Leben fortzufahren und den Schmerz und die Schuld loszulassen. Bitte vergeben Sie mir.

Richard Luttrell, der diesen Brief schrieb, hatte sich davon berühren lassen, was es bedeutet, jemandem das Leben zu nehmen, und wie kostbar das Leben für jeden von uns ist. Indem er den Schmerz dieser Schuld an sich heranließ, indem er immer wieder auf sein eigenes, angstvolles, reaktives Selbst schaute, auf die Person, die zum Töten ausgebildet worden war, hatte sich Richard seiner eigenen menschlichen Zerbrechlichkeit gestellt. Indem er das würdigte und um Vergebung bat, bemühte er sich um Wiedergutmachung und versuchte, sein Herz zu befreien.

Ich habe diese Geschichte oft weitererzählt und dann 2009 erfahren, dass Luttrells Streben nach Vergebung nicht mit diesem ergreifenden Brief geendet hatte. Durch einen anderen Veteranen war das Bild wieder zu ihm zurückgekommen, und als er es erhielt, fasste er einen Entschluss: Er wollte nach Vietnam fahren, die Tochter auf dem Foto wiederfinden und ihr das Bild zurückgeben. Richard reiste nach Vietnam, fand sie und ihren Bruder und stellte sich ihnen durch einen Übersetzer vor. »Sagen Sie ihr, dies ist das Foto, das ich ihrem Vater aus der Brieftasche nahm, als ich ihn erschoss, und jetzt gebe ich es ihr zurück.« Mit brechender Stimme bat er sie um Vergebung. Die junge Frau brach in Tränen aus und fiel Richard weinend in die Arme. Ihr Bruder erklärte ihm später, er und seine Schwester seien davon überzeugt, der Geist ihres Vaters lebe in Richard weiter und er sei an jenem Tag zu ihnen zurückgekehrt.

Der Ausgangspunkt der Heilung liegt für uns alle in der Versöhnung mit unserem eigenen Herzen. Ob wir uns ein großes Fehlverhalten nicht vergeben können oder uns in ständige Selbstabwertungen verwickelt haben – all das ist ein Kampf gegen uns selbst, der uns von unserer eigenen Zärtlichkeit trennt, von unserem eigenen Geist. Wenn wir über unsere Verfehlungen hinaus unsere menschliche Verletzlichkeit erkennen können, befinden wir uns auf dem Weg zur Versöhnung. Unser Selbstmitgefühl wird uns auf natürliche Weise auch anderen gegenüber mitfühlend werden lassen und uns vielleicht wie Richard zu einer Erfahrung von Liebe und Verbundenheit führen, die wir nie für möglich gehalten hätten.

Geführte Besinnung

Selbstvergebungs-Scan

Selbst wenn wir nicht offen gegen uns Krieg führen, verurteilen wir uns doch im Laufe eines Tages oft für all die Punkte, wo wir meinen, nicht gut genug zu sein. Die folgende Übung macht uns unsere Selbstverurteilungen bewusst, damit sie gesehen und losgelassen werden können. Es ist eine sehr reinigende Art, den Tag zu beschließen. Sie können sie im Bett direkt vor dem Einschlafen durchführen.

Nehmen Sie sich einen Augenblick Zeit, um still zu werden und sich zu entspannen. Atmen Sie dann ein paarmal lang und tief durch, um ganz in Ihrem Körper anzukommen.

Fragen Sie sich jetzt: »Gibt es irgendetwas, was zwischen mir und meinem Zuhause-Sein in mir selbst steht?« (Fühlen Sie sich frei, eine Formulierung zu finden, die Ihnen am besten hilft, Ihren Vorwürfen gegen sich selbst auf die Spur zu kommen.) Halten Sie dann inne und schauen Sie, was in Ihrem Körper oder Ihrem Denken auftaucht. Welche Geschichten erzählen Sie sich selbst – Geschichten darüber, wie Sie andere im Stich lassen, schlechte Leistungen zeigen, als Vater, Mutter, Kind, Partner, Freundin, Mensch nicht gut genug sind?

Würdigen Sie alles, was auftaucht, und bieten Sie allem Vergebung an. Sie können sich dabei sanft die Hand aufs Herz legen und flüstern: »Vergeben, vergeben«, oder: »Es ist alles gut.« Erinnern Sie sich an Ihre Absicht, sich nicht aus Ihrem eigenen Herzen zu verstoßen. Forschen Sie dann weiter: Gibt es da noch etwas, was Sie sich vorwerfen? Fahren Sie auf diese Weise fort, bis Sie alle Selbstvorwürfe erkannt haben, die Sie in sich tragen. Beenden Sie die Übung damit, sich selbst ein Gebet oder einen Segen zu widmen, in dem Sie sich inneren Frieden wünschen.

Geführte Besinnung

Den Krieg mit sich selbst beenden

Unser tiefstes Leiden beruht oft auf dem Empfinden, dass etwas, was wir getan haben, oder etwas, was uns zu eigen ist, grundsätzlich verkehrt und inakzeptabel ist. Frieden mit unserer menschlichen Unvollkommenheit zu schließen, ist die Grundlage jeglicher Heilung.

Finden Sie eine bequeme Sitzhaltung und nehmen Sie sich etwas Zeit, sich zu entspannen. Verbinden Sie sich mit Ihrer Absicht, Ihr Herz für Sie selbst zu öffnen. Vergegenwärtigen Sie sich dann einen Aspekt Ihrer selbst, der sich so anfühlt, als könnten Sie ihn sich nicht vergeben. Vielleicht können Sie sich nicht vergeben, so verurteilend und dominant zu sein, oder wie sehr Sie andere verletzt haben. Vielleicht können Sie sich nicht vergeben, wie Sie Ihr Leben durch Ihre Sucht ruinieren, oder Sie fühlen sich von Ihrem mentalen Zwangsverhalten angewidert. Welches Verhalten, welche Emotionen oder welches Denken fühlt sich so falsch oder schlecht an, dass Sie es sich nicht vergeben können? Erlauben Sie sich, die Ablehnung zu spüren, die Sie gegen sich selbst hegen.

Erforschen Sie jetzt tiefer, was diesen inakzeptablen Teil von Ihnen antreibt. Welche Bedürfnisse versuchen Sie mit Ihrer Sucht nach Essen, Nikotin oder Alkohol zu befriedigen, welche Ängste versuchen Sie damit zu beruhigen? Oder verurteilen Sie andere, weil Sie selbst ängstlich und unsicher sind? Haben Sie jemand anderen verletzt, weil Sie sich selbst verletzt fühlten? Oder weil Sie sich mächtig oder sicher fühlen wollten? Schauen Sie auf sich und Ihre Verletzlichkeit, so wie ein zutiefst verständnisvoller, liebevoller Freund, Verwandter oder wie Gott auf Sie schauen würde.

Spüren Sie diese tiefen Ängste und Sehnsüchte in Ihrem Körper, in Ihrem Herzen und in Ihrem Geist. Versuchen Sie, diese tiefe Verletzlichkeit mitfühlend wahrzunehmen, auch wenn Sie das Verhalten nicht mögen, welches daraus entsteht. Legen Sie eine Hand auf Ihr Herz und schicken Sie all den Orten der Angst und der unerfüllten Bedürfnisse, all dem Schmerz, der zu dem geführt hat, was Sie sich nicht vergeben können, eine aufrichtige Botschaft des Selbstmitgefühls. Sie können sich innerlich zuflüstern: »Ich sehe, wie ich mir Leiden verursacht habe, und ich vergebe mir jetzt.« Oder Sie sagen sich einfach: »Vergeben, vergeben.«

Begegnen Sie allem, was sich zeigt – Angst oder Verurteilungen, Scham oder Kummer –, mit der Botschaft der Vergebung. Auch eventuellem Widerstand gegen das Vergeben können Sie mit »Vergeben, vergeben« begegnen. Sie können jemanden, den Sie als zutiefst liebevoll und verständnisvoll empfinden, innerlich um Beistand bitten und spüren, wie das Mitgefühl dieser Person zu Ihnen hinfließt und Sie unterstützt. Entdecken Sie, was passiert, wenn Sie jenen Teilen von sich, die verwundet wurden und verletzlich sind, mit einem bedingungslos vergebenden Herzen begegnen.

Wenn Sie sich unfähig fühlen, sich selbst zu vergeben: Vielleicht meinen Sie, Sie verdienten keine Vergebung, oder Sie fürchten, es wieder zu tun, wenn Sie sich vergeben würden. Vielleicht fürchten Sie, wenn Sie sich wirklich der Vergebung öffnen würden, müssten Sie sich irgendeiner unerträglichen Wahrheit stellen. Falls derartige Ängste oder Zweifel in Ihnen auftauchen, können Sie auch diese würdigen und mitfühlend annehmen und sich sagen: »Ich habe die Absicht, mir zu vergeben, wenn ich dazu fähig bin.« Ihre Absicht, zu vergeben, ist der Samen der Vergebung. Ihre Bereitschaft wird Ihr Herz allmählich entspannen und öffnen.

11

Der Mut, zu vergeben

Wer frei ist von ärgerlichen Gedanken,
wird sicher Frieden finden.

Buddha

Sei Erde.
Brich auf, damit wilde Blumen blühen können, wo du bist.
Du bist zu viele Jahre lang steinig gewesen.
Versuche es einmal anders.
Gib dich hin.

Rumi

Unser über vierzig Kilo schwerer Pudel Hakuna war ein echtes Alphatier und hasste die Akitas in unserer ehemaligen Nachbarschaft. Wenn ich in der Nähe spazieren ging und der Nachbar auch seine Hunde ausführte, musste ich die Leine um einen Baum wickeln, um ihn zu halten, während er wütend zerrte und bellte und sie anzuspringen versuchte. Doch sobald sie vorbei waren, kehrte er unbekümmert zu seinem fröhlichen Trab durch den Wald zurück. Er grollte nicht über »diese verdammten Akitas, die wohl glauben, sie seien hier die Herren im Viertel, mit ihren dämlichen Ringelschwänzen und ihrem ausgefallenen Fell …; das nächste Mal werde ich es ihnen aber zeigen!« Nein, er schnüffelte zufrieden und genoss den Tag.

Wenn Tiere wie Hakuna wütend werden, stellen Sie die Nacken-haare auf, fletschen die Zähne, machen einen großen Satz und beißen. Wenn die Begegnung vorbei ist, gehen Sie wieder in ihren gewohnten, relativ entspannten Zustand über. Wir Menschen sind da anders. Immer wieder spielen wir innerlich vergangene Ärgernisse durch und stellen uns vor, wie uns andere in Zukunft verletzen, gering schätzen oder übervorteilen könnten. Dadurch zirkulieren die Hormone des Ärgers oder der Angst unablässig durch unseren Körper, und die damit verbundenen Gedanken der Vorwürfe und der Rache wirbeln immer wieder durch unseren Kopf. Dann panzern wir unser Herz, verengen unseren Blick, ver-schanzen uns hinter einer kriegerischen Haltung und sind nicht mehr frei, wie Hakuna den Tag zu genießen.

Ärger steigt auf, wenn uns etwas oder jemand daran hindert, uns unsere Wünsche und Bedürfnisse zu erfüllen. Wenn uns auf der Autobahn ein anderer Wagen schneidet, wird Adrenalin in unsere Adern gepumpt; unser Puls geht schneller und der Blutdruck steigt. Auf nicht-physische Bedrohungen reagieren wir genauso. Wenn wir feststellen, dass uns unsere Partnerin angelogen hat oder uns unser Boss feuern will, geht unser Körper in den Kampf-Flucht-Erstarrungs-Modus – eine instinktive, unmittelbare phy-siologische Reaktion auf eine wahrgenommene Bedrohung. Um die Kontrolle über die Situation zurückzugewinnen, drängt uns der »Kampf-Modus« dazu, zurückzuschlagen oder dem, was uns Schwierigkeiten bereitet, irgendwie zu schaden.

Wie alle Emotionen ist auch Ärger ein wichtiger und intelligen-ter Teil unserer Überlebensausstattung. Wir brauchen Ärger, um angemessen zu reagieren, wenn unsere Grenzen überschritten werden. Ärger zeigt uns auch, dass etwas ungerecht ist oder unser Wohlbefinden oder das Wohlbefinden anderer bedroht ist. Es ist wichtig, dass wir auf unseren Ärger achten. Wir können uns jedoch auch gut um unseren Ärger kümmern, ohne ewige Geschichten der Anklagen und des Grolls fortzuspinnen. Ärger kann einfach auftauchen und sich wieder verflüchtigen, doch wenn wir nicht achtsam sind, kann er zur Angewohnheit werden. Dann lauert er ständig im Hintergrund und kann jederzeit aggressive Gedanken und Verhaltensweisen auslösen. Wenn Ärger zur Gewohnheit wird, führt das unweigerlich zu Konflikten mit denen, die wir lieben. Es schadet unserer Gesundheit und unserem Herzen und sorgt dafür, dass wir als Menschheit weiter Krieg führen.

Welchen Wolf füttern Sie?

Nach den Anschlägen des 11. September 2001, als viele Menschen den Ausbruch einer Spirale der Vergeltungsschläge und globaler Gewalt fürchteten, wurde eine wundervolle Legende der Cherokee über das Internet verbreitet:

> Ein alter Großvater spricht mit seinem Enkel über die Ursachen der Gewalt und der Grausamkeit in der Welt. »Im Herzen jedes Menschen kämpfen zwei Wölfe miteinander«, erzählte er dem Jungen. »Der eine ist voller Angst und wütend, der andere ist verständnisvoll und freundlich.« Der Junge schaut seinen Großvater gespannt an und fragt: »Und welcher wird gewinnen?« Der Großvater lächelt und sagt leise: »Der, den ich füttere.«

Es ist leicht, den ängstlichen, wütenden Wolf zu füttern. Besonders wenn wir tief verletzt wurden, kann sich der Weg des Ärgers tief in unser Nervensystem eingegraben haben. Wenn dann die alte Verletzung oder Angst berührt wird, rauscht sofort eine heiße Druckwelle des Ärgers durch unser System. Die damit verbundenen Gefühle und Gedanken fesseln unsere gesamte Aufmerksamkeit, und wir können an nichts anderes denken als an Vergeltung. Noch bevor wir uns irgendwie entscheiden konnten, ist die böse

Erwiderung ausgesprochen, die Tür zugeschlagen, die wütende E-Mail abgesandt und die Verleumdung in die Welt gesetzt.

Doch wir haben die Wahl. Meditationen für Herz und Geist deaktivieren die neuronalen Ärger-Verknüpfungen, die unser gewohntes Verhalten auslösen. Das limbische System reagiert unmittelbar, doch wir können lernen, diese Reaktion mit dem frontalen Kortex zu unterbrechen oder zu dämpfen. Zum frontalen Kortex gehören auch jene Zentren des Gehirns, die mit Mitgefühl zu tun haben.

Achtsamkeit ist die »Erinnerung« daran, innezuhalten und zu erkennen, was jetzt gerade passiert. Wenn wir innegehalten haben, können wir mit Hilfe der höheren Gehirnzentren neue Möglichkeiten erkunden. Wir können uns beruhigen, wir können uns an die Schwierigkeiten und Verletzlichkeit anderer Menschen erinnern, wir können uns unsere eigene Gutheit und Stärke bewusst machen. Unabhängig davon, wie schmerzhaft wir durch die Gewalt und Gefühlsarmut der Welt berührt wurden, können wir unsere Aufmerksamkeit so lenken, dass wir wieder zu unserer natürlichen Klarheit und Gutherzigkeit zurückfinden. Dieses Erwachen gehört zu unserem evolutionären Potenzial: Um unserer inneren Freiheit und des Wohlbefindens der anderen willen können wir bewusst den verständnisvollen, freundlichen Wolf füttern.

Vergebung verstehen

Eines Mittwochabends nach unserem Meditationskurs sprach mich Amy an, die schon lange zu unseren Veranstaltungen kommt und die ich im Laufe der Jahre ganz gut kennengelernt hatte. Sie bat mich um ein kurzes Gespräch. In der Vergangenheit hatte sie mir schon mehrfach schmerzhafte Geschichten aus ihrer Kindheit und Jugend mit ihrer Mutter erzählt, die sie als »manipulativen, narzisstischen Menschen« bezeichnete. Diese Mutter hatte jetzt Brustkrebs im Endstadium. Amy war die einzige ihrer Nachkommen, die in der Nähe wohnte, und so war sie zur Hauptverantwortlichen für das Wohlergehen ihrer Mutter geworden. Plötzlich verbrachte sie also jeden Tag Zeit mit der Person, die sie jahrzehntelang nach Kräften gemieden hatte. »Ich habe immer einen tiefen Groll gegen meine Mutter gehegt«, erzählte sie mir. Nach einer kurzen Pause fügte sie dann mit leiserer Stimme hinzu: »Jetzt finde ich mich schrecklich hartherzig.«

Ich wusste, wie hart Amy daran gearbeitet hatte, ihr Herz zu öffnen. Jahrelang hatte sie in bitterer Entfremdung von ihrem Exmann, in ständigem Streit mit ihrer ältesten Tochter und im Unfrieden mit ihrer Geschäftspartnerin gelebt. Vor einigen Jahren hatte sie bei einem unserer Retreats entdeckt, wie sie sich mit Hilfe von RAIN den Konflikten in ihrem Leben mit klarer, wohlwollender Aufmerksamkeit zuwenden konnte. So war sie allmählich freundlicher und präsenter im Umgang mit sich selbst und toleranter im Umgang mit diesen wichtigen Menschen in ihrem Leben geworden.

Doch an ihrer Feindseligkeit gegenüber ihrer Mutter schien Amys Meditationspraxis bislang wenig geändert zu haben. »Als ich klein war, hat meine Mutter mich immer so behandelt, als wäre ich ihr im Weg oder nur dazu da, ihr zu helfen – eine weitere Marionette in ihrem Leben«, erzählte Amy. »Wenn ich jetzt so viel mit ihr zusammen bin, fürchte ich, dass sie mein erwachsenes Selbst auch noch niedermacht. Obwohl sie so krank ist, fühle ich mich unfähig, meinen Ärger runterzuschlucken und zu versuchen, ihr zu vergeben.«

Wir schützen unsere Wunden, indem wir uns hinter Hass und Vorwürfen verschanzen. Wenn wir uns der darunterliegenden Verletzlichkeit mit voller mitfühlender Gegenwärtigkeit zuwenden, wird Vergebung möglich, und wir können diesen Schutzwall aufgeben. Diese Art der Präsenz löst unsere Identifikation mit den Gedanken und Gefühlen des Ärgers und legt die natürliche Offenheit, Wärme und Akzeptanz unseres Herzens frei. Dies geschieht jedoch nur selten auf einmal oder unumkehrbar. Wenn wir gegen jemanden Groll hegen oder mit ihm im Zwist liegen, können viele Runden der bewussten Präsenz mit unserem Schmerz oder unserer Angst notwendig sein, bis unser Selbstmitgefühl uns toleranter und verständnisvoller werden lässt. Und wenn unser Kummer gar in tiefem Hass zum Ausdruck kommt oder wenn wir uns wie Amy zutiefst verletzt fühlen, kann uns Vergebung unerreichbar oder unmöglich erscheinen.

Manchmal halten wir Vergebung vielleicht auch für eine schlechte Idee, wenn wir wie Amy fürchten, unseren eigenen Gefühlen untreu zu werden und uns weiteren Verletzungen auszuliefern, wenn wir die Vorwürfe loslassen würden. Wir meinen, wir würden damit das verletzende Verhalten eines anderen dulden und unser Recht auf einen respektvollen Umgang aufgeben. Manche fürchten auch, dann mit dem Gefühl zurückzubleiben, selbst schuld zu sein. Diese Ängste sind verständlich und bedürfen der Aufmerksamkeit, doch sie beruhen auf einem Missverständnis.

Vergebung bedeutet, schuldzuweisende Anklagen loszulassen. Vergebung bedeutet, nicht mehr den angstvollen, wütenden Wolf zu füttern. Vergebung bedeutet *nicht,* unser Unterscheidungsvermögen gering zu schätzen oder uns selbst und andere nicht vor Schaden zu schützen. Für Amy war es wichtig, unangemessene Forderungen ihrer Mutter oder verletzende Bemerkungen als solche zu erkennen. Wir alle müssen wach dafür sein, wo jemand unser Vertrauen missbrauchen, unser Geld veruntreuen, unsere Absichten falsch auslegen oder uns körperlich oder psychisch misshandeln könnte. Und wenn jemand tatsächlich uns selbst oder andere bedroht, müssen wir wirksame Wege finden, unsere Bedenken zu äußern, Grenzen zu setzen und Konsequenzen zu ziehen. Dann lassen wir uns vielleicht scheiden, setzen einem Kind Grenzen, geben einer Freundschaft einen klaren Rahmen, wählen jemanden ab oder setzen uns vehement für sozialen Wandel ein. Wir können der Abwendung von Leiden unser Leben widmen und unser Herz trotzdem frei von schuldzuweisender Anklage halten.

Vergebung bedeutet, niemanden und keinen Anteil von uns selbst aus unserem Herzen zu verstoßen. Das heißt, selbst wenn wir es für gesünder halten, einen Menschen nie wiederzusehen, können wir trotzdem einen Weg finden, ihn ohne Feindseligkeit zu betrachten. Diese Art der Zuflucht zu bedingungsloser Liebe ist herausfordernd und erfordert Mut. Die Entscheidung, den mitfühlenden Wolf zu füttern, bedeutet, den Krieg zu beenden – alle anklagenden Gedanken und strafenden Handlungen zu unterlassen – und sich dem unmittelbaren Schmerz unserer Verletzlichkeit zu öffnen.

Das war der Weg, der vor Amy lag. Statt sich gegen ihre Mutter oder gegen sich selbst zu wenden, ging es für sie darum, sich der Verwundung zuzuwenden, aus der sich ihr Ärger nährte. Dazu brauchte sie tiefes Selbstmitgefühl.

Sich mit RAIN Ärger zuwenden

Amy und ich vereinbarten, in Einzelsitzungen zu erkunden, wie sie in der Beziehung zu ihrer Mutter mehr Freiheit finden könnte. Bei unserem ersten Treffen sprach sie über ihre Kindheit. In dem engen Kontakt, den sie jetzt zu ihrer Mutter hatte, tauchten frühe Erinnerungen wieder auf. Besonders berührte sie eine Szene, als sie etwa drei Jahre alt war. Ihre Mutter schrie von oben, dass Amy in die Wanne gehen solle, die sie ihr vorbereitet hatte. Doch als Amy ins Badezimmer kam, erwartete sie dort eine Wanne mit nur ein paar Zentimetern lauwarmem Wasser darin. Sie erinnerte sich lebhaft daran, wie sie in ihrem drei Jahre alten Kopf gedacht hatte: »Das ist alles, was ich kriege. Niemand kümmert sich um mich.« Und das stimmte ziemlich.

Ihre Mutter war immer mehr mit ihren eigenen Dramen beschäftigt gewesen, mit ihren Auseinandersetzungen mit ihren Freundinnen, ihrem Kampf gegen ihr Übergewicht und ihrem Ärger über ihren Mann, weil er sie nicht gut genug versorgte. Für die körperlichen oder emotionalen Bedürfnisse der kleinen Amy oder ihrer Geschwister blieb da kaum noch Aufmerksamkeit übrig.

Nachdem sie mir das erzählt hatte, sank Amy auf ihrem Stuhl zurück. »Wie soll ich mich jetzt um diese Person kümmern, die nicht eine einzige mütterliche Faser im Leib hat? Wie soll ich jetzt fürsorglich und nett sein? Ich hasse die Art, wie sie Grimassen schneidet, wie sie im überlegenen Ton über andere herzieht, wie sie alles auf sich bezieht!« – Ich empfahl Amy, erst einmal nicht zu versuchen, fürsorglich zu ihrer Mutter zu sein.

Die Leute erzählen mir oft bedeutende Geschichten von Verrat und Verletzung und fragen dann: »Wie kann ich ihr vergeben, dass sie diese Affäre hatte?«, oder: »Wie kann ich ihm vergeben, dass er mich als Kind missbrauchte?« Wenn wir jemandem vergeben, bevor wir wirklich bereit dazu sind, kleistern wir den Ärger oder den Schmerz oft einfach nur zu. Ich rate deshalb zu einem anderen Fokus: »Dies ist nicht der Zeitpunkt für Vergebung, weil sie im Moment gar nicht möglich oder nicht aufrichtig wäre. Jetzt braucht eher der Teil von Ihnen Zuwendung, der verletzt ist, der sich fürchtet. Jetzt geht es darum, sich Ihrem eigenen Herzen mit mitfühlender Präsenz zuzuwenden.« In Amys Fall näherten wir uns dieser Präsenz mit Hilfe von RAIN.

Ich begleitete Amy, indem ich sie fragte, was sie in ihrer Situation am meisten störte. Sie antwortete sofort: »Sie kümmert sich um niemanden außer sich selbst. Sie ist eine egoistische Zicke.« Und sie fuhr fort: »Es macht mich total sauer! Erst hat sie mir die Mutter versagt, und jetzt soll ich hier für sie sorgen.« Ihr Gesicht verhärtete sich, und sie atmete kaum. Ich fragte sie, was sie im Moment am deutlichsten spüre. Nach einer langen Stille sagte sie: »Da ist so viel Wut in mir, dass ich es kaum aushalte.«

RAIN beginnt damit, zu erkennen und zuzulassen, was gerade vor sich geht, aber das ist nicht immer leicht. Als ich Amy fragte:

»Können Sie der Wut erlauben, da zu sein?«, sah sie mich argwöhnisch an. Jahrelang hatte sie versucht, ihre Wut unter Kontrolle zu halten, indem sie sie verdrängte, also genau das Gegenteil von »Zulassen«. Ab und zu überfielen sie allerdings überraschende, heftige Wutausbrüche. Amy sah mich an und schüttelte den Kopf. »Ich fürchte, wenn ich dieser Wut wirklich Raum gäbe, würde sie alle Beziehungen zerstören, die ich habe. Ich habe die Menschen, die ich liebe, schon genug verletzt.«

Wir gehen mit starker Wut in der Regel auf zwei Weisen um. Entweder wir lassen uns von der Erfahrung überwältigen und agieren die emotionale Energie unserer inneren Geschichten aus. Oder wir verdrängen die Wut, indem wir sie als schlecht verurteilen, spalten uns von unserer körperlichen Erfahrung ab und richten unsere Aufmerksamkeit auf etwas anderes. Sam (siehe Kapitel 10) hatte seine Wut hart verurteilt, aber sie lauerte immer unter der Oberfläche und konnte leicht ausgelöst werden. Viele Menschen unterdrücken ihre Wut sehr viel stärker, weil sie fürchten, von ihr überwältigt zu werden und/oder andere damit zu verjagen. Doch wie bei Amy baut sich dann im Hintergrund etwas auf, was irgendwann mit sehr viel größerer Wucht ausbrechen kann.

Wenn Ärger verdrängt wird, kann seine Energie auch auf andere Weise zum Ausdruck kommen. Eine Freundin von mir, die unter einer schweren Depression litt, nahm an einem Theaterworkshop teil, wo ihr die Rolle einer angriffslustigen, wütenden Frau zugeteilt wurde. Über diese Rolle kam sie mit ihrer eigenen Wut gegen Männer in Kontakt, die sie jahrzehntelang verdrängt hatte und die sich in ihrem Gefühl der Ohnmacht und Hoffnungslosigkeit zeigte. Ein Klient mit Reizdarmsyndrom entdeckte, dass seine Magen- und Verdauungsbeschwerden zunahmen, wenn er mit anderen uneinig war. Wenn er seine unterdrückte Wut anerkannte und der Energie erlaubte, da zu sein, entspannte sich sein Darm. Ärger ist eine Überlebensenergie, die alles tut, um unsere Aufmerksamkeit zu erringen.

Das »Zulassen« bei RAIN bedeutet nicht, dass wir uns von Ärger vereinnahmen lassen. Zulassen heißt nicht ausagieren. Zulassen meint vielmehr, die Geschichten der Anklagen und Vorwürfe zu würdigen, ohne ihnen zu glauben, und die Empfindungen des Ärgers auftauchen zu lassen, ohne sie auszuagieren und ohne ihnen Widerstand zu leisten.

Da Amy jedoch erklärt hatte, dass sie sich fürchte, ihren Ärger zuzulassen, begannen wir damit, uns ihrer Angst zuzuwenden. Ich lud sie ein, genauer hinzuspüren. War die Angst bereit, diese Wut da sein zu lassen? Könnte die Angst so weit zur Seite treten, dass sie, Amy, mit der Wut präsent sein könnte? Amy schwieg eine Weile und nickte dann. Der furchtsame Teil war einverstanden, dass Amy »mit der Wut sein« durfte.

Jetzt konnte Amy die emotionale Energie erforschen, die hinter den Anklagen steckte. Dafür musste sie sich jedoch dem Sog ihrer vorwurfsvollen Geschichten entziehen. Sie hatte sich diese Geschichten viele Jahre lang immer und immer wieder erzählt. Wir hatten sie durchgesprochen und als Fenster zu ihrem Schmerz gewürdigt. Aber die Wut existierte tiefer, an einem Ort jenseits der Gedanken. Der nächste Schritt bestand darin, ihre Aufmerksamkeit zu erweitern und zu vertiefen, damit sie mit den Energien in ihrem Körper wirklich in Berührung kommen konnte.

Ich bat Amy, darauf zu achten, was sie in ihrem Körper fühlte. Sie schloss die Augen und hielt einen Moment inne. »In meiner Brust fühlt es sich an wie ein Dampfdruckkessel.« Ich fragte sie, was passieren würde, wenn sie zu diesem Gefühl Ja sagen würde, wenn sie die Hitze und den Druck so intensiv sein lassen würde, wie sie sein wollten. »Tara«, sagte sie kopfschüttelnd, »das wird explodieren …«

Ich ermutigte sie nochmals, ihre Erfahrung genau so zuzulassen, wie sie sich zeigte. Amy war eine Weile ganz still, dann begann sie stockend zu sprechen. »Die Wut ist wie ein Feuersturm … Er breitet sich in alle Richtungen aus. Er lässt die Fenster dieses Raumes bersten.« Sie hielt inne und schaute mich kurz an. »Alles in Ordnung«, sagte ich, »lassen Sie sie so intensiv sein, wie sie ist.« Mit leiser Stimme sprach sie weiter: »Der Feuersturm breitet sich über die ganze Ostküste aus. Er zerstört alle Lebewesen – er tobt über alle Kontinente, Meere, über die ganze Erde.« Sie erzählte weiter, wie die Raserei ihrer Wut sich im Kosmos ausbreitete. Dann wurde sie ganz still. Mit leiser Stimme sagte sie schließlich: »Er verliert an Kraft.« Sie lehnte sich zurück und seufzte erschöpft. »Jetzt ist da nur Leere. Niemand ist übrig in der Welt. Ich bin total allein, einsam.« Mit einem kaum hörbaren Flüstern fügte sie hinzu: »Niemand da, der mich liebt, niemand, den ich liebe.« Sie senkte den Kopf und fing mit den Händen vor ihrem Gesicht an zu weinen. In der Wut hatte Amy eine Leere gefunden, einen Zustand, in dem es keine Liebe gab. Jetzt zeigte sich Kummer: Kummer über den Verlust von Liebe, über den Mangel an Liebe in ihrem Leben.

Die Kreise des Mitgefühls erweitern

Der Dichter Rumi schrieb: »Brich auf, damit wilde Blumen blühen können, wo du bist.« Amys Panzer aus Groll war aufgebrochen und hatte bloßgelegt, wie sehr sie sich getrennt fühlte, abgeschnitten von jener Liebe, die es uns ermöglicht, uns im Leben zu Hause zu fühlen. Als ich Amy fragte, was dieser trauernde Teil am meisten von ihr brauche, antwortete sie sofort: »Zu wissen, dass ich mich diesem Schmerz zuwende, dass ich diesen trauernden Teil von mir akzeptiere und liebe.«

Ich leitete sie an, sich sanft eine Hand auf ihr Herz zu legen und innerlich die Botschaft zuzuflüstern, die ihr verwundetes Selbst am dringendsten brauchte. Sie begann einen Satz zu wiederholen, der ihr schon bei dem Retreat ein Jahr zuvor Trost geschenkt hatte: »Es tut mir leid, ich liebe dich.« Dieses »Es tut mir leid« war keine Entschuldigung, sondern vielmehr ein Ausdruck des

Mitgefühls für ihren eigenen Schmerz. Amy flüsterte sich diesen Satz immer und immer wieder zu und begann sich hin und her zu wiegen. Sie sagte mir: »Ich sehe das kleine Mädchen in der Badewanne, und ich spüre, wie vernachlässigt es sich fühlt, wie allein. Ich halte es jetzt im Arm und sage ihm: ›Es tut mir leid, ich liebe dich.‹«

Nach ein paar Minuten setzte sich Amy auf, entspannte ihre Hände in ihrem Schoß und atmete ein paarmal tief durch. Sie sah mich mit neuer Offenheit und klarem Blick an. »Tara, ich glaube, ich verstehe jetzt mehr. Ich war so lange so wütend, dass ich diesen inneren Teil von mir völlig vernachlässigt habe – so wie meine Mutter jene Dreijährige vernachlässigte.« Sie hielt inne und fuhr dann fort: »Ich brauche mich nur daran zu erinnern, dass sie, dieser Teil von mir, geliebt werden will. Ich will sie lieben.«

Mitgefühl mit uns selbst ist die Essenz eines vergebenden Herzens. Doch manchmal ist es uns unmöglich, uns Mitgefühl entgegenzubringen, weil der Ärger so groß und die Angst oder die Verletzung dahinter so überwältigend sind. Menschen, die wie Amy tief verwundet oder traumatisiert wurden, tun gut daran, sich von einem Therapeuten, einer Lehrerin oder einem Heiler begleiten zu lassen. Der Prozess des Vergebens berührt eine tiefe Verletzlichkeit, deshalb erfordert er, unabhängig davon, ob wir ihn alleine oder mit Begleitung durchführen, viel Geduld. Vor allem, wenn wir weiterhin mit jemandem in Beziehung sind, der uns verletzt hat, und wir immer wieder verwundet werden können, ist es oft schwer, nicht den wütenden Wolf mit anklagenden Gedanken zu füttern.

Amy rechnete damit und bemerkte eine ängstliche Anspannung in der Brust, als sie davon sprach, dass sie später am Tag ihrer Mutter begegnen würde. Sie sagte zu mir: »Ich fürchte, ich werde wieder zumachen, wenn ich in ihrer Nähe bin.« Doch dann sagte Amy: »Moment mal!«, und schloss die Augen. Sie legte wieder die Hand auf ihr Herz und flüsterte ihrer Ängstlichkeit liebevoll zu: »Es tut mir leid, ich liebe dich. Es tut mir leid, ich liebe dich.« Nach einer Weile atmete sie ein paarmal tief und lächelte. Sie sprach langsam und schien ihre Worte sorgfältig zu wählen. »Wenn ich mitbekomme, was gerade passiert, wie diese Angst eben, und mich dem liebevoll zuwende, bin ich nicht mehr darin gefangen.« Und sie fügte hinzu: »Die Angst ist jetzt nicht weg, sie ist ein Teil von mir. Aber die Präsenz, die liebevolle Haltung, erinnert mich daran, dass ich so viel mehr bin als diese Angst.« Indem sie ihrer Verletzlichkeit mit Mitgefühl und klarer Aufmerksamkeit begegnete, hatte sich Amy eine Weite ihres Seins eröffnet, in der auch ihr Schmerz Platz hatte. Diese natürliche Bewusstheit, das N von RAIN, entsteht aus einer innigen, aufmerksamen Zuwendung. Wenn wir in dieser Gegenwärtigkeit ruhen, sind wir in unserem eigenen erwachten Herzen und Geist geborgen.

»Amy, Sie haben einen wundervollen Weg zurück zu dem gefunden, was Sie wirklich sind.« Sie lächelte und antwortete: »Ja, genau so fühlt es sich an.«

In meinen Kursen und Workshops habe ich von vielen Menschen gehört, dass es sich tatsächlich wie ein Heimkehren anfühlt, wenn sie aufhören, den wütenden Wolf zu füttern, und sich stattdessen ihrer eigenen Verletzlichkeit zuwenden. »Statt auf die Person zu schauen, die mich verletzt hat, begebe ich mich auf den Weg, mich selbst zu befreien«, fasste es einmal jemand in Worte. Wir können uns entscheiden, es jemandem »zurückzuzahlen«, und die Wunde schwären lassen oder uns der Selbstheilung zuwenden. Den wütenden Wolf zu füttern, scheint manchmal leichter, aber wenn wir lernen, mit unserem Innenleben präsent zu sein, verbinden wir uns mit unserem Gutsein.

»In meinem Herzen ist mehr Platz«, las mir Amy zu Beginn unserer nächsten Sitzung ein paar Wochen später aus ihrem Tagebucheintrag von diesem Morgen vor. Am Abend zuvor hatte sich ihre Mutter drei Mal beschwert, dass die Suppe nicht salzig genug sei. Amy spürte, wie Gereiztheit und Groll in ihr aufstiegen. Sie flüsterte sich innerlich die Botschaft »Es tut mir leid, ich liebe dich« zu, und gab sich damit selbst die Erlaubnis, genervt zu sein und sich gereizt zu fühlen. Sie spürte, wie sich durch diese Zuwendung etwas in ihr entspannte und weicher wurde. Als sie aufsah, war sie betroffen von dem grimmigen, unzufriedenen Gesichtsausdruck ihrer Mutter. So wie sie gelernt hatte, sich selbst zu erforschen, fragte sie sich jetzt, wie es wohl ihrer Mutter gerade ging. Sie spürte sofort die Unsicherheit und Einsamkeit ihrer Mutter. Sie stellte sich ihre Mutter in ihrem Herzen vor und begann ihr freundlich zuzuflüstern: »Es tut mir leid, ich liebe dich.«

Sie merkte, dass sie wirklich warme Gefühle für ihre Mutter entwickelte, und diese schienen ansteckend zu sein. Der Abend entwickelte sich erstaunlich nett. Sie scherzten zusammen darüber, dass die »Mono-Diät« ihrer Mutter, die sich jetzt am liebsten von Kartoffelchips ernährte, gar nicht so verschieden sei von den anderen verrückten Diäten mit nur Obst, Eiweiß oder Flüssigkeiten, die sie im Laufe ihres Lebens ausprobiert hatte. Mutter und Tochter suchten zusammen im Internet einen Bademantel aus und amüsierten sich dann zusammen über eine Folge von »The Daily Show« im Fernsehen.

Bei unserem letzten Treffen erzählte mir Amy, ihre Mutter sei vor einigen Tagen morgens heiß und verschwitzt aufgewacht. Amy hatte ein kühles Tuch genommen und ihr Stirn und Wangen, Arme und Füße abgewischt. »Mich hat noch nie jemand gewaschen«, sagte ihre Mutter mit einem wehmütigen Lächeln. Amy erinnerte sich sofort an das kleine Mädchen in der Badewanne, in der kaum Wasser war, und spürte, wie ihr die Tränen in die Augen stiegen. Sie beide, ihre Mutter und sie, hatten sich so vernachlässigt gefühlt im Leben, als ob sie völlig unwichtig wären. Und jetzt erfuhren sie beide, jede auf ihre Weise, die Nähe von Fürsorge. Sie schauten einander an und erlebten einen Moment unkomplizierter Liebe. Es war das erste Mal, dass Amy solch einen Moment bewusst erlebte, und sie wusste, sie würde ihn noch lange im Gedächtnis bewahren.

Wie würde Buddha reagieren?

Amys Ärger und ihre Verpanzerung ließen sich durch einen tiefen, fokussierten Prozess des Selbstmitgefühls erweichen, doch manchmal entsteht Vergebung schon allein durch eine neue, erweiterte Perspektive.

Stellen Sie sich vor, Sie gehen durch den Wald und sehen einen kleinen Hund an einem Baum sitzen. Als Sie näher kommen, stürzt sich der Hund plötzlich mit gefletschten Zähnen auf Sie. Sie erschrecken und reagieren vielleicht aggressiv. Doch dann bemerken Sie, dass der Hund mit einem Bein in einer Falle steckt. Sofort schalten Sie von Aggression auf Fürsorge um: Sie begreifen, dass die Aggression des Hundes aus seiner Verletzlichkeit und seinem Schmerz entstanden ist. Das gilt für uns alle. Wenn wir uns verletzend verhalten, hängen wir in irgendeiner schmerzhaften Falle. Je mehr wir uns selbst und andere durch die Augen der Weisheit betrachten, desto stärker entwickelt sich unser mitfühlendes Herz.

Joshua war Leiter der Marketingabteilung eines großen Computer-Software-Unternehmens und fühlte sich von dem vietnamesischen Zen-Meister Thich Nhat Hanh inspiriert, vor allem von seinen Lehren über Vergebung. Er kam zu mir, weil er mit einer Situation bei der Arbeit Probleme hatte. Er schätzte sehr den Team-orientierten Ansatz seiner Firma, aber er empfand eine zunehmende Abneigung gegen einen leitenden Mitarbeiter, der zu seiner Abteilung gehörte. »Er spielt nicht gut zusammen«, erklärte Joshua missmutig. »Und ich finde seine Gegenwart immer unangenehmer.« Ich fragte nach, was er genau meine. »Er gibt an. Er schreibt die Geschichte um, er erzählt alles so, als sei er die treibende Kraft hinter allem, womit unsere Abteilung Erfolg hat. Und er macht immer abfällige Witze über andere. Phil ist klug und ein wertvoller Mitarbeiter, aber er ist ständig damit beschäftigt, andere schlecht und sich selbst gut darzustellen.« Nach einer Pause fügte er hinzu: »Und ich lasse mich in sein Spiel hineinziehen. Ich will ihn auf seinen Platz verweisen – und der liegt etliche Ränge weiter unten.«

Ich bat Joshua, sich an eine jüngere Situation zu erinnern, in der er sich besonders über Phil geärgert hatte. Joshua erzählte von einer Team-Besprechung, bei der es um die Auswertung eines schwierigen Projektes ging. »Phil berichtete von Mehrkosten und meinte mit einem verächtlichen Lächeln, die Gruppe habe sich wohl von mir, Joshua, anstecken lassen – meine äußerst optimistische Perspektive habe wohl alle mitgerissen. Dabei waren alle einverstanden gewesen, dass dieses Projekt ein Risiko wert sei.« Joshua berichtete davon, wie er sich verteidigt und Phil an seine Notizen erinnert hatte, in denen er selbst zu dem Projekt ermutigt hatte. »Ich habe wahrscheinlich nur meine Zeit verschwendet. Phil saß einfach nur da mit diesem Lächeln und nickte.«

Ich schlug Joshua eine kurze Visualisierung vor, und er war sehr einverstanden. »Erinnern Sie sich zunächst an sein Lächeln und seinen Ton, als er über Ihre äußerst optimistische Haltung sprach, und nehmen Sie sich einen Moment Zeit, zu spüren, was dabei in Ihrem Herzen und Ihrem Körper vor sich geht.« Joshua wandte seine Aufmerksamkeit nach innen und sagte dann: »Ich hab's. Mein Gesicht ist heiß.«

»Stellen Sie sich jetzt vor, Sie könnten die Pause-Taste drücken und die ganze Situation anhalten. Und Sie könnten Thay (wie Thich Nhat Hanh von seinen Anhängern genannt wird) in die Szene holen und sie mit seinem Bewusstsein erfüllen. Erinnern Sie sich an das Leuchten und die Liebe in seinen Augen, an den Klang seiner Stimme, und lassen Sie ihn dann an Ihrer Stelle weitermachen. Sie können beiseitetreten und einfach zusehen, was passiert.« Ich gab Joshua ein wenig Zeit, sich das vorzustellen, und stellte ihm dann nach und nach ein paar Fragen.

»Wie fühlt sich Ihr Körper an, wenn er von Thays Bewusstsein erfüllt ist? Wie ist es, Phil und die ganze Situation durch Thays

Augen zu sehen? Mit Thays Herzen zu spüren? Wie würde Thay mit der Situation umgehen?« Ich gab ihm wieder etwas Zeit und beendete die Visualisierung dann mit einer letzten Einladung: »Spüren Sie sich jetzt wieder ganz selbst in Ihrem eigenen Körper, mit Ihrem eigenen Bewusstsein. Stellen Sie sich vor, Thay steht neben Ihnen und hat eine wichtige Botschaft für Sie, die Ihnen in dieser Art von Situation helfen kann. Wie lautet die Botschaft? Vielleicht hören Sie Worte, vielleicht sehen Sie ein Bild, vielleicht ist es einfach ein Körpergefühl. Was immer Sie bemerken, kann hilfreich sein.«

Joshua war eine Weile still und öffnete dann die Augen. »Das war sehr interessant!«, meinte er. – »Was haben Sie bemerkt?« – »Die Veränderung in meinem Körper war beeindruckend«, erzählte Joshua. »Mir war nicht bewusst gewesen, wie sehr sich mein Magen zusammenzieht, wenn ich mit diesem Typen zusammen bin! Als Thay dazukam, löste sich alles – als würde sein Bewusstsein mehr Raum schaffen.« Joshua atmete ein paarmal und fuhr dann fort: »Aus Thays Perspektive fiel mir vor allem Phils Unsicherheit auf. Sonst müsste er sich ja nicht ständig anpreisen oder andere kleinmachen. Er ist unsicher, und er meint, dass ihn niemand mag, dass niemand mit ihm zusammen sein mag. Allein das zu sehen, es wirklich an mich heranzulassen, dass er damit lebt, verändert schon was.«

Ich nickte und fragte ihn, wie Thay auf Phil reagiert hatte. »Er ließ diesen Kommentar über mich einfach kommen und gehen … Es bedurfte keiner Rechtfertigung. Als wir aus dem Besprechungs-zimmer gingen, lächelte er Phil zu und klopfte ihm freundlich auf die Schulter. Phil sah echt überrascht aus, dann verwirrt … und dann berührt. Er will, dass ich ihn mag.« Joshua schwieg einen Moment und erzählte dann, welche Botschaft ihm Thay gegeben hatte: »Ich soll daran denken, dass andere Menschen sich wichtig genommen und geliebt fühlen möchten. Nur das.« Joshua konnte erkennen, dass Phil in einer schmerzhaften Falle saß, aber er hatte noch Bedenken. »Wenn ich mir Phils Unsicherheit bewusst bin und freundlicher mit ihm umgehe, fürchte ich, er denkt, es sei okay, mich und andere so abfällig zu behandeln.«

Ich stimmte zu, dass dies eine wichtige Frage sei, und fragte ihn, was er meinte, was Thay wohl dazu sagen würde. Joshua dachte einen Moment nach und sagte dann: »Mitgefühl bezieht sich auf die Bedürfnisse aller Menschen. Niemand darf einfach auf anderen herumtrampeln. Aber wenn wir uns des Schmerzes dieser Person bewusst sind, werden wir in unseren Rückmeldungen freundlicher sein und unsere Grenzen sanfter ziehen.«

Joshua verabschiedete sich mit neuer Zuversicht. »Ich finde es besonders spannend, dass ich mich in jedem Augenblick in meinem eigenen Herzen an Thay wenden und eine umfassendere Perspektive gewinnen kann. Das fühlt sich radikal an!«

Es ist radikal – bis zur Wurzel reichend –, uns die Weisheit unseres Herzens bewusst zu machen. Sie können diese einfache Praxis anwenden, wenn Sie sich das nächste Mal in einem reaktiven Muster verfangen haben. Denken Sie an ein weises Wesen, das Sie verehren oder bewundern. Es kann jemand sein, den Sie kennen, eine spirituelle Gestalt oder eine Gottheit. Stellen Sie sich dann vor, Sie seien von dem Bewusstsein dieses Wesens erfüllt, Sie schauten durch die Augen dieses Wesens, Sie fühlten mit seinem Herzen. Lassen Sie sich von dieser Person oder diesem Wesen helfen, mit der Situation umzugehen. Lauschen Sie auf eine Botschaft. Sie werden darin vielleicht einen Zugang zu Ihrem eigenen erwachten, intelligenten, fürsorglichen Selbst entdecken.

Vergebung ist nicht passiv

Mein Buch *Mit dem Herzen eines Buddha* (Originaltitel: *Radical Acceptance*) erschien 2003, kurz nachdem die USA im Irak einmarschiert waren. Während ich von Stadt zu Stadt reiste und mein Buch vorstellte, fragten mich viele Menschen, ob wir denn auch das Militär unseres Landes radikal akzeptieren sollten. »Wie passen Akzeptanz und politisches Engagement zusammen?«, hörte ich immer wieder. Das ist eine wichtige Frage. Ignorieren wir all das Fehlverhalten in der Welt, wenn wir nur den mitfühlenden Wolf füttern? Brauchen wir nicht den Ärger und die Wut, um uns zu motivieren, uns gegen Ungerechtigkeit, Unwahrheit und Kriegshetze aufzulehnen?

In den Wochen vor der Invasion merkte ich, wie ich beim Zeitunglesen immer gereizter wurde. Ich musste ständig an die Männer in unserer nationalen Verwaltung denken, die für diesen angeblich unvermeidbaren Schritt der globalen Gewalt-Eskalation verantwortlich waren. Allein ihre Bilder in der Zeitung zu sehen, ließ Wellen der Wut und der Feindseligkeit in mir aufsteigen.

Dann wurde mir allmählich bewusst, dass mein inneres Feindbild eine weitere Variante von Gewalt war. Also beschloss ich, mit einer Zeitungs-Meditation zu beginnen. Ich sah mir die Schlagzeilen an, las ein bisschen und hielt dann inne. In dieser Pause betrachtete ich meine Gedanken und die in mir aufsteigende Wut. Ich erforschte sie dann, indem ich die Gefühle ganz da sein ließ. Praktisch jeden Tag, an dem ich mich so der ganzen Wucht meines Ärgers öffnete, zeigte sich dahinter Angst – um unsere Welt. Wenn ich in Kontakt mit der Angst blieb, verwandelte sie sich in Trauer – um all das Leiden, all die Verluste. Und aus der Trauer wurde Mitgefühl für all die Wesen, die unter unseren kriegerischen Aktionen litten. Mein Land fütterte den aggressiven Wolf, und der Schmerz darüber brach mir schier das Herz.

Mich den Gefühlen auszusetzen, die während meiner Zeitungs-Meditation auftauchten, machte mich sensibel und dünnhäutig. Ich spürte jenseits meines Ärgers und meiner Angst, wie kostbar mir das Leben ist. Und es motivierte mich, aus dieser Wertschätzung heraus aktiv zu werden, und nicht aus dem Ärger, der sich gegen ein Feindbild richtete.

Ich war damit nicht allein. Es entstand eine große, religionsübergreifende Friedensbewegung, die dafür eintrat, den weisen Wolf zu füttern. Am 26. März 2003, eine Woche, nachdem der Krieg im Irak begonnen hatte, versammelte sich eine große Anzahl von uns vor dem Weißen Haus. Wir trugen Plakate mit Bildern von irakischen Müttern, die über ihre verwundeten Kinder weinten; von jungen amerikanischen Soldaten, deren Leben in Gefahr war; von irakischen Waisen; von Männern, Frauen und Kindern aus beiden Gesellschaften, die leiden. Nachdem die angemeldeten Reden vorbei waren, wurde das Mikrofon herumgereicht, damit jeder, der wollte, ein Gebet beitragen konnte. Von den Schultern ihres Vaters herab sprach ein Mädchen in die Menge: »Die irakischen Kinder sind genau wie unsere Kinder. *Bitte, bitte …* lasst nicht zu, dass sie verletzt werden.« Wir protestierten vollkommen gewaltfrei, mit Gedichten, Liedern und immer wieder der Bitte, alle Menschen im Herzen zu behalten. Die Stimmung war ansteckend. Die Polizisten, die uns festnahmen, gingen freundlich und respektvoll mit uns um. Als wir in die Wagen verladen wurden, gab mir einer die Hand und half mir mit meinem Rucksack. In einem anderen Wagen saßen ein Bischof und ein Pfarrer in ihrer Amtskleidung. Ein Polizist steckte den Kopf in den Wagen und sagte vergnügt: »Ah, white-collar crime!« [»White-collar crime« = Wirtschaftskriminalität; hier auf die weißen Kragen der kirchlichen Würdenträger gemünzt. (Anm. d. Übers.)]

Wir können den weisen Wolf füttern, indem wir Frieden fördern und lernen, innezuhalten. Mattie Stepanek, ein dreizehn Jahre alter Dichter, der inzwischen an Muskeldystrophie gestorben ist, schrieb am Tag nach dem 11. September:

> *Wir müssen nur anhalten.*
> *Nur anhalten.*
> *Einen Moment lang anhalten …*
> *Bevor jemand etwas sagt oder tut,*
> *was einen anderen verletzen könnte.*
> *Wir müssen still sein.*

Nur still sein.
Einen Moment lang still sein ...
Bevor die Zukunft entgleitet
und zu Asche und Staub wird.
Halte an. Sei still und erkenne,
in wie vieler Hinsicht wir gleich sind.

Ein erschüttertes Herz

Ich werde oft gefragt, wie wir unser Potenzial für Mitgefühl erwecken können, wenn wir persönlich unter Beschuss stehen. Was können wir tun, wenn wir oder unsere Lieben wiederholt bedroht, erniedrigt oder verletzt wurden? Wie können wir dann vergeben?

In *Tattoos on the Heart* schreibt der Jesuitenpriester Gregory Boyle über die menschlichen Tragödien und die unbekannten Helden in einem Viertel von Los Angeles, welches besonders stark von Gewalt geprägt ist. Soledad hatte vier Kinder. Als ihr zweitältester Sohn Ronnie seinen Highschool-Abschluss schaffte, war sie sehr stolz, denn das schaffen in diesem Viertel nur wenige. Er ging zur Marine und diente in Afghanistan. Als er auf Heimaturlaub war, ging er eines Abends los, um etwas zu essen zu holen. Während sie auf seine Rückkehr wartete, hörte sie Stimmen auf der Straße, die Ronnie anzumachen versuchten. Dann hörte sie Schüsse. Es spielte keine Rolle, dass er nie in einer Gang war und sich nur um seine eigenen Angelegenheiten kümmerte. Er starb vor der Küchentür, in ihren Armen.

Kurz darauf schaffte auch ihr ältester Sohn Angel, der zu einer Gang gehört hatte, den Highschool-Abschluss. Eines Tages, etwa sechs Monate nach Ronnies Tod, wollte Angel seiner Mutter helfen, über ihre lähmende Trauer hinwegzukommen. Er bat sie inständig, sich farbenfrohe Kleidung anzuziehen, sich die Haare zu frisieren und ihren übrigen drei Kindern eine gute Mutter zu sein. Er drang zu ihrem Herzen durch. Sie zog sich um, und er sagte ihr, wie toll sie aussehe. An demselben Nachmittag, während sie auf der Veranda Sandwiches aßen, wurde Angel von Jugendlichen einer rivalisierenden Gang erschossen.

Boyle schreibt, als er Soledad später an jenem Tag aufsuchte, habe sie in ein riesiges Badetuch geheult. »Die wenigen von uns, die da waren, hatten nicht genug Arme, um diese Art von Schmerz zu umfassen.« Soledad erstarrte in der Qual des Verlustes. Im Laufe der nächsten zwei Jahre verbrachte Boyle viele Stunden mit ihr. Er erinnert sich an einen Besuch, bei dem er sie fragte, wie es ihr gehe. Soledad antwortete: »Wissen Sie, ich liebe die beiden Kinder, die ich noch habe. Und ich trauere um die beiden, die ich verloren habe.« Und in abgrundtiefem Schmerz schluchzend, gestand sie: »Aber die Trauer gewinnt …, der Schmerz gewinnt …«

Einige Monate später wurde Soledad wegen Brustschmerzen in die Notaufnahme eingeliefert. Während sie dort lag, wurde ein Jugendlicher mit mehreren Schusswunden eingeliefert und an den Platz neben sie gerollt. Es wurde kein Vorhang vorgezogen, und sie sah, wie er um sein Leben rang. Sie erkannte in ihm ein Mitglied der Gang, die ihre Söhne getötet hatte. Soledad wusste, dass ihre Freunde wahrscheinlich sagen würden: »Bete, dass er stirbt.« Aber es kam anders.

Als sie die Ärzte rufen hörte: »Wir verlieren ihn!«, brach etwas in ihr auf. »Ich begann zu weinen, wie ich noch nie im Leben geweint habe«, erzählte sie Boyle, »und ich begann zu beten, wie ich noch nie gebetet habe. ›Bitte … lasst ihn nicht sterben.‹ Ich wollte nicht, dass seine Mutter durchmachen muss, was ich durchmachen musste.« Der Junge überlebte, genauso wie Soledads Fähigkeit, zu lieben. Sie hatte sich ihren Weg zur Vergebung ertrauert, und sie hatte wieder zurück ins Leben gefunden.

Als ich diese Geschichte über Soledad las, erinnerte ich mich an eine Lehre über Vergebung, die ich oft in meinen Kursen vorlese. In dem Film »Die Dolmetscherin« erzählt die Hauptfigur aus ihrer afrikanischen Heimat:

»Jeder, der einen Menschen verliert, will sich dafür an jemandem rächen, und sei es an Gott, wenn er sonst niemanden findet. Aber in Matobo glauben die Ku, die Trauer nur überwinden zu können, indem man ein anderes Menschenleben rettet. Wenn dort jemand ermordet wurde, endet das Trauerjahr mit einem Ritual, das wir das ›Gericht des ertrinkenden Mannes‹ nennen. Es wird eine Nacht lang neben einem Fluss gefeiert, und im Morgengrauen wird der Mörder in einem Boot auf den Fluss hinausgefahren und gefesselt ins Wasser geworfen, sodass er nicht schwimmen kann. Die Familie des Ermordeten muss sich entscheiden: Sie kann ihn entweder ertrinken lassen oder hinausschwimmen und ihm das Leben retten. Nach dem Glauben der Ku widerfährt der Familie Gerechtigkeit, wenn sie ihn sterben lässt. Dafür trauert sie jedoch ein Leben lang. Rettet sie ihn aber und gesteht damit ein, dass das Leben nicht immer nur gerecht ist, dann wird für diese Tat der Kummer von ihr genommen.« Die Erzählerin schließt mit den Worten: *»Rache ist eine bequeme Form der Trauer.«*

Rache und Vergeltung sind wirklich bequeme Formen der Trauer. Sie sind auch eine bequeme Form der Angst und der Scham. Vergeltung wird zu einer falschen Zuflucht, weil es leichter ist, andere anzuklagen und aus unserem Herzen zu verstoßen, als unseren eigenen Schmerz, unseren eigenen Verlust und unsere eigene Ohnmacht zu spüren. Soledad wusste das. Sie hatte ihre beiden Söhne an die Vergeltung verloren. Trauern war schmerzhafter als Rache, doch es war der einzige Weg, um sich zu heilen, um wieder lieben zu können.

Die Freiheit eines vergebenden Herzens

Die Entscheidung zu Gegenwärtigkeit und Vergebung – den weisen, mitfühlenden Wolf zu füttern – ist die evolutionäre Strömung, die uns als Menschheit zu Frieden und spiritueller Freiheit führt. Wahre Helden sind jene, die uns wie Soledad zeigen, was möglich ist.

In meiner Jugend wurde ich auf Nelson Mandela aufmerksam, und er gewann mein Herz. Als spiritueller Aktivist personifizierte Mandela auf nationaler Ebene die transformative Kraft eines vergebenden Herzens. 1962 wurde er für seinen Einsatz gegen die Apartheid inhaftiert und verbrachte siebenundzwanzig Jahre seines Lebens im Gefängnis. Achtzehn Jahre dieser Zeit wurde Mandela auf der berüchtigten Gefängnisinsel Robben Island nahe Kapstadt gefangen gehalten, wo die Gefangenen in Isolationshaft waren, zu wenig zu essen bekamen, unzähligen Demütigungen ausgesetzt waren und sehr schwer arbeiten mussten. Und doch gelang es ihm, sich in dieser Zeit mit einigen Wärtern anzufreunden. Mandela glaubte fest daran, dass die Menschen in ihrem Kern gütig sind, wenn es nur gelingt, »die ihnen innewohnende Gutheit zu erwecken«. Genau das gelang ihm wohl: Einer der Wärter riskierte seinen Job, um Mandelas jüngste Enkelin hineinzuschmuggeln, damit Mandela sie mit Tränen in den Augen einmal halten und küssen konnte.

Als Mandela nach seiner Freilassung zum Präsidenten von Südafrika gewählt wurde, erregte er weltweite Aufmerksamkeit, weil er einen seiner weißen Gefängniswärter zu seiner Amtseinführung einlud. Sein unablässiges Streben nach Verständnis und Versöhnung bewahrte Südafrika vor einem Bürgerkrieg und ermöglichte den Übergang von einer rassistischen Diktatur zu einer Demokratie, an der alle Rassen beteiligt sind. Aus meiner Sicht ist Mandela ein Vorbild für unser menschliches Potenzial: Er ließ Vergeltung und Rache hinter sich und begegnete der Welt mit einem einbeziehenden, vergebungsbereiten Herzen.

Den Panzer des Ärgers aufzugeben – den Krieg zu beenden und sich der Verletzlichkeit zu öffnen –, erfordert viel Mut und Hingabe. Vielleicht erfordert es auch Vorstellungskraft. Möglich wird es durch unsere tiefe Sehnsucht, heil, liebevoll und frei zu sein. Die Zen-Lehrerin Joko Beck schreibt dazu: »Dass wir keine Freude empfinden können, ist ein direktes Spiegelbild unserer Unfähigkeit, zu vergeben.« Ob es um eine allgemeine Vorwurfshaltung geht oder eine durch Missbrauch entstandene Ablehnung oder um Wut über historische Ungerechtigkeiten – wir haben es in jedem Fall in uns, aus der Trance herauszutreten und zu unserem erwachten Herzen heimzukehren. Mandela konnte es trotz der Folter, Soledad konnte es trotz des Mordes an ihren zwei Söhnen, Amy konnte es trotz der Vernachlässigung durch ihre Mutter. Es ist zwischen Menschen verschiedener Rassen möglich, auch wenn generationenlang Gewalt geherrscht hat, und es ist zwischen Familienangehörigen möglich, die sich jahrzehntelang entfremdet haben. Wie auch immer Ihre Situation und Ihre Geschichten mit anderen Menschen aussehen, ist es möglich, sich zu entscheiden, niemanden mehr aus Ihrem Herzen zu verstoßen. Wir können Vergebung nicht erzwingen, aber wir können dazu bereit sein. Wenn Sie aufrichtigen Herzens vergeben wollen, steht Ihnen die Tür bereits offen.

Geführte Meditation

Anderen von Herzen vergeben

Diese Besinnung beruht auf der traditionellen buddhistischen Praxis, der zufolge wir erst andere um Vergebung bitten, dann uns selbst vergeben und schließlich jenen vergeben, die uns verletzt haben.

~ Um Vergebung bitten ~

Setzen Sie sich bequem hin, schließen Sie die Augen und geben Sie sich einen Moment Zeit, präsent und still zu werden. Lassen Sie Ihre Aufmerksamkeit auf Ihrem Atem ruhen. Entspannen Sie sich mit dem Einatmen, und entspannen Sie sich mit dem Ausatmen.

Erinnern Sie sich an eine Situation, in der Sie durch Ihre Worte oder Ihr Verhalten jemand anderen verletzt oder ihm geschadet haben. Erinnern Sie sich an die Umstände und spüren Sie die Verletzung, die Enttäuschung oder den Verrat, den diese Person möglicherweise empfunden hat. Geben Sie sich auch Raum, Ihren eigenen Kummer oder Ihr Bedauern zu spüren.

Vergegenwärtigen Sie sich diese Person weiterhin, und beginnen Sie, um Vergebung zu bitten. Flüstern Sie innerlich den Namen der Person und sagen Sie: »Ich verstehe deinen Schmerz, und ich bitte dich jetzt um Vergebung. Bitte vergib mir. Bitte vergib mir.« Wiederholen Sie diese Bitte um Vergebung mehrfach mit aufrichtigem Herzen. Bleiben Sie dann eine Weile in Stille und öffnen Sie sich für die Möglichkeit, dass Ihnen vergeben wird.

~ Uns selbst vergeben ~

So wie wir andere verletzt haben, haben wir uns auch selbst verletzt. Erinnern Sie sich daran, wie Sie sich selbst verurteilt oder bestraft, überfordert oder vernachlässigt haben. Sehen Sie die Situationen vor sich und geben Sie sich Raum, den Schmerz zu spüren, den Sie davon in Körper, Herz und Geist immer noch in sich tragen. Wenn Sie sich all dessen bewusst sind und den Kummer darüber und das Bedauern spüren, können Sie sich folgende Worte der Vergebung zuflüstern: »Ich sehe und spüre, wie ich mir auf vielfältige Weise geschadet und mich verletzt habe, und ich vergebe mir jetzt.« Wenn Sie nicht bereit sind, sich zu vergeben, können Sie sagen: »Es ist meine Absicht, mir zu vergeben, wenn ich dazu in der Lage bin.« Ihre Absicht ist der Samen der Vergebung – Ihre Bereitschaft wird Ihr Herz allmählich entspannen und öffnen.

~ Anderen vergeben ~

So wie wir uns selbst und andere verletzt haben, so wurden auch wir in unseren Beziehungen verwundet. Erinnern Sie sich an eine Situation, in der Sie sich tief enttäuscht, abgelehnt, misshandelt oder verraten gefühlt haben. Achten Sie darauf, ob Sie immer noch Gefühle des Ärgers und des Vorwurfs in sich tragen, ohne sich dafür zu verurteilen. Haben Sie diese Person aus Ihrem Herzen verstoßen?

Erinnern Sie sich detailliert an eine bestimmte Situation, in der Sie Ihre Verletztheit besonders stark empfunden haben. Vielleicht taucht das wütende Gesicht eines Elternteils auf; vielleicht kommen Ihnen die harten Worte eines Freundes in den Sinn; der Moment, wo Sie entdeckten, dass Sie hintergangen wurden, oder als Ihre Partnerin wortlos aus dem Haus stürmte und die Tür hinter sich zuknallte. Achten Sie auf den Kummer, die Scham, den Ärger oder die Angst. Nehmen Sie mit liebevoller Akzeptanz wahr, wie sich dieser Schmerz in Ihrem Körper, Ihrem Herzen und Ihrem Geist ausdrückt. Nehmen Sie sich etwas Zeit, mitfühlend bei jenen schmerzenden Bereichen zu verweilen. Legen Sie sich die Hand auf das Herz und stehen Sie dieser

Verwundung zartfühlend bei. Nehmen Sie sich so viel Zeit, wie Sie möchten, um in diesem Selbstmitgefühl zu ruhen.

Wenn Sie dann bereit sind, können Sie sich der anderen Person zuwenden und die Angst, die Verletztheit, die Schuld- oder Schamgefühle oder den inneren Schmerz spüren, die diese Person dazu gebracht haben, sich verletzend zu verhalten. Nehmen Sie dieses Wesen als einen unvollkommenen, verletzlichen Menschen wahr. Bleiben Sie auch mit Ihrem eigenen Schmerz verbunden, während Sie innerlich den Namen der Person flüstern und ihr eine Botschaft der Vergebung zukommen lassen: »Ich spüre den Schmerz, der ausgelöst wurde, und ich vergebe dir jetzt, so weit ich kann.« Oder falls Sie sich im Moment unfähig fühlen zu vergeben: »Ich spüre den Schmerz, der ausgelöst wurde, und ich habe die Absicht, dir zu vergeben.« Bleiben Sie mit Ihren Gefühlen der Verletzlichkeit verbunden und wiederholen Sie Ihre Botschaft der Vergebung oder der Absicht zur Vergebung, so lange Sie mögen.

Bei den Übungen zur Vergebung kommt es besonders häufig vor, dass wir uns dafür bewerten, wie gut wir die Übung durchführen können. Lassen Sie alle Bewertungen los und würdigen Sie die Ernsthaftigkeit Ihrer Absicht, Ihr Herz zu öffnen und zu befreien. Beenden Sie die Besinnung damit, alle Vorstellungen von sich selbst und anderen loszulassen. Ruhen Sie einfach in der Erfahrung dieser zartfühlenden Bewusstheit. Wenn Gedanken oder Gefühle auftauchen, beziehen Sie auch diese ein. Öffnen Sie sich der Möglichkeit, diese gesamte lebende, sterbende Welt in den unendlichen Raum Ihres vergebungsvollen Herzens einzubeziehen.

> Jenseits aller Ideen von Richtig und Falsch
> gibt es einen Ort. Dort werde ich dir begegnen.
> Wenn sich die Seele in jenem Gras niederlegt,
> ist die Welt zu erfüllt für Worte.
> Ideen, Sprache, selbst das Wort »einander«
> ergibt keinen Sinn.

> Rumi

12

Nach Hause kommen zu sich selbst

Hand in Hand – Gelebtes Mitgefühl

Was ich mir wünsche, ist so einfach,
dass ich es kaum zu sagen wage:
grundlegende Freundlichkeit.

Barbara Kingsolver

Wir machen uns nicht auf, die Welt zu retten;
wir machen uns auf, zu schauen,
wie es anderen Menschen ergeht,
und darüber nachzusinnen,
wie unser Handeln auf die Herzen der anderen wirkt.

Pema Chödrön

Der Bodhisattva befolgt nicht viele Dharmas.
Der Bodhisattva hält einen Dharma hoch
und verwirklicht ihn richtig.
Diese Person wird den gesamten Buddha-Dharma
in Händen halten.
Was für einen Dharma?
Es ist das große Mitgefühl.

Aus dem Avalokiteschvara Sutra

Campus der Stanford Universität, als sie eine Gruppe von Leuten mit Video-Ausrüstung sah. In ihrer Mitte war ein männlicher Schimpanse, der frei umherlief, und ein weiblicher Schimpanse war an einer langen Kette festgebunden. Das Ganze war offensichtlich irgendein Forschungsprojekt, und die Wissenschaftler und Zuschauer (zum größten Teil Männer) wollten, dass sie sich paaren. Der Schimpanse brauchte keine weitere Einladung. Er grunzte und zerrte an der Kette der kleinen Schimpansin, während sie wimmerte und seinen Annäherungsversuchen zu entgehen strebte.

Peavey spürte eine Welle der Empathie in sich. Und dann passierte etwas höchst Überraschendes: »Plötzlich riss die Schimpansin dem Männchen die Kette aus der Hand, lief zu meinem Erstaunen durch die Menge direkt auf mich zu und nahm meine Hand. Dann führte sie mich quer durch den Kreis zu den einzigen zwei anderen Frauen, die zugegen waren, und nahm eine von ihnen an die andere Hand. Zu dritt standen wir dann um sie herum im Kreis. Ich erinnere mich noch an das Gefühl ihrer rauen Hand in meiner. Die kleine Schimpansin hatte uns erkannt und über all die Jahrhunderttausende der Evolution hinweg Kontakt aufgenommen, um sich Unterstützung zu holen.«

Gemeinschaft beginnt in unserem Leben, bevor wir Worte bilden können. Wenn wir den Mutterleib verlassen haben, ist unsere Entwicklung von der innigen Beziehung zu jenen Menschen abhängig, die sich um uns kümmern. Direkt nach der Geburt beginnen wir uns aufeinander einzustimmen: Die Mutter spürt das Unwohlsein ihres Kindes durch sein Wimmern oder seine unruhigen Bewegungen, und sie geht darauf ein, indem sie ihm die Brust gibt oder eine Decke oder eine trockene Windel. Das Kind hört den zärtlichen Ton in der Stimme der Mutter, riecht ihren Geruch, spürt ihre zarte Berührung, entspannt sich und fühlt sich wohl. Von Geburt an sind wir dafür ausgestattet, die Erfahrung anderer Menschen nachzuempfinden und Zuwendung zu geben und zu empfangen.

Dieser Tanz der wechselseitigen Zuwendung ist unser Geburtsrecht. Je nachdem, ob unsere Gefühle der Verbundenheit genährt oder verletzt wurden, werden wir mit großer Wahrscheinlichkeit mehr oder weniger gesund und glücklich durchs Leben gehen. Wenn unsere frühen Bindungen durch Tod oder Trennung, Vernachlässigung oder Missbrauch beschädigt wurden, verfolgen uns unsere unerfüllten Bedürfnisse nach Sicherheit und Liebe möglicherweise unser Leben lang. Wird ein Affenbaby von seiner Mutter getrennt, gerät es von Panik über Angst in depressive Zustände und kann daran sterben. Ein liebevoller Kontakt ist hingegen Balsam für Körper und Seele. Wenn wir uns fürchten, beginnen sich die Angstzentren im Gehirn zu beruhigen, sobald jemand unsere Hand hält, und sei es ein Fremder. Und wenn wir am Ende unseres Lebens zurückschauen, sind es die Momente der liebevollen Verbindung, die uns am hellsten erscheinen. Die Zeiten, die unserem Leben Sinn verleihen, sind die Momente, in denen wir ganz in unserem Sein zu Hause sind.

Als ich die Geschichte von der Schimpansin hörte, berührte mich besonders, wie sie die mitfühlende Reaktion der anwesenden Frauen zu spüren schien und instinktiv einen Weg fand, ihre Zugehörigkeit zum Ausdruck zu bringen. Die Männer hingegen schienen das Ganze eher wie eine sportliche Veranstaltung zu betrachten. Sie waren auf eine Weise an der Aufregung und der Interaktion interessiert, welche die Trennung von »wir« und »die anderen« verstärkte. Indem sie die Schimpansen nur als Unterhaltungsobjekte betrachteten, verstärkten sie die Trance der Getrenntheit.

Zuflucht und Geborgenheit in Beziehungen zu finden, beginnt damit, zu erkennen, wie wir uns von anderen distanzieren. Sie können an dieser Stelle einen Moment innehalten und sich selbst fragen: »Wie habe ich mit dem, wie ich heute mit anderen umgegangen bin, zu Getrenntheit beigetragen?« Nehmen Sie sich Zeit und gehen Sie liebevoll mit sich um, wenn Sie diese wichtige Frage aufrichtig beantworten.

Getrenntheit erzeugen: Wir selbst und die anderen

In meiner Verwandtschaft war mein Cousin Victor der »andere«. Durch den Sauerstoffmangel bei seiner Geburt ging er mit starken Einschränkungen durchs Leben. Er wurde finanziell zuerst durch seine Mutter und dann durch meinen Großvater unterstützt. Meine Eltern luden Victor zu jedem Feiertagsessen ein, aber meiner Mutter war es immer schon bei der Vorbereitung schrecklich peinlich und unangenehm. »Wo sollen wir ihn nur hinsetzen?«, sagte sie kopfschüttelnd. »Seine Tischnachbarn müssen dann aushalten, dass er spuckt, wenn er spricht …« Im Laufe der Jahre verlor Victor seine Zähne. »Er sabbert«, murrte sie. »Und diese Flecken auf seinen Hemden, es ist einfach furchtbar.« Uns Kindern machte das alles zwar nicht so viel aus, aber wir wussten, Victor war nicht wie wir. Wir schenkten ihm artig jedes Jahr etwas zu Weihnachten, aber er war »anders«.

Im Laufe unserer Evolution haben wir Menschen gelernt, dass es uns Sicherheit und Vorteile bringt, wenn wir wissen, wo wir im Verhältnis zueinander stehen. Wir verwenden sexuelle Orientierung, Religion, Bildung, Aussehen, Intelligenz, Gesundheit, sozialen Status und kulturelle und ethnische Zugehörigkeit als schnelle Auswahlkriterien. Genau wie andere Tiere, die in Hackordnungen leben, prüfen auch wir, wer die Macht hat, wer unseren Bedürfnissen dient und wer uns gefährlich werden könnte. Wenn wir einem Fremden zum ersten Mal begegnen, erzeugt unsere genetische, kulturelle und persönliche Konditionierung auf der Stelle unzählige Bewertungen darüber, wie diese Person zu unserem ständigen Bestreben passt, uns sicher und erfüllt zu fühlen.

Ich nenne das, was diese Einschätzungen erzeugt, die Trance der »unechten anderen«. Echte Menschen haben Hoffnungen und Ängste. Ihre Motive und Stimmungen sind komplex und veränderlich. Auch ihre Körper unterliegen einem ständigen Wandel. Die »unechten anderen« hingegen sind zweidimensional. Unsere stereotypen Bewertungsmuster lassen sich leicht ausmachen: die

Prostituierte, der Süchtige, die Politikerin, der Filmstar, der Diktator. Weniger offensichtlich ist jedoch die Art, wie unsere Unsicherheiten und Anhaftungen unsere Fähigkeit beeinträchtigen, unsere Kollegen, Freunde und Verwandten zutreffend einzuschätzen. Und wenn wir unter Stress stehen und emotional nur noch unbewusst reagieren, wird praktisch jeder zu einem »unechten anderen«.

An dieser Stelle können Sie erneut innehalten und sich jemanden vergegenwärtigen, von dem Sie etwas wollen: Anerkennung, Geld, Hilfe, Sicherheit, eine Beförderung. Was taucht zuerst auf? Richten Sie Ihren Fokus auf ein bestimmtes Bild, ein Gespräch, welches Sie kürzlich hatten, oder eine Stimmung? Schauen Sie jetzt noch genauer hin. Versuchen Sie, sich das Innenleben dieser Person vorzustellen: Was liebt dieser Mensch? Wo fürchtet er, zu versagen? Was freut ihn? Was macht ihm Angst? Stellen Sie sich vor, wie diese Person sich von Freundlichkeit berührt fühlt – oder von Kritik verletzt. Hat sich Ihre Perspektive jetzt verändert?

Manchmal kann es erschrecken, hinter dem von uns erschaffenen Bild den Menschen zu erkennen. Daran wurde ich erinnert, als ich in einem Weihnachtsgottesdienst die folgende Geschichte hörte.

Der Blick hinter die Fassade

Eine Frau war mit ihrem Mann und ihren zwei Kindern am Weihnachtstag im Auto unterwegs. Sie hatten schon eine lange, anstrengende Fahrt hinter sich und hielten bei einem Schnellrestaurant am Straßenrand an, um etwas zu Mittag zu essen. Es waren kaum andere Gäste da. Während sie auf das Essen warteten, begann ihr einjähriger Sohn, von seinem Hochstuhl aus jemandem am anderen Ende des Gastraums zuzuwinken und »Hi« zu rufen. Zum Entsetzen der Mutter war es ein Wrack von einem Mann, ungewaschen, ungekämmt und in abgerissenen und schmutzigen Kleidern. Offenbar ein obdachloser Betrunkener. Jetzt winkte er auch noch zurück und rief dem Kleinen Dinge zu wie: »Hi, Baby, hey, großer Junge …, jaa, ich sehe dich!«

Sie und ihr Mann sahen sich an, und die wenigen anderen Gäste hoben die Augenbrauen und tauschten bedeutungsschwere Blicke. Niemandem gefiel, was hier geschah.

Während des Essens ging die Störung weiter. Inzwischen rief der alte Kerl quer durch den Raum: »Kennst du ›Backe, backe Kuchen‹? Jaa, das machst du toll … Und kennst du ›Hoppe, hoppe, Reiter‹? Hey, der Kleine kennt ›Hoppe, hoppe, Reiter‹!«

Der Frau und ihrem Mann war es entsetzlich peinlich. Selbst ihr Sechsjähriger verstand nicht, warum der Mann so laut redete. Sie versuchten, den Stuhl des Kleinen wegzudrehen, aber er fing an zu schreien und wand sich herum, um seinen neuen Freund sehen zu können. Sie hatten noch nicht einmal aufgegessen, als der Familienvater aufstand, bezahlte und mit dem Sechsjährigen zum Wagen ging. Die Frau hob das Kleinkind aus dem Stuhl und betete innerlich, ohne weitere Umstände an dem alten Mann vorbeizukommen. Doch es sollte nicht sein. Als sie ihm näher kamen, streckte der Kleine seinem neuen Freund beide Ärmchen entgegen – sein »Nimm-mich-auf-den-Arm-Signal« –, und in den Augen des Mannes sah sie deutlich die Bitte, den Kleinen halten zu wollen. Sie hatte kaum eine Chance, eine Antwort zu finden. Der Kleine schmiss sich dem Alten förmlich in die Arme.

Sie sah, wie ihm Tränen in die Augen traten, als der Junge seinen Kopf auf seine Schulter legte. Er wiegte den Jungen eine Weile sanft und sah ihr dann gerade ins Gesicht. »Kümmern Sie sich nur gut um dieses Kind«, sagte er mit fester Stimme. Als er ihr das Kind zögerlich zurückgab, schien er sich schier das Herz aus dem Leib zu reißen. Seine letzten Worte zu ihr waren: »Gott segne Sie, gute Frau. Sie haben mir mein Weihnachtsgeschenk gegeben.«

Sie murmelte eine Antwort und schob sich schnell zur Tür hinaus, während ihr selbst die Tränen über die Wangen liefen. Ihr einziger Gedanke war: »Mein Gott, mein Gott, vergib mir.«

Als der Pfarrer mit der Geschichte fertig war, war die ganze Gemeinde mucksmäuschenstill. In dieser Stille bemerkte ich, dass der fünfzehnjährige Paul neben mir weinte. Seine Eltern waren gute Freunde von mir, und ich kannte Paul seit früher Kindheit. Im Laufe der letzten beiden Jahre hatte Paul mit ADHS zu tun, war zum Grufti-Stil übergegangen, hatte sich in eine Welt der Kopfhörer und Videospiele zurückgezogen und angefangen, Drogen zu nehmen. Als ich meine Hand auf sein Knie legte, beugte er sich ein wenig zu mir und flüsterte: »Das war ich, das war ich.«

Ich weinte auch. Die Worte »Wie konnte ich?« liefen mir wieder und wieder durch den Sinn. Wie viele Menschen hatte ich in dieser Weise verpasst, von wie vielen hatte ich mich getrennt? Selbst an diesem Abend hatte ich Getrenntheit erzeugt. Hier saß der Sohn meiner Freunde neben mir, und ich hatte nur distanziertes Mitleid mit ihm gehabt. Ja, ich wusste, er hatte es nicht leicht. Doch ich war nur damit beschäftigt gewesen, wie dieses niedliche blonde Kind, dem ich einst vorgelesen hatte, seine Haare jetzt pechschwarz gefärbt und seinen Körper mit Piercings durchlöchert hatte. »Bitte …«, betete ich während der abschließenden Zeremonie des Kerzenanzündens. »Bitte, mögen wir uns an das Licht erinnern, das durch jeden von uns strahlt. Mögen wir einander lieben.«

Der »andere« ist Teil von uns

Nach dem Tod meines Vaters ging die Verantwortung für Victor auf meine Mutter über. Als er immer instabiler wurde, fand sie für ihn die bestmögliche Einrichtung, besuchte ihn jede Woche und kümmerte sich um seine finanziellen und medizinischen Belange.

Zuerst tat sie es aus Pflichtgefühl, doch Victors Dankbarkeit, Unbefangenheit und zunehmende Zuneigung begannen sie zu erweichen. Wenn sie ihn mit Pizza und Bonbons, Puzzles und Zeitschriften beschenkte, war sie für ihn wie der Weihnachtsmann, und seine Augen leuchteten auf, wenn sie ins Zimmer kam.

Die Einrichtung war für Victor schwer auszuhalten. Er hatte jahrzehntelang in seiner eigenen kleinen Wohnung gelebt, und dies hier war nicht sein Zuhause. Er wollte weg, doch er musste bleiben -- er konnte nicht mehr alleine für sich sorgen. Nach einem besonders schwierigen Besuch bei ihm fuhr meine Mutter zu einem nahe gelegenen Park, parkte den Wagen und saß nur still da. Sie sah Victor, wie er in seinem Zimmer ruhelos auf und ab ging, wie er so gerne woanders wäre und wie er so hilflos war. Eine Welle der Traurigkeit überschwemmte sie. Er war wie ein gefangenes Kind. Und dann spürte sie einen noch tieferen Kummer in ihrem Herzen. Er war *ihr* Kind – sie musste ihn lieben. Diese Erkenntnis, erzählte sie mir später, ließ eine große Zärtlichkeit in ihr aufsteigen. »In diesem Moment mochte ich mich mehr. Ich war mehr der Mensch, der ich sein möchte.«

Ihre Beziehung veränderte sich grundlegend. Sie fühlte sich immer noch manchmal überfordert, ungeduldig oder war kurz angebunden. Aber sie liebte Victor, und er spürte es. Am Ende ihres nächsten Besuchs streckte er die Hand aus und berührte sie am Arm, als wolle er sagen: »Ich möchte, dass wir zusammen sind, geh nicht weg.«

Im Laufe des folgenden Jahres schien er sich zu entspannen. Er klagte nicht mehr so viel. Getröstet durch ihre Verbindung, war es, als schwämme er friedlich in ihrem Ozean. Wenn wir Mitgefühl empfinden, wird die Verletzlichkeit eines anderen Menschen ein Teil von uns. Meine Mutter hatte sich dem Feuer all der schwierigen Gefühle ausgesetzt. Sie nahm sowohl Victors Ängste und Verwirrung als auch ihre eigene unterdrückte Abwehr bewusst wahr. Indem sie mit alledem gegenwärtig blieb, öffnete sich ihr Herz. Aus ihrem Mitleid für einen »anderen« wurde eine Zuwendung zu beiden. Es ging nicht mehr um Victors Probleme, sondern um die missliche Lage und das Leiden, das sie miteinander teilten. Sie hatte ihn in ihr Herz aufgenommen.

Die Geschichte von Victor endet traurig. Als meine Mutter vor einigen Jahren dreiundachtzig wurde, entschied sie sich, zu Jonathan und mir nach Virginia zu ziehen. Sie fand freundliche Menschen, die bereit waren, Victor regelmäßig zu besuchen, aber sie fürchtete, dass es für ihn trotzdem ein Verlust sein würde. Und dann starb Victor – eine Woche, nachdem sie ihm mitgeteilt hatte, dass sie umziehen würde. Sie hatten zusammengesessen und sich an den Händen gehalten. Er wollte wohl ohne sie nicht weiterleben. Als mich meine Mutter anrief, um mir von seinem Tod zu erzählen, weinte sie. »Er war wirklich jemand«, sagte sie unter Tränen. »Er war intelligent, sanftmütig und gutherzig. Leider haben viele auf ihn herabgesehen. Ich auch …, bis ich ihn näher kennenlernte.«

Mitgefühl ist trainierbar

Die Fähigkeit zu Mitgefühl ist fest in unserem Gehirn und unserem Körper verankert. So wie wir dafür gebaut sind, Unterschiede wahrzunehmen, uns getrennt zu fühlen und mit Ablehnung zu reagieren, haben wir es auch in uns, uns mit anderen Menschen verbunden zu fühlen. Durch die sogenannten »Spiegelneuronen« können wir uns auf den Zustand eines anderen Menschen einstimmen, auf seine Emotionen und auf die Absicht hinter seinem Verhalten, und diesen Zustand in unserem Gehirn nachbilden. Unser Mitfühlen beruht also nicht nur auf den Rückschlüssen, die wir aus sichtbaren Signalen wie zusammengezogenen Augenbrauen und heruntergezogenen Mundwinkeln ziehen. Dank der Spiegelneuronen können wir tatsächlich mit einem anderen Menschen »mitfühlen«.

Doch wenn wir im Stress sind und den Kontakt zu unseren eigenen Emotionen und unserem Körper verloren haben, werden diese Mitgefühlsverknüpfungen leicht blockiert. Sie werden auch blockiert, wenn wir kulturelle Vorurteile übernehmen oder auf Menschen in unserem Umfeld einfach automatisch reagieren. Die Forschung zeigt: Je weniger wir uns mit jemandem identifizieren – je weniger »wirklich« uns jemand erscheint –, desto weniger werden die Spiegelneuronen aktiviert.

Die gute Nachricht ist, dass wir unsere neuronalen Mitgefühls-Netzwerke auch entblocken und wieder aktivieren können, zum Beispiel, indem wir uns bewusst der Wahrheit und der Liebe zuwenden. In einer achtsamen Haltung werden die Teile unseres Gehirns aktiviert, die auch für das Wahrnehmen der Emotionen anderer Menschen zuständig sind, nämlich der insuläre und der anteriore cinguläre Kortex. Wenn wir achtsam wahrnehmen, dass jemand anderes verletzt ist oder sich fürchtet, neigen wir natürlicherweise zu Mitgefühl. Wenn wir dann Wege finden, unsere Fürsorge zum Ausdruck zu bringen, kann sich dieses Mitgefühl vollständig entfalten. Dieser alchemistische Prozess, uns von dem Schmerz eines anderen berühren zu lassen und darauf mit Liebe zu reagieren, bildet den Kern der buddhistischen Mitgefühls-Praxis.

Eine Meditation in diesem Zusammenhang ist die tibetische Praxis des *Tonglen,* was übersetzt »Senden und Empfangen« bedeutet. (Eine Version einer geführten Meditation finden Sie in Kapitel 9: »Tonglen – Heilsame Präsenz und Angst«.) Im Tonglen lassen wir uns vom Atem unterstützen und leiten: Mit tiefer Empfänglichkeit einatmend, nehmen wir den Schmerz anderer auf. Mit dem Ausatmen bieten wir ihnen unsere Fürsorge und unseren Segen an und senden ihnen das, was ihnen Erleichterung, Entspannung und Glück bringt.

Diese Übung widerspricht unserer Neigung, uns vor dem Leiden anderer zu verschließen. Wie meine Mutter entdeckte, wird unser Herz weicher und wacher, je mehr wir uns von dem Leiden anderer berühren lassen. Je mehr wir unsere Liebe darbieten, desto tiefer erkennen wir unsere Zugehörigkeit zu allen Wesen und zum liebenden Gewahrsein als solchem.

Tonglen beginnt mit dem bewussten Entspannen des Schutzwalls um unser Herz. Jeder von uns wurde verwundet und hat daraufhin eine Abwehr errichtet, um sich vor weiterem Schaden zu schützen. Wir wollen nicht verletzlich sein, wir möchten keinen Schmerz erleiden. Doch um mit anderen mitzufühlen, müssen wir zunächst selbst empfindsam werden. Der Dichter Mark Nepo schreibt: »Unsere tägliche Aufgabe ist daher nicht, uns anzuziehen, um der Welt zu begegnen, sondern die schützenden Hüllen abzustreifen, sodass sich die Türklinke kalt anfühlt und der Griff der Autotür nass und der Abschiedskuss nach den Lippen eines anderen Wesens schmeckt, weich und unwiederholbar.«

Einatmen: »Das Ohr des Herzens«

Die meisten von uns halten Zuhören für eine große Kunst: Wir lieben es, wenn uns andere mit Interesse und Zugewandtheit zuhören, und wir hoffen, selbst gute Zuhörerinnen zu sein. Doch es ist nicht leicht. Um gut zuzuhören, müssen wir uns des mentalen Geplappers bewusst werden, welches unseren Empfang stört. Wir müssen uns unserer emotionalen Reaktivität bewusst werden, unserer Interpretationen (und Fehlinterpretationen), unserer vorschnellen Antworten und unserer Art, uns hinter Bewertungen zu verschanzen. Zuhören zu lernen bedeutet, aus unserem ständigen inneren Dialog auszusteigen und das einzusetzen, was der Heilige Benedikt das »Ohr des Herzens« nannte. Tiefes Zuhören als eine Form des »Einatmens« erzeugt einen mitfühlenden Raum für Nähe und Heilung.

Kate, ein Mitglied unserer Meditationsgemeinschaft, entdeckte die Macht des Zuhörens in ihrer Beziehung zu ihrer Mutter

Audrey, einer wohlhabenden, erfolgreichen, brillanten und narzisstischen Frau. Wer Audrey gut kannte, bezeichnete sie manchmal scherzhaft als »das Zentrum des Universums«. Als berühmte Schriftstellerin sah Audrey in anderen Menschen ihre Satelliten, ein Publikum, welches sie mit Geschichten unterhielt und dessen Rolle darin bestand, sie in ihrem widergespiegelten Licht erstrahlen zu lassen.

Audrey war eine lebendige, unterhaltsame Frau, doch das Zusammensein mit ihr war anstrengend. Sobald sie konnten, zogen ihre beiden Töchter an die andere Küste des Kontinents. Kates ältere Schwester besuchte ihre Mutter nur selten. Kate tauchte zwar zu den Feiertagen auf, hielt ihre Besuche jedoch kurz. Ihr Stiefvater liebte seine Frau, doch ihr Zusammenleben hatte sich zu einer Routine entwickelt, in der es wenig echte Nähe gab. Einige von Audreys Freunden spielten noch weiter die Rolle des interessierten Publikums, doch mit zunehmendem Alter wurde es um Audrey immer einsamer.

Kate war zu meinem Seminar über bewusste Beziehungen gekommen, um an ihrer Ehe zu arbeiten, doch am Ende des Seminars war sie sich des Schmerzes ihrer Mutter sehr bewusst geworden und meinte, tiefes Zuhören könnte hier vielleicht heilsam wirken. Das Bild von dem Springbrunnen hatte sie inspiriert. In diesem Bild geht es darum, sich das eigene emotionale und spirituelle Innenleben als einen Springbrunnen vorzustellen, der im Laufe des Lebens durch unverarbeitete Verletzungen und Ängste verstopft wurde. Wenn wir unsere schmerzhaften Gefühle verdrängen, behindern sie den Fluss unserer Lebendigkeit und vernebeln das reine Gewahrsein, aus dem wir uns nähren. Wenn wir nicht auf unser Innenleben achten, schneiden wir uns von der Wirklichkeit ab. Zurück bleibt ein reduziertes Selbst, ein unechter anderer. Doch wenn wir uns jemandem anvertrauen und uns jemand zuhört, wirklich zuhört, lösen sich die Ablagerungen allmählich auf und der Springbrunnen der Lebendigkeit kann wieder sprudeln. Und wenn wir einem anderen Menschen zuhören, wirklich zuhören, helfen wir ihm, zu genau dieser Lebendigkeit zurückzufinden.

Dieser Prozess braucht seine Zeit. Wenn wir anfangen, zuzuhören, begegnen wir oft zunächst den unangenehmen Verstrickungen, der Eifersucht, der Selbstbezogenheit oder dem Ärger, all den Dingen, die den Springbrunnen verstopft hatten. Dann erscheint uns das Gespräch vielleicht oberflächlich, langweilig, sprunghaft oder einseitig. Eine hingebungsvolle Zuhörerin bleibt jedoch dran, ohne sich in Widerständen oder Urteilen zu verlieren. Diese bedingungslose Gegenwärtigkeit wirkt wie Balsam, der den Sprecher ermutigt, seine Abwehrmechanismen zu entspannen, damit seine natürliche Lebendigkeit zum Vorschein kommen kann. Vielleicht haben Sie selbst schon mal bemerkt, wie Sie sich ruhiger und mehr bei sich fühlen, wenn Ihnen jemand wirklich zuhört. Die Wasser des Humors, der Intelligenz, der Kreativität und der Liebe können dann wieder freier strömen.

Kate ging nach jenem Workshop mit der Absicht nach Hause, das tiefe Zuhören mit ihrer Mutter auszuprobieren. Als in der Nähe des Wohnorts ihrer Mutter eine interessante berufliche Fortbildung angeboten wurde, meldete sie sich für zehn Tage an. So lange war sie seit Beginn ihrer Collegezeit nicht mehr bei ihrer Mutter gewesen.

Kate hörte ihrer Mutter in dieser Zeit wirklich zu. Wie wir es im Workshop geübt hatten, lauschte sie nach innen und bemerkte ihre eigenen Widerstände und Anspannungen, ohne sie zu bewerten, und dann öffnete sie sich für das, was ihre Mutter sagte. Wenn sie sich unbeachtet, ungeduldig oder gelangweilt fühlte oder abwertende Gedanken auftauchten, wandte sie sich achtsam und wohlwollend ihrer eigenen Erfahrung zu. Danach konnte sie auch ihrer Mutter mit offener, klarer Gegenwärtigkeit begegnen. Am Anfang war es schwer. »Manchmal geriet ich in Panik«, erzählte mir Kate später. »Ich hatte Angst, unterzugehen, wenn ich dablieb, wenn ich mir nicht irgendwie meinen eigenen Platz verschaffte. Sie nimmt so viel Raum ein!« Doch sie merkte, wenn es ihr gelang, die Situation mit einem gewissen Humor zu betrachten, konnte sie weiteratmen, sich ihre eigenen Reaktionen vergeben und wieder zurückkehren. Und sie coachte sich selbst in eine tiefere Präsenz: »Was ist jetzt? ... Meine Mutter redet. Ich bin still. Es gibt endlos viel Zeit. Ich höre jedes Wort ... und jenseits der Worte ... Ich höre, wer sie ist.«

Es wurde leichter, als Kate anfing, auf das zu hören, was ihre Mutter jenseits der Worte sagte. Sie fing an, die Verzweiflung zu hören, als würde ihre Mutter immer wieder sagen: »Ich bin hier, ich bin wichtig.« Als sie sich dem Schmerz ihrer Mutter öffnete, wurde Kates Herz weicher. Mit ihrer ruhigen, beständigen Präsenz vermittelte sie ihrer Mutter im Stillen: »Du bist da, du bist wichtig.« Und ihre Mutter fing an, sich zu entspannen. Kate erkannte das an den längeren Pausen zwischen den Geschichten und Kommentaren, in denen ihre Mutter sich auf ihrem Stuhl zurücklehnte und aus dem Fenster schaute. Sie wurde langsamer und schien nachdenklicher.

Einige Tage vor Kates Abreise fing ihre Mutter an, ihr zu erzählen, wie allein und wie wenig wertgeschätzt sie sich fühle. Kate antwortete aufrichtig und sanft: »Mom, das ist so, weil du den Menschen nicht zuhörst.« Ihre Mutter erstarrte, aber sie wurde nicht abwehrend. Kate war die ganze Zeit so präsent gewesen und hatte ihrer Mutter so reine Sympathie entgegengebracht, dass sich in ihr ein gewisses Vertrauen entwickelt hatte – dies war kein Angriff, sondern ein wohlwollender Hinweis auf die Wahrheit. Ihre Mutter bat sie eindringlich, ihr das näher zu erklären. Und Kate sagte ihrer Mutter, wie es für sie selbst, für ihre Schwester, für ihren Vater und ihren Stiefvater gewesen war: »Wenn du nicht zuhörst, haben die Menschen das Gefühl, nicht wichtig zu sein, sie fühlen sich nicht erkannt. Und es stimmt – du kannst sie auch nicht erkennen, wenn du ihnen nicht zuhörst. Du kannst ihnen nicht nahekommen.«

Audrey sah ihre Tochter mit einem Blick traurigen Verstehens an, der Kate zu Herzen ging. In jenem Augenblick veränderte sich etwas. Vielleicht hatte der Schmerz der Entfremdung ihren Schutzwall aufgeweicht, vielleicht war die Zeit einfach reif für sie. Audrey fing an, zuzuhören. Die anderen bemerkten es. Nach ihrem nächsten Besuch bei der Mutter meinte Kates Schwester zu Kate: »Zum ersten Mal in meinem Leben habe ich mich von ihr als Mensch gesehen gefühlt. Zum ersten Mal hatte ich das Gefühl, sie merkt, dass es mich gibt!« Am deutlichsten war die Veränderung in der Beziehung zu ihrem Ehemann, Kates Stiefvater. Sie genossen wieder lange Abendessen und Spaziergänge miteinander, wie sie es am Anfang ihrer Ehe getan hatten. Audrey redete nicht mehr, um auf sich aufmerksam zu machen. Sie redete und hörte zu, um mit anderen Menschen in Kontakt zu sein, um an ihrem Leben teilzuhaben. Weil Kate zugehört hatte und sich berühren ließ, konnte die Lebendigkeit ihrer Mutter wieder freier fließen.

Schwierige Wahrheiten aussprechen und hören

Zu meinem Eheversprechen an Jonathan gehörten die folgenden Zeilen von Rainer Maria Rilke:

> Ich will mich entfalten.
> Nirgends will ich gebogen bleiben,
> denn dort bin ich gelogen, wo ich gebogen bin.
> Und ich will meinen Sinn
> wahr vor dir.

[In der engl. Übersetzung lautet die letzte Zeile: »I want to stay clear in your sight«, wörtlich übersetzt: »Ich will klar in deinem Blick bleiben.« (Anm. d. Übers.)]

Aus meiner Sicht bedeutet der Weg der intimen Nähe, den Mut zu haben, zu zeigen, was ich niemandem zeigen will. Dies hat sich als anspruchsvolle Aufgabe erwiesen. Ich bin gut darin, offen und ehrlich zu sein – bis ich mich verletzlich fühle, mich schäme oder etwas an Jonathan auszusetzen habe. Dann schiebe ich klärende Gespräche hinaus, ziehe mich zurück, werde manipulativ oder aggressiv. Es ist nicht so leicht, vor ihm »wahren Sinns zu bleiben«.

Wir waren erst zwei Jahre verheiratet, als das Ausmaß meiner gesundheitlichen Probleme sichtbar wurde. Viele der Aktivitäten, die wir gemeinsam genossen hatten – Bergwandern, Fahrradfahren, Skifahren, Boogie Boarding –, waren mir nicht mehr möglich. Die Zukunft sah nicht rosig aus. Mein Körper würde immer weniger fit und weniger attraktiv sein. Er hingegen wirkte jung und war für sein Alter höchst sportlich und gesund. Ich versank in einem Sumpf aus Scham über meinen Zustand, Scham darüber, dass er jetzt eine rasch alternde, kranke Frau an seiner Seite hatte. Wochenlang mochte ich nicht darüber sprechen. Ich wollte nicht, dass er meine Scham und meine Unsicherheit sah. Doch es vergiftete mich, diese Gefühle für mich zu behalten – ich wurde immer ängstlicher, distanzierter und gereizter.

Als ich es ihm schließlich sagte, tat er, was gute Zuhörer tun. Er vergewisserte sich, dass ich alles gesagt hatte, was ich sagen wollte, und spiegelte mir dann die Worte wider, die ich verwendet hatte, um mir zu zeigen, dass er mich verstand. Dann vermittelte er mir eine Liebe, die nicht daran gebunden war, in welchem Zustand ich mich befand.

Wie er selbst jederzeit zugeben würde, kriegt er das nicht immer so gut hin. Er sagt, wenn er von mir hört: »Liebling, wir müssen reden«, sei sein erster Gedanke (und das ist nur teilweise ein Scherz): »Oh Gott, ich bin so gut wie tot!«, und der zweite: »Was habe ich verkehrt gemacht?« Dann geht er defensiv und angespannt in das Gespräch, und in Reaktion auf seinen Widerstand regt sich meine Kritiksucht. Aber wir üben uns in offener Kommunikation. Und wir entdecken immer wieder: Egal, wie wenig wir Lust dazu haben, uns darauf einzulassen, es ist immer wieder einen Anlauf wert. Verletzlich zu sein, ist der einzige Weg, zu lernen, unserer Liebe zu vertrauen. Die Dichterin Adrienne Rich schreibt dazu: »*Eine ehrbare zwischenmenschliche Beziehung, in der zwei Menschen wirklich das Recht haben, das Wort ›Liebe‹ zu verwenden, ist ein Prozess der Vertiefung der Wahrheiten, die sie einander mitteilen können. Es ist wichtig, das zu tun, weil es die menschliche Selbsttäuschung und Isolation abbaut.*«

In manchen Situationen ist es natürlich weder klug noch angemessen, emotionale Wahrheiten auszusprechen. Es kann der falsche Zeitpunkt sein, oder die Betroffenen haben nicht die Fähigkeit oder die emotionale Kapazität, wirklich zuzuhören. Wenn es um Trauma geht, ist es sehr wichtig, den richtigen Therapeuten oder Lehrer zu finden, der die Intensität Ihrer Erfahrung aushalten kann. Und selbst, wenn es nicht um Gefühle geht, die traumatischen Ursprungs sind, ist ein »Rahmen« für das Aussprechen der Wahrheit notwendig – eine andere Person oder eine Gruppe von Menschen, die sich dem achtsamen Sprechen und Zuhören verpflichtet fühlen. Es bedarf einer gewissen Sicherheit. Ich sage bewusst »gewissen«, denn wenn wir uns beschämt und verletzlich fühlen, fürchten wir oft, von anderen nicht wohlwollend angenommen zu werden. Dann fühlen wir uns vielleicht nicht völlig sicher, doch wenn wir das Risiko eingehen, fühlen wir uns hinterher möglicherweise sicherer und geliebter, als bevor wir etwas gesagt haben.

Dem Buddha zufolge bedeutet weise Rede, auszusprechen, was wahr und hilfreich ist. Diese einfache Beschreibung enthält eine Fülle von Deutungsmöglichkeiten. Was ist wahr? Bestimmt nicht alle unsere Einschätzungen und Kommentare dessen, was geschieht. Bestenfalls können wir ganz gegenwärtig unsere Gefühle wahrnehmen und sie ohne den zweiten Pfeil der Bewertung benennen. Und was ist hilfreich? Wenn wir von dem aufrichtigen Wunsch erfüllt sind, dass unsere Worte zu mehr gegenseitigem Verständnis und Wohlwollen beitragen, wird uns diese Absicht leiten.

Es liegt eine große Kraft darin, eine schwierige Wahrheit mitzuteilen. Wenn wir einem vertrauenswürdigen, aufmerksamen anderen Menschen unsere Verletzlichkeit zeigen, können uralte Schamgefühle anfangen, sich aufzulösen. Indem wir schmerzhafte Gefühle benennen, ohne anzuklagen, kann neues Verständnis und neue Verbindung entstehen. Die Beziehung wird wieder lebendiger. Wenn wir Mut fassen, auszusprechen, was wahr ist, kommen wir mehr in Kontakt mit uns selbst und anderen.

Ausatmen: Unsere Zuwendung und Fürsorge anbieten

Die Nähe, die durch das Anhören und Aussprechen von Wahrheit entsteht, ist nur möglich, wenn wir uns der Verletzlichkeit unseres eigenen Herzens stellen. Einatmen und mit dem in Berührung gehen, was jetzt gerade lebendig ist, ist der erste Schritt. Wenn wir uns selbst liebevoll annehmen, können wir auch mit anderen auf lebendige und heilsame Weise in Kontakt gehen.

Richie und ich hatten uns auf dem College angefreundet. Er war ein eher schüchterner, nachdenklicher Afroamerikaner und bekannt dafür, überall seine Kamera dabei zu haben, den Geschichten anderer zuzuhören und in kurzen Sporthosen durch den Schnee zu rennen. Nach dem College verloren wir uns aus den Augen. Ich hörte noch von ihm, dass er als Fotojournalist in New York arbeitet.

Fast fünfzehn Jahre später rief er mich plötzlich an, um anlässlich eines Washington-Besuchs einen Beratungstermin mit mir zu vereinbaren. Er erklärte, er habe kürzlich Carly geheiratet, eine weiße Kaukasierin, die er in einem Meditationskurs kennengelernt hatte, und er wolle mit mir über die Familie seiner Frau sprechen: »Ich wusste, was auf mich zukommt, Country-Club, konservativ, dieser ganze Kram, aber ich habe nicht geahnt, dass es derart schwierig sein würde.«

Carlys Vater schien die Entscheidung seiner Tochter zu akzeptieren, doch ihre Mutter habe von Anfang an alles daran gesetzt, die Heirat zu verhindern. »Sie warnte Carly, dass wir zu unterschiedlich seien, dass es doch nur auf eine Scheidung hinauslaufen würde, unter der alle leiden würden. Carly und ich lieben einander sehr, aber ihre Mutter schafft es wirklich, uns das Leben schwer zu machen«, sagte er mit einem bitteren Lächeln. Kürzlich, bei ihrem dritten Besuch, hatte sich Sharon geweigert, mit ihnen zu einer Aufführung des lokalen Theaters zu gehen. Sie sagte hinterher zu Carly, sie hätte es nicht ertragen können, ihren Freunden aus dem Club zu begegnen. »Sobald ich mich umgedreht hätte, hätten sie angefangen, über dich und Richie herzuziehen.« Beim Abendessen ignorierte sie Richies Komplimente über den Lachs und gab nur vage, ausweichende Antworten auf seine Fragen nach ihrer jüngsten Italienreise. Als Carly sie später unter vier Augen ansprach, gab Sharon alles zu. »Ich weiß, dass ich mich schrecklich verhalte. Aber ich kann mir nicht helfen, Carly. Er ist ein guter Mensch, intelligent und alles, wirklich, aber du machst da einen Riesenfehler.«

Carly schlug vor, einfach nicht mehr hinzufahren – sie könnten zu Thanksgiving und zu Weihnachten auch etwas anderes unternehmen, meinte sie – aber Richie wollte nicht aufgeben. »Es geht mir nicht darum, zum Märtyrer zu werden«, erklärte er mir. »Sharon ist eine Rassistin, eine egozentrische Ziege, und es geschähe ihr recht, wenn Carly nicht mehr nach Hause kommen würde. Es würde mich befriedigen – ich bin stinksauer. Aber irgendetwas in mir sagt mir, dass sie erreichbar ist.«

Im Rahmen seiner Meditationspraxis hatte Richie kürzlich bei seinem Lehrer die »Bodhisattva-Gelübde« abgelegt. Dabei geht es um eine grundsätzliche innere Verpflichtung, sich von allem im Leben zu einer mitfühlenderen Haltung anregen zu lassen und dieses Mitgefühl aktiv allen Lebewesen entgegenzubringen. Für Richie hatten diese Gelübde noch eine besondere Bedeutung. »Ich will niemanden aufgeben, ich will nicht aufgeben, wer jemand sein kann«, erzählte er mir. Doch Richie war sich bewusst, dass er sich zunächst seiner Wut und dem, was dahintersteckte, stellen musste, bevor er auf Sharon zugehen konnte. »Daran möchte ich gerne mit dir arbeiten, Tara«, sagte er und lehnte sich auf seinem Stuhl zurück. »Ich wäre nicht so sauer, wenn ich mich nicht unsicher fühlen würde. Es ist dieses Grundthema des Selbstwerts – sie vermittelt mir, ich sei nicht gut genug für ihre Tochter.«

»Kennst du dieses Gefühl?«, fragte ich. – »Oh ja. Ich kenne das, seit mein Vater uns damals verlassen hat. Damals war ich nicht gut genug, meine Mutter glücklich zu machen.« Er saß eine Weile still da und fuhr dann fort: »Ich dachte, ich müsste seine Rolle übernehmen, aber das konnte ich natürlich nicht. Sie war immer niedergeschlagen, immer besorgt.« Richie lehnte sich kraftlos auf dem Stuhl zurück. »Es ist immer dasselbe Gefühl … Ich bin der Junge, der es nicht schafft, der nichts Gutes verdient. Und es brachte auch nichts, dass ich zu diesem College ging oder in einem ›weißen Beruf‹ arbeite. Dieses Gefühl der Unwürdigkeit liegt in der Kultur, Tara – aber dieser Typ fühlt sich immer noch wie ein kleiner Junge und kann das nicht auflösen.«

»Spüre mal genau hin: Kannst du wahrnehmen, was dieser Junge, der sich minderwertig fühlt, sich von dir am dringendsten wünscht?«

Er schwieg einen Moment und nickte dann. »Er möchte, dass ich ihn sehe, ihn bemerke und freundlich zu ihm bin.« – »Was passiert, wenn du dich liebevoll nach innen wendest?«

Richie saß eine Weile mit geschlossenen Augen da. Als er sie wieder öffnete, sah er aus dem Fenster. Dann wandte er mir den Blick zu und lächelte. »Danke«, sagte er leise. »Ich glaube, dieser Teil von mir braucht ein bisschen Zuwendung. Es fühlte sich eben an, als würde ich durch eine Kamera auf diesen Jungen schauen, der an einer unmöglichen Aufgabe scheitert. Er konnte das Leben seiner Mutter nicht in Ordnung bringen.«

Kapitel 12

Wir sprachen über den baldigen Thanksgiving-Besuch und wie Sharons Verhalten seine Unsicherheiten auslösen könnte. Richie hatte eine Idee: »Ich werde meine Kamera mitnehmen. Das hilft mir, das Kind in mir im Blick zu behalten – und Sharon. Und es hilft mir, liebevoll auf uns beide zu schauen.« Sichtlich entspannter schwang er die Beine über die Armlehne des großen Sessels, in dem er saß.

Richie meldete sich kurz nach dem Thanksgiving-Wochenende wieder bei mir. Sharon war ihm mit formeller Höflichkeit begegnet – alle anderen gehörten zur Familie, er war ein Gast. »Aber ich stellte mir immer wieder vor, sie durch den Sucher einer Kamera zu sehen«, erzählte er, »und dabei erkannte ich, wie sehr sie litt. Hinter ihrer kalten Art steckt ein ängstliches, angespanntes Herz.« Und er hatte eine befreiende Erkenntnis: »Nicht ich mache ihr Angst, sondern dass Carly nicht glücklich sein könnte.«

Ein paar Tage später schickte er mir zwei hervorragende Fotos von Sharon. Carlys Schwester hatte vor Kurzem ein Kind bekommen, und er hatte Sharon fotografiert, als sie gerade ihre neue Enkelin liebkoste und mit innigem Blick auf sie herabschaute. Das andere Foto war in einem spielerischen Moment entstanden, als ihr Ehemann sie neben sich herab auf das Sofa ziehen wollte und sie über ihn gepurzelt war. Richie hatte genau in dem Moment auf den Auslöser gedrückt, als sie einander lachend anschauten.

Dann kam Weihnachten. Am frühen Weihnachtsabend legte Carlys Vater, der den Weihnachtsmann spielte, zwei Päckchen vor Richie. Sharon hatte ihm im Internet ein paar Socken bestellt (zu große) und eine Schachtel Pralinen eingepackt (er aß fast keinen Zucker). Etwas später öffnete Sharon ihr Geschenk von Richie. Es waren die beiden Fotos, die er ein paar Wochen zuvor gemacht hatte, in schlichten, eleganten Rahmen. Sharon begann zu zittern und dann zu weinen. Ihr Mann und Carly gingen zu ihr hin, um zu sehen, was los war. Auf den Bildern mit ihrer Enkelin und ihrem Mann sah Sharon strahlend, liebevoll und glücklich aus.

Und nun saß sie da und weinte. Als sie sich beruhigt hatte, konnte sie immer noch nicht sprechen und winkte nur den anderen zu, dass sie mit der Bescherung fortfahren sollten.

Richie hatte Sharon wirklich »gesehen«, mit all ihrer Verletzlichkeit und ihrer inneren Schönheit. Indem er ihr das Gute in ihr widerspiegelte, zeigte er seine Zugewandtheit. Es dauerte noch anderthalb Jahre, bis sie sich entschuldigen und ihm sagen konnte, was ihr diese Geschenke bedeutet hatten. Weil er nicht aufgegeben hatte, begann sie, aufzutauen. Am darauffolgenden Abend bat Carlys Schwester Richie um eine Lektion in Swing-Tanzen, und er zeigte ihr ein paar Schritte zu Jazz-Musik von seinem iPod. Sie lernte schnell, und die anderen applaudierten, als die beiden ein paar flotte Runden durch das Wohnzimmer drehten. Carly warf einen schnellen Blick zu ihrer Mutter, die hinter den anderen in der Tür stand. Sie sah die Ahnung eines Lächelns und tränennasse Augen.

Segen spenden

Wenn uns jemand so sieht, wie wir sind, und uns hilft, auf unsere innere Güte und unsere Zugehörigkeit zu vertrauen, fühlen wir uns gesegnet. Eine Freundin von mir fühlte sich gesegnet, als ihre Tante sah, was sie dringend brauchte, und ihr das erste Meditations-Retreat bezahlte. Ein Mann, dessen junger Sohn an einem Gehirntumor gestorben war, fühlte sich gesegnet, als ihm der Rabbi versicherte, er könne mit der Seele seines Jungen Zwiesprache halten. Als Junge fühlte sich mein Schwiegervater von einem älteren Cousin gesegnet, als dieser seinen wachen Geist erkannte und ihm ein Silbenrätsel gab.

Die Ärztin und Autorin Rachel Naomi Remen erzählt uns die wundervolle Geschichte davon, wie sie den Segen ihres Großvaters erlebte: »Mein Großvater starb, als ich sieben Jahre alt war.

Ich hatte bis dahin nie in einer Welt gelebt, in der es ihn nicht gab, und es war schwer für mich, ohne ihn zu leben. Er hatte mich auf eine Weise angesehen, wie es niemand sonst tat, und er hatte mich bei einem besonderen Namen genannt – ›Neshume-le‹, was ›geliebte kleine Seele‹ bedeutet. Jetzt war niemand mehr da, der mich so nannte. Zuerst hatte ich Angst, dass ich, wenn er mich nicht mehr sehen und Gott erzählen würde, wer ich war, einfach verschwinden würde. Aber mit der Zeit begann ich zu begreifen, dass ich auf irgendeine geheimnisvolle Weise gelernt hatte, mich durch seine Augen zu sehen. Und dass einmal gesegnet worden zu sein, heißt, für immer gesegnet zu sein. Viele Jahre später, als meine Mutter in hohem Alter überraschenderweise begann, selbst Kerzen anzuzünden und mit Gott zu sprechen, erzählte ich ihr, wie viel mir die Segnungen meines Großvaters bedeutet hatten. Sie lächelte mich traurig an. ›Ich habe dich jeden Tag deines Lebens gesegnet, Rachel‹, sagte sie. ›Ich war nur nicht weise genug, es laut zu tun.‹«

Die meisten von uns müssen daran erinnert werden, dass wir gut und liebenswert sind und dazugehören. Wenn uns bewusst wäre, wie kraftvoll unsere Gedanken, Worte und Taten auf die Herzen unserer Mitmenschen wirken, würden wir immer wieder die Hand ausstrecken, um die eines anderen Menschen zu ergreifen. Unsere Beziehungen haben das Potenzial, heilige Zufluchtsorte zu sein, Orte der Heilung und des Erwachens. Mit jedem Menschen, dem wir begegnen, können wir lernen, hinter die Fassade zu schauen und jemanden zu sehen, der sich danach sehnt, zu lieben und geliebt zu werden. Und wir können uns daran erinnern, unsere Segnungen laut auszusprechen.

Geführte Meditation

Tonglen – Das mitfühlende Herz erwecken

In der tibetischen Praxis des Tonglen üben wir, Leiden aufzunehmen und Mitgefühl (Karuna) auszustrahlen. Anhand der geführten Meditation »Tonglen – Heilsame Präsenz und Angst« in Kapitel 9 habe ich eine Version dieser Praxis vorgestellt, bei der es um den Kontakt mit der eigenen Angst und das Erzeugen von Selbstmitgefühl ging. In der folgenden Praxis üben wir, die Realität der anderen zu spüren. Wenn wir das Leiden anderer in unser Herz aufnehmen, reagieren wir natürlicherweise mit Zartgefühl und Fürsorge.

Setzen Sie sich so hin, dass Sie entspannt und wachsam sein können. Lassen Sie alle gewohnheitsmäßigen Anspannungen los und erlauben Sie Körper und Geist, zur Ruhe zu kommen.

Die traditionelle Praxis des Tonglen beginnt damit, einen Moment lang die Stille oder Offenheit wahrzunehmen, die bereits vorhanden sind. Dies ist als eine kurze Erinnerung gemeint, eine Rückverbindung mit unserem erwachten Herzen und Geist.

Bringen Sie Ihre Aufmerksamkeit jetzt zu dem natürlichen Rhythmus und der Qualität Ihres Atems. Atmen Sie ein und lassen Sie dabei all Ihre Zellen diese Lebensenergie empfangen. Öffnen Sie sich mit jedem Einatmen und machen Sie sich ganz empfänglich, wie ein Ballon, der sich sanft mit Luft füllt und dadurch erweitert. Lassen Sie sich von den Empfindungen des Atems widerstandslos berühren.

Spüren Sie mit dem Ausatmen das Loslassen, das Freisetzens in den Sie umgebenden Raum hinein. Stellen Sie sich vor, wie sich Ihr ganzer Körper und Geist mit dem Ausatem in der Weite des Raumes auflöst. Atmen Sie in eine Entspannung, Leichtigkeit und Weite hinein aus.

Meditieren Sie in dieser Art weiter: Richten Sie Ihre Aufmerksamkeit mit dem Einatmen auf die Essenz des Empfangens, des Sich-berühren-Lassens, und mit dem Ausatmen auf das Loslassen in die Offenheit hinein.

Laden Sie jetzt jemanden aus Ihrem persönlichen Bekanntenkreis in Ihr Gewahrsein ein, der leidet und dem Sie helfen möchten. Versetzen Sie sich in die Lebensumstände dieser Person, erleben Sie ihre Angst, Verletzung oder ihren Verlust. Wie fühlt es sich an, die Welt durch die Augen dieses Menschen zu sehen? In diesem Körper zu leben? Mit diesem Herzen zu fühlen? Was ist das Schmerzlichste an der Erfahrung dieser Person, wo ist sie am verletzlichsten? Was braucht sie am meisten?

Laden Sie jetzt mit dem Einatmen all diesen Schmerz in Ihr Herz ein. Erlauben Sie sich, ihn ganz zu spüren. Atmen Sie ein, nehmen Sie den ganzen Schmerz auf sich, um dem anderen Menschen Erleichterung zu verschaffen. Und gehen Sie dann mit dem Ausatmen auf seine Bedürfnisse ein, indem Sie ihm Entspannung, Handlungsspielraum, Liebe oder etwas anderes schicken, was ihm Erleichterung und Freude bringt.

Manchmal werden Sie beim Einatmen vielleicht Ihren Widerstand gegen Schmerz spüren. Richten Sie in diesem Fall Ihren Fokus darauf, für sich selbst und die unzähligen anderen zu atmen, die wie Sie selbst Ärger, Abscheu oder Angst empfinden. Lassen Sie sich und anderen mit dem Ausatmen das zukommen, was Ihnen hilft, Erleichterung und Entspannung zu erfahren.

Wenn sich Ihr Widerstand daraufhin auflöst, können Sie wieder zu der Person zurückkehren, der Sie helfen möchten. Atmen Sie ein, lassen Sie sich dabei von dem Schmerz dieses Menschen berühren und spüren Sie, wie Sie diesen Menschen in Ihr Herz nehmen. Schicken Sie ihm mit dem Ausatmen das Gebet oder die Form von Fürsorge, die Sie dieser Person aufrichtig zukommen lassen möchten oder die diese Person am dringendsten braucht.

Erweitern Sie jetzt Ihr Aufnehmen und Aussenden um all jene, die in der gleichen Situation sind, die das gleiche Leiden erfahren. Wenn die Person, der Sie helfen möchten, über einen Verlust trauert, atmen Sie für alle, die unter dem Schmerz des Verlustes leiden, ein und aus. Wenn dieser Mensch sich als Versager fühlt, atmen Sie für alle, die sich als Versager fühlen, ein und aus. Spüren Sie beim Einatmen die bedingungslose Bereitwilligkeit, das Zartgefühl und die Empfänglichkeit Ihres Herzens, und spüren Sie beim Ausatmen die unendliche Weite des liebevollen, präsenten Gewahrseins, in das die Welt eingebettet ist.

Atmen Sie weiter, öffnen Sie sich der universellen Erfahrung dieses Leidens und lassen Sie das Leiden mit einem Gebet in die Weite des Raums hinein los. In dem Maße, wie sich Ihr Herz der Größe des Leidens öffnet, werden Sie zu dieser Offenheit. In dem Maße, wie Sie Ihr Zartgefühl anbieten, wird Ihr Gewahrsein von Mitgefühl erfüllt.

Flexibilität im Umgang mit dem Atem: Falls die Anweisungen zum Atmen Sie zu irgendeinem Zeitpunkt in Ihrer Erfahrung, das Leiden aufzunehmen und Erleichterung und Liebe auszuatmen, beeinträchtigen, passen Sie sie so an, wie es Sie in Ihrer Meditation am besten unterstützt. Vielleicht merken Sie, dass Sie tiefer mit der Erfahrung in Kontakt kommen, wenn Sie Ihre Aufmerksamkeit ein paar Atemzyklen lang nur auf das Ein- oder nur auf das Ausatmen richten. Oder Sie stellen fest, dass Ihnen die Übung leichter fällt, wenn Sie überhaupt nicht auf den Atem achten.

Im Alltag:
Wenn Sie in Ihrem Alltag mit Leiden in Berührung kommen, können Sie auch eine verkürzte Form des Tonglen durchführen. Wenn es ein Mensch in Ihrer Umgebung gerade schwer hat, können Sie innehalten und ein paar Atemzüge lang im Stillen seinen Schmerz ein- und Erleichterung für ihn ausatmen. Wenn Sie dabei einen Widerstand in sich bemerken oder Unlust auftaucht oder Angst vor dem Schmerz, können Sie Tonglen für sich selbst und alle anderen praktizieren, die es wie Sie schwierig finden, sich dem Schmerz zu öffnen.

Was immer sich zeigt, alles ist eine Gelegenheit, Mitgefühl zu praktizieren. Statt den Schmerz zu ignorieren oder uns zu verurteilen, können wir üben, uns unserem vollen Potenzial des Liebens zu öffnen.

Wann Tonglen nicht sinnvoll ist:
Menschen, die unter traumatischen Ängsten, chronischen Depressionen oder schweren psychologischen Störungen leiden, können sich emotional überwältigt oder innerlich festgefahren fühlen, wenn sie Tonglen praktizieren. In diesen Fällen ist es sinnvoll, sich von einem spirituellen Lehrer, einer Therapeutin oder sonst einem vertrauenswürdigen Begleiter beraten zu lassen, was für den eigenen Heilungsprozess am besten ist.

Herzensgüte – Hinter die Fassade schauen

Wann immer wir innere Güte erkennen, antwortet unser Herz, indem es sich in Liebe öffnet. Die folgende Version der Herzensgüte-Meditation beginnt mit der Liebe, die wir für die uns nahestehenden Menschen empfinden, und hilft uns dann, auch das Gute in jenen zu erkennen, die anders, schwer erreichbar oder gar verletzend sind.

Setzen Sie sich bequem und entspannt hin. Lassen Sie so viel Anspannung los, wie Sie können. Lockern Sie Ihre Schultern, lassen Sie Ihre Hände weich werden und entspannen Sie Ihren Bauch. Spüren Sie, wie sich ein Lächeln um Ihre Augen herum ausbreitet und die Muskeln und das Gewebe der Augenpartie weich werden lässt. Lassen Sie Ihren Mund ein wenig lächeln und spüren Sie dieses Lächeln auch innen in Ihrem Mund. Lächeln Sie in Ihr Herz, und stellen Sie sich dann vor, wie sich dieses Lächeln immer mehr ausdehnt und Ihre ganze Brust zu einem empfänglichen, zartfühlenden Raum wird.

Vergegenwärtigen Sie sich jetzt jemanden in Ihrem Herzen, den Sie lieben. Nehmen Sie sich ein wenig Zeit, sich die Qualitäten dieser Person bewusst zu machen, die Sie besonders schätzen. Erinnern Sie sich an ihre Intelligenz, ihren Humor, ihre Freundlichkeit und/oder ihre Lebendigkeit. Stellen Sie sich diese Person vor, wie sie Liebe für Sie empfindet. Seien Sie sich bewusst, wie gut, wach und zugewandt diese Person in ihrer Essenz ist. Spüren Sie in Ihrem Herzen, wie sehr Sie diesen Menschen schätzen, und beginnen Sie, für ihn zu beten. Sie können sich aus den folgenden Sätzen vier oder fünf aussuchen oder Ihre eigenen Formulierungen finden.

- *Mögest du von Herzensgüte erfüllt sein, mögest du von Herzensgüte umfangen sein. Mögest du jetzt meine Liebe spüren.*
- *Mögest du dich sicher und unbeschwert fühlen.*

- *Mögest du dich selbst so akzeptieren, wie du bist.*
- *Mögest du glücklich sein.*
- *Mögest du umfassenden, natürlichen Frieden erfahren.*
- *Mögest du Freude am Leben haben.*
- *Mögen dein Herz und dein Geist erwachen; mögest du frei sein.*

Während Sie diese Sätze der Herzensgüte flüstern, stellen Sie sich vor, wie es für diese Person sein mag, diese Segnungen zu erfahren – die ganze Fülle der Liebe, der Selbstwertschätzung, des Friedens, der Freude und der Freiheit.

Erweitern Sie jetzt den Wirkungskreis Ihrer Zuwendung, indem Sie sich eine »neutrale« Person vergegenwärtigen. (Das kann zum Beispiel jemand sein, dem Sie regelmäßig begegnen, den Sie jedoch nicht gut kennen oder zu dem Sie keine ausgeprägten Gefühle haben.) Nehmen Sie sich etwas Zeit, sich daran zu erinnern, wie dieser Mensch aussieht, sich bewegt und spricht. Versuchen Sie jetzt, sich diese Person vorzustellen, wie sie liebevoll auf ein geliebtes Kind schaut oder die Schönheit einer frisch verschneiten Landschaft bestaunt oder einfach entspannt und fröhlich ist. Erinnern Sie sich daran, dass dieser Mensch glücklich und frei von Leiden sein möchte. Wenn diese Person auf diese Weise für Sie lebendig geworden ist, bieten Sie ihr mit den oben genannten oder Ihren eigenen Sätzen Ihr Wohlwollen und Ihre liebevolle Zuwendung an.

Vergegenwärtigen Sie sich jetzt jemanden, mit dem Sie eine schwierige Beziehung haben – vielleicht jemand, der in Ihnen Angst oder Ärger auslöst oder von dem Sie sich verletzt fühlen. Nehmen Sie sich einen Moment Zeit, um sich freundlich und ohne Wertung Ihren eigenen Gefühlen zuzuwenden, die auftauchen, wenn Sie an diese Person denken. Kehren Sie dann zu dieser schwierigen Person zurück und versuchen Sie hinter ihre Fassade zu schauen. Versuchen Sie, einen Aspekt ihrer grundlegenden Gutheit zu erkennen. Es kann helfen, sich diese Person als kleines Kind vorzustellen, das friedlich schläft – oder am Ende ihres Lebens als jemand, der gerade gestorben ist. Erinnern Sie sich an etwas von dieser Person, was Sie bewundern, vielleicht einen Bereich, in dem sie besonders hingebungsvoll, fürsorglich oder kreativ ist? Falls es Ihnen schwerfallen sollte, das Gute in diesem

Menschen zu sehen, können Sie sich daran erinnern, dass alle Menschen glücklich sein und Leiden vermeiden wollen. Denken Sie daran, dass für diese Person das Leben genauso wichtig ist wie für Sie. Lassen Sie auf diese Weise Ihre Aufmerksamkeit sanft auf dieser Person ruhen und beginnen Sie damit, die Sätze der Herzensgüte zu sagen, die Ihnen am leichtesten fallen.

Stellen Sie sich als Nächstes vor, wie Sie all jene, für die Sie eben gebetet haben, zusammenbringen: einen Menschen, den Sie gerne haben, eine neutrale Person und eine, mit der Sie es schwer haben. Nehmen Sie sich einen Moment Zeit, auch sich selbst mit einzubeziehen, Ihre eigene Aufrichtigkeit und Güte zu würdigen, die Sie in diese Meditation eingebracht haben. Halten Sie auf diese Weise sich selbst und die anderen in Ihrem Herzen und spüren Sie die Ihnen allen gemeinsame Menschlichkeit, Verletzlichkeit und grundlegende Gutheit. Senden Sie allen zusammen Gebete der Herzensgüte und erkennen Sie, wie alle das Gleiche durchmachen.

Lassen Sie zum Abschluss Ihr Gewahrsein sich in alle Richtungen öffnen: nach vorne, zu den Seiten, nach hinten, nach oben und nach unten. Spüren Sie in diesem unendlichen Raum, wie Ihre liebevolle Präsenz alle Wesen umfasst: die wilden Tiere, die fliegenden, schwimmenden und laufenden; die Hunde und Katzen, die in unseren Häusern leben; die Lebensformen, die vom Aussterben bedroht sind; die Bäume, das Gras und die Blumen; alle Kinder; die Armen und die Reichen; die vom Krieg Heimgesuchten und die in Frieden Lebenden; die Sterbenden und die Neugeborenen. Stellen Sie sich vor, Sie könnten die Erde, unsere Mutter, auf Ihrem Schoß halten und alles Leben überall in Ihr grenzenloses Herz aufnehmen. Wenn Sie sich so des Guten in allen Lebewesen bewusst sind, können Sie wieder Ihre Gebete aussenden:

- Mögen alle Wesen von Herzensgüte erfüllt sein.
- Mögen alle Wesen tiefen, natürlichen Frieden erfahren.
- Möge Frieden auf Erden sein, möge überall Frieden sein.
- Mögen alle Wesen erwachen; mögen alle frei sein.

Wiederholen Sie diese Sätze mehrere Male. Ruhen Sie dann eine Weile in Offenheit und Stille. Wenn etwas in Ihrem Herzen und Ihrem Gewahrsein auftaucht, begegnen Sie ihm mit liebender Güte.

Im Alltag:
Es gibt viele Möglichkeiten, die Praxis der Herzensgüte im Alltag anzuwenden.

- *Beschließen Sie, sich eine Woche lang jeden Morgen das Gute in den Menschen, mit denen Sie zusammenleben, zu vergegenwärtigen. Schicken Sie ihnen dann im Verlauf des Tages, wann immer Sie daran denken, ein Gebet.*
- *Wenn ein geliebter Mensch oder jemand anderes in Ihnen Gefühle der Gereiztheit oder Verunsicherung auslöst, können Sie innehalten, sich ein konkretes Beispiel des Guten dieser Person vergegenwärtigen und innerlich flüstern: »Mögest du glücklich sein.«*
- *Wählen Sie eine »neutrale« Person, der Sie regelmäßig begegnen. Vergegenwärtigen Sie sich jedes Mal, wenn Sie ihr im Laufe der kommenden Woche begegnen, die innere Gutheit dieser Person und senden Sie ihr im Stillen gute Wünsche für ihr Wohlergehen. Achten Sie darauf, ob sich dadurch Ihre Gefühle zu dieser Person verändern.*
- *Wählen Sie eine »schwierige« Person und nehmen Sie sich jeden Tag etwas Zeit, sich die innere Gutheit dieses Menschen zu vergegenwärtigen. Wenn Sie dieser Person mindestens zwei Wochen lang Gebete der Herzensgüte geschickt haben, können Sie einmal nachspüren, ob sich Ihre Gefühle zu dieser Person verändert haben. Achten Sie auch darauf, ob sich vielleicht das Verhalten dieser Person zu Ihnen ändert.*
- *Entdecken Sie, was passiert, wenn Sie jemandem die Gutheit, die Sie in ihm sehen, mitteilen.*

Halten Sie Ihre Praxis frisch und lebendig: Alles, was ein Gefühl echter Verbundenheit und Zuwendung erzeugt, ist eine Praxis in Herzensgüte. Wenn sich Ihre formale Meditationspraxis der Herzensgüte etwas mechanisch anfühlt, können Sie mit Folgendem experimentieren:

- *Verwenden Sie Worte, die Ihnen jetzt gerade entsprechen.*
- *Flüstern Sie Ihre Gebete hörbar.*
- *Sprechen Sie den Namen der Person aus, für die Sie beten.*
- *Stellen Sie sich die Menschen, für die Sie beten, in Ihrem Herzen vor, oder wie Sie ihnen zärtlich über die Wange streicheln.*

- *Stellen Sie sich vor, wie sich diese Menschen durch Ihre Gebete geheilt, geliebt und aufgemuntert fühlen.*

Selbst wenige Momente der liebevollen Zugewandtheit und der Vergegenwärtigung des Guten in einem anderen Menschen vertiefen Ihre Verbindung mit der Reinheit Ihres liebenden Herzens.

13

Verlieren, was wir lieben –
Der Schmerz der Trennung

Die wir von Anfang an lieben,
lassen sich nicht übergehen oder vergessen.
Wenn sie gestorben sind, gilt es,
sie aus dem Sein zu weinen ...,
zu bestätigen,
dass das Abwesende nie wieder
da sein wird.
Dann kann der Verlorene
sich hinaufschwingen, können seine Millionen
Momente der Präsenz sich im Bewusstsein
frei zerstäuben wie Schnee,
der, über Nacht auf einen Fichtenzweig gefallen,
im Sonnenlicht des späten Vormittags
in glitzerndem Funkeln verweht.

Galway Kinnell

Schreie! Sei nicht stur und still in deinem Schmerz. Klage!
Und lass die Milch der Liebe in dich strömen.

Rumi

aber wenn ich vorher nichts esse, kriege ich davon Magenschmerzen ..., und es ist zu früh.« Dann der Gedanke »Ich bin wach«,
und während ich die Kissen unter meinen Knien hervorziehe und
mich langsam auf die Seite drehe, setzt das Stechen in meiner
Hüfte ein. Ein weiterer Morgen, ein weiterer Tag, an dem ich in
einem schmerzenden Körper leben muss.

Ich versuche, nicht daran zu denken, wie es einmal war. Ich kann die
junge Frau loslassen, die ich einmal war, die eine Yoga-Olympiade
gewann, indem sie über achtzehn Minuten lang in der Rad-Hal-
tung blieb. Ich kann die Frau loslassen, die an den meisten Tagen
fünf Kilometer joggte, die mit Begeisterung Ski fuhr und mit dem
Boogie-Board surfte, die Fahrrad fuhr und Tennis spielte. Aber was
ist damit, einfach durch die Hügel und Wälder hinter unserem
Haus zu streifen? Was ist damit, am Fluss entlangzuspazieren?

So viel ist weggefallen. Das Erste war eine Knieverletzung beim
Laufen. Die Instabilität der Knie machten Fahrradfahren und
Tennisspielen unmöglich. Ich verlegte mich aufs Schwimmen –
nur um herauszufinden, dass das Schwimmen den Bandschei-
ben in meinem Nacken schadete. Inzwischen ist selbst Gehen oft
schmerzhaft. Den Fußboden wischen, mich bücken, etwas hoch-
heben, was schwerer ist als eine Gallone (etwa vier Liter) Wasser,
solche Dinge können mir tagelang Beschwerden verursachen. Und
ich verliere auf allen Ebenen an Kraft, weil die meisten Arten, die
Muskeln zu stärken, meine Gelenke schädigen.

Bewegungsfreiheit zu verlieren, fühlt sich wie eine Art Tod an,
eine Trennung von einer Art von Lebendigkeit, die ich liebe.
Doch das Schlimmste ist der Blick nach vorne. Ich stelle mir vor,
wie ich mit meinen zukünftigen Enkelkindern zusammen bin
und sie weder hochnehmen noch auf dem Boden mit ihnen her-
umtollen, noch im Wasser planschen oder auf dem Rasen Fangen
spielen kann. Ich stelle mich als Gefangene in einem schmerzenden Körper vor.

Verlust-Gemeinschaft

Weil meine genetische Disposition selten und wenig erforscht ist, fühlte ich mich in der ersten Zeit nach meiner Diagnose mit meinem Schmerz sehr allein. Doch meine Krankheit hat mich allmählich in die »Verlust-Gemeinschaft« eingeführt, wie eine Freundin von mir es nannte. Der Übergang in meinen neuen Zustand hat in mir ein tiefes Verständnis dafür geweckt, wie es für andere ist, wenn ihnen etwas genommen wird, was sie sehr lieben. Auch zuvor haben mir viele Menschen ihre Geschichten anvertraut, doch als mein Leiden sichtbarer wurde, wagten auch sie, noch mehr Verletzlichkeit zu zeigen. Eine Frau erzählte, ihre Einsamkeit fühle sich an wie ein niemals endender Tod. Eine andere sprach von einer Angst, die so schmerzhaft sei, dass sie fürchte, ihr Herz werde versagen.

Die Suche des Buddha nach Freiheit begann, als er die Tatsache erkannte, dass wir alles verlieren werden, was uns kostbar ist. Als junger Prinz Siddhartha Gautama lebte er ein beschütztes Leben in einem Königreich, das ihn mit allen irdischen Bequemlichkeiten, Freuden und Genüssen versorgte. Doch eine innere Unruhe trieb ihn hinaus, und er begegnete zuerst einem kranken Mann, dann einem alten Mann und schließlich einer Leiche. Mit einem Ruck erwachte Siddhartha aus seiner Trance des Wohlbehagens. Es war ihm nicht mehr wichtig, dass er eine schöne, hingebungsvolle Frau hatte und eines Tages König und Oberbefehlshaber einer großen Armee sein würde. Nur eine brennende Frage beherrschte ihn: Wie können wir Menschen in unserem Leben Frieden und Freiheit finden, wenn Leiden und Verlust unausweichlich sind?

Ein Freund und langjähriger Buddhist sah eine Fernsehsendung über das Leben des Buddha, während er sich von einem schweren Herzinfarkt erholte. Als er die Szene über die drei Begegnungen sah, traf ihn der Gedanke wie ein Blitz: »Es *gibt* das Alter! Es *gibt* Krankheit! Es *gibt* den Tod! Warum war mir das vorher nie klar?« Natürlich war es ihm intellektuell auch vorher schon

bewusst gewesen. Doch jetzt wusste er es wirklich. Wir verlieren
diesen Körper. *Diesen* geliebten Menschen. Die Fortsetzung *dieses*
Lebens in die Zukunft.

Abwehr gegen Verlust

Der Buddha lehrte, wir seien den größten Teil unseres Lebens wie
Kinder in einem brennenden Haus – so vertieft in unser Spiel,
dass wir die Flammen, die zusammenbrechenden Wände, die
Erschütterung des Fundaments und den Rauch um uns herum
gar nicht bemerken. Die Spiele sind unsere falschen Zufluchten,
unsere unbewussten Versuche, das Leben auszutricksen und zu
kontrollieren, um den unvermeidlichen Schmerzen zu entgehen.

Doch dieses Leben besteht nicht nur aus Verbrennen und Zusammenbrechen. In der Zen-Dichtung und -Malerei wird auch eine
fließende, blühende, tanzende, sich entfaltende und hervorbre-
chende Natur gefeiert. Kummer und Freude sind unzertrennlich
miteinander verbunden. Wenn wir uns von der Realität des Verlustes ablenken, verpassen wir auch die Schönheit, die Kreativität
und das Geheimnis dieser sich ständig wandelnden Welt.

Ich möchte an dieser Stelle sagen, dass es auch eine kluge und
mitfühlende Reaktion sein kann, sich der vollen Wucht eines
Verlustes zu entziehen, um sich Zeit und Raum zum Durchatmen oder eine gewisse Perspektive und Balance zu verschaffen. Es
muss keine falsche Zuflucht sein, wenn wir uns kurz nach einem
Verlust mit allem Möglichen beschäftigen – uns in die Arbeit
stürzen, in Bücher oder Filme – oder die Gesellschaft anderer
Menschen suchen.

Dasselbe gilt auch, wenn wir uns von unseren gewöhnlichen Aktivitäten und sozialen Kontakten zurückziehen möchten. Doch
meistens sind unsere Arten, uns Erleichterung zu verschaffen,

weder gesund noch vorübergehend, sondern werden zu andauernden Strategien, unser Erleben zu kontrollieren, um uns nicht unserem Kummer stellen zu müssen.

Der Schutzwall der Anklage

Vor einigen Jahren arbeitete ich mit einem Paar, dessen Sohn Ron als Jugendlicher an Leukämie gestorben war. In den letzten drei Jahren von Rons Leben hatten sie verzweifelt jede medizinische Möglichkeit verfolgt, die sie finden konnten. Louise, die meine Klientin war, kündigte ihre Arbeit, und ihr Mann Tony ging auf Teilzeit. Ihr Leben war eine ständige Achterbahnfahrt. Ab und zu hatte Ron Energieschübe, die sie in ihrer grimmigen Entschlossenheit bestärkten, »die Krankheit zu besiegen«. Als der Junge starb, waren beide am Boden zerstört. Doch ohne ihren gemeinsamen Feind begannen sie, sich gegeneinander zu wenden. »Tonys Gegenwart erinnert mich immer wieder daran, was ich verloren habe, an dieses riesige klaffende Loch in meinem Leben«, sagte Louise. »Ich weiß im Prinzip, dass es nicht sein Fehler ist, aber das hilft nichts. Da gibt es diese Stimme in mir, die schreit: ›Du hast mein Kind nicht gerettet!‹« Tony war zuerst erschrocken, dann verletzt und dann wütend. Nach acht Monaten trennten sie sich.

Nachdem Tony weg war, lenkte Lousie ihre Anklage auf andere. Bei unseren Sitzungen erzählte sie mir, wie eine Person nach der anderen sie irgendwie im Stich ließ – ihr in dem Trennungsprozess von Tony nicht beistand, den unsäglichen Verlust nicht verstand, unter dem sie litt. Als sie irgendwann begann, wieder mit Männern auszugehen, entstanden nur kurze, vorübergehende Beziehungen. »Sie verstehen einfach nicht, wie das ist«, meinte sie. Louise hatte sich festgefahren – zu dem Leiden unter dem Verlust ihres Sohnes kamen jetzt das Leiden, sich ungerecht behandelt zu fühlen, und die Einsamkeit.

Vorwürfe und Anklagen sind eine falsche Zuflucht, die unser Herz verhärten und uns von dem Empfinden des Kummers entfernen. Unser Ärger oder Hass mag sich auf den Partner fixieren, der uns wegen einer anderen Frau verlassen hat; oder auf die Exfrau, die uns das Besuchsrecht verweigert; oder auf die Jugendlichen, die unseren Sohn zu Drogen verführt haben. Oder wir reagieren auf einen Verlust mit einer allgemeineren Wut wie mein Klient Justin.

Justin und Donna hatten sich auf dem College kennengelernt, wo sie sich beide in einem Freiwilligendienst in der Gemeinde engagiert hatten. Sie heirateten kurz nach ihrem Abschluss. Donna studierte Jura und lehrte Rechtswesen, Justin studierte und lehrte Geschichte und betreute ein Basketballteam eines kleinen städtischen Colleges. Ihre Lehrtätigkeiten, ihre Leidenschaft für Tennis und ihr gemeinsames Engagement für benachteiligte Jugendliche bescherten ihnen ein erfülltes, befriedigendes Leben.

Als Justin unerwartet zum Professor befördert wurde, war Donna gerade auf einer Konferenz. Sie nahm sich einen früheren Rückflug, um mit ihm zu feiern. Auf ihrem Heimweg vom Flughafen kam ein großer Lkw ins Schleudern und zerquetschte ihren Wagen. Sie war sofort tot.

Donnas Tod war fast ein Jahr her, als Justin mir eine E-Mail schickte und mich um ein paar Telefon-Sitzungen bat. »Ich muss wieder zu mehr Achtsamkeit zurückfinden«, schrieb er. »Die Wut droht mir auch noch den Rest meines Lebens zu zerstören.«

In unserem ersten Gespräch erzählte mir Justin, seine unmittelbare Reaktion auf Donnas Tod sei Zorn auf einen ungerechten Gott gewesen. »Wenn ich Gott nicht fluchte, zeigte ich ihm meine Faust. Ich verlangte Antworten. ›Sie war so gut, so freundlich, sie wurde so gebraucht hier auf der Erde … Warum sie? Und warum ich? Wie konntest du sie mir nehmen? Was habe ich getan, dass ich das verdient hätte?‹« Justin war ein Afroamerikaner aus einer Arbeiterfamilie. Das College hatte er sich durch ein Basketball-Stipendium ermöglicht. Er kümmerte sich hingebungsvoll um seine Studenten und seine Mannschaft und machte bereitwillig Überstunden, wenn jemand persönliche oder inhaltliche Unterstützung brauchte. »Ich habe alles sehr gerne gemacht, aber Donna war der Mittelpunkt meines Lebens. Sie war meine Seelenpartnerin … und jetzt ist sie nicht mehr da. Es zählt nicht, dass ich immer mein Bestes gegeben habe, immer versucht habe, ein guter Mensch, ein guter Christ zu sein. Gott hat sich von mir abgewendet.«

In dem Jahr nach Donnas Tod verwandelte sich Justins Zorn auf Gott in eine allgemeinere Wut gegen Ungerechtigkeit und einen Drang, sich gegen die Mächtigen aufzulehnen. Er hatte sich immer für soziale Belange eingesetzt, doch jetzt zog er Konflikte an wie ein Blitzableiter. Er führte einen aggressiven Kampf für mehr Chancengleichheit auf dem Campus und legte sich öffentlich mit der Verwaltung an, weil sie sich nicht mehr für die städtische Gemeinde einsetzte. Sein Vorgesetzter war immer ein zuverlässiger Verbündeter gewesen, doch jetzt konnten sie sich nicht mehr gut verständigen. »Es geht nicht um dein Engagement, da stehe ich voll und ganz dahinter«, hatte er Justin gesagt. »Es geht um deine Feindseligkeit, deine Einstellung. Damit habe ich ein Problem.« Justins ältere Schwester, die immer seine Vertraute gewesen war, hatte ihn auch schon darauf angesprochen: »Deine grundsätzliche Haltung ist von Misstrauen und Abwehr geprägt«, hatte sie gesagt, »du bist so ungeheuer reizbar – es geht immer um ›Du gegen die Welt.‹« Ich fragte ihn, ob da etwas Wahres dran sei, und er antwortete: »Als ich Donna verlor, verlor ich meinen Glauben. Bis dahin hatte ich daran geglaubt, dass in dieser Welt eine gewisse geistige Gesundheit überwiegt. Aber jetzt …, ich finde es schwer, mich *nicht* so feindselig zu fühlen.«

Der Schmerz eines Verlustes motiviert oft zu Engagement. Mütter haben sich unermüdlich für Gesetze gegen Alkohol am Steuer eingesetzt; andere kämpfen für eine Einschränkung des Rechts auf Waffenbesitz; Schwule und Lesben gehen gegen Vorurteile und Diskriminierung auf die Straße. Der Einsatz für gesellschaftliche Veränderungen kann ein wichtiger, belebender Aspekt der Heilung sein. Doch Justins unbewältigter Zorn ließ ihn den Prozess des Trauerns vermeiden. Seine Wut hätte ihm ein Gefühl von Sinnhaftigkeit geben können, doch er blieb in der Opferhaltung, kämpfte gegen Gott und das Leben, unfähig, wirklich zu heilen.

Der zweite Pfeil – Selbstanklage

Wenn wir einen großen Verlust erlitten haben, tun wir uns selbst oft unter anderem dadurch weh, dass wir meinen, versagt zu haben. Wir meinen vielleicht, andere im Stich gelassen zu haben: »Ich hätte bei ihr sein sollen, als sie ihren letzten Atemzug tat«, oder: »Ich war in den letzten Monaten so beschäftigt, ich war nicht wirklich bei ihr präsent.« Oder unsere Gedanken und Gefühle kreisen um unsere Verantwortung für unsere kaputte Ehe, unseren verlorenen Job, unsere schlechte Gesundheit oder unsere schwierigen Emotionen, die wir nicht im Griff haben. Dem Schmerz des Verlustes fügen wir noch den zweiten Pfeil der Selbstbezichtigung hinzu.

Warum tun wir das? *Weil wir hoffen, durch Selbstanklage die Kontrolle über die Situation zurückzugewinnen.* Im Verlust erleben wir unsere grundsätzliche Ohnmacht, und wir tun alles, was in unserer Macht steht, um die Urangst zu verdrängen, die mit dem Kontrollverlust einhergeht. Ein großer Teil unserer alltäglichen Aktivitäten dreht sich darum, die Dinge im Griff zu behalten, vorbereitet zu sein und Schwierigkeiten zu vermeiden. Wenn das nicht funktioniert, ist unsere nächste Verteidigungslinie, uns selbst die Peitsche zu geben, um uns in Form zu bringen: Wenn wir nur anders wären, denken wir, könnten wir uns vor weiterem Leiden schützen. Doch der Kriegszug gegen uns selbst führt leider nur zu mehr Schmerz.

Meine Krankheit lehrt mich das immer und immer wieder. Sobald ich erkannt habe, dass ich wieder meine Knie oder meinen

Rücken überbelastet habe – weil ich einen steilen Hang hinaufgegangen bin, weil ich eine schwere Tasche hochgehoben habe –, taucht ein Urteil in mir auf: »Ich hätte es besser wissen sollen. Wann werde ich endlich lernen, vorsichtiger zu sein?« Und wenn ich mich schwach und krank fühle, kann ich in die Gegenrichtung gehen: Dann schimpfe ich mit mir, dass ich nicht genug Zeit und Energie für mein körperliches Wohlbefinden aufbringe.

Während eines Familienurlaubs in Cape Cod dachte ich, ich hätte einen prima Weg gefunden, meine Endorphine wieder fließen zu lassen: Power-Walking am Strand. Es war ein Fehler. Als ich zurück nach Virginia fuhr, hatte ich im gesamten Körper Entzündungen und konnte keine Treppen mehr steigen. Es zog sich wochenlang hin, und meine Stimmung sank ins Bodenlose. Jonathan musste sich um mich kümmern, und ich war eine schreckliche Patientin, deprimiert, egozentrisch und ständig gereizt.

Eines Morgens hatte ich eine entscheidende Meditationserfahrung. Ich stellte mir eine Frage, die sich oft als hilfreich erwiesen hat: »Was steht zwischen mir und meiner Präsenz?« Zuerst wandte sich meine Aufmerksamkeit den bekannten Gefühlen der Hitze, des Schmerzes und des Unwohlseins in meinem Körper zu. Als Nächstes spürte ich eine Welle von Ärger und Frustration aufsteigen – Tag für Tag war ich eingeschränkt und krank. Eine Stimme in meinem Kopf sagte: »Ich hasse diese ganze Situation …, ich hasse mein Leben.« Und im nächsten Moment sagte die Stimme schneidend: »Ich hasse mich selbst.«

Ich hatte die Stimme des Selbsthasses lange nicht mehr gehört, und sie öffnete mir die Augen. Ich begann nachzuforschen: Wen genau hasste ich? Ich hasste dieses Selbst, das so voller Selbstmitleid war; das die Demütigung hinnehmen musste, auf Hilfe angewiesen zu sein; das mit der ganzen Situation so humorlos und verbissen umging. Doch am schlimmsten war das Selbst, das so viel Zeit nur über sich selbst nachdachte, das egozentrisch und selbstsüchtig war.

Der Selbsthass löste eine Flut der Verzweiflung aus. »Ich kann es einfach nicht besser, ich kann es einfach nicht besser«, wiederholte ich. Es fühlte sich an, als ob jener Teil von mir, der es »richtig« machen sollte, um Verständnis flehte. Ich hatte es wieder und wieder versucht, aber wenn ich mich krank fühlte, konnte ich keine nettere, weniger selbstzentrierte Person aus mir machen. Mein Herz wurde weicher und eine Welle des Kummers durchlief mich. Indem ich mich gegen mich selbst wandte, hatte ich mich von meinen Lieben und von meinem eigenen Herzen abgetrennt. »Bitte«, betete ich, »möge ich im Zusammenhang mit dieser Krankheit freundlich mit mir umgehen.«

Das Ringen darum, gut zu sein

Von frühester Kindheit an lernen die meisten von uns, gut zu sein, um Anerkennung und Liebe zu erhalten. Wenn wir einen Verlust erleiden, fallen wir in dieses Muster zurück: Wenn wir nur gut sind, werden wir vielleicht nicht bestraft; wenn wir nur gut sind, können wir vielleicht die Liebe oder die Sicherheit zurückgewinnen, die wir verloren haben; wenn wir nur gut sind, wird sich vielleicht jemand um uns kümmern.

Und so fangen wir an, mit Gott oder dem Schicksal zu handeln. Wir versprechen, uns nur noch gesund zu ernähren, mehr Sport zu treiben, großzügig zu sein und regelmäßig zu beten: »Ich werde nie wieder jemanden wütend anbrüllen, wenn *du* mich nur vor einem weiteren Herzinfarkt bewahrst.« »Ich werde keinen Drink mehr anrühren, wenn *du* sie nur zu mir zurückbringst.« Und selbst wenn nichts davon funktioniert, selbst wenn wir mit dem Tod konfrontiert sind, streben wir danach, vor uns selbst und anderen als gut, heldenhaft oder erleuchtet dazustehen.

Sie fragen sich jetzt vielleicht, warum das eine falsche Zuflucht ist. Was soll schlecht daran sein, uns verbessern zu wollen oder vor anderen ein gutes Bild darstellen zu wollen? Und warum sollen wir uns nicht gut über uns selbst fühlen wollen? Wenn wir das Leben zu steuern versuchen, leben wir es nicht voll und ganz. Wenn wir all unsere Energie darauf verwenden, unseren Maßstäben eines »guten« Menschen zu entsprechen, verpassen wir vielleicht die Geborgenheit und die Nähe, die uns mit anderen möglich gewesen wären.

Julia war eine gute Freundin und Mitglied unserer Meditationsgemeinschaft. Als ihr mitgeteilt wurde, dass ihr Brustkrebs zurückgekehrt war, beschloss sie, ihre spirituelle Praxis auf alles anzuwenden, was auf sie zukam. Sie verabredete auch regelmäßige Sitzungen mit mir, um sich während der Behandlungszeit unterstützen zu lassen. Obwohl sie sich von ihrer Arbeit als Sozialarbeiterin freistellen ließ, bestand sie darauf, in unserer Gemeinschaft weiterhin Freiwilligendienste zu leisten. Ich erinnere mich daran, wie sie eines Nachmittags mit einem bunten Schal um ihren nackten Kopf gegen die Wand gelehnt dastand und einem neuen Mitglied unserer Gemeinschaft gut zuredete. In einer Pause fragte ich sie, ob es wirklich eine gute Idee sei, ihre Energie auf diese Weise einzusetzen. »Ich fühle mich besser, wenn ich helfen kann«, antwortete sie. Und setzte mit einem Lächeln hinzu: »Ich muss — weiß Gott — mal Pause machen, immer über mich selbst nachzudenken.« Erst sehr viel später gab sie zu, an jenem Nachmittag unbeschreiblich erschöpft zu Hause angekommen zu sein.

Julia wohnte in der Nähe der Klinik und ging oft zu Fuß zur Chemo. Sie wollte weder begleitet noch hingefahren werden. Ihre Freunde machten sich über ihre sture Unabhängigkeit Sorgen. »Ihr Krebs hat Metastasen gebildet, sie wird sich wahrscheinlich nicht mehr erholen. Wann wird sie sich helfen lassen?«, fragte eine Freundin.

Julia und ich trafen uns kurze Zeit später, und sie gestand: »Wenn ich Schmerzen habe, möchte ich, dass alle weggehen, damit ich damit alleine umgehen kann.« – »Wie ist das für dich«, fragte ich, »allein zu sein, wenn du große Schmerzen hast?«

»Nun«, meinte sie zögerlich, »ich will niemanden da haben, aber ...
wenn die Stunden so vergehen, fühle ich mich dann doch oft
schrecklich einsam. Ich habe dieses Bild, wie die Welt – wie alles,
was ich mir vorstellen kann – sich in einen fernen Nebel zurückzieht. Und ich bin in einem krebsdurchwucherten Körper eingesperrt.« – »Was wäre, wenn in solchen Augenblicken jemand bei
dir wäre?«, fragte ich sie.

Julia schwieg einen Moment. »Ich kann mir nicht vorstellen, dass
dann irgendjemand bei mir sein wollte«, sagte sie leise. »Ich kann
es nur schwer zugeben, selbst dir gegenüber. Meine Welt ist ziemlich klein geworden. Manchmal versuche ich nur, am Wasser zu
nippen, ohne zu würgen. Da ist nicht viel Achtsamkeit übrig. Die
meiste Zeit fühle ich mich jämmerlich und versuche nur verbissen, es durchzustehen.« Sie hörte auf zu reden, sank erschöpft auf
das Sofa zurück und starrte zu Boden. »Julia, ich bin froh, dass
du mir das erzählst«, sagte ich. »Ich möchte gerne wissen, wie es
in dir aussieht. Ich möchte in diesem Prozess für dich da sein, so
gut ich kann.«

Sie atmete tief und sah mich an. »Meine Freunde wollen die tap-
fere, positive Julia sehen, die spirituelle Julia, nicht die, die sich
geschlagen gibt, die sich unsicher ist, warum sie weiterleben
sollte.« Sie hielt wieder inne und sah mich gequält an. »Es gibt
Zeiten, da ist alles Vertrauen, das ich je hatte – in die Meditation,
in den spirituellen Weg –, wie weggeblasen. Dann fühle ich mich
nur noch verängstigt und einsam. Ich will nicht, dass andere mich
so sehen. So will ich nicht sein.«

Auge in Auge mit dem Kontrolleur

Zu derselben Zeit, in der Julia mit ihrer Krankheit kämpfte,
schrieb eine andere Freundin, die gerade eine Chemotherapie
machte, mir folgende Zeilen: »Ich stelle fest, dass der Krebs – und

vielleicht besonders seine Behandlung – ein beständiges Abstreifen von allem, was mir je wichtig war, bedeutet. Stück für Stück geht alles, was ich dachte, was ich bin. Gestern war es das Abrasieren des letzten Rests meiner Haare. Es ist ein Schnellkurs in Loslassen, Demut und Erniedrigung.«

Krank zu werden, dem Tod näher zu kommen, kann unsere Identität als guter Mensch, als wertvoller Mensch, als würdiger Mensch, als spiritueller Mensch auflösen. Es konfrontiert uns auch mit der Kern-Identität des Raumanzug-Selbst, dem »Kontrolleur«. Der Kontrolleur ist der Geschäftsführer des Ego, jener Teil von uns, den wir für unsere Entscheidungen und den allgemeinen Kurs unseres Lebens verantwortlich machen. Der Kontrolleur macht ständig Pläne, macht sich Sorgen, versucht sich zu vergewissern, dass alles sicher und in Ordnung ist, und kann uns zumindest vorübergehend ein Gefühl der Selbstwirksamkeit und des Selbstvertrauens geben. Doch große Verluste heben den Kontrolleur aus den Angeln. Wir konnten uns selbst (oder unseren Partner) nicht so weit verändern, dass wir zusammenbleiben konnten. Wir konnten unseren Vater nicht davor schützen, sich durch seine Krankheit entwürdigt zu fühlen. Wir konnten unsere Tochter nicht davor bewahren, magersüchtig zu werden; wir konnten nicht verhindern, dass unser erwachsener Sohn das Sorgerecht für seine Kinder verlor. Wir konnten unserem Boss nicht zeigen, wie wertvoll wir sind, und so unseren Arbeitsplatz behalten. Wir konnten nicht, wie Julia, durch die finstersten Phasen einer Krankheit gehen und uns unseren Glauben bewahren.

Wenn unser Selbstschutz aufbricht, sind wir ungeheuer zerbrechlich und verletzlich. Manchmal versuchen wir nach Kräften, den Kontrolleur wieder ans Ruder zu bringen – indem wir geschäftig umherflitzen, andere anklagen, uns selbst anklagen oder irgendwie versuchen, die Dinge in Ordnung zu bringen. Aber wenn wir bereit sind, die Lücke anzuerkennen, wenn wir gegenwärtig bleiben können, ohne zu kontrollieren, dann wird Heilung möglich.

Tiefere Hingabe

Mein Kontrolleur kann mir den Verlust monatelang vom Leibe halten. Wenn ich Dinge tun kann – lehren, unserer Gemeinschaft dienen, andere beraten –, bewahre ich festen Boden unter den Füßen. Doch vor einigen Jahren, direkt vor unserem Winter-Meditations-Retreat, brach mein Körper zusammen. Ich musste in die Klinik, war unfähig, zu lesen, zu gehen, ohne Tropf zur Toilette zu gehen, geschweige denn zu lehren.

Ich erinnere mich, wie ich in der ersten Nacht schlaflos in meinem Krankenhausbett lag. Gegen drei Uhr nachts kam eine ältere Krankenschwester vorbei, um meine Werte zu überprüfen. Als sie merkte, dass ich ihr zusah, lehnte sie sich über mich, strich mir freundlich über die Schulter und flüsterte mitfühlend: »Oje, Sie fühlen sich ziemlich erbärmlich, stimmt's?«

Als sie aus dem Zimmer ging, strömten mir die Tränen über das Gesicht. Ihre freundliche Geste erlaubte mir, zu spüren, wie verletzlich ich mich fühlte. Wie schlimm würde es noch werden? Was, wenn es mir nicht mehr gut genug gehen würde, um zu lehren? Sollte ich mich aus dem Vorstand unserer Meditationsgemeinschaft zurückziehen? Würde ich noch vor einem Computer sitzen und schreiben können? Es gab nichts in meiner Zukunft, worauf ich mich verlassen konnte. Dann kam mir ein Vers von Rumi in den Sinn:

> *Vergiss die Zukunft ...*
> *Anbeten würde ich, wer das könnte ...*
> *Wenn du sagen kannst: »Da kommt nichts«,*
> *wird nichts da sein.*
> *Die Heilung für den Schmerz ist der Schmerz.*

Ich begann, darüber nachzusinnen. Ich wiederholte immer wieder: »Da kommt nichts, da kommt nichts.« Alle meine Vorstellungen über die Zukunft lösten sich auf. Was blieb, war das, wovor ich geflohen war: der Druck der puren Angst, der mein Herz zusammenschnürte. Als ich die Angst zuließ – mich ihr zuwandte, mit ihr atmete –, spürte ich einen tiefen, einschneidenden Kummer. »Bleib einfach dabei«, redete ich mir gut zu. »Öffne dich *dem.*« Der Schmerz zerriss mir schier das Herz. Ich schluchzte leise in mich hinein (um meine Zimmergenossin nicht zu stören) und ließ mich von einer Welle des Kummers nach der anderen durchschütteln. Das Haus brannte, und dieses menschliche Selbst stand Auge in Auge mit seiner Zerbrechlichkeit, seiner Vergänglichkeit, mit der Unausweichlichkeit des Verlustes. Doch als mein Weinen abebbte, stellte sich eine gewisse Erleichterung ein. Es war kein Frieden – ich hatte immer noch Angst, krank und aus dem Leben ausgeschlossen zu sein –, aber einen Moment lang war die Last verflogen, der Kontrolleur zu sein, war die Idee weg, ich könnte meine Zukunft steuern oder mich gegen den Verlust wehren. Es war klar, dass mein Leben nicht in meinen Händen lag.

Jene sechs Tage im Krankenhaus waren eine Lektion in Demut und Hingabe. Mit einem Puls, der nicht über fünfundvierzig zu bringen war; mit ratlosen Ärzten; mit Essen, das ich nicht vertrug; mit einem ständig verschobenen Entlassungstermin. Doch das Erstaunlichste war, zu beobachten, wie der Kontrolleur darum rang, die Situation im Griff zu behalten.

Am dritten Tag wanderte ich durch die Gänge der kardiologischen Abteilung, erschüttert darüber, wie schwach ich mich fühlte, völlig ungewiss, was meine Zukunft betraf. Dann sprang mein Verstand plötzlich zum zehntausendsten Male an und malte sich aus, wie ich mein Leben umorganisieren würde, was ich absagen müsste, wie ich mit diesem verfallenden Körper umgehen würde. Als ich erkannte, dass der Kontrolleur wieder im Sattel saß, kehrte ich in mein Zimmer zurück und ließ mich erschöpft auf mein erhöhtes Krankenhausbett fallen. Während ich da lag, brachen auch die kreisenden Gedanken zusammen, und ich sank unter die Oberfläche, in den Schmerz hinein.

Der tibetische Lehrer Chögyam Trungpa lehrte, die Essenz einer befreienden spirituellen Praxis sei, »bis an unsere Grenze zu gehen und weich zu werden«. Meine Grenze war genau hier: die akute Einsamkeit, die Verzweiflung über die Zukunft, die Angst, die mir den Atem nahm. Ich wusste, ich musste weicher werden, mich öffnen. Ich versuchte, meine Aufmerksamkeit dort zu halten, wo der Schmerz am größten war, aber etwas in mir hielt mich zurück. Es war, als würde ich dann in ein schwarzes Loch fallen und sterben. Sanft und zögernd begann ich mich zu ermutigen, zu fühlen, was da war, und weicher zu werden. Je schmerzhafter der Kummer war, desto zarter wurde meine innere Stimme. An einem gewissen Punkt legte ich mir die Hand aufs Herz und sagte: »Liebes, mach dich einfach weich …, lass los, es ist okay.« Als ich mich endlich in jenes schmerzende Loch des Kummers sinken lassen konnte, trat ich in einen Zustand ein, der von der Zartheit reiner Liebe erfüllt war. Sie umhüllte mich, hielt mich, durchdrang mein ganzes Sein. An meine Grenze zu gehen und weich zu werden, bedeutete, in eine zeitlose, liebevolle Präsenz hinein zu sterben.

Das Krankenhaus war in vielerlei Hinsicht ein wundervoller Ort, um zu üben. So wenig Kontrolle, so viele Stunden allein, so viele Runden Verletzlichkeit. In den verbleibenden Tagen wiederholte ich mir immer und immer wieder: »Liebes, mach dich einfach weich.« Wann immer ich spürte, wie ich mich durch ängstliches Planen und Sorgen verspannte, benannte ich es als »meine Grenze«. Dann lud ich mich ein, weich zu werden. Eine freundliche Haltung war das Entscheidende. Als ich nach Hause kam, waren die Geschichten und die Ängste bezüglich meiner Zukunft immer noch da. Der Kontrolleur kam und ging. Aber ich vertraute mehr darauf, mich auf mein Leben mit einem offenen, präsenten Herzen einlassen zu können.

Unbetrauerter Verlust

Wenn Sie je tief getrauert haben, wissen Sie um Hingabe. Solches Trauern ist gesund, reinigend und klug. Es hilft uns, den Schmerz des Verlustes zu verarbeiten und weiterzuleben. Es öffnet uns wieder für die Liebe. Doch bei vielen Menschen verlässt der Kontrolleur nicht ausreichend seinen Posten, als dass sich die volle Trauer entfalten könnte. Dann schleppen wir den verdrängten Kummer jahrelang mit uns herum. Der frühe Verlust eines Kindes, sexueller Missbrauch, die Scheidung der Eltern, Lebensjahre, die der Sucht anheimfielen, der Tod eines nahestehenden Freundes – derartiges kann, tief verschlossen in unserem Körper und Geist, immer noch in uns arbeiten.

Unbetrauerter Verlust kostet einen Preis: Er verhindert unsere volle Teilnahme an dem Leben, das wir lieben. Das mag sich in einer Art Gefühlstaubheit zeigen, in der uns die Schönheit oder die Liebenswürdigkeit anderer Menschen nicht berührt; vielleicht reagieren wir auch in bestimmten Situationen mechanisch, ängstlich oder wütend. Wenn dann der nächste große Verlust kommt, was unvermeidlich ist, treibt es uns noch tiefer in die falschen Zufluchten. Wir ahnen den Ozean des Kummers, der da in der Tiefe lauert, und wollen um keinen Preis von ihm fortgeschwemmt werden. Doch diese neuen Verluste schenken uns auch kostbare Chancen.

Ein paar Monate nach meinem ersten Telefongespräch mit Justin hatte seine fünfundsiebzig Jahre alte Mutter einen Schlaganfall. Mit erregter Stimme erzählte er mir, wie er bei ihrer Krankenversicherung auf Beton gestoßen sei. Sie schienen nicht zu begreifen, dass sie mehr Maßnahmen brauchte, um sich wieder erholen zu können. »Ich kann nichts tun, um diese gottverdammten, herzlosen Bürokraten zu erreichen …, nichts …, nichts!« Justin rang wieder mit dem Schatten des Verlustes und verstrickte sich in Reaktivität.

Wir kamen überein, dass dies für ihn ein guter Zeitpunkt sei, sich seiner Erfahrung mit RAIN zuzuwenden. Er konnte seinen »reinen, gerechten Zorn« schnell identifizieren und hielt dann etwas inne, um ihn zuzulassen. Nach einigen Runden des tieferen Erforschens tauchte noch etwas anderes auf. »Meine Brust. Da steckt etwas tief in meiner Brust, wie eine erstarrte, riesige Klaue. Und ich habe Angst.« – »Angst wovor?«, fragte ich sanft. Nach einer langen Pause sagte Justin leise: »Sie kommt da wahrscheinlich durch, aber ein Teil von mir fürchtet, dass ich sie auch verlieren werde.«

Ich blieb in der Leitung, während Justin mit seiner Angst atmete und die erstarrte Klaue in seiner Brust spürte. Dann fragte er, ob er im Laufe der Woche noch einmal anrufen könne. »Das ist ein tiefer Schmerz«, erklärte er. »Ich brauche dafür etwas Zeit.«

»Etwas ist aufgebrochen, Tara«, erklärte er mir ein paar Tage später. »Meine Sorge um meine Mutter hat sich mit Donnas Tod vermischt. Es fühlt sich an, als sei Donna gerade gestern gestorben, und ich bin völlig am Boden zerstört. Etwas in mir stirbt noch einmal ...« Justin brauchte einen Moment, bevor er weitersprechen konnte. »Ich hatte noch nicht fertig getrauert. Ich habe nie gespürt, wie ein Teil von mir mit ihr gestorben ist.« Er konnte die Worte kaum aussprechen und begann dann, bitterlich zu weinen.

Wenn der Kontrolleur aus den Angeln gehoben wird, entsteht eine Offenheit, mit dem zu sein, was ist. Als ich im Krankenhaus landete, war mein Kontrolleur außer Gefecht gesetzt. Jetzt war Justins Kontrolleur stillgelegt, und dieses Mal war Justin bereit, sich dem Verlust zu stellen, den er nie vollständig betrauert hatte. Statt sich in eine neue Mission zu stürzen, konzentrierte er sich die nächsten paar Monate darauf, sich um seine Mutter zu kümmern. Er verbrachte auch viele Stunden allein, warf Basketbälle in den Korb oder spielte Tennisbälle gegen eine Wand. Manchmal ging er in sein leeres Haus und hatte wieder das Gefühl, Donna gerade eben verloren zu haben. Er lebte mit seiner Verwundung.

Trauer hat ihren eigenen Zeitplan. Wie der irische Dichter John O'Donohue schreibt:

> Die Trauer wird sich selbst treu bleiben,
> allein darauf kannst du jetzt vertrauen.
> Sie kennt ihren Weg besser als du
> und wird den richtigen Zeitpunkt finden,
> das Seil des Kummers einzuholen, einzuholen,
> bis der ganze eingerollte Berg der Tränen
> bis zum letzten Tropfen erschöpft ist.

Justin hatte sich einer Präsenz geöffnet, in der sein Berg von Tränen abfließen konnte. Sechs Monate später erzählte er mir in unserem letzten Gespräch, er sei wieder aktiv. »Ich stecke wieder mitten in der sozialen Arbeit, und ich bin wahrscheinlich sehr viel effektiver. Das ergibt schon alles Sinn … Meine Schwester meint, ich führe nicht mehr Krieg gegen die Welt.«

Das bewusste Betrauern von Verlusten steht im Mittelpunkt eines spirituellen Weges. Jeder unserer Verluste verbindet uns tiefer mit dem, was wir lieben. Natürlich versuchen wir, den Schmerz der Trennung irgendwie zu bewältigen. Doch wenn wir erwachen, können wir unserer Trauer erlauben, sich selbst treu zu bleiben. Wir können uns ihr bereitwillig hingeben. Indem wir würdigen, was vergangen ist, sind wir frei, das Leben hier und jetzt zu lieben.

»Bitte liebe mich«

Der indische Lehrer Sri Nisargadatta schreibt: »Der Verstand erzeugt einen Abgrund. Das Herz überquert ihn.« Manchmal ist der Abgrund der Angst und Isolation so breit, dass wir zögern, dass wir uns unfähig fühlen, in das Heiligtum der Präsenz einzutreten, und in unserem Schmerz erstarren. In solchen Zeiten brauchen wir einen äußerlichen Impuls der Liebe, um innerlich allmählich aufzutauen.

So war es auch bei Julia, als ihre Krebsbehandlungen weitergingen. Sie klagte nicht über ihre Erschöpfung oder ihren Schmerz, doch ihre Freundin Anna hatte den Eindruck, sie sei kaum noch »da«. Trotz ihrer Entschlossenheit, »damit alleine fertig zu werden«, war sie immer mehr von anderen abhängig. Ihre Freunde organisierten sich, um ihr jeden Tag etwas zu essen zu bringen. Eines Abends, als Anna mit einem Topf Suppe kam, lag Julia zusammengerollt und mit dem Gesicht zur Wand im Bett. Julia dankte Anna mit schwacher Stimme, sagte ihr, ihr sei übel, und bat sie, die Suppe auf den Herd zu stellen. Sie hörte die Tür ins Schloss fallen und döste eine Weile vor sich hin. Als sie erwachte, spürte sie wieder die ihr bereits vertraute abgrundtiefe Einsamkeit, das Gefühl, in einem sterbenden Körper eingesperrt zu sein. Sie begann leise zu weinen und spürte dann zu ihrer Überraschung eine sanfte Hand auf ihrer Schulter. Anna hatte die Tür geschlossen, war aber nicht gegangen, sondern hatte sich still neben das Bett gesetzt. Jetzt wurde aus dem Weinen ein tiefes Schluchzen. »Weine nur, du Liebe, lass es einfach fließen ..., alles okay«, flüsterte Anna. Wieder und wieder sagte sie ihr: »Alles gut, wir sind hier zusammen«, während Julia sich ihrem lang zurückgehaltenen Kummer hingab.

Nach etwa zwanzig Minuten, mit kleinen Unterbrechungen für Taschentücher und Wasser, wurde Julia allmählich ruhig. Ihr war ein bisschen schwindelig, und sie fühlte sich erschöpft vom Weinen. Doch zum ersten Mal seit langer, langer Zeit fühlte sie sich zutiefst erleichtert.

»Eine Art Schutzschild zwischen mir und der Welt hatte sich aufgelöst«, erzählte mir Julia eine Woche später. »Selbst nachdem Anna gegangen war, konnte ich noch ihre Fürsorge spüren. Die Einsamkeit war weg.« Ein paar Tage später hatte sich der Schild jedoch wieder verhärtet, wie sie weiter berichtete. Ihr Onkologe hatte ihr gesagt, dass sich der Krebs ausgebreitet habe. »Ich glaube, ich fühle mich am einsamsten, wenn ich Angst habe.« – »Ist der Schild jetzt da? Fühlst du dich ängstlich und isoliert?«, fragte ich sie. Sie nickte. »Es ist nicht so stark, weil wir hier zusammensitzen. Aber tief in mir habe ich solche Angst …«

»Du kannst dir etwas Zeit nehmen und dich dieser Stelle in dir zuwenden.« Julia lehnte sich zurück und schloss die Augen. »Kannst du spüren, was diese Stelle in dir am meisten braucht?«

Julia war eine ganze Weile still. »Sie braucht Liebe. Nicht nur meine Liebe – sie braucht die Zuwendung anderer. Sie sagt: ›Bitte liebt mich.‹« – »Julia, schau mal, ob du diese Sehnsucht nach Liebe so groß sein lassen kannst, wie sie will. Gib ihr einfach die Erlaubnis und spüre sie durch und durch.« Sie nickte und saß mit zusammengezogenen Augenbrauen konzentriert da. »Spüre, von wem du am meisten geliebt werden möchtest, und dann visualisiere dir diese Person hier vor dir und bitte darum. Sag die Worte: ›Bitte liebe mich!‹ Und dann stell dir vor, wie es wäre, diese Liebe genau so zu bekommen, wie du sie dir wünschst.«

Julia nickte wieder und war sehr still. Nach ein bis zwei Minuten flüsterte sie ganz leise: »Bitte liebe mich«, und dann noch einmal, ein bisschen lauter. In ihren Augenwinkeln erschienen Tränen. Ich ermutigte sie, so lange weiterzumachen, wie sie wollte – sich jeden vorzustellen, der als Quelle von Liebe infrage käme, und zu sagen: »Bitte liebe mich.« Ich riet ihr auch, sich vorzustellen, wie sie sich öffnet und es zulässt, diese Liebe zu empfangen. Sie fuhr mit der Übung fort und fing an zu weinen, während sie die Worte flüsterte. Nach einer Weile verebbte das Weinen wieder, und sie flüsterte nur noch. Dann entstanden immer größere Pausen zwischen ihren Worten. Ihr Gesicht war weicher geworden und hatte sich ein wenig gerötet, und sie lächelte zart. Als sie die Augen öffnete, leuchteten sie. »Ich fühle mich gesegnet«, sagte sie. »Mein ganzes Leben ist in Liebe gehüllt.«

Drei Wochen vor Julias Tod trafen wir uns zum letzten Mal. An jenem Morgen war Anna früh mit ihr in den um diese Zeit noch ziemlich menschenleeren Park gegangen. Sie hatten eine Decke auf den Rasen gelegt, um darauf zu meditieren, und Julia hatte sich bequem gegen einen Baum gelehnt. »Ich weiß nicht, wie viel Zeit ich noch habe«, sagte sie, »also habe ich, während wir da saßen, ein inneres Ritual durchgeführt. Ich spürte die Kostbarkeit dieses Lebens, das ich liebe und das ich verlasse – meine Freunde, die ganze Meditationsgemeinschaft, du … Swing tanzen, Singen, das Meer …, so viel Schönheit, die Bäume …« Tränen stiegen ihr in die Augen und sie hielt ein wenig inne und spürte die Trauer. Dann fuhr sie fort: »Ich spürte die Festigkeit der großen Eiche hinter mir, ihre Unterstützung und ihre Präsenz. Ich begann zu beten. Ich betete: ›Bitte liebe mich!‹ Sofort war Liebe da, das Wissen um meine Zugehörigkeit zu derselben Lebendigkeit, demselben Bewusstsein, es durchflutete mich. Dann das Gras, die Sträucher, die Vögel, die Erde, die Wolken …, Anna, jeder, an den ich denken konnte …, jedes Wesen liebt mich, und wir waren in diesem Bewusstsein vereint. Ich *war* Liebe, ich war Teil von allem.« Julia schwieg eine Weile. Dann sagte sie langsam: »Weißt du, was ich merke, Tara? Wenn ich akzeptiere, dass ich sterbe, und mich der Liebe zuwende, dann ist es nicht schwer, mich eins mit Gott zu fühlen.«

Wir saßen eine Weile still da und genossen das Zusammensein. Dann schweifte unser Gespräch ab. Wir redeten über Hunde (sie liebte meinen Pudel und bestand darauf, dass er bei unseren Gesprächen mit im Zimmer sein durfte), und über Perücken und über Perücken für Hunde, wenn sie Chemo erhalten, und über ein bevorstehendes Retreat. Wir plauderten leichten Herzens und fühlten uns zutiefst wohl miteinander. Wir umarmten uns zum Abschied mehrere Male. Julias Erkenntnis der Einheit äußerte sich in einer großzügigen, tiefen, zärtlichen Liebe. Der Ausdruck dieser Liebe und dieser Weisheit waren ihr Abschiedsgeschenk.

Hinter den Schleier schauen

In der Tradition der Lakota/Sioux gilt ein trauernder Mensch als sehr »wakan«, sehr heilig. Dahinter steht das Empfinden, dass Menschen, die von dem Blitz eines plötzlichen Verlustes getroffen werden, auf der Schwelle zur geistigen Welt stehen. Die Gebete von Trauernden gelten als besonders intensiv, und man darf sie durchaus um Hilfe bitten.

Vielleicht erinnern Sie sich daran, wie es ist, mit jemandem zusammen zu sein, der tief getrauert hat. Da gibt es keinen Schutzwall mehr, nichts, was es zu verteidigen gälte. Durch die Augen dieser Menschen scheint das Mysterium durch. Sie haben die Wirklichkeit des Verlustes akzeptiert und aufgehört, sich an die Vergangenheit zu klammern oder nach der Zukunft zu greifen. In der bodenlosen Offenheit tiefer Trauer entsteht vollständige Gegenwärtigkeit und eine tiefe, natürliche Weisheit.

Thich Nhat Hanh hat dies auf eine Weise zum Ausdruck gebracht, die mich tief berührt. Der Tod seiner Mutter war für ihn ein großes Unglück. Er trauerte bereits mehr als ein Jahr um sie, als sie ihm in einem Traum erschien. Im Traum führten sie ein wundervolles Gespräch miteinander, und sie war wieder jung und schön. Er wachte mitten in der Nacht auf und spürte deutlich, dass er seine Mutter nie verloren hatte. Sie war in ihm lebendig. Als er aus seiner Klosterhütte trat und zwischen den Teesträuchern umherging, spürte er ihre Präsenz immer noch neben sich. Er beschreibt es so wunderschön: »Sie war das Mondlicht, das mich streichelte, wie sie es so oft getan hatte, so liebevoll, so zärtlich.« Während er weiterging, spürte er seinen Körper als die lebendige Fortsetzung all seiner Ahnen, und wie er gemeinsam mit seiner Mutter »Fußspuren in der feuchten Erde hinterließ«.

Nach meinem Verständnis ermöglichte ihm sein Jahr des Trauerns – der direkten Erfahrung dieses großen menschlichen Verlustes –, Zuflucht und Geborgenheit in zeitloser Liebe zu finden.

Jeder von uns muss sich dem Fluss persönlichen Verlustes anvertrauen, um das Ewige zu entdecken, das nie genommen werden kann. Wie Thich Nhat Hanh schreibt: »Ich brauchte nur in meine Hand zu schauen, die Brise auf meinem Gesicht zu spüren oder die Erde unter meinen Füßen, um mich daran zu erinnern, dass meine Mutter immer bei mir und mir zu jeder Zeit zugänglich ist.«

Ob wir um den Verlust unseres eigenen Lebens trauern oder um das Leben eines anderen – jeder von uns hat die Fähigkeit, hinter die Schleier der Trennung zu schauen. Wenn unser Herz willens ist, kann das Trauern zum Zugang zu liebevollem Gewahrsein werden, zu unserer eigenen erwachten Natur.

> Und wenn das Werk des Trauerns getan ist,
> wird die Wunde des Verlustes heilen
> und du wirst gelernt haben,
> deine Augen davon zu entwöhnen,
> dieses Loch in der Luft zu sehen.
> Du wirst wieder zu der Feuerstelle
> inmitten deiner Seele gehen können,
> wo der geliebte Mensch
> deine Rückkehr erwartet,
> die ganze Zeit.

John O'Donohue

Geführte Besinnung

Gebet für schwierige Zeiten

Beten ist ein Ausdruck einer Sehnsucht des Herzens. Wenn es mit Präsenz und Aufrichtigkeit vorgebracht wird, kann es die Quelle dessen offenbaren, wonach wir uns sehnen – die liebevolle Essenz unseres Seins. Die folgenden Hinweise und Anregungen können Sie darin unterstützen, Ihre Gebete lebendiger, tiefer und heilsamer werden zu lassen.

Vielleicht beten Sie bereits von Zeit zu Zeit spontan, wenn Sie sich sehr in Bedrängnis fühlen. Vielleicht sagen Sie, ohne es wirklich als Gebet zu benennen: »Oh, bitte, bitte!«, und bitten um Erleichterung von einem Schmerz, um Unterstützung, um Schutz und Hilfe für einen lieben Menschen oder um die Vermeidung eines schweren Verlustes. Wenn dem so ist, können Sie diese Erfahrung für sich erforschen. Welches Gefühl geht dem Impuls, zu beten, unmittelbar voraus? Worum beten Sie? Zu wem oder was beten Sie? Eine deutlichere Wahrnehmung Ihrer spontanen Gebete kann Ihnen helfen, daraus eine bewusstere Praxis zu entwickeln. Sie können das Beten mit Hilfe der unten aufgeführten Hinweise zu einem fortlaufenden Experiment für sich machen.

Gebetshaltung:

Fühlen Sie sich aufrichtig und offen, wenn Sie die Hände vor dem Herzen zusammenlegen? Was passiert, wenn Sie die Augen schließen? Und den Kopf beugen? Finden Sie heraus, ob diese traditionellen Haltungen Ihnen dienlich sind. Erkunden Sie andernfalls, welche Haltungen oder Gesten Sie in Ihrer Offenherzigkeit am meisten unterstützen.

Ankommen:

Selbst inmitten starker Emotionen ist es möglich und wertvoll, innezuhalten und sich in eine gewisse Präsenz zu versetzen. Nehmen Sie die Haltung ein, die für Sie passend ist, und werden Sie still. Atmen Sie ein paarmal lang und tief durch, um Ihre Aufmerksamkeit zu sammeln. Lassen Sie Ihren Atem dann in seinem natürlichen Rhythmus fließen und nehmen Sie sich etwas Zeit, Ihren Körper zu entspannen. Spüren Sie, wie Sie hier und jetzt da sind, mit der Absicht, zu beten.

Zuhören:

Die Kraft und die Reinheit Ihrer Gebete entsteht aus der direkten Verbindung mit Ihrer derzeitigen Erfahrung. Wenden Sie sich aufmerksam lauschend Ihrem Herzen und all dem zu, was sich in Ihrem Leben gerade besonders schwierig anfühlt. Das kann ein kürzlicher oder ein bevorstehender Verlust sein oder eine Situation, die in Ihnen Schmerz, Verwirrung, Zweifel oder Angst auslöst. Richten Sie Ihren Fokus wie in einem Film auf die Szene, die emotional am schmerzlichsten ist. Achten Sie auf Ihre Körperempfindungen, besonders in Ihrem Hals, Ihrer Brust und Ihrem Bauch. Wo sind die Empfindungen am stärksten? Nehmen Sie sich Zeit, um ganz mit Ihrer Verletzlichkeit und Ihrem Schmerz in Kontakt zu sein.

Stellen Sie sich vor, Sie seien mitten in dem verletzlichsten Bereich von Ihnen, Sie spürten ihn direkt von innen her. Wenn dieser Bereich sprechen könnte, was würde er sagen? Was wünscht sich dieser Teil von Ihnen am dringendsten? Will er gesehen und verstanden werden? Geliebt oder akzeptiert werden oder sich sicher fühlen? Ist Ihr Sehnen auf eine bestimmte Person oder eine spirituelle Gestalt ausgerichtet? Würden Sie gerne von Ihrer Mutter gehalten, von Ihrem Vater anerkannt oder von Gott geheilt und beschützt werden? Hören Sie in sich hinein, spüren Sie das dringende Verlangen, und öffnen Sie sich für seine Intensität.

Ihr Gebet zum Ausdruck bringen:

Bitten Sie im Stillen oder flüsternd um die Liebe, das Verständnis, den Schutz oder die Akzeptanz, nach der Sie sich sehnen. Vielleicht sagen Sie: »Bitte, möge ich freundlicher sein.« Oder Ihr Gebet ist an eine andere Person gerichtet: »Bitte, Papa, verlass mich nicht«, oder: »Mama, bitte hilf mir«, »Lieber Gott, bitte, bitte beschütze meine Tochter.« Oder Sie fühlen sich getrennt von jemandem und beten: »Bitte ..., bitte liebe mich.« Vielleicht sehnen Sie sich auch nach einem erwachten Herzen und beten zu der Bodhisattva des Mitgefühls (Quan Yin): »Möge dieses Herz bitte offen und frei sein.«

Ihre Gebete werden immer tiefer werden, wenn Sie dabei in direkter Verbindung mit Ihrer Verletzlichkeit und den Körperempfindungen Ihrer Sehnsucht bleiben. Sprechen Sie Ihr Gebet mehrere Male aus tiefstem Herzen. Finden Sie heraus, was passiert, wenn Sie sich ganz dem Gefühl und dem Ausdruck Ihres Sehnens hingeben.

Das Gebet verkörpern:

Unser jeweiliger Wunsch entspricht oft nicht dem, was eigentlich unser tiefstes Verlangen ist. Genauso kann auch das ersehnte Objekt oder die Person, die wir um Hilfe oder Liebe bitten, uns vielleicht nicht das geben, was wir wirklich brauchen. Diese Wünsche ebnen oft erst den Weg zu einer tieferen Erfahrung, öffnen den Zugang zu einer tieferen Quelle.

Spüren Sie Ihre Wünsche und Ihr Verlangen und fragen Sie sich: »Nach welcher Erfahrung sehne ich mich? Wenn ich hätte, was ich mir wünsche, wie würde ich mich dann fühlen?«

Nutzen Sie Ihre Vorstellungskraft, um das herauszufinden. Wenn Sie möchten, dass eine bestimmte Person Sie liebt, stellen Sie sich vor, wie Sie diese Person umarmen, und spüren Sie innerlich, wie Sie ganz von Liebe erfüllt sind. Wenn Sie sich sicher fühlen möchten, stellen Sie sich vor, wie Sie voll und ganz von einer schützenden Präsenz umgeben sind, und spüren Sie dann in jeder Ihrer Zellen den Frieden und die Erleichterung. Was auch immer Ihr Sehnen ist, erforschen Sie, wie es wäre, es in seiner reinsten Form in Körper, Herz und Geist zu erfahren. Und erkunden Sie zu guter Letzt, was passiert, wenn Sie sich dieser Erfahrung ganz hingeben, wenn Sie zu der Liebe oder dem Frieden werden, nach dem Sie sich sehnen.

Im Alltag:

Diese ausführliche, formelle Erkundung des Betens schafft eine gute Voraussetzung, auch kürzere Gebete in Ihren Alltag einfließen zu lassen. Inmitten der Geschäftigkeit des Alltags an das Beten zu denken, hilft uns, mit der Liebe und Weisheit unseres Herzens in Einklang zu kommen.

- *Beschließen Sie am Anfang des Tages, welche Situationen, Emotionen oder Reaktionen für Sie Anlass für ein Gebet sein könnten.*
- *Nehmen Sie sich vor dem Beten einen Moment Zeit, innezuhalten, zu atmen und zu entspannen. Es hilft, still zu werden, aber es ist nicht notwendig, eine bestimmte Haltung einzunehmen.*
- *Achten Sie auf Ihren Körper und Ihr Herz. Verbinden Sie sich mit den Empfindungen, die mit Ihren Emotionen einhergehen. Wonach sehnen Sie sich am meisten? Was ist gerade am wichtigsten in Ihrem Leben, was möchten Sie spüren, worauf möchten Sie vertrauen?*
- *Flüstern Sie innerlich Ihr Gebet. Die Worte mögen Ihnen spontan in den Sinn kommen, oder Sie verwenden ein Gebet, das Sie für sich als lebendig und bedeutsam erkannt haben.*

Bitte den Freund um Liebe.
Bitte noch mal.
Denn ich fand, jedes Herz
erhält, worum es innigst betet.

Hafiz

Im eigenen

erwachten

Zuflucht und

Geborgenheit

Herzen

finde

Teil IV

Das Tor des Gewahrseins

14

Zuflucht zum Gewahrsein

*Innigkeit bedeutet,
die Stille, den Raum zu spüren,
in dem alles geschieht.*

Adyashanti

*Weisheit sagt mir, ich sei nichts.
Liebe sagt mir, ich sei alles.
Zwischen diesen beiden fließt mein Leben.*

Sri Nisargadatta

Der Versuch, über das Wesen des Gewahrseins zu schreiben, kann einen demütig machen. »Worte! Der Weg übersteigt alle Sprache!«, schrieb schon der dritte Zen-Patriarch. Welche Worte auch verwendet werden, welche Gedanken sie auch hervorrufen mögen – es trifft es nicht. So wie wir unsere eigenen Augen nicht sehen können, können wir auch unser Gewahrsein nicht wahrnehmen. *Das, wonach wir Ausschau halten, ist das, was Ausschau hält!* Gewahrsein ist kein Objekt oder Konzept, welches unser Verstand erfassen könnte. Wir können Gewahrsein nicht beschreiben, wir können nur gewahr *sein*.

Eine unitarische Pfarrerin und Freundin von mir war auf einem interreligiösen Kongress, der mit der Frage eröffnet wurde, auf welche sprachliche Bezeichnung für das Göttliche man sich einigen könne. Wollen wir es »Gott« nennen?

»Auf keinen Fall«, meinte eine feministische Wicca-Anhängerin, »dann lieber Göttin!« – »Ha«, erwiderte ein Baptist abwehrend, »vielleicht Geist?« – »Nein«, erklärte ein Atheist. So ging die Debatte eine Weile weiter, bis ein Teilnehmer indianischer Abstammung den Begriff »das große Mysterium« vorschlug. Darauf konnten sich alle einigen, denn unabhängig von ihrem persönlichen Verständnis war ihnen allen bewusst, wie sehr das Heilige letztlich ein Mysterium ist.

Gewahrsein, unser wahres Wesen, ist ein Mysterium. Wir begegnen diesem sprachlosen Mysterium auch, wenn jemand stirbt. Nachdem seine Mutter gestorben war, sah Jonathan mich an und sagte: »Wo ist sie hin?«

Ich erinnere mich, wie ich bei meinem Vater saß, als er starb – eben war er noch da und dann nicht mehr. Sein Geist, das ihn belebende Bewusstsein, befand sich nicht mehr in seinem Körper. Es gehört zu den erschütterndsten Erfahrungen, die wir in dieser Welt machen. In diesem Moment zerrinnen uns all unsere Konzepte zwischen den Fingern. Wir können mit unserem Verstand nicht begreifen, was da passiert. Liebe ist genauso. Wir reden endlos über Liebe, doch wenn wir uns jemanden vergegenwärtigen, den wir lieben, und wirklich prüfen »Was *ist* diese Liebe?«, tauchen wir in das Mysterium ein. Was ist diese Existenz, mit all ihren Eigenheiten, ihren merkwürdigen Lebensformen, ihrer Schönheit und Grausamkeit? Wir können es nicht begreifen. Wenn wir fragen: »Wer bin ich?«, oder: »Wer ist gewahr?«, und uns wirklich darauf einlassen, finden wir keine Antwort.

Der tibetische Lehrer Sogyal Rinpoche schreibt: »*Wenn sich alles … wandelt, was ist dann wirklich wahr? Gibt es hinter den*

Erscheinungen etwas Grenzenloses und unendlich Weites, in dem sich der Tanz der Veränderungen und der Unbeständigkeit ereignet? Gibt es etwas, auf das wir uns verlassen können und das jenes über- lebt, was wir ›Tod‹ nennen?«

Diese Fragen führen uns zu der zeitlosen Zuflucht des reinen Gewahrseins. Wenn wir uns fragen: »Ist Gewahrsein da?«, werden die meisten von uns wahrscheinlich innehalten, das Gewahrsein spüren und dann mit Ja antworten. Und doch wenden wir uns jeden Tag ruhelos von diesem offenen Gewahrsein ab, stürzen uns in Geschäftigkeit und schmieden Pläne. Unsere Konditionierun- gen halten uns davon ab, den Frieden und das Glück zu finden, die mit der Zuflucht zu bewusstem Gewahrsein einhergehen. Zu erkennen, wie wir das Mysterium, das wir sind, zukleistern, ist ein entscheidender Schritt hin zur Freiheit.

Durch das Reduzierungsventil

In *Die Pforten der Wahrnehmung* spricht Aldous Huxley von dem »größtmöglichen Gewahrsein« (im Original »Mind at Large«). Er schreibt: »*... ist jeder von uns potenziell größtmögliches Gewahrsein. Doch da wir auch Tiere sind, ist es unsere Aufgabe, um jeden Preis zu überleben. Damit das biologische Überleben möglich ist, muss dieses größtmögliche Gewahrsein durch das Reduzierungsventil des Gehirns und des Nervensystems geschleust werden. Was am anderen Ende her- auskommt, ist ein spärliches Rinnsal von Bewusstsein, das uns hilft, auf der Oberfläche dieses besonderen Planeten am Leben zu bleiben.*«

Die primäre Funktion unseres Gehirns besteht darin, ein Über- maß an Informationen zu verhindern und nur jene Informationen auszuwählen und zu ordnen, die unser Gedeihen unterstützen. Je mehr Stress wir erleben, desto kleiner ist unser Aufmerksamkeits- spektrum. Wenn wir hungrig sind, können wir an nichts anderes als Essen denken. Wenn wir uns bedroht fühlen, sind wir darauf fixiert, uns zu verteidigen oder als Erste zuzuschlagen, um die Gefahr zu beseitigen. Unsere eng fokussierte Aufmerksamkeit ist das wichtigste Navigationsinstrument des mit dem Ego identifizierten Selbst.

Ich habe einmal einen Cartoon gesehen, in dem ein Mann an einer Bar zu dem Barkeeper sagt: »Ich bin nichts, aber ich kann über nichts anderes nachdenken als über mich selbst.« Wenn Sie sich bewusst machen, wie oft Sie im Laufe eines Tages damit beschäftigt sind, zu versuchen, etwas zu begreifen, bekommen Sie eine Ahnung davon, wie das Reduzierungsventil Ihre Erfahrung formt. Und wenn Sie bemerken, wie viele Ihrer Gedanken sich um Sie selbst drehen, können Sie erkennen, wie dieses Ventil ein völlig egozentrisches Universum erzeugt. Das trifft auf uns alle zu!

Dieser unablässige Gedankenstrom bestärkt ständig unsere Raumanzug-Identität. Unsere Geschichten erinnern uns immer wieder daran, dass wir unsere Lebensumstände verbessern, für mehr Sicherheit oder mehr Genuss sorgen und Fehler und Schwierigkeiten vermeiden sollten. Selbst wenn es keine eigentlichen Probleme gibt, meinen wir, wir sollten irgendetwas anderes machen als das, was wir gerade tun. »Warum bist du unglücklich?«, fragt der Autor Wei Wu Wei. »Weil du 99,9 Prozent dessen, was du tust, für dich selbst tust …, ohne dass es dieses Selbst gibt.«

Wir mögen das als Konzept verstehen, doch das Empfinden unseres Selbst kann sehr real und unmittelbar wirken. Selbst Einzeller haben ein rudimentäres Empfinden von »Selbst hier drinnen – Welt da draußen«. Wie Aldous Huxley ganz richtig bemerkt, war die Entwicklung eines funktionierenden Selbst eine entscheidende Grundlage der Evolution auf diesem Planeten. Doch deshalb muss das Raumanzug-Selbst nicht das Ende unserer evolutionären Reise bedeuten. Wir können unsere Zugehörigkeit zu etwas unendlich viel Größerem erkennen.

Wenn wir nicht zu dem erwachen, wer wir jenseits der Geschichte unseres Selbst sind, wird unser System uns ein Empfinden des Feststeckens rückmelden. Dieser Entwicklungsstillstand zeigt sich in Unzufriedenheit, endlosem Stress, Einsamkeit, Angst und Freudlosigkeit. Diese emotionalen Zustände sind kein Zeichen dafür, dass wir unser funktionales Selbst ablegen sollten. Sie weisen vielmehr darauf hin, dass die zeitlose Dimension unseres Seins auf Verwirklichung wartet. Wie der Führungskräfte-Coach und Autor Stephen Josephs lehrt: »Wir können weiterhin als scheinbar getrennte Individuen funktionieren, während wir gleichzeitig die parallele Wirklichkeit unserer unendlich weiten Präsenz genießen. Wir brauchen beide Bereiche. Wenn uns die Polizeistreife anhält, müssen wir immer noch unseren Führerschein vorzeigen und können nicht einfach zum Himmel zeigen.«

Die meisten von uns greifen jedoch zu schnell nach dem Führerschein. Wenn unsere Identität an unser Ego-Selbst gebunden ist, werden wir unser Leben in einer angespannten Abwehrhaltung gegen die Gewissheit des Verlustes und des Todes verbringen. Wir werden uns nicht voll und ganz der Lebendigkeit und Liebe öffnen können, die im gegenwärtigen Moment da sind.

Sri Nisargadatta schreibt: »*Solange du dir dich selbst als etwas Greifbares und Festes denkst, ein Ding unter Dingen, erscheinst du kurzlebig und verletzlich und sorgst dich natürlich um dein Überleben. Doch wenn du darum weißt, dass dein Sein Raum und Zeit übersteigt, wirst du dich nicht mehr fürchten.*«

Eine kurze Besinnung: Stellen Sie sich vor, Sie schauen sich ein Fotoalbum Ihres Lebens an. Da sind Sie: im Kindergarten, in der Oberstufe, bei Ihrer ersten Arbeitsstelle, mit Ihrer Liebsten und mit Ihrem ersten Kind (falls Sie eines haben). Es gibt Bilder, die Ihre Leistungen festgehalten haben, aber vielleicht auch Fotos aus Zeiten großer Verunsicherung und Verluste. Schauen Sie dann in den Spiegel. Wer sind Sie? Wie hat sich Ihr Körper verändert, Ihre Weltanschauung, Ihre Stimmungslage, was Ihnen im Leben wichtig ist und was Sie erfreut? Fragen Sie sich dann, was im Verlauf all dieser Jahre, all dieser Zeiten, Orte und Erfahrungen unveränderlich geblieben ist. Was war immer da?

Können Sie ein Bewusstsein, eine wissende Präsenz, einen Zustand des Gewahrseins dessen, was ist, spüren, der immer da war und auch gerade jetzt da ist? Wenn wir anfangen, dieses Mysterium in unserer eigenen Existenz zu erkennen, verändert sich unsere Beziehung zu dieser wechselhaften Welt. Das persönliche Empfinden des Selbst verliert an Gewicht. Wir reagieren nicht mehr so stark, wenn die Dinge nicht so laufen, wie wir es gerne hätten.

Nochmals Worte von Sri Nisargadatta: »*Die wahre Welt übersteigt unsere Gedanken und Ideen; wir sehen sie durch das Netz unseres in Freud und Leid, Richtig und Falsch, Innen und Außen unterteilten Begehrens. Um das Universum so zu sehen, wie es ist, müssen wir über dieses Netz hinaustreten. Das ist nicht so schwer, denn das Netz ist voller Löcher.*«

Darauf vertrauen, wer wir sind

Als ich mit zweiundzwanzig in den Ashram in Boston eintrat, nahm ich an, mit etwa acht Jahren hingebungsvollem Einsatz die Freiheit jenseits des Netzes erreichen zu können. Ich ließ mich von Geschichten von spirituellen Suchern wie dem Buddha inspirieren. Sie hatten eine plötzliche, deutlich erkennbare Bewegung des Erwachens erlebt, einen Moment der Befreiung, in dem sie ihre wahre Natur als unveränderliches, leuchtendes Gewahrsein erfuhren. Dieses Erwachen war irreversibel. Sie waren nicht mehr an die Identität des Selbst gebunden. Nach dieser Erfahrung war ihr Herz weit offen und ihr Geist klar und frei.

Doch sosehr mich das auch anzog, diese Befreiung »von nun an bis in Ewigkeit« war nicht mein Weg. Mein Erwachen erfolgt allmählich, und die Trance des Selbst kann immer noch klebrig und schmerzhaft spürbar werden. Da ich öffentlich zu meinen Schwächen stehe, werde ich oft gefragt, was sich denn im Laufe der Jahrzehnte verändert habe. Der Unterschied ist: Ich empfinde das Gewahrsein – und die körperlich empfundene Erfahrung der lebendigen, liebevollen Präsenz – als das Vertrauteste, Echteste und Wahrste, was ich bin. Selbst wenn ich mich hundeelend fühle, ist das Vertrauen darauf, das Gespür für die Zuflucht und Geborgenheit in liebevoller Präsenz, immer im Hintergrund und zeigt mir den Weg nach Hause.

Vor einigen Jahren wurde mir immer mehr bewusst, wie sehr ich mich in einer Idee namens »die Besondere« verfangen hatte. Solange ich mich erinnern kann, hatte ich mich wichtig und als etwas Besonderes gefühlt. Als das Älteste von vier Kindern war ich es gewohnt, die Chefin zu sein und ein Anrecht auf die größte Portion und die meiste Aufmerksamkeit zu haben. Wie ich in *Mit dem Herzen eines Buddha* beschrieben habe, kannte ich durchaus auch die Schattenseiten des »Besonders-Seins«: das Gefühl der Minderwertigkeit und Unzulänglichkeit. Doch während ich zu einer spirituellen Lehrerin wurde, geriet ich von Zeit zu Zeit wieder in eine Form der Selbstaufblähung, die Leiden verursachte. Wann immer ich annahm, ich sei irgendwie besser als andere – weiser, spirituell weiter entwickelt, klüger –, erzeugte ich Trennung. Nicht nur von den Menschen um mich herum, sondern auch von meinem eigenen Herzen.

Ich wollte diese Haltung der »Besonderen« loswerden. Wenn ich merkte, dass ich in dem »Ich bin ja so beschäftigt«-Modus war, in dem ich meinte, die anderen wären dazu da, mich zu unterstützen, flüsterte ich mir innerlich »die Besondere« zu und hielt achtsam inne. Wenn ich von Teilnehmern Komplimente oder schmeichelhafte E-Mails erhielt, hielt ich inne, nahm bewusst wahr, wie in mir Stolz aufstieg, und vertiefte meine Aufmerksamkeit. »Das hat nichts mit mir zu tun«, sagte ich mir dann. »Da ist nichts, was ich persönlich nehmen müsste.« Wenn ich mich dabei ertappte,

Jonathan bitten zu wollen, für mich zur Post zu gehen, weil ich wichtigere Dinge zu tun hatte, hielt ich mich zurück. Doch häufig bemerkte ich »die Besondere« erst hinterher, wenn ich zum Beispiel nach einem Tagesseminar nach Hause kam und mir bewusst wurde, wie viel Zeit ich mich in einer Rolle verfangen hatte, die mich daran gehindert hatte, ganz präsent und verbunden zu sein.

Eines Sonntagabends setzte ich mich zum Meditieren hin und begann sofort, innerlich die Termine für die nächste Woche durchzugehen. Als ich ruhiger wurde, tauchte ein Bild in mir auf. Ich war von strahlendem Licht umgeben, das mich lockte und rief. Doch ich steckte in einer klebrigen Blase – in der Blase der Besonderheit. Ich wollte die Blase loswerden, auflösen, mich mit dem Licht des Gewahrseins verbinden, das ich so nahe fühlte.

Doch die köstliche Erfahrung der Einheit schien schmerzhaft unerreichbar: Mein Raumanzug-Selbst war zu stabil und hielt zu sehr fest. »Was kann ich sonst noch tun?«, sagte eine verzweifelte Stimme in mir. »Ich gebe mir solche Mühe. Ich weiß nicht, was ich sonst noch tun könnte.«

Eine Welle des Verstehens durchlief mich. Das kannte ich doch. Natürlich kann »ich« das nicht tun, ein Selbst kann nichts tun, um sich von sich selbst zu befreien. Und das Selbst ist auch kein Problem. Wie oft und wie lange hatte ich schon darum gerungen, anders zu sein, meine »Mängel« zu beseitigen – nur um irgendwann zu erkennen, dass die Antwort darin lag, zu kämpfen aufzuhören? Das Schmerzhafte war der Kampf, und es ging nicht darum, ob sich das Selbst aufbläst oder Luft ablässt. Eine sanfte Stimme in mir sagte: »Hör auf! Hör einfach auf.«

Ich wollte wohl, ich wusste um die Weisheit des Loslassens. Doch mein Körper hielt verzweifelt fest, wollte es unbedingt anders, fürchtete, etwas könnte nicht in Ordnung sein. Wieder hörte ich die Stimme: »Liebling, bitte, hör auf!« Und wie ich es schon so oft in meinem Leben erlebt habe, brachte auch dieses Mal die

Herzensgüte die Wahrheit zum Vorschein. Ich neigte meinen Kopf und legte meine Hände zum Gebet zusammen. Die ganze Anspannung eines kontrollierenden Selbst brachte ich dem liebenden Gewahrsein dar. Das Ringen, das Bemühen, irgendetwas zu ändern, irgendetwas loszuwerden, verebbte. Ich würdigte, dass all dies zu etwas Größerem gehörte. Der Kampf hörte auf. Die Worte in meinem Kopf, die Ideen, was alles falsch sei, verflüchtigten sich. Und damit löste sich auch die Blase des Selbst einfach auf. Meine Welt öffnete sich in einen Zustand der Stille hinein, durch den warme, zärtliche Ströme flossen. Als Gedanken und Gefühle auftauchten, wurde »die Besondere« wieder spürbar – »Schau mal, was ich geschafft habe, ich habe mich hingegeben und bin jetzt frei davon« –, gefolgt von: »Oh nein, da ist sie schon wieder!« Ich lächelte mir innerlich zu, sagte mir: »Hör auf, hör einfach auf!«, entspannte mich und ließ los. Und ließ dann das Loslassen los. Als das Kämpfen aufhörte, entstand eine ruhige Gegenwärtigkeit, und ich wusste, ich war zu Hause, im Frieden und im Vertrauen in das, was ich wirklich bin.

Sich erinnern, aufzuhören

Die meisten von uns arbeiten schwer. Es ist, als würden wir mit einem lärmenden Motorboot umherdüsen, um einen stillen Ort der Ruhe und des Friedens zu finden. Wir lösen Probleme, erfüllen Anforderungen, bereiten uns auf das Nächste vor, versuchen, uns zu verbessern. Doch wo immer wir hinkommen, erzeugen wir nur noch mehr Wellen und Geräusche. All unseren ehrgeizigen Bestrebungen zum Trotz entsteht wahre Freiheit, wenn wir den Motor drosseln und uns auf natürliche Weise in die Stille treiben lassen. Was wir suchen, ist nicht »da draußen«, ist kein verbessertes Selbst, das wir durch mehr Einsatz oder Kontrolle erreichen könnten. Es ist das ruhige Gewahrsein, das schon *hier* ist und den Hintergrund all unserer Erfahrungen bildet.

Die am meisten befreiende Meditationspraxis ist, das Kontrollieren aufzugeben und die Dinge so sein zu lassen, wie sie sind. Wenn ich das anderen Menschen vermittele, fürchten sie oft, ohne aktive mentale Ausrichtung ihrer Aufmerksamkeit in einer dauerhaften mentalen Trance zu versinken. Es gibt viele bewährte Übungen – die Beruhigung des Verstands durch Verfolgen des Atems; das Bemerken dessen, was gerade geschieht; die mitfühlende Zuwendung zu sich selbst –, mit deren Hilfe wir die Neigung zur Kontrolle lockern können. Doch wenn wir uns zu sehr an diese Praktiken klammern, verstärken wir wieder das Empfinden eines steuernden Selbst. Die Kunst besteht darin, die Aufmerksamkeit mit leichter Hand sanft zu lenken und dann alles Steuern loszulassen. Wir können uns nicht auf einen Geisteszustand verlassen, der auf manipulative Weise entsteht. Nur wenn wir das Leben wirklich so sein lassen, wie es ist, erkennen wir unseren natürlichen Zustand des Gewahrseins und lernen, ihm zu vertrauen. Wir müssen innehalten und aufhören.

Ananda, der hingebungsvollste aller Jünger des Buddha, diente und begleitete den Buddha viele Jahre lang. Während dieser ganzen Zeit arbeitete er unermüdlich darauf hin, Erleuchtung zu erlangen. Er meditierte, war unendlich großzügig, weise in seiner Rede und und zutiefst guten Herzens. Doch als nach dem Tode des Buddha ein großes Konzil der erleuchteten Mönche zusammengerufen wurde, war Ananda nicht berechtigt, teilzunehmen. Er wurde als äußerst gütig und weise verehrt, doch er hatte noch keine innere Befreiung erlangt.

Am Abend vor der Versammlung des Konzils schwor sich Ananda, die ganze Nacht mit allem Eifer zu praktizieren und nicht aufzuhören, bis er sein Ziel erreicht habe. Doch trotz seines heldenhaften Einsatzes kam er nicht weiter. Erschöpft und entmutigt entschied er sich im Morgengrauen, alles Bemühen loszulassen und sich einfach zu entspannen. In diesem Zustand, wach, jedoch ohne das Bemühen um ein Ergebnis, lehnte er den Kopf an ein Kissen – und fand Befreiung.

Natürlich lautet das Rezept für Befreiung jetzt nicht, sich einfach zurückzulehnen und auszuruhen. Ananda hatte sich zuvor jahrzehntelang hingebungsvoll dem Dienst an anderen gewidmet und ein hell leuchtendes, klares Gewahrsein entwickelt. Er war fest entschlossen, die Wahrheit zu erkennen. Doch wie viele von uns hatte er sein Herz an ein Ziel gehängt. Er musste sich von diesem Haken lösen, alles »Tun« vollständig einstellen, um die Freiheit seiner wahren Natur zu erkennen.

Sich vom Haken lösen: Übung in offenem Gewahrsein

Der tibetische Lehrer Chögyam Trungpa eröffnete einmal einen Kurs damit, dass er auf ein großes weißes Blatt ein flach geschwungenes V zeichnete. Dann fragte er die Teilnehmer, was dort zu sehen sei. Die meisten antworteten, es sei ein Vogel. »Nein«, antwortete er. »Es ist der Himmel, durch den ein Vogel fliegt.«

Die Art unserer Aufmerksamkeit bestimmt unsere Erfahrung. Wenn wir im Tun oder im Kontrollieren sind, verengt sich unsere Aufmerksamkeit und wir nehmen vor allem den Vordergrund wahr – den Vogel, einen Gedanken, ein starkes Empfinden. Dann nehmen wir nicht den Himmel – den Hintergrund der Erfahrung, den Ozean des Gewahrseins – wahr. Die gute Nachricht lautet, dass wir uns willentlich dem Nicht-Steuern und der offenen Aufmerksamkeit zuwenden können.

Meine formelle Einführung in das offene Gewahrsein erfuhr ich durch die tibetisch-buddhistische Praxis des *Dzogchen*. Bis dahin hatte ich mich beim Üben von Konzentration und Achtsamkeit immer auf ein Objekt oder wechselnde Objekte ausgerichtet. Im Dzogchen, wie es mein Lehrer Tsoknyi Rinpoche vermittelt, geht es darum, alles, woran sich unsere Aufmerksamkeit heftet, immer wieder loszulassen und uns dem dahinterliegenden Gewahrsein zuzuwenden. Es ist die Einladung, die himmelsgleiche Qualität

des Geistes zu erkennen – die leere, offene Wachheit des Gewahrseins – und sie zu *sein.*

In meinem ersten Retreat mit Tsoknyi Rinpoche wurden meine
gewohnten Verankerungen auf wundervolle Weise gelockert. Je
vertrauter mir die Präsenz des Gewahrseins wurde, desto weniger
Anknüpfungspunkte hatten die alten Gefühle und Geschichten,
die mein Empfinden eines Selbst aufrechterhielten. Die Anspannungen in meinem Körper und in meinem Geist lösten sich, und
mein Herz reagierte auf jeden und alles, was mir in den Sinn kam,
mit zärtlichem Wohlwollen. Nach diesem und auch vielen nachfolgenden Dzogchen-Retreats fuhr ich innerlich weit und frei
nach Hause.

Ich habe kürzlich von der Arbeit des Psychologen und Wissen-
schaftlers Les Fehmi gehört, der die tiefen Heilungen, die aus dem
Ruhen in offenem Gewahrsein entstehen, jahrzehntelang klinisch
dokumentiert hat. In den 1960-Jahren begannen Forscher den
Zusammenhang zwischen synchronen Alpha-Wellen des Gehirns
und dem Empfinden tiefen Wohlbefindens, inneren Friedens und
Glücks zu erkunden. Als einer der Ersten, die sich mit dieser Forschung befassten, suchte Fehmi nach Wegen, die Alpha-Wellen
zu vertiefen und zu verstärken. Er zeichnete EEGs von freiwil-
ligen Studenten auf, die sich friedvolle Landschaften vorstellten,
Musik hörten, in farbiges Licht schauten oder bestimmte Düfte
einatmeten. Doch erst, als er sie aufforderte, sich den Raum zwischen ihren Augen vorzustellen, kamen die Alpha-Wellen richtig in Fahrt. Er probierte es auch mit der Aufforderung, sich den
Raum zwischen ihren Ohren vorzustellen, und wieder schlugen
die Alpha-Wellen stark aus.

Weitere Experimente bestätigten den Effekt dessen, was Fehmi
eine »offene, fokussierte Aufmerksamkeit« nannte. Das Entscheidende war, die Aufmerksamkeit auf den Raum (oder die Stille
oder die Zeitlosigkeit) zu lenken und bei einem nicht objektbezo-
genen Fokus zu verweilen.

Eine eng fokussierte Aufmerksamkeit wirkt sich auf unser ganzes Körper-Geist-System aus. Wenn wir damit beschäftigt sind, Pläne zu schmieden, unsere nächste Mahlzeit zu organisieren, etwas zu beurteilen oder einen bestimmten Termin einzuhalten, erzeugt der verengte Fokus im Gehirn schnellere, sogenannte Beta-Wellen. Unsere Muskeln spannen sich an, und die Stress-Hormone Cortisol und Adrenalin werden ausgeschüttet. Für bestimmte Aufgaben ist das sinnvoll und notwendig, doch als ständiger Zustand kostet uns die Stressreaktion unsere Gesundheit, unsere Offenherzigkeit und unsere geistige Klarheit.

In einer offen-fokussierten Aufmerksamkeit hingegen ruht sich das Gehirn aus. Wenn über eine längere Zeit hinweg keine Informationen – Erinnerungen, Pläne, Gedanken über das Selbst – verarbeitet werden müssen, verlangsamen sich die Gehirnwellen auf ein synchrones Alpha-Niveau. Unsere Muskeln entspannen sich, die Stress-Hormone werden abgebaut und der Kreislauf balanciert sich. Wenn die Kampf-/Flucht-Reaktivität wegfällt, werden Körper und Geist wach, sensibel, offen und ruhig.

Vielleicht haben Sie die Wirkung solch eines offenen Gewahrseins erlebt, als Sie in den Nachthimmel schauten und sich seiner Unendlichkeit bewusst waren. Oder in der Stille der frühen Morgenstunden vor der Dämmerung. Oder in dem Zauber einer frisch verschneiten Landschaft, wenn die Welt ganz still ist. Solche Momente berühren uns, weil sie uns mit dem innersten Gespür für unsere wahre Natur verbinden. In der Unendlichkeit des Sternenhimmels, in weiter Stille, erahnen wir die Tiefe und das Mysterium unseres eigenen Seins. In diesen Momenten objektlosen Gewahrseins kehren wir heim, erkennen wir jenseits aller Worte, was wir wirklich sind.

Den Innenraum erkunden

Als ich mit meinem Sohn Narayan in den IMAX-Film »Cosmic Voyage« ging, wurde mein Gewahrsein des inneren Raums noch lebendiger. Zuerst wurden wir in den Weltraum katapultiert, durch das Sonnensystem in die Milchstraße und in weiteren Schritten bis zu den Randbereichen des für uns wahrnehmbaren Universums.

Um eine Vorstellung von der Größe zu bekommen: Das Licht von Andromeda, unserer nächsten Nachbargalaxie, braucht 2.400.000 Jahre, um zu uns zu gelangen. Wenn wir es sehen, ist es 2.400.000 Jahre lang mit einer Geschwindigkeit von einer Milliarde Kilometer pro Stunde auf uns zugerast. Und jenseits von Andromeda liegen unvorstellbar weit weg geschätzte 80 Milliarden weitere Galaxien.

Dann führte uns der Film zurück zur Erde und drehte den Maßstab um. Durch einen Wassertropfen sausten wir in immer kleinere Bereiche, bis wir bei den kleinsten bekannten Teilchen, den Quarks, ankamen.

Wir wissen, dass der Weltraum riesig und größtenteils leer ist, die uns vertraute Welt halten wir gewöhnlich jedoch für substanzieller. Die Atome, aus denen unsere Körper bestehen, sind aber zu 99,99 Prozent ebenfalls leerer Raum. Zwischen den Atomen und in den Atomen ist so viel Raum, dass wir innerlich genauso weit und leer sind wie das Universum, in dem wir leben.

Die Tatsache, dass der innere Raum im mikrokosmischen Maßstab genau dem Weltraum entspricht, beeindruckte mich zutiefst. Seitdem habe ich erfahren, wie eine achtsame Wahrnehmung des Körpers und die Ausrichtung auf das Spüren dieses inneren Raums unsere gewohnte Orientierung aus den Angeln hebt. Die ganzen Vorstellungen von »Selbst und andere«, »hier und dort«, »jetzt und dann«, »innen und außen« schwinden. Wenn wir den unendlichen Raum des Universums und den unendlichen Raum in uns wahrnehmen, merken wir, wie wir uns in einen kontinuierlich wachen Zustand hinein auflösen – in ein unendliches, alles einbeziehendes Gewahrsein.

Der Schritt zurück

Ich stelle mir die Existenz – das ganze Spiel von Geräuschen, Gedanken, Körpern und Bäumen – als den Vordergrund des Lebens vor und das bewusste Gewahrsein als den Hintergrund. In der Zen-Tradition wird diese Verschiebung des Fokus vom Vordergrund der Erfahrung zum Ruhen im reinen Sein als »der Schritt zurück« bezeichnet. Wann immer wir aus Gedanken oder emotionaler Reaktivität aussteigen und uns an die gegenwärtige Präsenz erinnern, treten wir einen Schritt zurück. Wenn wir aus einer einengenden Geschichte über uns selbst aussteigen und uns mit unserem grundlegenden Gewahrsein verbinden, treten wir einen Schritt zurück. Wenn unsere Aufmerksamkeit von der engen Konzentration auf ein Objekt – einen Klang, eine Empfindung, einen Gedanken – zu der Wahrnehmung des alles umfassenden wachen Zustands übergeht, treten wir einen Schritt zurück. Wir erkennen es daran, dass es nichts mehr gibt, wo wir zurücktreten könnten. Dann haben wir uns in die Unermesslichkeit und Stille des Gewahrseins selbst hinein entspannt.

Sie können einen Moment innehalten und diese lebendige Welt aufnehmen. Lassen Sie Ihre Sinne wach und weit offen sein. Nehmen Sie alles gleichermaßen auf, und lassen Sie die Welt dabei so sein, wie sie ist. Achten Sie dabei neben den sich ständig wandelnden Geräuschen und Empfindungen auch auf die Unterströmung des Gewahrseins – *seien Sie sich Ihrer eigenen Präsenz bewusst.* Die Erfahrung des Lebens darf sich ruhig weiter im Vordergrund entfalten, während Sie diese wache innere Ruhe im Hintergrund wahrnehmen. *Werden* Sie dann einfach zu diesem Raum des

Gewahrseins, *seien* Sie diese wache Offenheit. Können Sie spüren, wie die Erfahrungen dieser Welt weiterhin durch Sie hindurchfließen, ohne diese innere Weite des Gewahrseins irgendwie einzuschränken? Sie sind der Himmel, durch den der Vogel fliegt. Die folgenden zwei kurzen Zeilen aus der tibetischen Lehre verweisen auf genau diese grenzenlose Präsenz:

> Vollkommen wach, mit weit geöffneten Sinnen.
> Vollkommen offen, mit unfixiertem Gewahrsein.

Die drei Qualitäten des Gewahrseins

Als Siddhartha Gautama unter dem Bodhibaum saß, war er entschlossen, seine wahre Natur zu erkennen. Er wollte die Wahrheit erkennen. Die Fragen »Wer bin ich?« und »Was ist wirklich?« trieben ihn an, immer tiefer nach innen zu gehen und seine eigene Bewusstheit zu erkunden.

Wie die folgende Zen-Geschichte uns verdeutlicht, ist diese Art der Erkundung keine analytische oder theoretische Angelegenheit. Eines Tages fragt ein Novize den Abt seines Klosters: »Was geschieht nach unserem Tod?« Der ehrwürdige alte Mönch erwidert: »Ich weiß es nicht.« Der enttäuschte Novize meint: »Aber ich dachte, Ihr wäret ein Zen-Mönch.« – »Das bin ich auch«, erwidert der Alte, »aber kein toter.« Am meisten Kraft haben die Fragen, die unsere Aufmerksamkeit auf den gegenwärtigen Augenblick lenken.

Um uns selbst zu erforschen, beruhigen wir unseren Geist und fragen: »Wer bin ich?«, oder: »Wer ist jetzt gerade bewusst?«, oder: »Wer hört zu?« Dann richten wir unsere Aufmerksamkeit sanft auf das Gewahrsein selbst und schauen, was wahr ist. Letztendlich kann der Verstand diese Fragen nicht beantworten – es gibt da kein Ding, was tatsächlich zu sehen oder zu fühlen wäre. Es geht darum, sich in dieser Weise auszurichten und dann auf das gegenwärtige Nicht-Dingliche einzulassen. Die Frage »Wer bin ich?« dient dazu, die Selbstwahrnehmung als Suchender aufzulösen.

Doch das geschieht nicht sofort. Zuerst finden wir alle möglichen Dinge, die wir meinen, zu sein: unsere Gefühls- und Denkmuster, unsere Erinnerungen, die Geschichten darüber, wofür wir uns halten. Unsere Aufmerksamkeit bleibt auf die Elemente im Vordergrund gerichtet. Wenn zum Beispiel ein Gefühl auftaucht, fragen wir: »Wer fühlt das?«, oder: »Wer bemerkt das?« Je mehr wir fragen, desto weniger zeigt sich eine Antwort. So führen uns die Fragen allmählich in die Stille – es gibt keine weiteren Schritte, die wir zurücktreten könnten. Wir können nicht mehr antworten.

Die Entdeckung der Leere ist den tibetisch-buddhistischen Lehren zufolge »das höchste Schauen«. Es offenbart *die erste grundlegende Qualität des Gewahrseins: die Leere oder Offenheit.* Gewahrsein entbehrt jeglicher Form, jeder Mitte, jeder Grenze, jeder Festigkeit und jedes »Eigentümers«, jedes Selbst.

Doch das Erkunden offenbart auch die wache Lebendigkeit dieses »leeren« Gewahrseins, seine Strahlkraft des unablässigen Erkennens. Rumi schreibt: »Wir schauen das Licht mit seinen eigenen, alterslosen Augen.« Geräusche, Formen, Farben und Empfindungen werden spontan erkannt. Der ganze Strom der Erfahrung wird vom Gewahrsein empfangen und erkannt. Das ist *die zweite grundlegende Qualität des Gewahrseins: die Wachheit oder Erkenntnis.*

Wenn wir loslassen und in dieser wachen Offenheit ruhen, entdecken wir die Beziehung zwischen Gewahrsein und Form: Wenn etwas innerlich auftaucht – eine Person, eine Situation, eine Emotion –, entsteht spontan ein warmherziges, zärtliches Wohlwollen. Das ist *die dritte Qualität des Gewahrseins: der Ausdruck bedingungsloser Liebe oder des Mitgefühls.* Die tibetischen Buddhisten sprechen an dieser Stelle von der unbegrenzten Kapazität des

Gewahrseins, zu der Freude, Wertschätzung und viele andere Herzensqualitäten gehören.

Als Siddhartha seinen eigenen Geist betrachtete, erkannte er die Schönheit und die Güte seiner essenziellen Natur und war frei. Die drei grundlegenden Qualitäten unseres Seins – Offenheit/ Leerheit, Wachheit und Liebe – sind immer da. Auf dem Weg der wahren Zuflucht geht es zum großen Teil darum, mit diesen Qualitäten vertraut zu werden und aus ihnen heraus zu leben. Wir erkennen allmählich, um wie vieles mehr dieses wache, liebevolle Gewahrsein ist als all die Geschichten, die wir über uns selbst ersonnen haben. *Statt menschlicher Wesen auf einem geistigen Weg sind wir geistige Wesen, die sich in einer menschlichen Inkarnation selbst erforschen.* Wenn wir dies begreifen und darauf vertrauen, füllt sich unser Leben immer mehr mit Gnade.

Wieder staunen wie ein Kind

Ich liebe die folgenden Zeilen aus einem tibetisch-buddhistischen Text. Sie versichern uns auf wundervolle Weise, die Zuflucht des Gewahrseins sei …

> *Näher, als wir uns vorstellen können;*
> *Tiefgründiger, als wir uns vorstellen können;*
> *Leichter, als wir uns vorstellen können;*
> *Wundersamer, als wir uns vorstellen können.*

Näher, als wir uns vorstellen können.
Wie wäre es, wenn das Heute, genau dieser Augenblick, alles wäre, was Sie haben? Können Sie sich im Mittelpunkt des Jetzt ankommen lassen und die wache innere Stille in sich spüren? Können Sie das Bewusstsein wahrnehmen, welches durch Ihre Augen schaut, durch Ihre Ohren hört, durch Ihre Haut spürt? Wie ist es, zu erkennen, dass das Gewahrsein näher ist, als Sie sich vorstellen können?

Tiefgründiger, als wir uns vorstellen können.

Fragen Sie sich: »Träume ich?«, und schauen Sie, ob Ihr Verstand mit einer Geschichte über die Wirklichkeit beschäftigt ist, die Ihnen den Blick auf das Mysterium verstellt. Was passiert, wenn Sie einen Moment lang innehalten, aus Ihren Gedanken heraustreten und den Raum zwischen Ihren Gedanken wahrnehmen? Können Sie sich in dem Zustand des Nicht-Wissens ruhen lassen? Können Sie die unermessliche Tiefe und Wachheit des inneren Raums spüren? Wie ist es, zu erkennen, dass das Gewahrsein tiefgründiger ist, als wir uns vorstellen können?

Leichter, als wir uns vorstellen können.

Der Sufi-Dichter Hafiz sagt, wir seien anders als die Heiligen, weil wir immer noch meinen, »tausend bedeutende Schachzüge« vor uns zu haben. Doch genauso, wie wir einschlafen und uns im Tun verlieren, können wir auch aufwachen. Laden Sie sich ein, es leichtzunehmen und alles Planen und alle Kontrollversuche aufzugeben. Entspannen Sie Körper und Geist und lassen Sie alles geschehen: Geräusche, Empfindungen, Gefühle. Erforschen Sie, was es bedeutet, in die Präsenz zurückzutreten, wirklich in der Gegenwärtigkeit zu ruhen. Können Sie wahrnehmen, dass die wache Offenheit immer bereits gegeben ist? Wie ist es, zu erkennen, dass das Zurückkehren in das Gewahrsein leichter ist, als wir uns vorstellen können?

Wundersamer, als wir uns vorstellen können.

Das Gewahrsein erfährt seine eigene Essenz durch die Empfindsamkeit von Körper, Herz und Geist. Können Sie hier und jetzt wahrnehmen, wie das Gewahrsein durch Ihren Körper seine eigene Dynamik, Lebendigkeit und Kreativität erfährt? Können Sie wahrnehmen, wie es seine Fähigkeit zu grenzenloser Liebe durch Ihr Herz erfährt? Können Sie wahrnehmen, wie es durch Ihren Geist zu seiner unendlichen Weite und Strahlkraft erwacht? Wie ist es, zu erkennen, dass das Leben in diesem erwachten Körper, Geist und Herzen wundersamer ist, als wir uns vorstellen können?

Wenn wir begreifen, dass dieses geheimnisvolle Gewahrsein durch alles, auch durch uns selbst, schöpferisch wirkt und strahlt, werden wir wieder zu staunenden Kindern. Wir nehmen weiterhin mit ganzem Herzen am Leben teil. Wir sind ganz in unserer Arbeit und im Spiel, in unserer Kreativität und unseren Leidenschaften, in unserer Familie und in unseren Freundschaften engagiert. Wir spüren Emotionen, Freude und Schmerz. Und während all dessen sind wir uns unseres zeitlosen Wesens bewusst. So können wir uns empfänglich, ehrfürchtig und bedingungslos liebend durch die Welt bewegen.

Bis vor wenigen Jahren war es für mich eine hübsche Idee, das »staunende Kind« zu sein. Ich strebte das an, aber ich konnte es nicht dauerhaft umsetzen. Mitten in meiner Krankheit veränderte sich dann etwas und brachte einen frischen Wind in mein Leben. In dem kurzen letzten Kapitel dieses Buches möchte ich von dieser Erfahrung wahrer Zuflucht erzählen.

Geführte Besinnung

Den Innenraum erkunden

Wenn wir uns durch das Leben bewegen, brauchen wir eine bewegliche Aufmerksamkeit, die sich gleichermaßen genau auf einzelne Objekte oder Erfahrungen (wie Bilder, Empfindungen oder Geräusche) konzentrieren kann und zu einem offenen, auf die Präsenz des Raums an sich gerichteten Fokus fähig ist. Indem wir lernen, unsere Aufmerksamkeit auf den inneren Raum gerichtet zu halten, üben wir diese Flexibilität: Wir machen uns mit dem formlosen, unpersönlichen Grund aller Erfahrungen vertraut. Dann neigen wir selbst zu Zeiten, in denen unsere Linse eng fokussiert ist, weniger dazu, uns auf etwas zu fixieren und mit Verlangen oder Widerstand zu reagieren.

Weil es viele Menschen angenehmer finden, einer gesprochenen als einer geschriebenen Meditation zu folgen, gibt es alle Meditationen aus diesem Buch als Download unter: **www.brach.momanda.de.** (Eur 6,99).

Um einen Geschmack davon zu bekommen, können Sie die folgenden Fragen einzeln durchlesen, nach jeder Frage die Augen schließen und etwa 15 Sekunden lang in sich hineinspüren. Achten Sie auf das, was sich spontan zeigt. Es geht hier nicht darum, sich zu bemühen – seien Sie einfach offen für das, was sich zeigt.

* *Können Sie sich den Raum zwischen Ihren Augen vorstellen?*
* *Können Sie sich den Raum zwischen Ihren Ohren vorstellen?*
* *Können Sie sich den Raum zwischen Ihrer Stirn und Ihrem Hinterkopf vorstellen?*
* *Können Sie sich vorstellen, wie Ihre Hände voller Raum sind?*
* *Können Sie sich vorstellen, wie Ihre Brust voller Raum ist?*
* *Können Sie sich vorstellen, wie Ihr Bauch voller Raum ist?*

- *Können Sie sich Ihren ganzen Körper von Raum erfüllt vorstellen?*
- *Können Sie sich vorstellen, wie der Raum in Ihrem Körper und der unendliche Außenraum kontinuierlich ineinander übergehen?*
- *Können Sie sich vorstellen, dass dieser kontinuierliche Raum wach ist, voll Gewahrsein?*
- *Können Sie sich vorstellen, in diesem wachen, kontinuierlichen Raum zu ruhen?*

Geführte Besinnung

Wer bin ich?

Die grundlegende Frage der meisten spirituellen Traditionen lautet: »Wer bin ich?« Die formelle Praxis der Selbsterkundung ist ein wirkungsvoller Weg, unsere Geschichten über unser Selbst zu durchschauen und das Mysterium unserer wahren Natur zu erkennen.

Nehmen Sie sich vor der folgenden Besinnung etwas Zeit, Ihren Körper und Geist zu entspannen und zu beruhigen. Sie können das mit der geführten Meditation »Innehalten für Präsenz« in Kapitel 1 oder mit der soeben beschriebenen Besinnung »Den Innenraum erkunden« tun. Natürlich werden Gedanken und Gefühle auftauchen, doch es ist gut, diese Besinnung in einem entspannten emotionalen Zustand durchzuführen.

Wenn Sie die Übung gerne mit offenen Augen machen, ist eine Position hilfreich, in der Sie in den offenen Himmel oder auf eine ablenkungsfreie Aussicht schauen, zum Beispiel aus einem Fenster, auf eine leere Wand oder in den offenen Raum eines Zimmers.

Setzen Sie sich auf eine Weise bequem hin, in der Sie gleichermaßen wach und entspannt sein können. Wenn Ihre Augen offen sind, richten Sie Ihren Blick auf einen Punkt, der leicht über Ihrem Sichthorizont liegt. Lassen Sie Ihren Fokus weich werden, sodass Ihr Blick nicht fokussiert ist und Sie auch die Dinge in der Peripherie Ihres Blickfeldes sehen können. Entspannen Sie die Muskeln um Ihre Augen und Ihre Augenbrauen.

Wenn Sie in den Himmel schauen oder sich einen klaren, blauen Himmel vorstellen, können Sie Ihr Gewahrsein in diesen grenzenlosen Raum hineinfließen lassen. Erlauben Sie Ihrem Geist, sich weit zu öffnen und sich zu entspannen. Nehmen Sie sich einen Moment Zeit, auf die Geräusche zu achten und zu bemerken, wie sie von ganz alleine geschehen. Ruhen Sie in einem Gewahrsein, das auch die ganz weit entfernten Geräusche mit einbezieht.

Genauso wie Geräusche auftauchen und wieder verschwinden, können Sie auch Empfindungen und Emotionen erscheinen und sich wieder auflösen lassen. Der Atem darf dabei einfach leicht fließen, wie eine sanfte Brise. Bemerken Sie die Gedanken, die wie Wolken vorbeischweben. Ruhen Sie in einem offenen, ablenkungsfreien Gewahrsein und beobachten Sie mit empfänglicher Aufmerksamkeit die sich ständig wandelnden Eindrücke der Geräusche, Empfindungen, Gefühle und Gedanken.

Fragen Sie in dieser lauschenden Haltung: »Wer ist jetzt gerade gewahr?«, oder: »Wer hört zu?« Sie können auch fragen: »Was ist jetzt gerade gewahr?«, oder: »Was hört zu?« Schauen Sie mit interessierter Gelassenheit zurück auf Ihr Gewahrsein – einfach um zu sehen, was wahr ist.

Was bemerken Sie? Ist da irgendein statisches, festes oder beständiges »Ding« oder »Selbst« wahrnehmbar? Gibt es etwas Wesenhaftes, was unabhängig von dem wechselhaften Strom der Gefühle, Empfindungen und Gedanken existiert? Was genau sehen Sie, wenn Sie Ihren Blick auf Ihr Gewahrsein richten? Hat Ihre Erfahrung dieses Gewahrseins irgendeine Grenze oder Mitte? Sind Sie sich gewahr, gewahr zu sein?

Wenn Sie so eine Weile Ihr Gewahrsein erforscht haben, können Sie loslassen und sich ganz in den Ozean der Wachheit sinken lassen. Lassen Sie los und lassen Sie alles so sein, wie es ist. Erlauben Sie dem Leben, sich in Ihrem Gewahrsein natürlich zu entfalten. Ruhen Sie im Nicht-Tun, in ablenkungsfreiem Gewahrsein.

Verweilen Sie so lange in diesem ruhigen Gewahrsein, bis wieder ein Geräusch, eine Empfindung oder eine andere Erfahrung in Ihre Aufmerksamkeit tritt. Wenn Sie bemerken, dass sich Ihr Verstand auf einen bestimmten Gedanken fokussiert hat – auf eine Bewertung, einen inneren Kommentar, ein Bild oder eine Geschichte –, lenken Sie Ihre Aufmerksamkeit sanft auf Ihr Gewahrsein, um die Quelle des Denkens zu erkennen. Fragen Sie: »Wer denkt?«, oder: »Was denkt?«, oder: »Wer ist jetzt gerade gewahr?« Wenden Sie Ihren Blick sanft und gelassen zurück auf Ihr Gewahrsein – einfach um hinzuschauen, wer denkt.

Lassen Sie dann los und entspannen Sie sich ganz in das, was Sie wahrnehmen. Lassen Sie los und lassen Sie es sein, wie es ist. Erlauben Sie dem Leben, sich natürlich im Gewahrsein zu entfalten. Ruhen Sie im Nicht-Tun, in ablenkungsfreiem Gewahrsein. Entspannen Sie sich jedes Mal vollständig, wenn Sie die Gedanken loslassen. Entdecken Sie die Freiheit der wachen Entspannung, der Zustimmung zum Leben so, wie es ist. Schauen und sehen Sie, lassen Sie los und seien Sie frei.

Wenn Empfindungen oder Emotionen Ihre Aufmerksamkeit erregen, wenden Sie Ihre Aufmerksamkeit auf dieselbe Weise zurück auf Ihr Gewahrsein und fragen: »Wer fühlt sich warm oder müde oder ängstlich?« Wenn diese Wahrnehmungen stark oder unwiderstehlich werden, wenden Sie sich ihnen mit Akzeptanz und Wohlwollen zu. Vielleicht spüren Sie, wie Sie die Angst im Griff hat, und verbinden sich mit Hilfe des Atems mit Offenheit und liebevollem Feingefühl. (Siehe die geführte Meditation »Tonglen – Heilsame Präsenz und Angst« in Kapitel 9.) Wenn Sie Ihrer Erfahrung wieder mit Gleichmut und Mitgefühl begegnen können, wenden Sie sich wieder dem ruhigen Erforschen des Gewahrseins zu.

Wenn Sie irgendwann bemerken, dass Sie sich haben ablenken lassen, öffnen Sie Ihre Aufmerksamkeit wieder für die Sinneswahrnehmungen: Geräusche hören, Empfindungen spüren. Dies wird Sie in die achtsame Gegenwärtigkeit zurückführen, in der Sie sich erneut dem Gewahrsein hinter allen Erfahrungen zuwenden können.

Sie können auch das aktive Erforschen mit einer ähnlichen Praxis verbinden. Sagen oder denken Sie: »Ich bin«, und fügen Sie nichts hinzu. Achten Sie auf die Stille, die den Worten folgt. Spüren Sie Ihre Präsenz, Ihr reines, unverstelltes Dasein. Lassen Sie los und seien Sie diese Präsenz.

Es ist wichtig, diese Selbsterkundungen leicht und mühelos durchzuführen, ohne dass der Geist danach strebt, es richtig zu machen, und sich damit zusammenzieht. Um Stress zu vermeiden, ist es am besten, die Praxis auf fünf- bis zehnminütige Intervalle zu beschränken. Sie können solche kurzen formellen Übungseinheiten mehrmals am Tag durchführen, wenn Sie möchten.

Als informelle Übung können Sie sich, sooft Sie daran denken, ein paar Momente Zeit nehmen, um Ihre Aufmerksamkeit auf Ihr Gewahrsein zu richten und zu sehen, was wahr ist. Lassen Sie dann los und lassen Sie alles so sein, wie es ist. Im Laufe der Zeit wird die Trance des getrennten Selbst dabei immer deutlicher sichtbar werden, und Sie werden das leere Strahlen des Gewahrseins als Ihre wahre Heimat erfahren.

Einen Schritt zurücktreten

Unser natürliches Gewahrsein offenbart sich, wenn wir aufhören, darum zu ringen, unsere Aufmerksamkeit steuern oder manipulieren zu wollen. In dieser Besinnung geht es um ein scheinbares Paradoxon: Wir lassen willentlich alles absichtsvolle Tun los. Dies ist zunächst noch eine subtile Form des Tuns, doch mit etwas Übung beginnt sich das Loslassen dann spontan einzustellen, wann immer wir die Anspannung des Kontrollierens bemerken.

Praktizieren Sie zuvor die Besinnung »Den Innenraum erkunden« oder eine andere Form der Besinnung, die Ihnen hilft, zur Ruhe zu kommen und sich zu entspannen.

Finden Sie eine aufrechte, bequeme Haltung und kommen Sie zur Ruhe. Lassen Sie alles Streben, alles Ringen und alle Anhaftungen an Ergebnisse so weit wie möglich los. Lassen Sie sich auf einen empfänglichen Zustand des Zuhörens ein. Lauschen Sie in alle Richtungen, in die Nähe und in die Ferne, ohne sich auf ein bestimmtes Geräusch zu konzentrieren. Nehmen Sie alles gleichermaßen auf. Experimentieren Sie damit, nicht nur mit Ihren Ohren zu hören, sondern mit Ihrem gesamten Gewahrsein. Lauschen Sie auf Geräusche, auf Empfindungen, auf das Atmen.

Lassen Sie das Leben aus dieser empfänglichen Haltung heraus einfach so sein, wie es ist. Achten Sie auf Ihren Körper. Wenn Sie eine Anspannung spüren, bemerken Sie sie als ein Zeichen von Widerstand gegen das Loslassen. Bemerken Sie die Anspannung einfach und lassen Sie sie so sein, wie sie ist. Auch wenn es Ruhelosigkeit gibt, lassen Sie sie so sein, wie sie ist.

Gewahrsein ist fließend; ohne gezieltes Steuern und ohne Widerstand werden unterschiedliche Erfahrungen einfach erkannt. Stellen Sie sich vor, Sie fahren in einem Wagen mit. Wie die Dinge, die Sie aus dem Fenster se-

hen, tauchen die Erfahrungen auf und ziehen vorüber. Sie haben keinen Einfluss darauf. Sie haben keine Ahnung, was als Nächstes geschehen sollte oder wo es hingeht. Sie bemerken einfach und lassen es zu. Sie sind Gewahrsein.

Wenn Gedanken auftauchen, bemerken Sie einfach: »Dies ist nur ein Gedanke.« Lassen Sie ihn ziehen und kehren Sie zum Jetzt, zur Präsenz, zurück. Ihr Verstand wird vielleicht versuchen, die Besinnung zu interpretieren oder zu steuern. Auch das lassen Sie einfach los. Manchmal hilft ein innerlich geflüstertes »Loslassen«. Achten Sie, nachdem Sie sich nach einem Gedanken wieder geöffnet haben, auf den Unterschied zwischen einem Gedanken und der Lebendigkeit und dem Mysterium des Hier und Jetzt.

Vielleicht stellen Sie fest, dass Sie Gedanken losgelassen haben und sich im Vordergrund Ihrer Erfahrung auf die Geräusche, Gefühle oder Empfindungen fokussieren. Erforschen Sie, was passiert, wenn Sie auch dies loslassen, und spüren Sie den Hintergrund Ihrer Erfahrung, Ihre eigene Gegenwärtigkeit. Sie können diese formlose Dimension des Seins nicht sehen, hören oder verorten, doch Sie können sich in sie hinein entspannen.

Wenn Sie diesen Schritt zurücktreten und sich in die Gegenwärtigkeit hinein entspannen, entsteht eine stille Weite im Gewahrsein. Die Stille lauscht auf Geräusche, auf Gedanken. Eine große Stille, die die Erfahrung der Lebendigkeit in sich aufnimmt. Alles geschieht in wacher Offenheit. Ruhen Sie einfach in diesem offenen Zustand des Gewahrseins und lassen Sie die Geräusche und Gefühle des Lebens weiter durch sich hindurchströmen.

Wenn Ihre Praxis tiefer wird, ist es empfehlenswert, zumindest einen Teil Ihrer Praxis diesem Loslassen aller Kontrolle zu widmen und sich einfach zu entspannen und in einem offenen, alles zulassenden Gewahrsein zu ruhen.

15

Ein zu allem bereites Herz

Da ist ein Ort im Herzen, wo alles sich trifft.
Dort kannst du mich finden.
Geist, Sinne, Seele, Ewigkeit, alles ist da.
Auch du?
Gib dich in deines Herzens Schale unendlicher Weite.
Gib dich ganz ...
Kennst du nur den Weg,
wird die Aufmerksamkeit, ihrer Natur gemäß,
dich dorthin zurückrufen, wieder und wieder,
dich an dem Wissen zu laben:
»Hier gehöre ich hin, hier bin ich zu Hause.«

Lorin Roche, The Radiance Sutras

»Schickt Chi zu den schmerzenden Stellen«, wies uns der Retreat-Lehrer an. Ich stellte mir vor, wie Lichtströme zu meinen schmerzenden Knien flossen und sie darin badeten. Er fuhr fort: »Stellt euch diese Bereiche eures Körpers als ganz lebendig und stark vor, als energetisch wunderbar im Einklang fließend mit dem Rest eures Körpers.«

Dies war keine buddhistische Übung. Ich befand mich auf einem zehntägigen Qigong-Heilungs-Retreat. Qigong ist ein chinesisches System der stillen Meditation in Bewegung, welches auf dem Verständnis beruht, dass diese ganze Welt aus *Chi* besteht – ein unsichtbares Energiefeld, ein dynamischer Ausdruck reinen Gewahrseins. Ich hatte schon lange davon gehört, wie körperlich heilsam Qigong-Meditationen sind. Als ich anfing, damit zu experimentieren, halfen mir die Übungen, mich mehr im Körper und energetisch besser ausgerichtet zu fühlen. Als meine Gesundheit schlechter wurde, beschloss ich, mich tiefer mit Qigong zu befassen. Am dritten Tag des Retreats stiegen jedoch Zweifel in mir auf. Manche der Anweisungen schienen mir ausgesprochen »un-buddhistisch«! Ich hatte den Eindruck, ich sollte meine Erfahrung auf einen gesunden, glücklichen Körper hin manipulieren. Ging es nicht eigentlich darum, die Kontrolle loszulassen und das Leben so anzunehmen, wie es ist? Würde ich durch all diese gezielte Energie und die Visualisierungen nicht noch mehr daran hängen, gesund sein zu wollen? Das war bei meiner Erkrankung ein ziemlich aussichtsloses Unterfangen.

Aber ich hatte meinen Beitrag bezahlt und folgte weiter den Anleitungen des Lehrers. Am nächsten Morgen stand ich im Morgengrauen auf und übte für mich allein – mich mit dem Ozean von Chi zu verbinden, verschiedenen Bereichen meines Körpers Aufmerksamkeit und Energie zukommen zu lassen. Nach etwa einer halben Stunde ging ich hinaus und begann, einem gewundenen Pfad durch die herrliche Landschaft Nordkaliforniens zu folgen. Jeder Schritt tat weh. Meine Knie quälten mich, und in einer meiner Hüften pochte ein stechender Schmerz.

»Und jetzt?«, knurrte ich vor mich hin. »Soll ich jetzt noch mehr Chi in meinen Körper schicken, oder was?«

Dann hielt ich inne – der Groll gegen meinen Körper hatte mich aufmerksam gemacht. Als ich genauer hinsah, wurde aus dem Groll schnell ein vertrauter Kummer. Warum konnte ich nicht einfach schmerzfrei über diese Erde wandern? Als ich mit meiner tiefen Frustration und Sehnsucht in Kontakt kam, flossen mir die

Tränen. »Ich will mich lebendig fühlen. Ich will mich lebendig fühlen. Bitte. Bitte. Möge ich mich ganz lebendig fühlen.« Das Benennen öffnete mich dafür, wahrzunehmen, was sich hinter dieser Sehnsucht verbarg. »Ich liebe das Leben.« Im Kern des Kummers steckte, wie immer, Liebe. Eine Stimme in mir wiederholte die Worte wieder und wieder, und eine zarte, kribbelnde Wärme erfüllte mein Herz.

Die Erlaubnis, das Leben zu lieben

Ich hatte diese Liebe zurückgehalten, ich hatte mich zurückgehalten, mich ganz auf das Leben einzulassen, weil ich mich von meinem Körper betrogen fühlte. Es sollte mich vor weiteren Verlusten schützen. Doch in meiner Angst, zu sehr an meiner Gesundheit zu hängen, hatte ich mir nicht erlaubt, die Wahrheit zu spüren: Ich liebe das Leben. Im Qigong ging es nicht darum, die Anhaftung zu fördern, sondern das Leben und die Lebendigkeit ganz anzunehmen. In diesem Augenblick beschloss ich, meine Liebe nicht mehr zurückzuhalten.

Als ich dem »Ich liebe das Leben«-Gefühl erlaubte, so groß zu sein, wie es wollte, fiel das »Ich« weg. Selbst der Bezug auf das Leben fiel weg. Übrig blieb ein strahlend offenes Herz, so weit wie die Welt. Diese liebevolle Gegenwärtigkeit liebte alles: die zarten Rosa- und Grautöne des Himmels, den Duft der Eukalyptusbäume, die hoch oben segelnden Geier, die Singvögel. Sie liebte die Frau, die dort hinten stand und auch still in den Morgenhimmel schaute. Sie liebte die wechselhaften angenehmen und schmerzhaften Empfindungen in diesem Körper. Jetzt fühlte es sich intuitiv vollkommen richtig an, meinen Knien Chi zu schicken. Es war einfach Ausdruck der natürlichen, fürsorglichen Zuwendung des Gewahrseins zu seiner Schöpfung. Nicht »Ich« liebte das Leben – das Gewahrsein liebte das Leben.

Diese Erfahrung ließ mich eine einschränkende Überzeugung aufgeben, die ich unbewusst lange in mir getragen hatte: die Überzeugung, dass das Reich des formlosen Gewahrseins spiritueller und wertvoller sei als die lebendigen Formen dieser Welt. Diese Voreingenommenheit gegen die lebendige Welt findet sich in vielen religiösen Traditionen. Auch in manchen Interpretationen der Lehren des Buddha findet sich dieses Beharren auf einer abwehrenden Haltung gegenüber sinnlichen Vergnügungen wie Schönheit, Liebesspielen und Musik. Es zeigt sich in dem höheren Status der Mönche gegenüber den Nonnen, in der Höherbewertung des monastischen Lebens gegenüber dem Leben der Familien und Laien und in den Warnungen gegen die Anhaftungen enger persönlicher Beziehungen. Ich glaube inzwischen, dass diese Voreingenommenheiten aus Angst und Misstrauen gegenüber dem Leben selbst entstanden sind. Dies in meiner eigenen Psyche zu erkennen, war ein großes Geschenk.

Wir brauchen diese Welt nicht zu transzendieren, um unsere wahre Natur zu erkennen und in Freiheit zu leben. Genau genommen können wir es gar nicht. Wir sind Lebendigkeit *und* die ursprüngliche formlose Präsenz. Wir sind verkörperte Leerheit. Je mehr wir die Welt der Formen lieben, desto mehr entdecken wir eine alles umfassende, ungeteilte Präsenz, die leer ist von jeglichem Empfinden von »ich oder andere«. Und je mehr sich uns der offene, formlose Zustand des Gewahrseins offenbart, desto bedingungsloser lieben wir die wechselhaften Ausdrucksformen der Schöpfung. Die Zuflucht zum Gewahrsein und die Zuflucht zur Lebendigkeit (zur Wahrheit des gegenwärtigen Augenblicks) sind letztlich unzertrennlich. Wenn ich mich als das all ihre lebendigen Ausdrucksformen liebende Gewahrsein wahrnehme, werden alle drei Zufluchten zu einer einzigen.

Das Herz-Sutra des Mahayana-Buddhismus lautet: »Form ist Leere, Leere ist auch Form. Leere ist nichts anderes als Form, Form ist nichts anderes als Leere.« Wir können das Meer nicht von den Wellen trennen. Unser Weg ist, den unendlichen Ozean unseres Seins zu erkennen und die Wellen zu genießen, die auf seiner Oberfläche auftauchen.

Grundlos glücklich

Während der letzten Tage jenes Retreats entwickelte sich aus meiner Bereitschaft, das Leben zu lieben, ein sehr tiefes, stabiles Glücksgefühl. Dieses Glücksgefühl hing nicht davon ab, wie die Dinge waren – meine Stimmungen und mein körperliches Befinden schwankten immer noch auf und ab. Ich war grundlos glücklich. Dieses bedingungslose Glücksgefühl oder Wohlbefinden ist ein Duft des Erwachens. Es entsteht, wenn wir auf unsere Essenz des Gewahrseins vertrauen und wissen, dass diese gesamte lebendige Welt Teil unseres Herzens ist. Dieses grundlose Glücksgefühl schenkte mir das Vertrauen, dass alles gut sein würde, was auch geschieht.

Ich fuhr nach Hause und stürzte mich in ein wundervolles tägliches Ritual der Meditation und des Qigong. In den ersten Wochen ging ich jeden Tag zum Fluss und kletterte durch die Felsen und Büsche zu einem kleinen, versteckten Strand. Begleitet von den Klängen des fließenden Wasser, übte ich in der klaren, frischen Morgenluft auf dem festen Sand Präsenz in Bewegung und Stille. Sie ahnen wahrscheinlich schon, wie es weiterging. Nachdem ich beim Hinabklettern zum Strand mein Knie verletzt hatte, verlegte ich meine Praxis auf unsere Terrasse. Gewisse Armbewegungen belasteten meinen Nacken zu sehr, also musste ich sie minimieren. Das Stehen strengte meine Beine zu sehr an, also begann ich, auf einem Stuhl zu üben. Dann regnete es eine Woche lang ununterbrochen.

Aber es war alles in Ordnung. Mehr als in Ordnung. An einem jener verregneten Morgen wurde mein Geist während des Sitzens ganz ruhig. Sanft öffnete sich meine gesamte Aufmerksamkeit dem wechselhaften Fluss der Erfahrung – Schmerzen, Wellen der Müdigkeit, flüchtige Gedanken, der Klang des Regens. Mit fortwährender Aufmerksamkeit bemerkte ich in meinem gesamten Körper das subtile Empfinden von Lebendigkeit (Chi-Energie). Diese Lebendigkeit war nicht fest, sondern weit, ein Tanz des Lichts. Je mehr ich mich dieser Lebendigkeit öffnete, desto mehr nahm ich eine wache innere Stille wahr, den inneren Hintergrund des reinen Seins. Und je mehr ich in dieser Stille ruhte, desto lebendiger wurde die Welt.

Nach etwa dreißig Minuten öffnete ich die Augen und sah den üppigen Farn, der in unserem Schlafzimmer hängt, in all seiner Schönheit und Anmut. Ich liebte diesen Farn, seine einzigartige Form (Wie ist dieses Universum bloß auf Farne gekommen?), ich liebte seine Ausstrahlung und sein Licht. In diesem Augenblick war der Farn so wundervoll wie der schönste Fleck am Flussufer. Ich war Gewahrsein, das seine Schöpfung liebt. Ich war grundlos glücklich. Die Dinge brauchten nicht so zu sein, wie ich sie gerne hätte. Ich war dankbar, das Leben so genießen zu können, wie es ist.

In den Meditationen »Ja zum Leben sagen« lade ich die Teilnehmer manchmal ein, nachzuspüren, wie tief ihr Ja gehen kann. Wir können uns entscheiden, das Leben zu lieben. Wir können uns bewusst entscheiden, rückhaltlos zu lieben. Wir werden uns immer wieder verschließen, doch wir können immer wieder mit genau dem anfangen, was wir gerade erleben, und uns unserem Widerstand freundlich zuwenden. Wir können zu unserem »Nein« Ja sagen. Wenn wir unser Ja bewusst vertiefen, entdecken wir eine befreiende bedingungslose Akzeptanz, ein offenes, alles zulassendes Gewahrsein. Wir sind nicht davon abhängig, dass das Leben so oder so ist; die Offenheit unserer Präsenz an sich führt zu tiefer Zufriedenheit.

Wir meinen gewohnheitsmäßig, einen bestimmten Grund für unser Glück zu brauchen – das frische Frühlingsgrün, den Klang eines Kinderlachens, die Meereswellen, die über unseren Körper spülen. Doch es ist dieser Hintergrund der alles zulassenden, stillen Präsenz, der es uns überhaupt ermöglicht, glücklich zu sein. Jedes Mal, wenn wir der Lebendigkeit mit Präsenz begegnen, vertieft sich die Präsenz, und *das Gewahrsein erfährt sich selbst.* Das lebendige Grün, das Lachen, die Frische und Bewegung des Wassers, sie alle machen uns wach für diese innere Präsenz. Wir erfahren uns in unserer Ganzheit und sind glücklich, zu sein, wer wir sind.

Schauen Sie das nächste Mal, wenn Sie sich bewusst wohl, friedvoll oder glücklich fühlen, ob Sie den Innenraum der Präsenz spüren, die diese Erfahrung ermöglicht. Der Philosoph Nietzsche schrieb dazu:

> *Zum Glück, wie wenig genügt schon zum Glücke! ...*
> *Das Wenigste gerade, das Leiseste, Leichteste,*
> *einer Eidechse Rascheln, ein Hauch, ein Husch,*
> *ein Augen-Blick. ... Still!*

Tanzende Leere

Diese Welt der Formen ist die dynamische Darstellung des leeren Gewahrseins. Bäume, Würmer, Gebäude, Computer, Raketen, Menschen. Formen wohnt kein dauerhaftes Selbst inne. Wie die Wellen auf dem Meer bilden sie vorübergehende Konstellationen und sind grundsätzlich mit allen anderen Formen verbunden. Jeder von uns ist Ausdruck der Aktivität des Gewahrseins – tanzende Leere.

Ich liebe diesen Begriff aus dem Zen, weil er die Unzertrennlichkeit von Formlosigkeit und Form, von der Leere des Gewahrseins und ihrem lebendigen Ausdruck beschreibt. Die Erkenntnis, dass alle Stimmungen und Handlungen aus der Leere des Gewahrseins hervorgehen – und zu keinem Selbst gehören –, befreit uns von der Reaktivität. Das macht uns verantwortungsbewusster und hilft uns, besser mit unserem inneren Wetter umzugehen. Wenn wir wacher Sinne und uns des Gewahrseins gewahr sind, treten wir in den Fluss des Lebens ein und können auf alles, was geschieht, mit Zugewandtheit und Anmut eingehen.

Wenn ich über die Selbstlosigkeit und Freiheit der tanzenden Leere spreche, werde ich manchmal gefragt, ob dies auch eine Abwendung von persönlichem Wachstum und dem Dienst am Nächsten bedeute. Ist dies nur ein weiterer Weg, unser Leben hier und jetzt gering zu schätzen? Werden wir auch, wenn wir innerlich frei sind, noch Interesse daran haben, uns selbst und unsere Welt zu heilen?

Bei dieser Frage denke ich oft an Mari, die zur Meditation kam, als sie merkte, dass sie kurz vor dem Burn-out stand. Über zehn Jahre lang hatte Mari für eine große Menschenrechtsorganisation Spendengelder eingeworben. Doch das politische Umfeld war immer unangenehmer geworden, in der Organisation kämpften rivalisierende Fraktionen um das Sagen, es gab kaum noch Spender, und sie zweifelte die ethischen Grundlagen einiger ihrer Kollegen an. Mari merkte, dass sie nichts mehr mit Politik oder Aktivismus zu tun haben wollte.

Während der nächsten vier Jahre arbeitete Mari in einem Sportfachgeschäft, besuchte Meditationskurse und -Retreats und nahm sich Zeit, wieder einer alten Leidenschaft nachzugehen: der Vogelbeobachtung. »Während dieser Spaziergänge in den frühen Morgenstunden, wo ich beobachte und lausche, kehre ich zur Stille zurück, zu meiner eigenen Präsenz«, erzählte Mari. In dieser zugewandten Stille vertiefte sich Maris Beziehung zu den Vögeln. »Sie sind nicht außerhalb von mir, sie sind Teil meiner inneren Landschaft«, erklärte sie. Als ihr bewusst wurde, wie bedroht der Lebensraum ihrer Freunde ist, merkte sie, dass ihr politisches Engagement noch nicht vorbei war.

Wir schauten uns das gemeinsam in einer Beratungssitzung an. Mari begann, darauf zu vertrauen, dass sie es dieses Mal anders angehen würde. Sie ließ sich darauf ein, für eine Umweltgruppe Spendengelder einzuwerben, und ihr war bewusst, dass es auch in dieser Organisation Ego-Konflikte gab. Es würde wieder Entmutigungen geben, doch Mari hatte ihre Zuflucht gefunden. Sie konnte sich mit jenem Gewahrsein verbinden, das Vögel und Bäume, Egos und Entmutigungen hervorbringt – das gesamte Spiel des Lebens. Sie konnte sich der Weisheit der tanzenden Leere bewusst sein und gleichzeitig dieser unvollkommenen Welt dienen.

Adyashanti, der spirituelle Lehrer und Autor des Buches *Tanz der Leere,* empfiehlt, uns im Laufe unseres Tages zu fragen: »Wie erlebt die Leere oder das Gewahrsein dies (Essen/Spazierengehen/Duschen/Reden)?« Ich mag auch die Frage »Wie erlebt dieses leere, wache Herz das, was gerade geschieht?« Damit erinnern wir uns daran, aus unserer Geschichte des Selbst herauszutreten und die Empfindungen, Gefühle und Geräusche aus der Perspektive des Herzens und des Gewahrseins wahrzunehmen. Dann analysieren wir nicht und leisten keinen Widerstand. Das Leben kann einfach durch uns hindurchfließen.

Wenn ich in dieser Weise aufmerksam bin, ziehe ich mich nicht etwa aus dem Leben zurück. Ohne den Fokus auf das Selbst gehe ich in den Fluss der Lebendigkeit ein. So wie der Fluss um einen Felsen herumfließt, reagiere ich intuitiv auf das, was mich umgibt. Ich bin spontaner in diesem Moment, natürlich klar und in meiner Reaktion zugewandt. Ich habe das auch in anderen gesehen. Ob im Dienen oder im Genießen – im Gewahrsein der tanzenden Leere leben wir von ganzem Herzen. Selbst angesichts schwerer Verluste.

Vor einigen Jahren las ich eine bemerkenswerte Geschichte über den Violinisten Itzhak Perlman. Er hatte als Kind Polio gehabt, weshalb jedes seiner Konzerte damit begann, dass er langsam auf Krücken auf die Bühne kam, sich setzte, seine Beinschienen abschnallte und sich dann auf sein Spiel vorbereitete. Bei einem Auftritt im Lincoln Center in New York 1995 hatte er dies auch getan, als nach den ersten paar Takten des Konzerts eine Saite riss. Der Knall war im ganzen Konzertsaal zu hören. Alle fragten sich, was jetzt wohl passieren würde: Musste er jetzt wieder seine Beinschienen anlegen und sich über die Bühne quälen, um eine andere Violine zu holen?

Er blieb ruhig sitzen, schloss die Augen und hielt inne. Dann gab er dem Dirigenten ein Zeichen, wieder anzufangen. Perlman spielte das ganze Konzert mit unglaublicher Brillanz und Leidenschaft, Kraft und Reinheit. Vielleicht spürten einige die Intensität, mit der er das Stück innerlich modulierte und anpasste. Als er endete, herrschte zunächst eine ehrfürchtige Stille, und dann erhoben sich die Zuhörer mit donnerndem Applaus von ihren Sitzen.

Perlman lächelte, wischte sich den Schweiß von der Stirn und bat mit erhobenem Bogen um Ruhe. Als er sprach, war sein Ton eher leise und nachdenklich. »Wissen Sie, manchmal ist die Aufgabe des Künstlers, herauszufinden, wie viel Musik sich aus dem machen lässt, was übrig bleibt.«

Leider hörte ich kürzlich, dass diese Geschichte möglicherweise erfunden ist. Doch die Botschaft berührt mich trotzdem. Wir vergleichen unser Leben mit dem, wie es mal war, und ängstigen uns, was wir noch zu verlieren haben. Doch wenn wir uns dem gegenwärtigen lebendigen Moment hingeben, werden wir wie Perlman zu tanzender Leere – zu einem Teil des schöpferischen Flusses. Wir gehen mit liebevollem Herzen auf die Freuden und Leiden dieser Welt ein. Wir machen Musik mit dem, was wir übrig haben.

Ein zu allem bereites Herz

Als der Buddha starb, gab er seinem geliebten Aufwärter Ananda und all den nachfolgenden Generationen den Rat: »Sei dir selbst ein Licht, sei dir selbst eine Zuflucht. Nimm zu nichts Äußerem Zuflucht.«

Unsere letzte Zuflucht liegt nirgendwo anders als in unserem eigenen Sein. Durch jeden von uns strahlt ein Licht des Gewahrseins, das uns nach Hause führt. Wir sind von diesem leuchtenden Gewahrsein nie getrennt, so wenig Wellen je vom Ozean getrennt sind. Selbst wenn wir uns völlig einsam oder beschämt fühlen, wenn wir in emotionale Reaktionen verstrickt oder verwirrt sind – wir sind nie von dem erwachten Zustand unseres Herzensgeistes getrennt.

Dies ist eine wunderbare und kraftvolle Lehre. Alle Menschen verfügen über diese essenzielle Wachheit. Dieses offene, liebevolle Gewahrsein ist das, was wir zutiefst sind. Wir brauchen nirgends hinzugelangen und uns nicht zu verändern – unsere wahre Zuflucht liegt in dem, was wir sind. Im Vertrauen darauf wird uns der Segen der Freiheit zuteil.

Der buddhistische Mönch Sayadaw U Pandita nennt diesen Segen *»ein zu allem bereites Herz«*. Wenn wir darauf vertrauen, das Meer zu sein, fürchten wir die Wellen nicht. Wir vertrauen darauf, mit allem umgehen zu können, was kommt. Wir brauchen unser Leben nicht in Vorbereitungen zu vergeuden. Wir brauchen uns nicht gegen das zu wappnen, was als Nächstes kommt. Wir sind frei, ganz das zu leben, was hier und jetzt ist, und weise damit umzugehen.

Fragen Sie sich, wie es wäre, ein zu allem bereites Herz zu haben? Wenn unser Herz zu allem bereit ist, können wir unvermeidlichen Verlusten und unserem tiefen Kummer offen begegnen. Wir können um unsere verlorenen Lieben trauern, um unsere verlorene

Jugend, unsere verlorene Gesundheit, unsere verlorenen Fähigkeiten. Es ist Teil unserer Menschlichkeit, Teil des Ausdrucks unserer Liebe zum Leben. Wenn wir der Wahrheit des Verlustes mit mutiger Präsenz begegnen, bleiben wir offen für die unermesslichen Möglichkeiten, wie sich die Liebe in unserem Leben zeigt.

Wenn unser Herz zu allem bereit ist, werden wir spontan die Hand hinreichen, wenn andere leiden. Auch ein tugendhaftes Leben kann uns das Leiden und die Bedürfnisse anderer sensibel wahrnehmen lassen, aber mit offenem, wachen Herzen entsteht die Zuwendung instinktiv. Es ist eine bedingungslose Fürsorge, die sich nach innen und nach außen überall dorthin wendet, wo Angst und Leiden sind.

Mit einem zu allem bereiten Herz sind wir frei, wir selbst zu sein. Die Wildheit unseres tierischen Selbst, die Leidenschaft und die Spielfreude haben darin genauso Platz wie unser menschliches Selbst, wie Intimität und Verständnis, Schöpfungskraft und Schaffenskraft. Und es gibt Raum für das Geistige, in dem das Licht des Gewahrseins all unsere Augenblicke durchflutet. Die Tibeter nennen diese Art von Selbstvertrauen »das Brüllen des Löwen«.

Mit einem zu allem bereiten Herz berühren uns die Schönheit, die Dichtung und das Mysterium, das unsere Welt erfüllt. Als der Lehrer für Vipassana-Meditation Munindra Ji gefragt wurde, warum er praktiziere, antwortete er: »Um bei meinem täglichen Weg in die Stadt die kleinen blauen Blumen am Wegesrand zu sehen.« Mit unbewehrtem Herzen verlieben wir uns immer und immer wieder in das Leben. Wir werden staunende Kinder, dankbar dafür, auf dieser Erde zu wandeln, dankbar dafür, zueinander und zur gesamten Schöpfung dazuzugehören. Wir finden unsere wahre Zuflucht in jedem Moment, in jedem Atemzug. Wir sind grundlos glücklich.

* * *

Ich bete dafür, dass wir auf die Schönheit unserer Herzen und unseres Gewahrseins vertrauen. Mögen wir, einander die Hände reichend, zur Heilung und Freiheit unserer Welt beitragen.

Mögen alle Wesen sich ihrer Essenz
als liebendes Gewahrsein bewusst werden.
Mögen alle Wesen aus diesem erwachten Herzen heraus leben.
Mögen alle Wesen glücklich sein.
Mögen alle Wesen großen, natürlichen Frieden erfahren.
Möge auf Erden Frieden sein, möge überall Frieden sein.
Mögen alle Wesen erwachen und frei sein.

Geführte Besinnung

Wunschgebet

Der Schlüssel zu spirituellem Erwachen ist, zu erinnern und damit in Berührung zu sein, was das eigene Herz am meisten ersehnt. In der buddhistischen Tradition gibt es zwei klassische Wunschgebete, die uns dabei helfen können.

- *Mögen alle meine Lebensumstände – die großen Schwierigkeiten, die großen Freuden und das Glück – dazu dienen, mein Herz und meinen Geist zu erwecken.*

Vergegenwärtigen Sie sich, was gerade in Ihrem Leben los ist. Vertiefen Sie Ihre Aufmerksamkeit auf diese Situation und versuchen Sie, sich vorzustellen, wie sie in Ihnen natürliche Liebe und Weisheit hervorrufen könnte.

- *Möge dieses Leben zum Wohle aller Wesen überall beitragen.*

Vergegenwärtigen Sie sich, wie unzertrennlich Ihr Leben mit der gesamten Natur verwoben ist. Können Sie spüren, wie sich diese Verbundenheit mit Ihrer zunehmenden Offenheit und Freundlichkeit in alle Richtungen unendlich ausweitet?

Geführte Besinnung

Wahre Zuflucht finden

Die drei Facetten der wahren Zuflucht – Gewahrsein, Wahrheit und Liebe – gewinnen an Leben, wenn wir uns ihnen mit Präsenz zuwenden. Die folgende einfache Besinnung vertieft den Zugang zu den in Kapitel 4 vorgestellten äußeren und inneren Zufluchten. Letztlich ist es eine Einladung, in Ihrem Herzen in der Wahrheit, Reinheit und Strahlkraft Ihrer eigenen Essenz zu ruhen. Im Verlauf dieses Buches haben Sie jetzt alle drei Zugänge durchwandert. Zusammengenommen offenbaren sie den einen Duft der Freiheit, der allen Wegen des Erwachens zu eigen ist.

Sie werden in dieser Besinnung drei Sätze rezitieren: »Ich nehme Zuflucht zum Gewahrsein. Ich nehme Zuflucht zur Wahrheit. Ich nehme Zuflucht zur Liebe.« Nehmen Sie sich nach jedem Satz Zeit, darüber nachzusinnen, welche Bedeutung diese Zuflucht für Sie hat und wie sie für Sie lebendig wird. Statt Gewahrsein/Wahrheit/Liebe können Sie auch die Sanskrit-Wörter *Buddha* (oder *Buddha-Natur*)/*Dharma*/*Sangha* verwenden.

In meiner eigenen Praxis folge ich dieser klassischen buddhistischen Reihenfolge. Fühlen Sie sich jedoch bitte frei, die Reihenfolge und die Sprache so anzupassen, wie es Sie am meisten berührt. Machen Sie aus dieser Praxis ein frisches, lebendiges Ritual, das Ihr Leben mit dem in Einklang bringt, was Ihnen am wichtigsten ist.

* *Beginnen Sie jetzt mit der ersten Rezitation, indem Sie innerlich flüstern: »Ich nehme Zuflucht zum Gewahrsein.«*
Wenn Sie diese Worte aussprechen, können Sie dabei mit einem Menschen oder einem spirituellen Wesen in Resonanz gehen, in dem Sie diese Qualitäten des erleuchteten Gewahrseins, der Strahlkraft, der Offenheit und Liebe wahrnehmen. Können Sie sich vorstellen, wie dieselbe Präsenz auch Ihr

Sein erfüllt und erhellt? Vielleicht entspricht es Ihnen auch eher, direkt der erwachten Präsenz in sich selbst nachzuspüren. Sie können sich einfach fragen: »Ist Gewahrsein (Bewusstsein) da?« Wie ist es, dieses bewusste Gewahrsein zu spüren? Wie erlebt Ihr Geist, Ihr Körper, Ihr Herz den Zustand des Gewahrseins? Was passiert, wenn Sie sich ganz auf diese Zuflucht des Gewahrseins einlassen? Was passiert, wenn Sie Ihr Herz in dem, was wahr ist, ruhen lassen?

- *Rezitieren Sie dann innerlich die Worte: »Ich nehme Zuflucht zur Wahrheit.«*

Nehmen Sie sich bei diesen Worten einen Moment Zeit, sich zu vergegenwärtigen, was Ihnen an dem spirituellen Weg – an der Meditationspraxis, den Lehren, einem mitfühlenden Leben – kostbar ist. Das ist ein Weg der Wahrheit in der äußeren Welt. Öffnen Sie sich dabei widerstandslos dem sich ständig wandelnden Fluss Ihrer augenblicklichen Erfahrung. Kommen Sie mitten im Jetzt an und seien Sie sich der Geräusche, Gefühle und Empfindungen bewusst, die auftauchen und vergehen. Wie ist es, sich dem Leben so zu öffnen, wie es jetzt ist? Was passiert, wenn Sie sich ganz auf diese Zuflucht zur Wahrheit einlassen? Was passiert, wenn Sie Ihr Herz in dem, was wahr ist, ruhen lassen?

- *Wenden Sie sich jetzt dem Satz zu: »Ich nehme Zuflucht zur Liebe.«*

Achten Sie beim Rezitieren dieser Worte darauf, was sie Ihnen bedeuten. Spüren Sie, wie kostbar Ihnen Ihre Familie und Ihre Freunde sind? Entsteht in Ihnen eine Sehnsucht nach mehr Zugehörigkeit? Vergegenwärtigen Sie sich einen Menschen, der Ihnen besonders lieb ist. Spüren Sie die Gutherzigkeit und das Liebenswerte an diesem Menschen und achten Sie darauf, wie Ihr Herz darauf reagiert. Entsteht da Wärme? Zärtlichkeit? Offenheit? Lassen Sie jetzt die Vorstellung des »anderen« los und öffnen Sie sich für das Lieben an sich. Achten Sie darauf, was passiert, wenn Sie sich entspannen und diese Liebe sind. Was passiert, wenn Sie sich ganz auf diese Zuflucht der Liebe einlassen? Was passiert, wenn Sie Ihr Herz in dem, was wahr ist, ruhen lassen?

Sie können diese Form der »Zufluchtnahme« zu einem Teil Ihrer regelmäßigen Meditationspraxis machen oder sie ab und zu ohne formelle Praxis durchführen. Wenn Sie sich dieser Praxis jedes Mal wieder frisch und neugierig zuwenden, kann sie Ihnen Ihr Sein in großer Tiefe offenbaren. Dabei können Sie manchmal jeder Zuflucht ausführlich nachspüren, während Ihnen zu anderen Zeiten vielleicht ein kurzer Kontakt reicht, um Sie zu einem offenen, liebevollen Gewahrsein zu inspirieren.

Im Namen der Morgenröte
und der Augenlider des Morgens
und des schwindenden Mondes
und der Nacht, wenn sie verblasst,

gelobe ich, meine Seele
nicht mit Hass zu entehren,
sondern biete mich demütig an
als Hüter der Natur,
als Heilerin von Elend,
als Bote der Wunder,
als Architektin des Friedens.

Im Namen der Sonne und ihrer Spiegel ...
und der allertiefsten Nacht ...
und der krönenden Jahreszeiten
der Glühwürmchen und des Apfels

will ich alles Leben ehren —
wo auch immer und in welcher Form
es erscheint — auf der Erde, meiner Heimat,
und in den Wohnstätten der Sterne.

Diane Ackerman, »School Prayer«

Danksagung

Meine große Gemeinschaft war mir während des ganzen Schreibprozesses eine hoch geschätzte Quelle der Zuflucht:

Zu meinem großen Glück hatte ich beim Werden dieses Buches die großartige Lektorin und inzwischen gute Freundin Toni Burbank an meiner Seite. Ihr Verständnis des menschlichen Herzens und ihr brillanter Schreibstil waren mir eine unschätzbare Hilfe.

Ich habe beim Gestalten und Entwickeln der ersten Kapitel auch von dem großartigen Talent von Barbara Gates profitiert und von den klugen Kommentaren von Beth Rashbaum, meiner ersten Lektorin bei Random House. Auch Angela Polidoro von Random House trug mit viel Aufmerksamkeit, Klarheit und Fürsorge zum Entstehen dieses Buches bei, und zu guter Letzt kam noch die leitende Lektorin Marnie Cochran mit ihrer wundervollen Intelligenz, ihrem Wissen und ihrer Energie hinzu, um dieses Buch in die Welt zu bringen.

Mein tiefer Dank gilt meiner Agentin Anne Edelstein für ihre warmherzige Begeisterung und ihren weisen Rat, mit dem sie mir über die Jahre zu einer vertrauten, wunderbaren Verbündeten und Freundin wurde.

Ich war mit einem Kreis von lieben Menschen gesegnet, die das Manuskript durchsahen, mich ermutigten und mit ihren Vorschlägen dazu beitrugen, dass die Texte einfacher und klarer wurden. Herzlichen Dank an Jack Kornfield, Barbara Graham, Stephen Josephs, Darshan Brach und Nancy Brach.

Meine Assistentin Janet Merrick hat mich die ganze Zeit unterstützt, sich um alles gekümmert, was noch erledigt werden musste, vom Kopieren über das Beantworten von E-Mails bis zum Einholen von Genehmigungen. Ich schätze ihren großzügigen und liebevollen Einsatz enorm. Kürzlich ist auch Cindy Frei zu unserem Team gestoßen und bringt ihre außerordentliche Energie und Kompetenz im Umgang mit Medien, Marketing und Video-Produktion ein. In den letzten Monaten hat Tim Kenney dann mit großem Talent unter anderem die Website gestaltet.

Meiner Sangha in Washington D.C. und darüber hinaus, meinen Kollegen, Schülern und Freunden auf dem spirituellen Weg danke ich von Herzen für all ihre Geschichten und ihr Vertrauen, für alles, was ich von ihnen gelernt habe, und für die Aufrichtigkeit und Hingabe ihrer Praxis der Präsenz.

Ich verneige mich voller Liebe und Dankbarkeit vor meinen Lehrern, den vergangenen und den gegenwärtigen. Diese Bodhisattvas haben mich mit ihrer Hingabe inspiriert, Wahrheit zu erkennen, Liebe zu verkörpern und dem Erwachen aller Wesen zu dienen.

Cheylah, Hakuna (inzwischen verstorben) und Dandy (auch verstorben) – ich danke euch für die Spaziergänge, für die Freude an euren wedelnden Schwänzen und für eure grenzenlose Zuneigung. Ich wünsche euch jede Menge Liebkosungen, Leckerli und Spiele, jetzt und immerdar.

Genehmigungen

Bis auf die im Original deutschsprachigen Zitate – wie zum Beispiel von Rilke – wurden alle Zitate aus der englischen Vorlage dieses Buches ins Deutsche übersetzt, außer dem Zitat von Ryôkan (Anm. d. Übers.).

Wir danken für die Genehmigungen der Zitate aus:

Meister Ryôkan: Eine Schale, ein Gewand. Zen-Gedichte. Auswahl und Übertragung aus dem Japanischen von John Stevens. Deutsche Übersetzung von Munish B. Schiekel, ISBN 978-3-921508-75-6, Werner Kristkeitz Verlag (www.kristkeitz.de), Heidelberg 1999.

THE ILLUMINATED RUMI von Coleman Barks und Michael Green. Mit Genehmigung von Broadway Books, einer Abteilung von Random House, Inc.

THE ESSENTIAL RUMI von Coleman Barks und John Moyne. Mit Genehmigung von Maypop Books via Copyright Clearance Center.

OPEN SECRET: VERSIONS OF RUMI von Jalal al-Din Rumi, übersetzt von John Moyne und Coleman Barks. Mit Genehmigung von Shambhala Publications, Inc., via Copyright Clearance Center.

THE RUMI COLLECTION, herausgegeben von Kabir Helminski. Mit Genehmigung von Shambhala Publications, Inc., via Copyright Clearance Center.

Auswahl an Kommentaren
zu diesem Buch

»Tara Brach schreibt und lehrt mit einem offenen, liebevollen Herzen. Sie erinnert uns daran, dass wir alle fähig sind, uns mit uns selbst und anderen auf tiefe, nachhaltige Weise zu verbinden. Die Techniken, die sie zum Praktizieren vorschlägt, sind gleichzeitig einfach und tiefgründig und für jeden zugänglich.«

Sharon Salzberg
Autorin von »Ein Herz so weit wie die Welt«, »Metta Meditation«,
»Das Handbuch der Achtsamkeit und Güte«

* * *

»Dieses tiefgründige und zeitgemäße Buch steckt voll praktischer Hilfen aus Taras langjähriger professioneller Erfahrung und ihrer berührenden Offenheit über ihre eigenen Verluste und Leiden. *Nach Hause kommen zu sich selbst* beruht auf einem tiefen Verständnis von Körper und Geist. Seine kontemplativen Weisheiten helfen, den heiligen Ort der Kraft, des Friedens und der Heilung in sich selbst zu finden.«

Dr. Rick Hanson
Autor von »Das Gehirn eines Buddha«, »Denken wie ein Buddha«

* * *

»Dieses wundervoll geschriebene Buch stammt direkt aus dem lebendigen Herzen der Weisheit und des Mitgefühls. Es bietet hilfreiche, praktische Hinweise zum Vertiefen der eigenen Achtsamkeits-Praxis und unterstützt darin, in Zeiten des Leidens mehr Selbstmitgefühl zu entwickeln. Als wunderbares Nachfolgewerk von *Mit dem Herzen eines Buddha* ist es allen zu empfehlen, die in ihrem Leben tiefere Erkenntnisse und mehr Offenherzigkeit entwickeln möchten.«

Dr. Kristin Neff
Autorin von »Selbstmitgefühl«

* * *

»Dieses hervorragende Buch über Zuflucht – das bedeutet, Schutz vor Angst und negativen Emotionen zu finden – ist ein weiser, zeitgemäßer und praktischer Ratgeber. Tara Brach schreibt mit brillanter Klarheit, und ihre Geschichten und Beispiele sind gut gewählt. Sie hat uns ein Buch geschenkt, das leicht lesbar, erkenntnisreich und praktisch anwendbar ist. Tara zeigt uns, wie jeder von uns ein erwachtes Herz entwickeln kann, was für uns alle ein Geschenk ist.«

Tsoknyi Rinpoche
Autor von »Öffne dein Herz und lausche«, »Furchtlose Einfachheit«

* * *

»Meditation ist für mich selbst und für die Teams, die ich gecoacht habe, sehr wichtig. Die Leute fragen mich oft nach einem guten Buch zu diesem Thema. Jetzt kann ich *Nach Hause kommen zu sich selbst* empfehlen – es ist genau das Richtige für alle, die mehr über den Weg des Mitgefühls erfahren wollen.«

Phil Jackson
Früherer NBA-Coach der World Champions Chicago Bulls und der Los Angeles Lakers

* * *

Über die Autorin

Tara Brach, promovierte Psychologin, Psychotherapeutin, Dozentin und eine der führenden westlichen Lehrerinnen in Achtsamkeits-(Vipassana-)Meditation. Sie hat vor rund 15 Jahren die Insight Meditation Community of Washington D.C. gegründet und lehrt an verschiedenen Meditationszentren der USA, darunter Spirit Rock, Omega Institute, Kripalu Center und das Smithsonian Institute. In ihren Vorträgen und Seminaren für Menschen in Gesundheitsberufen, in den über fünfhundert aufgezeichneten Vorträgen und Meditationen sowie über neunzig Videos beleuchtet sie den Wert der Meditation zum Auflösen von Angst, Scham und anderen Formen emotionalen Leidens von allen Seiten und wie sie spirituelles Erwachen unterstützen kann.

Ihr Buch *Mit dem Herzen eines Buddha: Heilende Wege zu Selbstakzeptanz und Lebensfreude* wurde mit dem »Books for a Better Life Award« ausgezeichnet. Sie lebt mit ihrem Mann Jonathan, ihrer Mutter Nancy und ihren drei Hunden in Great Falls, Virginia, USA.

w

Tara Brach
Einführung in die Meditation

TB-Kompakt, 112 Seiten, farbig
€ [D] 7,99
ISBN 978-3-86728-245-1

Den größten Teil unserer Lebenszeit verbringen wir in der Identifikation mit einem kleinen, getrennten Selbst, welches geschäftig auf dem Weg irgendwohin ist. Tara Brach nennt das »unsere Trance«. Meditation ist die Praxis des Aufwachens aus dieser
Trance, des Zurückkommens in den gegenwärtigen Augenblick,
in unser natürliches Gewahrsein, in unsere Urheimat der liebevollen Präsenz.
In einer klaren, leicht verständlichen Sprache und mit viel herzlichem Verständnis für die Herausforderungen des Lebens in unserer hoch technisierten, schnelllebigen Zeit, lädt Tara Brach ein,
bewusst innezuhalten und uns dem jeweiligen Geschehen liebevoll zuzuwenden, unabhängig davon, ob es uns angenehm oder
unangenehm ist. Ihr Buch ist ein erfrischendes Plädoyer für die
Heimkehr zu uns selbst, in unsere natürliche, offene, wache Präsenz und in die Geborgenheit der Liebe.

Andreas Beutel
Das erwachte Herz
Anleitung zu Harmonie und innerer Ausgeglichenheit

gebunden, 192 Seiten
€ [D] 14,95
ISBN 978-3-86728-246-8

Ein erwachtes Herz ist ein Herz, das in liebevoller Verbindung mit jedem Wesen im gesamten Kosmos fühlt. Es macht uns glücklich, weil es lebendig ist. Wir spüren uns wieder in unserem Leben, denn ein erwachtes Herz ist der Wegweiser zu einer neuen Sicht auf eine Welt jenseits der Polarität.

Dieses Buch ist ein Praxisbuch! Hier finden Sie Grundlagen und Hintergründe der inneren menschlichen Seelenwelt klar beschrieben. Das Buch ermöglicht Ihnen, in die tiefen Erfahrungen der Einheit allen Seins einzutauchen, und begleitet Sie auf Ihrer Reise zum Herzen. Der Einstieg in die Meditation, die einfachen Übungen und bildhaften Geschichten können somit helfen, Ihre eigene Aufmerksamkeit verstärkt zu schulen, um wieder zu sich selbst zu finden. Sie erhalten hier eine Basis, von der aus sich einzelne Bereiche der Seele bereisen lassen, um verborgene Programme und vergessene Bilder zu beleuchten.

Bruce Lipton
Der Honeymoon-Effekt
Liebe geht durch die Zellen

gebunden, 192 Seiten
€ [D] 14,95
ISBN 978-3-86728-211-6

Bruce Lipton erklärt auf seine wundervoll einprägsame, leicht verständliche und amüsante Art mit Hilfe der Zellbiologie, der Quantenphysik und der Neurologie, wie wir das herrliche Gefühl der Flitterwochen dauerhaft in unsere Beziehungen holen können. Jede Zelle strahlt Energie aus – also auch jeder Einzelne von uns –, und ihre Frequenz hat erheblichen Einfluss darauf, was in unserem Leben geschieht. Und was bestimmt die Frequenz unserer Energie? Unser Bewusstsein und unser Unterbewusstsein. In einer Paarbeziehung also vier unterschiedliche Bewusstsein mit jeweils eigenen Zielen, Absichten und Programmen. Neben Einblicken in die persönliche glückliche Liebesgeschichte mit seiner Partnerin Margaret gibt Lipton konkrete Hinweise, was wir tun können, um den Honeymoon-Effekt in unserem Leben zu etablieren.

53 Anthony de Mello
555 Punkt A nach B
58 Siegel Nabe des Rads

113 Focusing
116 Spiral Dynamics (u. S.D)
128/129 Empfindung

140 ungelebtes Leben - Trennung v. Schmerz - Folg

158 freier Wille - (Benjamin Libet)

189/190 Therapie Sitzung (intuitionell)

304 Ohr des Herzen (M. Benedikt)